2020年卷

中国比较法学
文化、网络与司法

THE CHINESE JOURNAL OF COMPARATIVE LAW

主　　编◎高鸿钧
执行主编◎王志华　于　明

中国政法大学出版社

2021·北京

本书由中国法学会资助出版

卷首语

过去的 2020 年是真正不平凡的一年，2019 年底暴发的新冠肺炎（COVID-19）疫情改变了而且仍在改变着人们的生活，未来何时结束、如何结束至今还难以确定。可以说，这一年全世界都是在抗疫中渡过的。

以色列学者尤瓦尔·赫拉利在《未来简史》中断言，20 世纪人类已经克服了饥饿、疾病和战争，这样的乐观结论现在看来似乎还为时过早。新冠来了，我们整天高喊的科技革命还未能有效阻止疫情的漫延，它的破坏力出乎人们的意料之外，严厉的管控措施还需要时间的进一步检验。总体而言，如果疫情这样发展下去，赫拉利所言人类已经克服的饥饿也必将再次来临，虽然其程度或许没有那么严重。

或许，我们不必过于悲观。从乐观角度言之，新冠实际上并没有想象的那样可怕，就算是最终它与人类共存，也不过是多了一种常见病而已，还远没有达到威胁人类生存的程度，感染者虽众，但致死率并不高。

当然，新冠肺炎疫情影响了我们的工作和生活，我们原定于西北政法大学召开的一年一度的比较法学研究会年会未能如期举行，这对于比较法学界的学术交流当然是一个重大损失。另外，2020 年是中国法学会比较法学研究会成立 30 周年，我们比较法学同仁未能相聚一堂好好地庆祝一下，这多少也是个遗憾。

不过，由比较法学研究会主办、上海海事大学法学院承办的第八届全国青年比较法论坛于 2020 年 11 月 28 日在上海召开。因疫情防控需要，会议以线上线下相结合的方式举行，有包括清华大学、复旦大学、华东政法大学、上海海事大学在内的 20 余家国内高校的 60 多位青年学者参会，围绕"文化、网络与司法"这一主题，就信息隐私权的保护、互联网时代的国家安全与民族认同、数据法益的保护、数据参与社会经济分配的法律路径、互联网时代的司法正义等议题展开了热烈讨论。会议取得圆满成功，本文集即为本次论坛的重要成就之一。除一篇特稿之外，本文集其余各篇皆是从第八届全国青年比较法论坛会议收到的论文中选录的。

最后应当指出的是，在举国抗疫的艰难岁月，比较法学研究会副秘书长于明教授出色地完成了本卷——《中国比较法学（2020 年卷）》的组稿工作，可谓备尝辛苦。另外，中国政法大学出版社编辑冯琰女士和吴濛女士对文集的出版付出了艰辛而繁琐的劳动，在此一并致谢。

王志华

2021 年 10 月 30 日

目 录

特　稿

第一编　网络时代的法律发展

第二编　数据时代与信息保护

第三编　比较司法文化

特　稿

中国法学会比较法学研究会三十年
（1990—2020 年）

王志华*

中国法学会比较法学研究会（以下简称"研究会"）自 1990 年成立至 2020 年刚好三十年。在这三十年的时间里，研究会通过举办年会和各种专题学术研讨会、出版年刊、设立课题项目和优秀论文评奖等活动，在推动中国比较法学研究和学科建设以及比较法学学术共同体的形成和发展壮大等诸多方面发挥了重要作用，为中国法制现代化和法治国家建设做出了应有的贡献。

时值而立之年，研究会理当回顾过去，展望未来；总结经验，寻找差距和不足，以利于在未来取得更大的发展与进步。

一、研究会及其组织机构

中国法学会比较法学研究会成立于 1990 年 11 月 30 日。成立之前，比较法学研究人员在法理学研究会中活动。中国法学会决定成立比较法学研究会之后，责成原中国法学会法理学研究会总干事沈宗灵教授和副秘书长刘兆兴教授按照中国法学会领导指示负责比较法学研究会的筹建工作。

成立当日，比较法学研究会在中国社会科学院法学研究所举行成立大会，共有 40 余位学者参会。中国法学会原常务副会长孙琬钟亲自指导筹建

---

* 王志华，中国政法大学比较法学研究院教授，中国法学会比较法学研究会副会长、秘书长。

研究会并参加了成立大会。

根据 2014 年 11 月 22 日第六届研究会理事会修订的章程第 1 条的规定，中国法学会比较法学研究会（英文译名为"China Society of Comparative Law"）是从事比较法学研究的全国性学术团体，是中国法学会直属的研究会之一。

研究会的任务是在中国法学会的指导下，按照自身特点独立开展学术研究和学术交流活动，具体包括：组织会员和理事对世界主要法系和主要国家的法律进行比较研究，促进学术发展；组织会员和理事研究我国法制建设实践中的重大问题，开展专题比较研究，借鉴域外经验，促进我国法制建设；组织会员和理事进行比较法学的教学研究，促进我国的比较法学教育；加强信息交流与传播，及时向会员和理事提供国内外比较法学发展动态，编辑和出版有关论文集和信息资料；积极开展国际和区际比较法学领域的交流与合作；反映会员和理事的意见和要求，维护会员和理事的合法权益；参加中国法学会组织的各种学术活动（研究会章程第 3~10 条）。

为了便于开展工作，研究会下设两个分支机构，分别是司法专业委员会和"一带一路"专业委员会（2016 年中国法学会批准成立）。

二、各届理事会概况

研究会三十年（1990—2020 年）共历经六届理事会：1990—1996 年为第一届，1996—2000 年为第二届，2000—2004 年为第三届，2004—2009 年为第四届，2009—2014 年为第五届，2014—2020 年为第六届。

各届理事会简况如下。

（一）研究会成立及第一届理事会（1990—1996 年）

1990 年 11 月 30 日，成立大会选举产生第一届研究会理事会，选举原北京大学法律系教授沈宗灵为研究会总干事；潘汉典（中国政法大学比较法研究所原所长）、陈延庆（全国人大常委会法工委国家法行政法室原主任）、任允正（中国社会科学院法学研究所研究员）、朱景文（中国人民大学法律系原副教授）、李放（吉林大学法学院教授）等 7 人为副总干事；刘兆兴（中国社会科学院法学研究所研究员）为副总干事兼秘书长；王晨光、杜钢建（中国人民大学法律系原副教授）、贺卫方为副秘书长。会议同时选举高鸿钧、黄来纪、孙力等 28 人为研究会干事。

对于研究会未来工作，与会代表提出建议，未来要定期组织举办学术研讨会，并开展多方面活动，如组织人员从事比较法学的专题研究活动，开展对外学术交流，同时加强国内学者及其与实际工作部门间的信息交流等。[1]

（二）第二届理事会（1996—2000 年）

1996 年 8 月 15 日，研究会年会（第四届）在中国人民大学举行，中国法学会原副会长孙琬钟同志代表中国法学会到会并对年会表示祝贺。出席会议的有比较法学研究会总干事沈宗灵教授，副总干事潘汉典教授和朱景文教授等，以及来自北京大学、中国人民大学、中国政法大学等大专院校的 50 余位专家学者。[2]

该届年会对研究会的领导班子进行了换届选举。整个理事会成员有所扩大，但领导成员未变，总干事、副总干事分别改称会长、副会长。

从 1990 年至 2000 年，研究会这 10 年共两届组织机构，总干事或会长为北京大学法学院的沈宗灵教授，秘书长为中国社会科学院法学研究所的刘兆兴教授，秘书处设在中国社会科学院法学研究所。

（三）第三届理事会（2000—2004 年）

2000 年 5 月，比较法学研究会在广州召开第六届年会，并进行换届选举工作。中国法学会原常务副会长孙琬钟亲临指导，并指示应当把比较法学研究会扩大，不仅要包括比较法学的专门学者，也要广泛地吸收法律实务工作者参加。如此一来，研究会吸纳了许多法官、检察官和律师等法律工作者参加。

会议选举江平为会长，刘兆兴为常务副会长兼秘书长，还选举了 14 位副会长。任命钱弘道为秘书长，徐鹤喃为副秘书长。

研究会秘书处设在国家检察官学院。国家检察官学院为研究会提供了独立的办公场所，并配备专门的工作人员，负责研究会的日常事务性工作。

---

[1] 参见牟平人：《中国法学会比较法学研究会在京成立》，载《比较法研究》1990 年第 4 期，第 22 页。

[2] 参见英：《中国法学会比较法研究会年会在京召开》，载《比较法研究》1996 年第 3 期，第 250 页。

至 2002 年，比较法学研究会合计共有 105 位成员，其中顾问 5 人（沈宗灵、孙琬钟、潘汉典、陈延庆、任允正），会长 1 人，副会长 14 人，无常务理事，秘书长 1 人，副秘书长 1 人，其他理事 83 人，具体名单从略。[1]

（四）第四届理事会（2004—2009 年）

2004 年 8 月 7—8 日，研究会在福建省武夷山市召开年会，并进行了换届选举。中国法学会孙在雍副会长就改选问题向会议传达了中国法学会的意见。会议选举产生了新一届理事会（第四届）。选举江平教授为名誉会长，刘兆兴教授为会长，孙谦等 11 人为副会长，徐鹤喃等 7 人为常务理事，共 19 人组成常务理事会；任命张少瑜为秘书长，王志华为副秘书长。秘书处设在中国社会科学院法学研究所。

会议还就研究会的工作进行了总结。原副会长孙在雍在讲话中充分肯定了 5 年来研究会所取得的各项成就，学术成果丰富，组织队伍不断壮大，在对外交流方面成绩突出，希望新一届理事会发扬优良传统，继续努力，取得更大成就。[2]

第四届理事会成员合计 130 位（包括常务理事会成员）。2006 年又新增补理事 14 人，[3] 具体名单从略。

另外，本届理事会还延聘和增聘顾问 6 人（沈宗灵、孙琬钟、潘汉典、郭道晖、李步云、陈延庆），并增设常务理事会，即理事会的组织机构除会长、副会长外，还增加了由常务理事组成的常务理事会，作为研究会的领导机构。

（五）第五届理事会（2009—2014 年）

2009 年 7 月，研究会在北京国家检察官学院召开年会，并进行换届选举。会议选举江平为名誉会长，刘兆兴为会长，胡建森等 10 人为副会长，选举张少瑜为秘书长；任命王志华和李滨为副秘书长。会议还聘请沈宗灵、

---

[1] 参见《中国法学会比较法学研究会机构人员名单》，江平主编：《比较法在中国》（2003 年卷），法律出版社 2003 年版，第 647 页。

[2] 参见张少瑜：《中国法学会比较法学研究会第八届年会综述》，载江平主编：《比较法在中国》（2005 年卷），法律出版社 2005 年版，第 664~667 页。

[3] 参见《中国法学会比较法学研究会新增理事名单》，载刘兆兴主编：《比较法在中国》（2006 年卷），社会科学文献出版社 2006 年版，第 452 页。

孙琬钟等 6 位资深学者为研究会的学术顾问。秘书处仍设在中国社会科学院法学研究所。

本届研究会领导机构产生程序有所调整，秘书长与会长、副会长的产生程序一样，需通过选举产生，不再由常务理事会任命。

（六）第六届理事会（2014—2020 年）

2014 年 11 月 22—23 日，研究会在上海华东政法大学召开年会，并进行了换届选举，产生了新一届（第六届）理事会和常务理事会，选举清华大学法学院高鸿钧教授为会长，华东政法大学李秀清教授为常务副会长，以及长春理工大学赫然教授等 11 位副会长，中国政法大学比较法学研究院王志华教授为秘书长以及 15 位常务理事，任命北京师范大学法学院马剑银博士和华东政法大学于明博士为副秘书长。

在新一届理事会存续期间，组织机构和理事组成人员都有所扩大。其中理事会成员每年都有增加，由 2014 年最初选出的 142 人增加至 2019 年的 235 人。常务理事和副会长也有所调整，现有常务理事会组成人员（包括会长、常务副会长、副会长、秘书长及其他常务理事）为 33 人。[1]

三、比较法年会

从研究会成立至 2000 年换届选举，共举办 4 届年会。之后每年举办，至 2020 年共举办 23 届。

各届年会主题、举办时间等基本信息见表 1。

---

[1] 参见《中国法学会比较法学研究会负责人及常务理事名单》，载高鸿钧主编：《中国比较法学——法律全球化：中国与世界》（2014 年卷），中国政法大学出版社 2015 年版，"附录"第 332 页。

表 1　研究会历届年会概况[1]

届　次	时　间	地点/承办单位	年会主题
成立大会	1990 年 11 月 30 日	北京市/中国社会科学院法学研究所	研究会成立
第一届	1992 年 4 月 7—10 日	北京市/原北京大学法律系（现北京大学法学院）	比较法学的新动向
第二届	1994 年 9 月 14 日	北京市/中国社会科学院法学研究所	法律移植等问题
第三届	1996 年 8 月 15 日	北京市/中国人民大学法学院	比较法的发展和公私法的划分
第四届	2000 年 5 月	广东省广州市/广东涉外投资法律学会	法制改革与借鉴外国经验
第五届	2001 年 9 月	江西省井冈山市/江西省吉安市人民检察院	英美法在中国
第六届	2002 年 8 月	四川省成都市/四川大学法学院	比较法与中国法律改革
第七届	2003 年 10 月 31 日—11 月 1 日	湖南省长沙市/湖南大学法学院	契约精神与宪政
第八届	2004 年 8 月 7—8 日	福建省武夷山市/福建省人民检察院等	比较法学是法学的分支还是一种方法

---

〔1〕　根据现有资料，对于比较法学研究会年会届次有不同说法，如将 1994 年 9 月 14 日在中国社会科学院法学研究所召开的年会称为第二届年会，而在此之前召开过两次会议，分别是 1990 年 11 月 30 日在法学所召开的成立会议和 1992 年在北京大学召开的会议。如果将 1994 年的会议算作第二届，那么前两次必有一次不算，是哪一次？需要考证。而中国法学会官网上关于研究会的简介中，将 2000 年在广州召开的年会称作第六届，这样，实际上是将 1994 年那次会议算作了第三届。而另有材料证明，2003 年在湖南长沙召开的会议为第七届年会（蒋安杰：《弘扬契约精神　推进宪政建设——中国法学会比较法学研究会第七届年会综述》，载《法制日报》2003 年 11 月 27 日），如果 2000 年会议算作第六届，2003 年就应为第九届，因为自 2000 年换届之后，每年都开一次年会，2001 年和 2002 年又各召开过一次。因此，有待考证的公案已经形成。另外 1998 年在哪里开的年会？经与刘兆兴老师沟通，认为此年没有召开年会，即 1996—2000 年这 4 年间未召开过年会。

续表

届　次	时　间	地点/承办单位	年会主题
第九届	2005 年 8 月 6—7 日	广西壮族自治区桂林市/桂林电子学院及广西师范大学法学院	当代中国法制进步与比较法学
第十届	2006 年 7 月 25—26 日	浙江省宁波市/宁波大学法学院	现代法治的民间社会基础
第十一届	2007 年 8 月 2—3 日	黑龙江省牡丹江市/黑龙江大学法学院	比较法视野下的法典制定与编纂
第十二届	2008 年 7 月 23—24 日	澳门特别行政区/澳门科技大学法学院	"一国两制"实践中的法律问题
第十三届	2009 年 7 月 28—29 日	北京市/国家检察官学院	各国法治机制比较研究
第十四届	2010 年 7 月 16—18 日	广东省肇庆市/肇庆师范学院	全球化背景下司法制度比较
第十五届	2011 年 8 月 9—11 日	黑龙江省大庆市/大庆师范学院	法律体系比较研究
第十六届	2012 年 10 月 13—14 日	广西壮族自治区桂林市/广西师范大学法学院	比较法与法律全球化
第十七届	2013 年 10 月 19—21 日	江苏省南京市/南京师范大学法学院	比较法与法律文化
第十八届	2014 年 11 月 22—23 日	上海市/华东政法大学	法律全球化：中国与世界
第十九届	2015 年 9 月 19—21 日	甘肃省兰州市/甘肃政法学院	比较法治文化
第二十届	2016 年 7 月 1—3 日	吉林省长春市/长春理工大学法学院	司法制度比较研究
第廿一届	2017 年 9 月 23—24 日	江苏省苏州市/苏州大学王健法学院	比较法学的教育与研究
第廿二届	2018 年 4 月 21—22 日	浙江省宁波市/宁波大学法学院	比较法与改革开放

续表

届　次	时　间	地点/承办单位	年会主题
第廿三届	2019 年 11 月 9—10 日	重庆市/西南政法大学民商法学院	比 较 法 与 新 科 技 革命

　　1992 年 4 月 7—10 日，比较法学研究会在北京大学举办了第一届学术年会。该次学术年会由原北京大学法律系比较法和法律社会学研究所主办，这也是我国在比较法领域召开的第一次国际学术会议。会议收到美国、加拿大、英国、法国、德国、意大利、瑞士、澳大利亚、日本等国和我国香港地区比较法学家的 12 篇论文及我国内地法学家的 30 多篇论文。会议主题是"比较法学的新动向"。其他国家和中国香港地区学者的论文内容主要是有关比较法学的一些理论问题；中国内地法学家的论文内容大部分是有关部门法的比较论题，其他部分有关比较法基础理论方面的论文主要集中于探讨比较法方法问题。[1]

　　比较法第一届学术年会充分展现了比较法学科的国际性视野，可以说是一次高水平的学术会议。之后的年会，虽然举办次数愈加频繁、与会人数逐年增多，但较为可惜的是，并未延续第一届这样的一种国际性传统和规模，基本保持了单一的国内性。时有香港和澳门地区的学者参会，并加入理事会。偶有个别外国学者参加，那也是极为偶然的情况。如 2010 年 6 月 16—18 日在广东肇庆召开的第十五届年会有来自法国司法高等研究所主任安托万·卡拉邦（Antoine Garapon）、美国 Kelley Drye 律师事务所的丹尼尔·施美尔（Daniel Schimmel）、比利时列日大学法律史教授罗伯特·雅各布（Robert Jacob）和法国巴黎第八大学教授巴尔巴拉·比福尔科（Barbara Villez）参加。[2] 另外，2014 年在华东政法大学召开的第十八届年会邀请了日本冈山大学法学部的张红教授（华裔）参会研讨。但也仅此而已，其

---

〔1〕　参见沈宗灵：《比较法学的一些理论问题——国际比较法学会议述评》，载《中国法学》1992 年第 4 期，第 98 页。

〔2〕　参见黄志伟：《中国法学会比较法学研究会 2010 年年会暨全球化背景下司法比较研讨会在广东肇庆召开——中国比较法学研究迈向国际》，载《亚太经济时报》2010 年 7 月 29 日，第 6 版。

他各届年会都没有外籍学者参加。

第二届年会于1994年9月14日在中国社会科学院法学研究所举行。年会未专门设立讨论主题，因而论题较为宽泛，内容涉及比较法基础理论、部门法、国别法、区域法、宗教法以及比较法的应用、教学等，具体诸如法律移植的词义分析和理论思考、法律统计学、比较法在立法中的作用、刑事诉讼法比较、庭审制度改革、伊斯兰法、德国法、独联体法以及比较法教学。与会者对上述论题进行了广泛而深入的探讨。

本届年会中有关法律移植的讨论值得注意。有学者认为，中国目前对借鉴和移植国外的法律是有选择地接受，绝不是外力强加的，其目的是促进中国社会主义现代化事业建设；移植和借鉴外国法应注意研究来源国或地区以及本国的各种社会条件和自然条件，应有所取舍。法律移植的含义与法律借鉴吸收等概念的区别不大，完全可以作为通行的法律术语予以使用。当代中国的比较法学者应对国外法学中有关法律移植的经验和理论有所研究，特别是研究中国历史上与当代在移植法律方面的经验和理论。

与会学者还以诸多实例论证了比较法学在中国立法工作中的重要作用，认为在中国改革开放后的法制建设中，立法者应用比较法学的有关理论，通过了解外国的法律制度、原则和技术，从外国法律法规中吸收和借鉴了对中国法制建设有用的因素，这是值得肯定的。但是，从中国立法需要的角度而言，比较法学的发展和应用还远远不够。因为法学家在立法过程中发挥的作用还相对较小；在立法过程中，由于负责起草具体法律法规的部门缺乏较完备的比较法理论知识，有可能造成在不了解某一国家整个法律体系、法律制度以及实行情况的条件下片面地选择、借鉴外国法的情况。在肯定比较法在立法应用上的作用这一基础上，比较法学家应通过比较研究致力于解决当前立法中存在的实际问题，诸如法律用语不准确、法律规定不健全及法律缺乏连续性、统一性等问题。

有学者对伊斯兰法在当代的"复兴"进行了探讨。还有学者提请与会者关注苏联解体后各独联体国家宪法和投资法的发展变化。另外，与会者还关注到比较法教育的重要意义，主张应借鉴外国法学教育经验，在各高等院校法学本科阶段开设比较法课程。[1]

1996年8月15日，中国人民大学法学院举办了第三届比较法年会，有来自全国各地高校和科研机构及实务部门的50余位专家学者参会研讨。学者们主要就以下四个方面的论题进行了讨论：比较法在司法中的作用、公法与私法划分问题、香港与内地法律制度比较、比较法的基础理论。

第二届年会讨论了比较法在立法中的应用，第三届年会讨论比较法在司法中的作用，体现了比较法学者研究领域的连续性。论题也较为集中和明确，围绕着四个大的主题展开，并与中国社会的法制实践紧密结合，如比较法在司法中的作用问题。还有，香港回归在即，而在"一国两制"之下，香港的判例法传统与内地的法律体系如何协调，将是整个国家急需面对和考虑解决的立法、司法问题。而年会将香港与内地法律制度比较作为论题之一展开讨论，充分体现了理论应与实践相结合的指导思想。部分学者指出，由于传统因素影响巨大，香港与内地的制度差异将在一定时期内持续存在，这些差异会给今后两地在各种交流中带来困难，两地的法学家们应为法律协作做出努力，而其基础则是相互尊重彼此的法律传统。这些观点在今天看来，仍然有其重要的理论价值和现实意义。

第三届年会论题的另一重要方面是比较法基础理论。有学者指出，不能将比较法仅视为一种研究方法，而应作为一门重要学科对待，因此应注重比较法的基本理论研究；在研究方法上，也不能仅局限于规范比较，而应深入到功能比较的层次。另外有学者认为，比较法研究可以简单归结为求同和求异。求同是指研究不同法律体系之间的相似性，求异则是指研究不同法律体系之间的差异性，求同和求异是比较法研究的两个方面，在比较法发展的历史上，不同时期对这两个方面的侧重有所不同。18世纪以前罗马法复兴，自然法理论盛行，比较法的目标是求同；18世纪以后进入法典化时期，比较法研究的目标转向求异，即各国开始注意自己的特殊情况，制定符合民族特点的法律。20世纪以后，比较法研究的目标又转向求同，这是因为世界一体化趋势加强，在国际科技商贸交往中需要用可以协调的

---

[1] 参见张朝霞：《中国法学会比较法学研究会第二届年会综述》，载《中国法学》1994年第5期，第125～126页。

法律予以规范。[1] 如果对这些观点进行仔细分析，便不能不承认其所蕴含的真知灼见。

实际上，公私法的划分也属于比较法的宏观基础理论问题之一。将比较法基础理论作为年会的主要论题之一进行集中讨论，这还是第一次，说明中国的比较法学研究已经开始有了理论自觉意识。这是比较法学理论研究进一步发展的前提和基础。

2000 年 5 月初，第四届年会在广州召开，主题为"法制改革与借鉴外国经验"。年会由广东涉外投资法律学会承办，有来自全国各地的法学高校和科研机构及司法实务工作者共百余人出席会议。本届年会选举产生了新一届比较法学研究会理事会，江平教授当选为研究会会长。[2]

第四届年会之后，除 2020 年因疫情原因未能召开年会之外，每年都举办一次年会。并且，除 2009 年之外（国家检察官学院承办），举办地均在京外。

四、比较法年刊

比较法年刊是研究会主办的连续出版物，一般以年会论文为主，在年会之后结集出版。

1992 年第一届年会召开之后，于 1993 年出版了论文集《比较法学的新动向——国际比较法学会议论文集》。论文集在"前言"中申明，该次会议"是我国在比较法学领域中召开的第一次国际会议，中国法学会所属比较法学研究会第一次学术会议也同时举行，本书是这一国际会议的论文集"。[3] 因此，该次会议以国际比较法为主，文集所收录的论文中，国外学者的论文占有很大的比重。而在此之后的 1994 年第二届年会和 1996 年第三届年会，均未出版论文集。因此，第一届年会后出版的论文集与 2000 年第四届年会之后开始连续出版的论文集有所不同，故还不宜称其为比较法学研究

---

〔1〕 冉井富整理：《中国法学会比较法年会 1996 年年会综述》，载《中国法学》1996 年第 5 期，第 123~124 页。

〔2〕 参见李玉花、钱弘道：《比较法学研究会召开年会》，载《检察日报》2000 年 5 月 13 日，第 1 版。

〔3〕 沈宗灵、王晨光主编：《比较法学的新动向——国际比较法学会议论文集》，北京大学出版社 1993 年版，"前言"第 1 页。

会的年刊。

从2000年第四届年会的研究会理事会换届开始，每年召开一次年会，除特殊情况之外，差不多每年出版一本年会论文集，至2020年（2019年卷）共计出版17卷。从2001年《比较法在中国》第一卷起，中间仅空2年未出版，基本上保持了出版的连续性。其中2004年出版了上下卷，目前总字数已超过600万字。应该说，比较法学年刊为中国比较法学的发展做出了重要贡献。

早期年刊的出版，一般均由年会承办单位资助。2014年换届之后，出版经费从中国法学会拨付给研究会的支持经费中支出。年刊初名"比较法在中国"，2014年换届之后改称"中国比较法学"系列。

除第一、二卷外，从2003年起，各卷以出版年份或年会举办年份为每卷序号。如《比较法在中国》2003年卷，即为法律出版社2003年版的论文集，文集所收录的论文为2002年的年会文章。从2006年卷起，改由社会科学文献出版社出版，每卷排序体例未变。但自2012年改由中国政法大学出版社出版起，各卷排序改为年会举办年份，即文集各卷排序较出版年份推后一年，如中国政法大学出版社出版的《比较法在中国》论文集标出的是2011年卷，则文集中所收录的基本为该年年会的参会论文。此后该体例一直保持未变。

按照一般惯例，年刊以现任会长为主编，秘书长和副秘书长为执行主编。各卷先后担任主编的有江平（第一、二卷和2003年卷和2004年上下卷，共4卷，刘兆兴、钱弘道为执行主编）、刘兆兴（2006年卷至2013年卷，共7卷，张少瑜为执行主编）、高鸿钧（2014年卷至2020年卷，共7卷，王志华为执行主编）。作为共同执行主编的还有许传玺（2012年卷）、季金华（2013年卷）、马剑银（2015—2016年卷）和于明（2017—2020年卷）。

五、论坛和专题研讨会

除每年召开的年会之外，专业委员会和各常务理事单位还组织举办各种类型的专题研讨会。这些论坛和专题研讨会的基本情况如下：

（一）比较法论坛

由研究会主办的比较法论坛自 2013 年开始，每年举办一次，由北京外国语大学和广东涉外投资法律学会承办，至 2018 年共举办 6 届，举办地点在北京或广东，承办方隔年承办一次。讨论的主题包括涉外投资、知识产权、比较法学方法论等法律前沿问题，取得了良好的社会效果。

（二）青年比较法论坛

该论坛由一批热心比较法学研究的青年学者发起，在研究会的组织下每年召集两次，分南北两个论坛，至 2020 年已举办 8 届。研讨的主题主要涉及"当代中国的法治话语与社会实践"（2015 年 12 月 28 日北京师范大学法学院）、"比较法视野中的司法治理"（2016 年 6 月 18 日北京航空航天大学法学院）、"多元文明的法治文化转型"（2016 年 12 月 3—4 日上海师范大学）、"法律多元主义"（2017 年 6 月 3 日中国政法大学比较法学研究院）、"比较法与法律史研究"（2019 年 6 月 15 日中国人民公安大学法学院）、"文化、网络与司法"（2020 年 11 月 28 日上海海事大学法学院）等。

（三）其他专题研讨会

从 2016 年起，研究会根据中国社会法治实践的现实需要，并响应中国法学会号召，举办了各种形式和主题的专题研讨会。

2016 年 4 月 16 日在西南政法大学举办的"转型时期的民法典编纂"专题学术研讨会，由研究会与中国法学会民法学研究会共同主办，西南政法大学民商法学院和创新型国家建设法治研究院承办。这一年，中国民法典编纂进入实质性关键阶段。编纂一部什么样的民法典，与中国改革开放政策的实施与未来社会发展息息相关，这一专题研讨会正是在这样的特殊历史背景、特殊时间下召开的。

2016 年 5 月 28 日，中国法学会比较法学研究会和中国人民大学法学院联合主办、中国法学会比较法学研究会"一带一路"专业委员会承办了"'一带一路'倡议与中国比较法的发展"的学术专题研讨会，地点在中国人民大学法学院。这一主题涉及中国在对外关系方面应当采取一种什么样的态势和策略问题，而核心问题则是随着"一带一路"倡议的逐步展开，法律如何输出以及输出的方式问题。

为了促进中国比较法学科建设和比较法学研究的繁荣及研究会的未来发展，2016年11月13日，中国法学会比较法学研究会"常务理事会暨比较法学科建设发展战略研讨会"在北京召开，包括比较法学研究会会长高鸿钧教授、名誉会长刘兆兴教授在内的来自全国各大高校、科研院所的近30位比较法学专家参加了会议。这次专题研讨会对中国比较法学理论及学科建设的未来发展进行了广泛而深入的讨论，并为具体实施做出规划，有力地推动了中国比较法学研究和各相关院校的比较法学科建设。

另外，2016年11月19日，中国政法大学比较法学研究院承办、中国法学会比较法学研究会主办了题为"中国比较法学现代化问题研究"的学术研讨会。2016年10月13日，清华大学法学院承办了由研究会主办的题为"比较法学与跨文明对话"的学术研讨会。这两次研讨会都立足于国际视野，将中国比较法学的发展现状置于国际社会的大环境之中，以一种文明的视角，在比较中透视中国比较法学的未来发展方向、主要任务和当下关切。

六、课题项目与论文评奖

（一）课题项目

自2015年开始，研究会为中国比较法学的进一步发展和鼓励青年学者积极参与开拓这一研究领域，特设立课题项目，费用从中国法学会每年拨付的支持经费中支出。第一年（2015年）共设10项，每项资助5000元，合计资助经费10万元。此后每年改设5项，每项经费1万元。截止到2020年，已经有30位青年学者获得此项资助。此项鼓励措施，近年来激励许多青年法学者投入到比较法学研究中来，极大地促进了中国比较法学的发展。此项课题项目也得到了中国法学会领导的充分肯定。

项目申请和结项程序简便易行。课题申请者应在每年召开的年会上提出申请，并提交与年会主题相关的论文。

申报规则如下：

（1）申报条件：①申请人为副教授以下职称的学者；②此前未公开发表的论文；③申请人为论文的唯一作者；④在当年年会主题范围内；⑤已完成初稿，并提交年会，编入年会的论文集中。

（2）立项程序：①作者本人申请；②列入常务理事会议程，在年会开幕前召开的常务理事会上进行初步讨论；③年会期间进行投票表决，闭幕式上宣布投票结果（中标）；④由秘书处在年会之后办理立项手续；⑤结项成果收入正式出版的《中国比较法学》（研究会年刊）论文集，并标注"中国法学会比较法学研究会'中国比较法学·年度项目成果'"字样。

（3）申请表格的填写，除申请人的基本信息外，内容只填写论文摘要、课题研究的意义和主要创新点，常务理事会评选时主要依据收入年会论文集中的论文内容。

（4）原则上前两个年度曾获课题资助的学者不包括在内。

因为与论文集挂钩，故都能在规定时间内完成，5 年间所立项的课题目前均已全部按期结项。

（二）论文评奖

研究会每年的年会都会评出一、二等奖优秀论文，其中一等奖 2 篇，二等奖 3 篇。在年会闭幕式上，一般由会长代表理事会向获奖学者颁发获奖证书。

优秀论文奖目前已举行 5 届，共有 15 篇论文获奖。该奖项只有精神鼓励，没有物质形式的奖励。

七、开展国际交流

研究会成立之初即非常重视国际交流。第一届学术年会邀请了许多外国学者参加，与国际学术研讨会结合起来，效果极佳。遗憾的是，由于各种原因，这一优良传统并未延续下去。当然，研究会与国际学术团体一直保持着密切联系，并积极参与国际比较法学会组织的学术活动。

实际上，在研究会成立之前的 1986 年，就有几位中国学者参加了在悉尼召开的国际比较法科学院第十二届大会。在国际交流方面，中国比较法学迈出了难能可贵的一步。[1]

为纪念 1900 年国际法律学协会成立暨第一次比较法学国际大会召开一百周年，2000 年 11 月 1—4 日，国际法律学协会在美国杜兰大学主办了题为"国际比较法学一百周年纪念大会"的国际学术会议。来自 27 个国家的

---

〔1〕 参见沈宗灵：《比较法研究》，北京大学出版社 1998 年版，第 550 页。

近 170 名代表参加了大会。研究会原副会长孙谦和原副秘书长徐鹤喃等中国学者参加了此次国际会议。[1]

2010 年研究会原常务理事、西安交通大学法学院院长单文华教授应邀赴美国华盛顿出席参加第十八届"国际比较法大会"，并在大会上做了以"外国投资的保护"为主题的总报告。[2]

2014 年 7 月 20—26 日，第十九届国际比较法学大会在奥地利维也纳召开，研究会会长、副会长、中国政法大学比较法学研究院原院长高祥教授和研究会理事刘承韪教授应邀参加大会，并作为大会会议的国别报告人提交国别报告论文，高祥教授进行了大会发言，其报告和发言均获得与会者的一致好评。[3]

近些年来，研究会不断加强与国际交流，内部设立对外交流部，责成副会长负责研究会的对外交流事项。主要是与国际比较法研究机构和协会建立联系，并积极派学者参加世界范围内的比较法学术会议。

2018 年的国际比较法大会在日本福冈举行，研究会副会长丁相顺、常务理事李晓辉及理事刘承韪、冯恺和朱明哲参加了会议，并提交论文参加研讨。

八、未来发展与展望

中国的改革开放政策实施已经 40 余年，比较法学研究会也已度过 30 个春秋。在这 30 年的时间里，研究会在各届会长的带领下，通过各位比较法学界同仁的积极努力，比较法学研究的队伍不断壮大，理事会成员从最初的不足 30 人发展到 200 多人，已成为中国法学会旗下的重要直属研究会。研究会通过举办年会、组织各种论坛和学术专题研讨会以及出版年刊、对外交流等活动，极大地推动了中国比较法学的发展，为中国特色社会主义法律体系的形成和中国特色社会主义法治建设做出了突出贡献。

---

[1] 参见孙谦、徐鹤喃：《国际比较法学一百周年纪念大会综述》，载《中国法学》2001 年第 1 期，第 184 页。

[2] 参见《单文华教授应邀出席"国际比较法大会"并作主题总报告》，载中国法学创新网，http://fxcxw.mzyfz.com.

[3] 《高祥院长和刘承韪教授应邀参加第十九届国际比较法学大会和"法律多元化"国际研讨会》，载《比较法研究》2014 年第 5 期，第 201 页。

子曰"三十而立"。人生三十，风华正茂。正当而立之年的比较法学研究会正有着无限的未来和发展空间。

"青年比较法论坛"集中了一批有志于比较法研究的青年学子，他们视野开阔，兴趣广泛，法学理论基础扎实，功力深厚。他们是中国比较法学的未来，是中国比较法学未来发展繁荣的重要保障。

第一编　网络时代的法律发展

巩固抑或消亡：
互联网时代的族群认同与民族国家

李　亢[*]

一、问题的提出

当 20 世纪 90 年代互联网开始逐渐被人们所熟知的时候，人们惊叹它打破地域的开放性、实时性以及丰富多样的交互性。1995 年，还在互联网曙光初现的时候，时任国际电信联盟董事会主席的杰普盖普（Jean Jipguep）先生激动地宣布："我们庆祝现代电信在创造一个'地球村'方面的作用，在这个'地球村'里，任何地方发生的事情，在任何地方都有可能被报道；各种类型的信息，例如知识、研究成果、教育资源、新闻、文化、电影等，都可以通过全球性的信息基础设施被分享。"[1] 有学者相信，"网络空间的开放开启了一场新的超级去地域化运动（hyper-deterritorialization）"，它包括了从人到财物甚至是观念的去地域化。[2] 有鉴于此，很多人对未来充满了无限畅想：如果互联网越来越普及，每个人都可以随时在网络虚拟空间里与地球上任何角落的其他人进行交流，一种世界主义的图景是否会日渐

* 李亢，浙江财经大学法学院讲师，法学博士。基金项目：国家民委民族研究项目"加拿大族裔政策的历史教训与启示"（2021-GMD-113）。

〔1〕 Keynote Address by Mr. Jean Jipguep, available at http://www.isoc.org/inet95/proceedings/PLENARY/L1-6/html/paper.html, accessed：2018-04-17.

〔2〕 Jon Stratton, "Cyberspace and the Globalization of Culture", in David Porter ed., *Internet Culture*, London：Routledge, 1997, pp. 257-258.

清晰？人们是否会超越其特定的族群或民族认同，从而形成一种全球公民意识？再进一步大胆畅想：如果族群或民族认同将会因为地球上各个角落的人们通过互联网的普遍而深入的交流而消亡，如果去地域化进一步深化，传统的民族国家是否也会由此走向衰落？

二、互联网与族群认同

认同主要涉及"我是谁""我是怎样的人""我属于怎样的群体"以及"哪些人和我属于同一群体"等一系列的问题。有学者认为："认同是一种较长期的感情附着或归属。认同指的是，首先，它将自己定义为某一特定群体（或国家）的一份子；它和这个群体或国家之间有着共同的利益和感情的连结……第二，个人所认同的群体和其他群体清楚地有所分别。'己群'和'他群'分别的基础，可以是语言、文化或种族，也可以是共同的历史传统或历史记忆。"[1] 关于族群，原生论认为，族群是从来就有的，是人自身属性的一部分，是一种非理性的"原生情感"，甚至是基因与现实环境共同决定的。[2] 而族群认同，顾名思义，即一个人相信自己属于某一族群，并对此族群产生了较长期的感情附着或归属。与族群认同相关的民族主义具有强大的动员力量，在历史上，它能够唤起被压迫的少数族群以民族自居，并揭竿而起，反抗压制，并最终使本民族实现独立自主。然而与此同时，民族主义非理性的一面在于容易诱发集体性的不理智行为。同时，号召个人为集体目标而奋斗的民族主义也让很多自由主义者相信，民族主义与个人自由是完全相悖的。作为对民族主义的反思与批判，世界主义应运而生。"世界主义的立场是跨越国家框架，将全世界视为人类居住的共同场所。"[3]

然而，随着互联网的深入与普及，当初人们对未来的那种充满世界主义色彩的畅想却并没有真实发生。尽管全球性的交流日益频繁，人们可以通过互联网和不同族群的人交往，也可以随时接触到不同文化背景的图书、音乐、电影等信息，但人们对自身族群的认同仍然根深蒂固。不仅如此，

---

[1] 吴乃德的《国家认同和政党支持——台湾政党竞争的社会基础》一文。
[2] 杨虎得：《马克思主义民族理论研究》，民族出版社 2015 年版，第 40~41 页。
[3] ［日］小川仁志：《完全解读哲学用语事典》，郑晓兰译，华中科技大学出版社 2016 年版，第 120 页。

更为重要的是，互联网不仅没有使人们的族群认同出现任何松动，反而在事实上维系甚至强化了族群认同。最早从 20 世纪互联网时代的曙光初现起，一些学者便注意到了这一问题，一系列的针对不同族群的实证研究都指向了相同的结论。

较早关注到这一问题的是堪萨斯大学的吴伟（音译"Wei Wu"）博士。在 1999 年发表的《网络空间与文化多样性——以旅美中国学生的网络社区为例》（Cyberspace and Cultural Diversity—A Case Study of Cybercommunity of Chinese Students in the United States）一文中，吴伟将自己的研究对象聚焦在了在美国的中国学生身上。通过对以中国学生为主的网络社区的观察，吴伟发现，互联网并不是畅通无阻的大海，而是分布着种种在文化上相异的网络社区。这些网络社区只不过是真实世界中不同文化群体的自然延伸。在虚拟世界里，正是文化与语言垒起了不同网络社区的边界。因此，尽管"网络空间在本质上是异质的，但是每一个网络社区自身却有着牢固的同质文化特征"。[1] 另一个对海外华人的研究聚焦在了一个以福建移民为主的社区网站。来自香港中文大学的邱淑如（Ann Shu-ju Chiu）通过研究发现，这一被称作"福建人——福建人新移民社区"的网站，满足了在海外的福建人对怀旧情绪、历史记忆以及族群认同等内容的表达。他们和与自己有类似语言（方言）、文化、经历的人通过这一网站频繁交流，因而，尽管"这些移民其肉身漂泊在外，但是通过互联网，却象征性地回到了自己的家乡"。[2]

传统上，当一个人远离自己的家乡，生活在一个语言、文化和风俗等截然不同的环境中时，如果周围再缺少和自己有着相同族群或群体认同的人，那么这个人的对自身族群或群体的认同感很有可能遭到削弱，甚至可能被其所在的环境所同化。但这些研究清晰地表明，互联网的特点决定了

---

〔1〕 Wei Wu, "Cyberspace and Cultural Diversity—A Case Study of Cybercommunity of Chinese Students in the United States", in Michael Prosser, K. S. Sitaram, eds., *Civic Discourse: Intercultural, International, and Global Media*, Vol. 2, New York City: Ablex Publishing Corporation, 1999, p. 87.

〔2〕 Ann Shu-ju Chiu, "Historical Memory, Ethnic Identity and the Internet that Connects the Chinese Transmigrants to Their Home", *"People on the Move: The Transnational Flow of Chinese Human Capital" Conference at the Center on China's Transnational Relations*, Hong Kong University of Science and Technology, 21-22, October, 2005, p. 6.

它可能成为维系并强化自身族群或群体认同的一个极好的工具。当地理上
分布在不同地方的人们在网络社区中聚集在一起，使用属于自身族群或群
体专有的语言，畅谈与故土有关的新闻事件，追溯与本族群或群体有关的
或辉煌或悲惨的历史事件，即使身处异国他乡，其原本的认同也不会遭到
削弱。即使这些移民生活的环境中有很多和其同一族群或群体的人，但互
联网所提供的便捷、实时、随处的交流方式，其频繁和方便程度都远胜过
线下面对面的交流，这更有利于维系固有的认同。一位福建马祖籍画家在
西班牙留学期间，因为思念家乡，每天都会登录马祖本地重要的网络社区
网站——马祖资讯网（以下简称"马资网"）。他极为形象和生动地描述互
联网如何使自己与家乡变得亲近：

> 我以前在西班牙留学时，因思念马祖而开始天天用马资网。等到
> 我学成归国，回到马祖后，由于整修房子，临时住在破旧的老家。那
> 时的老家没有牵网络线，因此有一两个月没有网络可用。我觉得自己
> 住在西班牙时，跟马祖比较近。住在老家没有网络，反而觉得跟马祖
> 离得比较远。[1]

通过互联网维系自身认同的，当然不只是华人。20 世纪 90 年代初，索
马里内战爆发，许多索马里难民流落到了附近国家，甚至是世界各地。在
西方发达国家的一些城市，例如伦敦、多伦多、西雅图、墨尔本等，都有
索马里人聚居的地区。然而，一位成长于美国索马里人社区的索马里裔作
家纳杰马·谢尔菲（Najma Sharif）说："有一个地方，住满了索马里人的地
方。那里最让我感觉轻松自在，如同在家里一样。但那却根本不是一个真
实存在的地方，而是互联网。"在谢尔菲看来，散居世界各地的索马里人通
过互联网关心远在数千英里外的朋友、亲人和家乡，利用在线视频一窥散
居在世界上不同地区的索马里人的生活方式和时尚选择。因而，"我们在社
交媒体上找到了归属感与文化认同感"，"社交媒体如同祖国的延伸，将数百

---

［1］ 林玮嫔：《线上马祖：网路社群与地方想象》，载《考古人类学刊》2016 年第 85 期，第 19
页。

万索马里人彼此联系在一起"。[1]

对于族群或群体的成员来说，互联网不仅可以起到维系自身认同的作用，在某些条件下，甚至还能强化认同。桑德拉·洛佩慈-罗恰（Sandra Lopez-Rocha）以生活在英国的智利人为研究对象，着重讨论这些远离故土的人们通过互联网交流的目的与意义是什么。在英国的智利人较早时是以逃避皮诺切特独裁统治的政治难民为主，后来一些自愿的移民也加入了进来。罗恰选择的研究素材是与生活在英国的智利人相关的一些网站，例如揭露皮诺切特独裁统治的政治性网站、由拉美政治难民建立的表现拉美文化的社会文化网站，以及 Facebook，Youtube 和博客上面与在英国的智利人有关的内容。通过观察，罗恰发现，互联网成为在英国的智利人维护以及加强其族群认同的重要手段，他在研究中引用了人类学家威舍（Michael Wesch）的一句话："我们越是变成了个人，我们就越是渴望共同体。我们越是变得独立，我们就越是渴望更牢固的关系。"[2] 也正是因为这些移民背井离乡，他们更需要一种手段来强化自己原本的认同，以便凸显自己与周围人群的差异并舒缓被同化的恐惧，而互联网恰恰满足了他们的这一需要。

不仅散落世界各地的移民或难民借用互联网来维系和强化自身的认同，一些世居的少数族群成员也同样如此。奇卢瓦（Innocent Chiluwa）通过对一个与生活在尼日利亚东南部的伊博人相关的网站进行实证研究进而认为，这一虚拟社区的目的是很明确的，即要维持他们自身的族群认同。[3] 黄少华在其博士论文《网络空间的族群认同——以中穆 BBS 虚拟社区的族群认同实践为例》中，从一个与穆斯林群体相关的 BBS 着手，分析了虚拟社区的族群认同实践，进而得出了"网络空间族群化"的结论，也即"通过族

---

〔1〕 Najma Sharif, "How the Internet Became a Home for Displaced Somalis", May 12, 2016, available at https://www.vice.com/en_us/article/avy5ye/how-the-internet-became-a-home-for-displaced-somalis, accessed: 2018-04-12.

〔2〕 Sandra Lopez-Rocha, "Virtual Ethnicity: Representation and Boundary Formation on the Internet", *International Journal of Diversity in Organisations, Communities & Nations*, 10 (2010), p. 87.

〔3〕 Innocent Chiluwa, "Online Negotiation of Ethnic Identity", in Segun Adekoya, et al., eds., *Current Linguistic and Literary Issues in Digital Communiction in the Globalised Age*, Ilelfe: Obafemi Awolowo University Press, 2014, pp. 61-110.

群的主体性实践活动，在网络空间打上族群的时空制度、意义建构、认同印记、历史记忆、精神寄托等族群烙印的过程"。[1]

三、互联网维系与强化族群认同的根本原因

综上所述，关于互联网与族群认同的关系，可以得出这样一些结论：其一，对于漂泊在异国他乡的人们来说，无论是求学于域外抑或是避难于异邦，以开放性、实时性以及互动性为特点的互联网，都成了他们维系自身原本认同的重要手段。其二，对于世居的少数族群，同样可以利用互联网来维护自身的认同，从而凸显与多数族群相比而言较独特的一面。其三，在某些特定的条件下，互联网不仅可以维系原本的认同，甚至可以强化原本的认同。因此，所谓互联网的普及会使特定的族群认同弱化的世界主义图景的观点，是站不住脚的。在互联网时代，特定的族群认同越是在现实中有被削弱的危险，互联网越是能够成为一种维系乃至强化该认同的有效工具。

互联网能够起到维系甚至强化族群认同的作用，最根本的原因还在于语言。20 世纪后半叶以来，随着不同族群之间的不断交流，语言日益成为族群认同的核心要素。与此同时，在哲学领域，以路德维希·维特根斯坦（Ludwig Wittgenstein）为代表的一些学者开始关注语言的意义，而出身魁北克的哲学家查尔斯·泰勒（Charles Taylor）也探讨了自我存在与语言的关系，他说："对今天的人们来说，认同的关键一极（在某些情况下，也是最关键的一极）就是他们的语言/文化，因此，也即是他们的语言社群。由此，作为切实可行的认同的一极，语言社群的存在，对于我们成为完整的主体之人（human subjects）来说，是不可或缺的……职是之故，我们有权利要求他人尊重这一情况，即我们的语言社群是切实可行的认同的一极。"[2]职是之故，20 世纪后半叶以来，对族群认同的维护便越来越体现为对特定语言的保护。与传统的魁北克民族主义者强调的"法裔加拿大人"不同，曾任魁北克省长并在任内推动了第一次魁北克主权公投的莱维斯克

---

〔1〕 黄少华：《网络空间的族群认同——以中穆 BBS 虚拟社区的族群认同实践为例》，兰州大学 2008 年博士学位论文，第 198 页。

〔2〕 Charles Taylor, *Reconciling the Solitudes: Essays on Canadian Federalism and Nationalism*, Montreal: McGill-Queen's Press, 1993, pp. 53-54.

（René Lévesque）将"魁北克人"（Québécois）定义为居住在魁北克境内且会说法语的人。[1] 根据这一定义，即使是血统上的法裔，但如果不会说法语，也不再是"魁北克人"，相反，只要居住在魁北克境内且会说法语，即使在血统上是其他族裔，也属于魁北克人。在苏联解体前夕，作为加盟共和国之一的爱沙尼亚通过了《语言法》，恢复并维护爱沙尼亚语的国语地位，同时全面限制俄语在爱沙尼亚的使用范围。该《语言法》成功地激起了爱沙尼亚人的民族意识，为爱沙尼亚最终脱离苏联创造了条件。[2]

在网络虚拟社区里的交流，更凸显了以语言为核心的认同的重要性。因为传统上所谓以种族或血统为基础的认同，具体来说，比如强调肤色、发色、五官等外貌特征，在网络虚拟社区里几乎都是不可见的。人们在判断"我是谁""我属于怎样的群体"以及"哪些人和我属于同一群体"等一系列问题时，最主要同时也是最明显的依据，只能是语言。特别是对于少数族群来说，使用他们语言的人口相对较少，因此，与英语等全球广泛使用的语言不同，基本上在网络虚拟社会中使用某一少数族群语言的，在现实中也是属于某一少数族群，因此，对他们来说，语言是认同的关键。更重要的是，当少数族群的文化面临被同质化的威胁时，"语言作为文化的直接表达，成为文化抵抗的战壕，自我支配的最后堡垒，独特内涵的避难所"。[3] 网络虚拟社区里的交流几乎都是通过语言以及其有形载体文字进行的，在通过母语进行频繁互动的过程中，一个少数族群的成员能够更清晰地认识到自己属于哪一个族群，同时与那些和自己母语不同的人相区别，从而维系和强化自身的族群认同。

四、互联网与民族国家

与相信互联网的普及会使人们特定的族群认同被削弱相类似，另一种世界主义图景认定，互联网也会导致传统的民族国家走向衰落。在 20 世纪 90 年代，很多人乐观地相信，随着互联网在世界各地的用户越来越多，交流越来越频繁，地域的沟壑将会被打破，一种全球公民意识将会形成，人

---

〔1〕 René Levesque, *An Option for Québec*, Toronto: McClelland and Stewart Limited, 1968, p. 14.

〔2〕 周庆生:《魁北克与爱沙尼亚语言立法比较》，载《外国法译评》1999 年第 1 期，第 97 页。

〔3〕 Manuel Castells, *The Power of Identity*: *The Information Age*: *Economy*, *Society and Culture*, vol. 2, Oxford: Blackwell Publishers, 1997, p. 52.

们也将更多地关注全人类共同的事务，而不是自己所在的民族国家的事务。更有人甚至认为，互联网的普及将会向民族国家的统治发起挑战，也将侵蚀各国政府的权威，"互联网的到来似乎预示着一种新的人类事务管理方式，它将使我们永远摆脱基于地域的统治"。[1]

除此之外，还有一种观点并非从世界主义的角度论述互联网将导致民族国家的消亡，而是认为互联网的普及会威胁到各国文化的完整性，从而摧毁民族认同的根基，进而将在根本上动摇民族国家。传统上一个民族国家如果要得以维系，需要特定的民族认同，同时，"民族认同的集体意识建立在共同的想象、表征（representation）和神话等基础上"。然而，这些都将在网络时代遭到破坏，因为互联网的"非地域特征"将会使文化碎片化，之前完整的文化会出现裂缝与差异，其后果就是"很难甚至是不可能维持奠基于共同的想象、表征和神话基础上的民族认同的集体意识"。[2]

然而现实却否决了20世纪90年代关于民族国家命运的种种预言。这主要体现在以下两个方面：

第一，互联网的发展并没有朝着世界主义的方向。如今，互联网的使用者已经遍布世界各地，打破了最初英语网民一家独大的局面。然而，全球公民意识并没有形成，人们在网络虚拟空间里交流的对象仍然以本国人为主，所关注的也主要是本国的新闻。如同约翰·波斯蒂尔（John Postill）所说，"随着全球互联网用户数量的持续增长，互联网却变得'更加地方性'。"[3] 交互性较强的网站例如BBS或者网络论坛，大多都存在较为明显的本地色彩。与此同时，尽管Facebook是全球性的社交网站，然而无论是用户的关注和偏好还是群组的主题和受众，大多呈现出明显的地方化。这当然可以用语言来解释，毕竟互联网的使用者更关注以母语为主的内容，也更倾向于和使用母语的人交流。然而，需要注意的是，在现实世界中，

---

〔1〕 Jack Goldsmith, Tim Wu, *Who Controls the Internet？：Illusions of a Borderless World*, Oxford：Oxford University Press, 2006, p. vii.

〔2〕 Thomas Hylland Eriksen, "Nationalism and the Internet", *Nations and nationalism*, 13（2007）, p. 1.

〔3〕 John Postill, "Localizing the Internet Beyond Communities and Networks", *New Media & Society*, 10（2008）, p. 413.

一些影响力较大语言的使用并没有被限定在某一个国家的范围内，例如英文、西班牙文乃至中文等。然而，不同用户的偏好与关注，以及不同的交互性网站的主题与受众仍然在互联网的虚拟世界中或明或暗地标明了或模糊或清晰的国界。

第二，民族国家也并没有因为互联网的发展而遭到削弱。一方面，现实社会中存在着的民族主义在网络虚拟社会中得到了更加激烈的表达。特别是在本国与其他国家陷入争端与冲突的时候，或者国家的安全、尊严以及领土完整等受到威胁的时候，互联网的实时性与互动性为民族主义热情的迅速发酵提供了合适的温床。例如，有学者研究了2006年第二次黎巴嫩战争期间互联网上以色列人的言论，发现这些以色列的互联网用户"以最清晰且绝不妥协的措辞表达了对他们的政治或国家实体的认同"。[1] 在中国互联网刚刚起步的2003年，"网络民族主义"概念便被当时的媒体提出，用来表达当时在网络虚拟社区中因为一些热点事件而引发的网民的一系列言论或行动。[2] 甚至在一些时候，这种互联网虚拟世界里的民族主义还以一种冲突性的方式出现。[3] 互联网世界里的这些民族主义言论内容多样，但都体现了对国家主权、尊严以及领土完整的坚定维护。另一方面，国家面对互联网也越来越主动，例如通过积极的立法规范互联网上的各项经济活动、应对网络环境下知识产权的保护问题、严格过滤互联网上出现的儿童色情等不良信息。因此，互联网在其初露峥嵘时所体现的"无国界"的色彩正越来越淡。当下，中国学界和政界都在热烈讨论"网络主权"这个概念。

互联网从最初的"无国界"很快发展到如今的"有国界"，在杰克·戈德史密斯（Jack Goldsmith）和吴蒂姆（Tim Wu）两位学者看来，既有来自政府的自上而下的压力，也有来自民众的自下而上的压力。具体来说，政

---

〔1〕 Oren Soffer, "The Internet and National Solidarity: A Theoretical Analysis", *Communication Theory*, 23（2013），p. 60.

〔2〕 根据罗迪和毛玉西的考证，在正式的媒体中，"网络民族主义"这一术语最早出现在《国际先驱导报》的《京沪高速铁路撞上民族主义浪潮》报道中。参见罗迪、毛玉西：《争论中的"网络民族主义"》，载《中国青年研究》2006年第5期，第47~48页。

〔3〕 郭小安、杨绍婷：《网络民族主义运动中的米姆式传播与共意动员》，载《国际新闻界》2016年第11期，第54页。

府都希望国家的法律在网络世界里仍然有效，而对于民众来说，他们也都希望一个符合地方性偏好的互联网。与此同时，民众还希望政府能够阻止互联网上的有害信息，而企业则需要政府能够在互联网世界里确保一个稳定的法律环境，从而促使电子商务的繁荣。[1] 然而，最根本的原因仍然在于民族认同具有强大的生命力，以及在可预测的未来，民族国家都将会是世界上最基本的国家形态。实际上，有人敏锐地指出，在互联网出现以前，印刷机、铁路旅行以及电视等重大技术变革的每一次出现，都被一些人认为，会对民族国家的凝聚力产生不利的影响。但事实却证明，它们恰恰最终成为巩固民族国家的强有力的工具。[2]

五、结语

综上所述，一方面，随着互联网的普及，族群认同不仅会得到维系，甚至会得到加强；另一方面，民族国家也并不会因此被削弱，在互联网时代，民族国家仍然显示出强大的生命力，并仍然牢固地表明自己是世界上最基本的国家形态。然而，这两个结论却拷问着族群多元国家特别是移民国家：在网络时代背景下族群认同的维系与加强是否会使其陷入某种动荡与分裂？传统上，一个移民在异国他乡往往会主动或被动地融入当地的文化，一个国家的多数族群其文化上的强势也常常会有意或无意地影响到少数族群，然而互联网的普及使得这一过程变得近乎不可能。如果每个移居他国的人都一直在通过互联网与遍布世界各地的和自己同一族群的人交流从而维系原本存在的族群认同，则其对所移居国家的认同在哪里？这样的国家是否还会有凝聚力？这些疑问可能已经触及我们这个时代面临着的最深刻也是最棘手的问题。

---

〔1〕 Jack Goldsmith, Tim Wu, *Who Controls the Internet?: Illusions of a Borderless World*, Oxford: Oxford University Press, 2006, p. vii.

〔2〕 Martin Horton-Eddison, "Will the Internet Spell the End of the Nation-State?", available at https://www.academia.edu/12963821/Will_the_Internet_Spell_the_End_of_the_Nation-State, accessed: 2018-05-01.

司法"网络化"对民事诉讼的重塑及其限度

胡昌明*

舒国滢教授曾经用司法的"广场化"到司法的"剧场化"来指称司法从前现代到现代的转变。在这一转变中,司法的"剧场化"内化了人们的理性精神和品质,凸现了程序和秩序观念,促成了法律活动的技术化和专门化。[1] 当然,在克服司法"广场化"狂热、非理性特征,构建司法活动专业性的同时,司法"剧场化"也带来了高昂的司法成本,增加了民众参与的难度,使得参与者之间变得疏离。在司法"剧场化"的场景下,诉讼参与人虽然完全尊重法律,但是这种尊重可能永远不会是基于亲近感的尊重,而是一种"保持距离"的尊重。[2]

随着信息技术的兴起,越来越多的科技元素被引入法院和司法庭审中。各级法院全面推进电子诉讼,100%的法院实现网上立案、缴费、电子送达三类应用,2019 年,全国已建设科技法庭 38 068 个,特别是随着智能手机的普及、5G 的探索、互联网法院的成立,使得司法的"网络化"从设想走

* 胡昌明,男,中国社会科学院法学研究所助理研究员,法学博士。研究方向:法理学、司法制度、法律社会学。

〔1〕 舒国滢:《从"司法的广场化"到"司法的剧场化"》,载舒国滢:《在法律的边缘》,中国法制出版社 2000 年版,第 94~95 页。

〔2〕 舒国滢:《从"司法的广场化"到"司法的剧场化"》,载舒国滢:《在法律的边缘》,中国法制出版社 2000 年版,第 97 页。

向现实。2020 年，突如其来的疫情使得很多社会、经济活动受到阻碍，诉讼活动也不例外。为了缓解无法面对面进行诉讼与案件审限之间的张力，中国法院借助近年来新技术和智慧司法的建设，在疫情期间纷纷开启"网络化"诉讼模式，越来越多的诉讼环节从线下转移到了线上。数据显示，疫情期间，在线诉讼成为部分法院主要的诉讼模式，例如，深圳市龙华区人民法院速裁庭运用"深圳移动微法院"的开庭数占全院的 81%。[1] 遑论，前两年成立的杭州、北京、广州三家互联网法院，其在线庭审率都在 95% 以上。[2] 可见，在线诉讼已逐步成为中国司法的一种全新审判模式。

"网络化"诉讼模式在把司法从法庭这一固定场所解放出来，搬到网络空间的同时，也在悄然改变几十年来司法"剧场化"下逐步形成的一些诉讼规则，在一定意义上削弱了司法"剧场化"的符号意义，对传统的法律诉讼程序产生一定冲击。作为一个新生事物，在线诉讼的利弊得失远未得到深入解剖，由此可能引发公众对"网络化"司法模式的质疑，动摇司法的理性与秩序，甚至有在网络上形成司法的"广场化"之虞，不可小觑！在在线审理的案件类型中，民事案件使用最广、占比最大，本文就以在线诉讼方式对民事诉讼[3]的影响展开论述，以期对未来在线诉讼的发展提供借鉴。

一、司法"网络化"对诉讼程序的影响

司法的"网络化"模式打破了法庭这样一个物理空间。从空间来说，从法庭这样一个相对封闭的场域内，转移到网络这样一个相对开放的场域；从当事人心理来说，法庭对于当事人来说是一个陌生的环境，当事人会相对拘谨，但是当法庭搬到网络上，当事人置身于自己的办公室或者家中，在自己的私人场所内，他们的心情会相对放松，也将更加随意。由此，司法"网络化"在使得司法更加亲民的同时，也会给传统诉讼程序带来改变，

---

〔1〕 肖波、徐全盛：《深圳"智慧引擎"启动在线诉讼》，载《人民法院报》2020 年 4 月 21 日，第 8 版。

〔2〕《中国互联网法院的现状与展望——中国互联网发源高峰对话实录》，载陈甦、田禾主编：《中国法院信息化发展报告 NO.4（2020）》，社会科学文献出版社 2020 年版。

〔3〕 不是说司法的"网络化"不会对刑事审判产生影响，而是在目前的民事审判中在线诉讼运用最为广泛，根据《最高人民法院关于新冠肺炎疫情防控期间加强和规范在线诉讼工作的通知》第 8 条，刑事案件在线庭审目前仍在探索阶段，有一定的限制，尚不能全面推行。

对庭审秩序的维护、证据形式、认证方式、送达方式以及庭审笔录的形式都产生一系列深刻的影响。

（一）庭审秩序失范

司法从"广场"进入"剧场"后，法官作为庭审的主持人，在法庭这一场域内对于庭审秩序和当事人的行为通常具有较强的掌控能力。但是，法庭从线下搬到网络上后，法官对庭审秩序的维护更加困难，出现庭审秩序失范的隐患。

第一，庭审庄严肃穆的氛围消失。虽然，仍然是庭审，仍然面对法官和对方当事人，但是"网络化"庭审中，原来由法台、国徽、法槌、法袍、审判席等构成的司法场域在一定程度上被消解，无法像在法庭中那样营造出法律的神圣性和权威性。同时，在网络庭审中，《中华人民共和国人民法院法庭规则》要求的"审判人员进入法庭以及审判长或独任审判员宣告判决、裁定、决定时，全体人员应当起立"等司法仪式无法举行，这将进一步削弱法官的权威性。

第二，违反法庭秩序的行为更难以被察觉和纠正。虽然，线上庭审规则要求诉讼参与人能够将"头面部完全显示在视频画面的合理区域"，但是由于视频画面、角度有限，法官无法看到当事人身体全貌，也无法看到镜头外的其他动作和行为，[1] 因此，增加了当事人从事违反法庭秩序，甚至损害诉讼程序行为的风险。例如，未经法庭允许录音录像，庭审时私下向他人需求帮助，或者允许甚至唆使证人旁听庭审，以获得对己方有利的证人证言，等等。但是，由于不在同一个物理空间内，也无法得到司法警察的辅助，法官想要发现和纠正这些违法行为势必更加困难。

第三，庭审的流畅性可能会降低。一方面，由于网上庭审高度依赖网络环境，而法庭并不能保证所有当事人都有良好的网络环境来实时传输声音和图像，所以在在线审判过程中，掉线、卡顿、图像和声音不清晰等现象难以避免。另一方面，由于当事人的环境空间不受到法官控制，当事人

---

〔1〕 广州互联网法院一名被告的律师庭审后发文，声称自己"给足了法院面子，上身穿得多正式"，并配了一张照片。照片显示，这名律师在家里"出庭"时，上半身穿着黑色衬衫和淡蓝色西装外套，下半身却只有一条短裤加拖鞋。参见章程、方晴、魏丽娜：《原告被告千里隔空打官司！广州这家法院探索网络治理"广互方案"》，载《广州日报》2019年12月3日，第A3版。

无论在办公场所还是家中开庭，庭审中出现被意外打扰的可能性也更大，庭审的不可控性更高。这些问题在一般的视频交流中问题并不突出，但是在庄严的法律庭审中出现，轻则干扰庭审的流畅性，重则影响对当事人诉讼权利公平的保障。

（二）证明方式剧变

第一，证据形式差异大。在传统的诉讼模式中，不管是书证、物证还是视听资料，甚至电子数据，都是通过邮寄或者当面方式提交给法庭。质证过程也是在法官或者法官助理主持下，与对方当事人面对面进行的。然而，在线诉讼时，主要的证据形式是电子证据，这些以电子方式呈现的证据需要通过网络传输给法院，如果这些证据原来是纸质的书证、鉴定意见、勘验笔录等线下证据，就需要当事人"通过扫描、翻拍、转录等方式进行电子化处理后上传至诉讼平台"。[1] 一些必须要核对证据原件的案件，则不适宜于在线庭审。

第二，证据真实性的证明方式发生变化。正是由于在线诉讼与线下诉讼证据形式的差异，带来证据真实性验证方式的差别。真实性是诉讼中当事人质证的重点环节之一。在传统诉讼中，往往通过原件与复印件的比对、证人证言、公证认证、鉴定机构出具鉴定报告等方式来确认证据的真实性。但是，虽然电子证据已经被民事诉讼法所接纳，但是电子数据本身具有容易篡改、不稳定等的特征，证据的真实性容易受对方当事人的质疑，证据采信率通常较低。而在在线诉讼中，证据主要是通过电子数据方式呈现，电子证据的真实性问题已然成为诉讼能否进行、法官如何判断的根本问题。

由于在线诉讼涉及的电子数据数量庞大，如果对其真实性的审查判断仍然依靠传统的鉴定、公证程序，不仅会增加当事人的诉讼成本（特别是在一些标的额不大的网络侵权案件中，司法鉴定的费用都有可能远超过诉讼标的额），还将延缓诉讼进程，严重影响司法效率；如果直接由法官判断采信，则又往往超出法官裁判能力范围，造成一定的道德风险。

---

[1] 《最高人民法院关于互联网法院审理案件若干问题的规定》第9条。另第12条规定："互联网法院采取在线视频方式开庭。存在确需当庭查明身份、核对原件、查验实物等特殊情形的，互联网法院可以决定在线下开庭，但其他诉讼环节仍应当在线完成。"

因此，2019 年，最高人民法院修订了 2001 年发布的《关于民事诉讼证据的若干规定》，此次修订最突出的特点之一就是完善了电子数据的认证、质证规则，特别是增加了电子数据真实性的判断手段，如"由记录和保存电子数据的中立第三方平台提供或者确认"。对于电子数据当事人可以通过"电子签名、可信时间戳、哈希值校验、区块链等证据收集、固定和防篡改的技术手段或者通过电子取证存证平台认证"。通过区块链等技术手段保证电子证据的真实性，改变了传统线下诉讼的证据证明方式。

（三）送达方式切换

送达虽然并非诉讼法学关注和讨论的焦点，但是确实是民事案件进入诉讼后的第一个环节，关系到诉讼效率和程序的公正，而且"送达难""送达累"和"送达乱"始终是困扰各级法院特别是基层法院的难题。[1] 2012 年《中华人民共和国民事诉讼法》（以下简称《民事诉讼法》）修正，将传真、电子邮件等电子送达方式纳入法律，使得民事诉讼送达方式更加多元。这一修改也使得在线诉讼更加顺畅和便捷。线下诉讼中，送达的材料通常都是纸质材料，主要采用直接送达、邮寄送达、公告送达等方式，有时也会采用委托及留置送达和转交送达。在线诉讼中，起诉状、证据等诉讼材料以及法院的诉讼文书（传票、应诉通知书等）都以电子方式呈现，因此，电子送达遂成为在线诉讼案件的主要送达方式。

但与其他送达方式相比，电子送达在具有成本低、效率高等优势的同时，也具有一些局限性：一是法律规定电子送达需要经受送达人同意，那么一些下落不明，或者故意通过躲避送达来达到拖延诉讼或者逃避责任等目的的当事人就会"不同意"电子送达。二是法律规定电子送达的诉讼文书有一定的限制，判决书、裁定书、调解书尚不能适用电子送达方式。[2]三是在受送达人同意电子送达但未主动提供或者确认电子地址时，如何确认受送达人是否收讫，从而确定送达的效力仍然存在争议。四是电子送达

---

〔1〕 郑旭江：《互联网法院建设对民事诉讼制度的挑战及应对》，载《法律适用》2018 年第 3 期。

〔2〕 这点在《最高人民法院关于互联网法院审理案件若干问题的规定》中已经有所突破，该规定第 15 条第 3 款规定："经告知当事人权利义务，并征得其同意，互联网法院可以电子送达裁判文书。当事人提出需要纸质版裁判文书的，互联网法院应当提供。"

渠道多样而可能造成混乱，目前，法院的电子送达可能通过中国审判流程信息公开网、全国法院统一送达平台、即时通信工具等多种方式进行，由此可能造成分散送达或者多头送达，会引起当事人对法院送达公信力的质疑。

（四）庭审记录改革

"庭审笔录是关于法院、当事人、诉讼参与人在庭审中实施诉讼活动的法定证明文书"，是法院依法作出裁决的重要依据，也是社会监督审判、监督法官公正司法的有效方法。[1] 因此，庭审笔录对于审理和裁判都具有重要价值，但是《民事诉讼法》对法庭笔录的规定只用了一个条文，过于简单和概括。在传统线下诉讼中，法庭笔录一般由书记员完成，在庭审结束后，审判人员、书记员、当事人和其他诉讼参与人在阅读后均应签名或者盖章。在在线诉讼中，庭审记录的形式也发生了重大变革。首先，在线诉讼中，审判人员、书记员、当事人和其他诉讼参与人通常是通过法院诉讼平台的电子签名系统签署庭审笔录。其次，由于最高人民法院要求对包括在线庭审在内的所有庭审全程进行录音录像，书面庭审笔录的重要性下降，在当事人对庭审笔录存在异议的情况下，司法解释规定，以庭审录音录像记载为准。甚至在小额诉讼程序、简易程序案件中，庭审录音录像已经完全替代庭审笔录。[2] 庭审笔录的重要性在在线诉讼中已经不复存在。最后，即使在保留传统纸面庭审笔录的法庭中，庭审笔录也面临着深刻的变化。随着语音转化能力的提升，越来越多的庭审笔录从书记员记录转变为由语音识别功能自动识别并同步转换。在一些试点法院，语音识别不仅正确率高，"已实现普通话庭审笔录完整度接近100%，即使是带有口音的普通话语音识别正确率也能达到90%以上"，而且能够有效提升审判效率，"庭审时间平均缩短 20%~30%，复杂案件庭审时间缩短超过 50%"，[3] 能够有效避

---

〔1〕 张卫平：《论庭审笔录的法定化》，载《中外法学》2015 年第 4 期。

〔2〕 《最高人民法院关于人民法院庭审录音录像的若干规定》第 8 条规定："适用简易程序审理民事案件的庭审录音录像，经当事人同意的，可以替代法庭笔录。"

〔3〕 中国社会科学院法学研究所法治指数创新工程项目组：《中国法院"智慧审判"第三方评估报告（2018）》，载陈甦、田禾主编：《中国法院信息化发展报告 NO.4（2020）》，社会科学文献出版社 2020 年版。

免书记员输入效率低而导致庭审暂停的现象。因此，存在自动生成庭审笔录替代传统书记员进行庭审笔录的趋势。

二、司法"网络化"在诉讼中的效用

（一）提升了程序便捷性

司法"网络化"对民事诉讼重塑首先体现在提升了民事程序的便捷性：一是当事人参与诉讼更加方便。相对于线下庭审，线上庭审对于当事人而言显然更加便捷。司法的"网络化"基本上实现了诉讼参与人只要有网络、有一台电脑甚至只要有一部智能手机，即便未离开家半步，也可以在网络上完成从立案、举证、开庭到最后执行的整个诉讼过程。二是降低了诉讼成本。司法活动本身成本非常高，既包括法院为了维持司法运行所付出的成本，也包括当事人的诉讼成本。从法院角度而言，大量案件从线下搬到线上，可以减少法庭数量，缩小法庭规模，大量电子文档的实施节约了大量存储空间和办公文印费用。从当事人角度而言，减少了跑法院的次数，降低了相应的交通费和时间成本，特别是对异地诉讼而言。三是提高了司法效率。由于网络庭审前，法院已经在线完成信息核对、情况告知以及证据交换等工作，并采用了全程录音录像和语音识别系统以替代传统的庭审笔录，网络庭审的程序更加简洁，效率大幅提升。截至 2019 年 10 月 31 日，杭州、北京、广州互联网法院在线庭审平均用时 45 分钟，案件平均审理周期约 38 天，与传统审理模式相比，所节约的时间分别为 3/5 和 1/2。[1] 三家互联网法院人均结案数量达 700 件以上，比其他法院高出数倍。

（二）简化了诉讼流程

在线下诉讼过程中，法官与当事人面对面机会少，庭审几乎是双方直接沟通交流的唯一场景，所以大量的信息交互都集中在庭审过程中。为了保证当事人充分表达和信息充分沟通，诉讼程序十分繁琐，庭审被人为地拉长。像戏剧中的表演活动一样，一定要按照固定的程序（程式）进行，由"序幕""高潮"和"尾声"诸部组成，[2] 正式的线下庭审，也必定要

---

〔1〕 中华人民共和国最高人民法院编：《中国法院的互联网司法》，人民法院出版社 2019 年版，第 6 页。

〔2〕 舒国滢：《从"司法的广场化"到"司法的剧场化"》，载舒国滢：《在法律的边缘》，中国法制出版社 2000 年版，第 94 页。

经过合议庭进入法庭、全体起立、法官敲击法槌宣布开庭、当事人身份核实、权利义务告知、宣示庭审纪律等"序幕"，法庭调查与法庭辩论等"高潮"，当事人最后陈述等"尾声"部分，这些环节虽然保证了法律程序的完整性，保障了当事人的诉讼权利，但是对于大量简易案件而言，这些程式化的程序过于繁琐。在庭审过程中，当事人陈述、法庭调查与法庭辩论部分中，大量的意见不断重复出现，往往导致庭审拖沓、冗长、低效。在在线庭审中，对于开庭前已经在线完成的当事人身份核实等环节可以不再进行，庭前完成证据交换后，没有争议的证据可以不再质证，当事人陈述、法庭调查与法庭辩论等庭审环节可以合并进行。[1] 这一规定显然体现了法院强烈的实用主义倾向，简化后的法庭庭审根据案件不同的情况和复杂程度，诉讼程序会体现出繁简不同的差异。例如，对于简单民事案件，庭审可以直接围绕诉讼请求或者案件要素进行。[2] 又如，对于事实清楚、权利义务关系明确的简单民事案件，即使需要进行公告送达，仍可以适用简易程序等。[3] 这些对《民事诉讼法》有所突破的规定，其实更加符合司法实践的需求。也就是说，在在线诉讼中，当事人对简单案件诉讼效率的要求有可能得到更加有效的保障，同时也会因案制宜，保证普通案件、疑难复杂案件经历完整的诉讼程序。

（三）实现了司法"祛魅"

现代社会之所以将司法从"广场"搬到"剧场"，是因为司法审判是一个理性活动的过程，需要充分调动法官的专业化知识来处理眼前的纠纷，这就需要创造一个相对安静、独立的空间，"以防止法庭之外和之内的各种'嘈杂的声音'对庭审活动可能造成的干扰"。[4] 但是严格的司法"剧场化"在凸显法定程序、法庭秩序的同时，也给司法增添了"神秘色彩"，造成了普罗大众对于司法的隔阂和疏离；法袍、法台和法槌等器物在增加法庭威严的同时，也会给参加庭审的当事人，特别是不经常参加的"生疏当

---

〔1〕《最高人民法院关于互联网法院审理案件若干问题的规定》第 13 条。

〔2〕《最高人民法院关于互联网法院审理案件若干问题的规定》第 13 条第 3 项。

〔3〕《最高人民法院关于互联网法院审理案件若干问题的规定》第 18 条。

〔4〕舒国滢：《从"司法的广场化"到"司法的剧场化"》，载舒国滢：《在法律的边缘》，中国法制出版社 2000 年版，第 94 页。

事人"[1]带来较大精神压力。对于这些当事人而言,法律令人难以理喻,隐蔽晦暗、"矫揉造作",愈来愈失去可触及性和亲近感。而"网络司法"则拉近了法官与诉讼参与人之间的距离,双方当事人和法官出现在同一个画面屏幕中,地位更加平等,更容易"面对面"地看清楚对方的微表情,双方在空间上虽然相距甚远,但是网络拆解了法庭内部的物理屏障,也一定程度上消解了法官与当事人之间的心理隔阂,使得双方的心理距离反而更加贴近。将法官从高高的法台上拉回到当事人身旁,一定程度上实现了司法的"祛魅",消除了司法"剧场化"可能出现的"异化"倾向,特别是对于生疏当事人而言,更容易占据相对平等的地位,未免不是件好事。

三、司法"网络化"的限度和纠偏

司法"网络化"使得诉讼更便捷、程序更简便、司法更亲民,司法"网络化"的成效在中国三家互联网法院得到了较好的体现,截至 2019 年10 月 31 日,杭州、北京、广州互联网法院共受理互联网案件 118 764 件,在线立案申请率为 96.8%,全流程在线审结 80 819 件,一审服判息诉率达98.0%,审判质量、效率和效果呈现良好态势。[2] 在疫情期间,互联网司法发挥了更加重要的作用,2020 年 2 月 3 日至 3 月 31 日,全国法院网上立案 70.6 万件;网上开庭 15.0 万件,同比增幅 453.3%;网上调解案件 30.2万件,同比增幅 89.1%。[3] 由此,在线诉讼模式获得一片赞誉。但是,在看到在线诉讼模式优势和应用前景的同时,也应该保持冷静和理性,毕竟这一诉讼模式还在初试阶段,相关的技术、法律配套尚不健全,在全面铺开前有必要对在线诉讼可能存在的问题进行预判,从而避免司法"网络化"

---

[1] 笔者在以往的司法审判经历中发现,根据诉讼参与人对司法熟悉程度可以分为"生疏当事人"和"熟络当事人"两类,前者包括对法律不熟悉或者不太熟悉,首次或者偶尔参加诉讼的当事人,他们缺乏诉讼技巧,对诉讼和庭审缺乏认知,在诉讼中往往处于不利地位;后者包括律师、法律工作者等专业法律人士以及经常参加诉讼的当事人、代理人,他们精通法律,熟悉诉讼技巧,对庭审过程驾轻就熟,往往会利用自己的专业优势在诉讼中取得优势地位。诉讼参与人对司法的熟悉程度会对诉讼的过程和诉讼的结果产生一定影响。

[2] 中华人民共和国最高人民法院编:《中国法院的互联网司法》,人民法院出版社 2019 年版,第 6 页。

[3] 孙航:《疫情防控期间智慧法院建设成果红利充分释放》,载《人民法院报》2020 年 4 月15 日,第 1 版。

的滥用，损害当事人的诉讼权益，甚至违背诉讼的公正性、程序性要求，以致破坏司法公信力。

（一）避免司法跌入"广场化"泥淖

司法"网络化"是"诉讼现代化"枝头长出的一颗新芽，自诞生以来就是对司法"剧场化"模式的一种发展。这种新模式的生发有现代科技发展的助推，也带着修正传统诉讼模式弊端的基因，但是司法的"网络化"对司法"剧场化"的拓展应当是建设性的，而非颠覆性的。司法"网络化"的发展有助于克服司法"剧场化"过于程式化，甚至形式化、繁琐化的倾向，调整其造成的法官高高在上、与当事人之间过分隔阂与疏离的情形。但是，在运用在线诉讼方式克服司法"剧场化"弊端的同时，要避免司法从一个极端走向另一个极端，即又回到司法"广场化"的泥淖中。

第一，中国司法文化中一直残存着"广场化"的基因，如古代的"游街示众"，直到 1988 年，对所有已决犯、未决犯以及一切违法的人一律不准游街示众的规定才正式出台。2003 年，最高人民法院再次明确规定不准公审公判，坚决反对集中宣判和执行。[1] 但是中国的司法传统一直习惯于借助于广场的力量去扩大司法审判的社会效果，教育最广大的人民群众。《中华人民共和国刑事诉讼法》是中华人民共和国成立 30 年后通过的，而《中华人民共和国民事诉讼法》更是迟至 1991 年才颁布，因此，中国司法在避免过度"剧场化"的危害时，更应警惕司法"广场化"的阴霾。

第二，司法"网络化"本身意味着打破法庭物理空间束缚、简化诉讼程序、拉近法官与当事人的距离，加之大量在线诉讼直接接入庭审直播网，有相当数量的网民旁观，不仅容易激发代理律师在镜头前使用煽动性语言的表演欲，也可能会使法官无法心无旁骛地专注于审判，这些都与司法"广场化"的特征相类似，很有可能破坏经过几代法律人努力才逐步建立起

---

〔1〕 1980 年实施的《中华人民共和国刑事诉讼法》规定执行死刑不应示众。1988 年，最高人民法院、最高人民检察院、公安部《关于坚决制止将已决犯、未决犯游街示众的通知》（现已失效）中明确规定：不但对死刑罪犯不准游街示众，对其他已决犯、未决犯以及一切违法的人也一律不准游街示众。1992 年，最高人民法院、最高人民检察院、公安部《关于依法文明管理看守所在押人犯的通知》（现已失效）中再次强调，禁止搞任何变相的游街示众。2003 年，最高人民法院《关于推行十项制度切实防止产生新的超期羁押的通知》中又明确规定不准公审公判，坚决反对集中宣判和执行。

来的程序性、专业化的审判模式,影响法庭威仪,有损司法权威,[1] 尤其值得警惕,并应通过制定一定的法律法规以及技术手段竭力避免。例如,应当修改《中华人民共和国人民法院法庭规则》,规定除特殊情况外,在线庭审时,法官必须在法庭内进行庭审,法官、律师等专业人士必须穿制式服装,当事人在线庭审的空间必须保证安静和相对封闭,衣着得体,不得大声喧哗、不得随意走动、不得录音录像、不得允许证人旁听,对于违反规定的,应当设定关闭声音通道、训诫、罚款直至司法拘留等处罚措施。

(二)应当平衡民事诉讼各项价值

司法"网络化"对于提升司法效率、降低诉讼成本的作用毋庸置疑,在民事诉讼案件数量仍在不断攀升的当下,司法"网络化"无疑能够缓解中国司法资源捉襟见肘的燃眉之急,也顺应了世界诉讼发展的潮流。然而,高效率和低成本绝对不是诉讼唯一的价值取向,甚至也不应作为最重要的价值。对科技手段的追求不能忽视程序正义的初衷,相对于单纯的技术应用,对当事人诉讼权利与实体权利的保护更为重要。[2] 司法首先要遵循的本质属性是公平正义。不管采用哪种诉讼形式,司法应当平衡各项诉讼价值,特别是优先将公正作为诉讼的终极价值。

司法"网络化"如果在增进司法效率的同时,没有减损其他司法价值,没有妨害司法公正,形成了"帕累托最优",那么这种诉讼形式显然毫无争议。但是反之,如果司法"网络化"虽然提升了效率,但是却减损了对当事人权利的保障、司法的权威和公平正义,那么则应充分权衡这一形式的利弊得失,放弃在线诉讼或者仅在部分流程、部分案件适用在线方式,在其他环节和案件中仍保留线下诉讼方式。

围绕司法"网络化"的各种争论中,争议最大的恐怕就是异步审判了。所谓异步审判,乃是与同步审判相对而言,是指包括法官和当事人在内的程序参与人之间,非但不必相聚一室进行诉讼活动,甚至可以不在同一日期做出各自的诉讼行为,程序参与人在意见表达上,可以有时间上的延后

---

〔1〕 斑斓君:《美最高院首试"电话"庭审,全球互联网司法下步走势如何》,载微信公众号"法影斑斓",2020年5月7日。

〔2〕 王福华:《电子诉讼制度构建的法律基础》,载《法学研究》2016年第6期。

间隔，一方表达后，他方无须立即做出回应，而在其后的一定时间之内（例如 24 小时或 48 小时）表达亦为有效。[1] 异步审判的优势在于给予当事人最大限度的便利，满足了当事人随时随地诉讼的需求，但是其缺陷也是显而易见的。

第一，彻底打破了诉讼的场域，庭审过程被彻底解构。如果说从司法的"剧场化"到司法的"网络化"变迁，只是降低了庭审的严肃性，让诉讼变得更加亲民的话，那么从同步审判到异步审判，就是彻底解构了诉讼程序。在异步审判中，当事人对于法官提问的答复以及他们的质证意见、辩论意见都可以不在同一时间内做出，你今天提一句，我明天回复一下，如此一来，其一，诉讼的连贯性被打断和打乱，造成诉讼过程可能被人为拉长。其二，取消了法庭这样一个专门的场景和集中的庭审时间，没有庭审的"广场"，更没有"剧场"，取消了所有的诉讼仪式，当事人自然无法感受到诉讼的严肃性，对诉讼的态度易变得不以为然，削减了司法的权威性。其三，更重要的是，不需要同步答复的情况下，当事人必然会字斟句酌，选择最有利己方的答复，还可能向第三方寻求帮助，甚至直接由专业人士代为回答，这些直接违反了民事诉讼法的行为，对保护对方当事人利益、保障司法公正造成极大冲击，对此，法官却无法知晓、无从处罚。

第二，违背了直接言词原则。直接言词原则的核心是法官自己审理、自己判决，法官亲历庭审，法官、当事人以及其他诉讼参与人以口头的方式进行诉讼活动。在在线诉讼情况下，法官还是自己审理、自己判决，法官通过信息通信技术进行证据调查，当事人以及其他诉讼参与人通过信息通信技术进行口头陈述。[2] 因此，在本质上，在线诉讼与线下并没有差别。不过，在异步审判中，法官与当事人，当事人与当事人，当事人与证人、鉴定人等在诉讼中都无需面对面交流，可以说异步审判直接否定、颠覆了直接言词原则。

第三，事实真相难以查清。一方面，虽然《民事诉讼法》对作伪证予

---

[1] 《杭州互联网法院涉网案件异步审理规程（试行）》，载《杭州互联网法院诉讼规则汇编》，第 19 页。

[2] 刘敏：《电子诉讼潮流与我国民事诉讼法的应对》，载《当代法学》2016 年第 5 期。

以严厉的处罚，但这种现象仍然存在。在采用异步审理的案件中，不需要即刻回复法官和对方当事人的提问，可以经过充分思考后再作回答，发现和排除伪证的难度必然会加大，尤其在证人作证环节，当事人和证人之间串通作伪证的可能性也会增加。[1] 另一方面，由于庭审并不是连续进行，对于法官和对方当事人的提问，一方当事人可能回避，也可能忘记回应，还有可能在时限结束前突击回复，减少对方的辩驳机会，总之，没有"面对面"质证就难以确保法官准确判断当事人陈述和证据的真实性。[2]

由上可知，异步审判这一在线诉讼的创新模式过分追求诉讼中便利当事人参加的价值取向，而突破了诉讼的基本原则，损害了其他诉讼价值，在妥当性上似有探讨空间。因此，在司法"网络化"之时，不能为了标新立异，或者过分追求某一种价值而忽视其他价值——特别是对当事人权利的保护以及对司法公正的追求，否则有可能违背了改革的初衷。

（三）平等保护各方当事人的利益

电子诉讼能否实现程序上的平等，在很大程度上取决于其能否克服"数字鸿沟"造成的障碍。[3] 虽然在某种意义上，司法"网络化"并不必然导致权利保护的失衡，相对于线下司法中可能出现一方当事人聘请两名专业律师，并邀请了众多亲友旁听以助声威，而另一方只有孤零零一名当事人只参加庭审的情况，网络世界反而给人带来众生平等的错觉。但是，在"网络化"的司法环境中，当事人对网络的熟悉程度各不相同，各方当事人运用网络的能力千差万别，甚至硬件设备也相差甚远，这些差异导致"数字鸿沟"无法完全被消除。司法"网络化"放大了这种诉讼中的不平等，特别是双方当事人网络运用能力相差悬殊时，对熟悉互联网环境、熟练掌握互联网技术的大公司以及专业的诉讼代理人而言，借助网络可以更加方便快捷地调用互联网上的各类资源、采集固定诉讼证据。而对生疏当事人以及对网络环境不熟悉的当事人而言，他们本身疏于在互联网上进行沟通交流，更加难以充分、流利、全面表达诉讼观点，遑论采集证据、合

---

〔1〕 段厚省：《远程审判的双重张力》，载《东方法学》2019年第4期。

〔2〕 斑斓君：《美最高院首试"电话"庭审，全球互联网司法下步走势如何》，载微信公众号"法影斑斓"，2020年5月7日。

〔3〕 王福华：《电子诉讼制度构建的法律基础》，载《法学研究》2016年第6期。

理运用诉讼技巧了。因此，网络诉讼规则应当平等保护各方当事人，尤其是弱势一方当事人的权利。

第一，保障当事人对诉讼和庭审形式的选择权。在线诉讼给当事人提供了一种在传统线下诉讼之外的参与诉讼的途径，其目的是便于当事人参加诉讼，因此，应当制定相应的诉讼规则，明确人民法院可以引导当事人采用在线方式参与诉讼，但是如果有其中一方或者多方当事人因为年龄、对网络的熟悉程度、硬件条件等原因，不同意部分环节或者全部环节在线进行的，不得因为工作便利、完成考核指标等原因强制当事人采用在线方式进行庭审、送达等诉讼程序。

第二，网络诉讼平台应当便于普通当事人参加诉讼。目前，虽然《最高人民法院关于互联网法院审理案件若干问题的规定》中明确，互联网法院应当建设互联网诉讼平台，作为法院办理案件和当事人及其他诉讼参与人实施诉讼行为的专用平台。但是，中国各级各地法院提供的在线诉讼平台非常多。例如，上海市高级人民法院发布的网上诉讼指南表明，上海市法院的网上诉讼通道就有五种之多。[1] 虽然，其后提供了详尽的流程操作指南，但是，当事人通常没有时间和耐心阅读完几十页的指南。因此，首先应当统一全国各地法院的网上诉讼入口，此外这个互联网诉讼平台应当尽量简便和人性化，便于当事人登录、验证和操作。对于诉讼能力较弱的当事人，法院还应当在诉讼前提前与其进行沟通、对其进行指导。

第三，通过制定规则平衡双方的举证能力。在民事诉讼中，一般遵循"谁主张谁举证"的原则，但是，在在线诉讼中，相当一部分的电子数据类型的证据被第三方数据持有者、第三方数据服务提供商持有，这时，应当允许法院依申请或者依职权主动予以调取，有学者认为"应当由民事诉讼法及相关司法解释、电子商务法等规定为是平台应当承担的公法上义务"，

---

〔1〕 分别是：①通过上海市高级人民法院官网（www.hshfy.sh.cn）进入上海移动微法院；②使用上海"一网通办"（zwdt.sh.gov.cn）提供的诉讼服务；③手机下载"随申办市民云"APP，使用其中的诉讼服务功能；④微信公众号"上海法院12368"，关注后使用其提供的诉讼服务；⑤在微信小程序中搜索"上海移动微法院"，使用小程序提供的诉讼服务功能。

以平衡弱势一方当事人的诉讼能力。[1]

(四) 对在线诉讼的范围保持警惕

十年前,德国学者便预言,电子诉讼将以极不平衡的程度波及法庭诉讼程序,包括诉讼形式、法律人和诉讼当事人的行为方式以及复杂多样的诉前程序、诉中程序和诉后程序。[2] 而近年来,中国法院对在线诉讼适用的广度和发展的速度前所未有。从世界范围来看,不同国家使用电子诉讼的范围不太一样。韩国的电子诉讼适用范围较广,扩展到普通民事案件、专利案件、行政案件、家事诉讼、破产案件和保全案件;英国则将电子诉讼作为海事法院、商业法院、科技和建筑法院的审理程序。[3] 但是,各国立法例中相似的一点就是对在线诉讼适用的范围进行了一定的限制。目前,《最高人民法院关于互联网法院审理案件若干问题的规定》通过对互联网法院管辖范围的规定,对在线案件适用范围进行了一定的规制。但是,由于新冠肺炎疫情的发生,在线诉讼在中国法院的适用远远超出了三家互联网法院的范畴。2020 年,最高人民法院在工作报告中提到,疫情防控期间,全国法院网上立案 136 万件、开庭 25 万次、调解 59 万次,电子送达 446 万次。[4] 这显然与 2020 年 2 月下发的《最高人民法院关于新冠肺炎疫情防控期间加强和规范在线诉讼工作的通知》有密切关系。该通知规定"民商事、行政案件一般均可以采取在线方式开庭",最高人民法院显然对疫情期间的在线庭审采取了积极鼓励的态度。

在线诉讼虽然存在诸多优势,也代表着未来诉讼的发展方向,但切不可操之过急——不应在法院的硬件、当事人的接受程度等各方面条件尚不具备时全面推行,而应根据案件的类型及复杂程度等具体情况、当事人的数量与意愿、各方的技术能力等确定适用在线诉讼的类型。一是中国诉讼

---

〔1〕 洪冬英:《司法如何面向"互联网+"与人工智能等技术革新》,载《法学》2018 年第 11 期。

〔2〕 〔德〕Peter Gilles:《德国民事诉讼程序电子化及其合法化与"E—民事诉讼法"之特殊规则》,张陈果译,载张卫平主编:《民事程序法研究》(第 3 辑),厦门大学出版社 2007 年版,第 308 页。

〔3〕 王福华:《电子诉讼制度构建的法律基础》,载《法学研究》2016 年第 6 期。

〔4〕 周强:《最高人民法院工作报告——2020 年 5 月 25 日在第十三届全国人民代表大会第三次会议上》,载《人民法院报》2020 年 6 月 2 日,第 1 版。

环境的多元性。一方面在我国东部发达地区的城市，大部分人已经适应了"线上生活"，不管是出行、购物还是支付都离不开网络，但是，中国也"有 6 亿中低收入及以下人群，他们平均每个月的收入也就 1000 元左右"[1]，他们不熟悉网络，甚至平时可能很少使用智能手机。另一方面，东部地区与中西部地区法院的硬件设施也存在较大差异，据统计，在中级法院与基层法院之间三级网平均带宽为 375.5 兆，其中最高达到 2000 兆，最低仅为 14 兆，带宽不足则难以保障在线诉讼的连贯性和清晰度。二是案件类型的多样性。一方面，体现在诉讼发生场景不同，对于互联网上发生的纠纷，通过司法"网络化"方式，从证据采集、质证到判决，典型的如在电商购买的商品产生的产品质量纠纷，网络司法方式最为快捷、便利。但是如果一个本来是一个传统面对面交易产生的纠纷，所有证据都是纸质的，甚至是口头证据，那么，在线诉讼时，若还需要将所有的证据材料扫描电子化，并要符合规定的像素、顺序等严格的要求，这对于当事人来说绝不是便捷的。另一方面，在民事诉讼中，不同案由案件存在显著差异，除了大量合同纠纷外，还有不少涉及人身权的纠纷，如侵权纠纷、婚姻家庭纠纷、继承纠纷。在这些纠纷中，当事人的关系距离更近，[2] 面对面的诉讼除了化解纠纷外，还客观上给当事人，特别是受害方提供了一个情绪宣泄的途径，有的时候情绪的抒发能够有助于调解，[3] 而且有经验的法官也能够通过这种当事人情绪的自然流露辨明事实真伪，决定最后的裁判结果。

因此，应当尽快制定规范性文件，明确可以适用及排除适用在线诉讼的案件类型、诉讼环节，防治在线诉讼过多、过滥使用，最后损害当事人利益和程序公正性。因为，在不同的纷争中，人们对诉讼的在场性和仪式

---

〔1〕《李克强总理出席记者会并回答中外记者提问》，载《人民日报》2020 年 5 月 29 日，第 1 版。

〔2〕 社会学中将"（人们）相互介入彼此生活的程度"称为关系距离，人们间相互交往的范围越大、频率越高、时间越长则关系距离越近。参见［美］唐·布莱克：《社会学视野中的司法》，郭星华等译，法律出版社 2002 年版，第 23 页。

〔3〕 陈凤：《正义之槌在"云端"延伸——上海法院持续推进在线庭审常态化》，载《人民法院报》2020 年 5 月 7 日，第 1 版。

感也会有不同的需求。[1] 例如，在诉前和诉后的程序性环节，如通知、送达等环节，可以鼓励使用在线方式完成，而在庭审环节，则应更加谨慎，根据案件情况具体分析。在诉讼标的额小、法律关系简单、案件事实争议不大的案件中，在线诉讼应当优先适用，这些案件中当事人的权利义务比较明确，当事人诉讼目的主要是追求快速解决纷争，其对诉讼效率的追求要优于对诉讼的在场性与仪式性的追求，[2] 在线诉讼对当事人权利影响不大。同时，大标的案件、人身权纠纷、婚姻家庭纠纷、案情复杂以及事实争议大的案件适用在线诉讼则应格外谨慎，这类案件有些是证据繁多，有些是当事人众多，只有在实体法庭的"剧场化"场域中，才能保证诉讼程序的完整性以及当事人充分表达，有利于司法公正，也有利于提高案件的调解率。

四、结语

从全球范围来看，电子诉讼已经成为势不可挡的世界潮流。[3] 近两年来，中国的司法"网络化"从无到有，从几家互联网法院到全国各地法院推行，取得了长足的进步，在提高诉讼效率、为当事人提供司法便利、探索崭新的诉讼模式方面的成绩世所瞩目。由于中国电子商务比较发达，当事人对网络诉讼接受度高，人民法院也对信息化持比较开放的态度，在近年来积极推进信息化、网络与诉讼的结合，这一切都有利于中国法院率先尝试司法"网络化"的模式，甚至引领世界诉讼之先。

但是，我们在积极探索司法"网络化"的同时，应注意到在线诉讼模式所改变的不仅仅是有形的法院，更多的是传统诉讼程序规则，进而也给传统程序法理带来了前所未有的挑战。在线诉讼作为一种新型诉讼模式，在制度层面还存在部分规则不明确、标准不清晰、程序不统一等问题。[4] 关于在线诉讼方式，虽然出台了《最高人民法院关于互联网法院审理案件若干问题的规定》，但是该规范性文件的规范对象只是"互联网法院"，对

---

〔1〕 段厚省：《远程审判的双重张力》，载《东方法学》2019年第4期。

〔2〕 段厚省：《远程审判的双重张力》，载《东方法学》2019年第4期。

〔3〕 刘敏：《电子诉讼潮流与我国民事诉讼法的应对》，载《当代法学》2016年第5期。

〔4〕 孙航：《最高人民法院印发通知要求各级法院加强和规范疫情防控期间在线诉讼工作》，载《人民法院报》2020年2月19日，第1版。

于其他法院能否参照使用并不明确。另外，在疫情防控期间，最高人民法院印发了专门的司法文件，各地方法院也根据自身的审判要求出台了一些规范性文件[1]，但是这类文件的法律效力等级不高，能否通过这类文件突破民事诉讼法这一基本法律的规定还存在一定的争议。此外，由于没有其他法域相关的司法经验，我们的互联网司法犹如拓荒，尤其应当谨小慎微。因此，我们在适用在线诉讼时，应当更加保守一点，在遵循司法规律、严守正当程序原则、确保诉讼的严肃性和规范性[2]的基础上寻求突破，而且将在线诉讼严格控制在法律、司法解释限定的范围内，不应全面否定在原来司法"剧场化"模式下建立起来的诉讼规则和价值追求。未来，"网络化"的司法模式很大可能不是对司法"剧场化"的一种替代，而是两套并行不悖的诉讼模式，可能会在不同类型的案件中适用线上司法和线下司法两种不同规则，让我们拭目以待！

---

〔1〕 如重庆市高级人民法院发布的《关于规范在线庭审活动的工作规则（试行）》，广东省高级人民法院、省司法厅、省律师协会联合发布的《关于在新冠肺炎疫情防控期间加强和规范在线诉讼的意见》等。

〔2〕 孙航：《最高人民法院印发通知要求各级法院加强和规范疫情防控期间在线诉讼工作》，载《人民法院报》2020年2月19日，第1版。

商用无人船法律地位的界定[*]

孙誉清[**]

    随着船舶技术向自动化、智能化、计算机化的方向发展，无人船会在不久的将来成为现实。实际上，无人船已经或即将在多种场景予以应用。例如：货物运输，旅客运输，水文测绘，海洋科学研究，航道清洁，钻油平台，管道、船舶和港口的维护和修理，线缆铺设，气象观测，边境和间谍活动监控等。[1] 其中，罗尔斯-罗伊斯（Rolls-Royce）公司已与芬兰国有渡轮运营商芬兰渡轮公司（Finferries）在芬兰展示了全球首艘无人驾驶渡轮[2]，并同全球拖轮运营商斯维特兹尔（Svitzer）公司在丹麦哥本哈根港内成功展示了世界第一艘名为"Svitzer Hermod"号的远程遥控商用船。[3]

---

    * 本文已于《武大国际法评论》2019 年第 6 期公开发表，收入本书时有所修改。本文为国家社科基金重大研究专项"新时代海洋强国战略法制保障研究"（18VHQ004）以及上海海事大学研究生创新项目"21 世纪海上丝绸之路背景下国际海事条约的实施机制研究：以探索国际合作模式为路径"（2017ycx065）的阶段性研究成果。

    ** 孙誉清，博士，上海市行政法制研究所助理研究员。研究方向为海商法、海洋法治。

    [1] Katsivela Marel, "The Effect of Unmanned Vessels on Canadian Law: Some Basic Legal Concepts", *Maritime Safety and Security Law Journal*, 4 (2018), pp. 48-49.

    [2] 《罗尔斯-罗伊斯与 FINFERRIES 展示全球首艘无人驾驶渡轮》，载 http://www.ship.sh/news_detail.php? nid=32587，最后访问日期：2019 年 4 月 24 日。

    [3] Rolls-Royce, "Rolls-Royce Demonstrates World's First Remotely Operated Commercial Vessel", available at https://www.rolls-royce.com/media/press-releases/2017/20-06-2017-rr-demonstrates-worlds-first-remotely-operated-commercial-vessel.aspx, accessed: 2019-03-10.

澳大利亚必和必拓（BHP Billiton）公司则计划于 10 年内研发超大型自动航行的无人散货运输船，用于铁矿石和煤炭等各类矿石的运输业务。[1] 我国多家机构合作的"筋斗云"号小型无人货船有望在 2019 年成为全球首艘全面投入商业运营的无人船。

一、界定商用无人船法律地位的必要性

商用无人船（以下简称"无人船"）相比于常规船舶的主要特征是"无人"。[2] 国际海事组织海上安全委员会（IMO MSC）将无人船定义为"可以在不同程度上独立于人员互动而运作的船舶"[3]。该组织按照不同的自主程度，将无人船分为采用自主系统的船舶（ship with automated processes and decision support）、船上配员的遥控船舶（remotely controlled ship with seafarers on board）、船上无配员的遥控船舶（remotely controlled ship without seafarers on board）以及完全自主的船舶（fully autonomous ship）。其中，至少两类无人船可能处于船上不配备船员的状态。根据克拉克森海运情报网（Clarkson SIN）公布的数据显示，2005 年至 2016 年间，全球货运船队营运成本逐年攀升。其中，船员工资成本在 2016 年达到约 432 亿美元，居船舶运营发生的各项成本费用之首，约占总营运成本的 42.77%。这一改变将在技术层面和法律层面对船舶的发展形成影响。

在技术层面上，无人船的"无人"特征对船舶的驾驶技术、货物的管理技术、安全的保障技术等产生较大影响作用，需要进一步研究论证。例如：船舶内部的舱室布局因不再需要配备船员可能使船舶整体结构布局产生较大变化；无人环境下的轮机机电设备、电子传感器等船载装置的维护、保养与修理；船舶救生设备的配置与否；等等。2018 年 10 月 1 日，由中国船级社研究制定的《自主货物运输船舶指南（2018）》正式生效。该指南利用目标型标准（GBS）的方式，为无人船研发提出了一系列迥异于常规船舶

---

〔1〕 吴青等：《自主水面货船研究现状与展望》，载《智能系统学报》2019 年第 1 期。

〔2〕 Juan Pablo Rodriguez-Delgado, "The Legal Challenges of Unmanned Ships in the Private Maritime Law: What Laws Would You Change?", *Maritime, Port and Transport Law between Legacies of the Past and Modernization*, 5 (2018), p. 498.

〔3〕 "IMO Takes First Steps to Address Autonomous Ships", available at http://www.imo.org/en/MediaCentre/PressBriefings/Pages/08-MSC-99-MASS-scoping. aspx, accessed: 2019-02-18.

的技术性指导建议，如风险分析、场景感知、数据存储、网络安全、远程控制等要求。

在法律层面上，一方面，确认无人船的法律地位是对其进行妥善规制的基础。即如果无人船不具有"船舶"法律地位，则海上交通安全、海上货物运输、海洋环境保护等方面的法律将无法约束无人船。[1] 另一方面，一旦确认无人船的法律地位，则会进一步引发我们对若干涉无人船法律问题的思考。不妨试举几例作为说明，例如：无人船船上的配员状态可能不符合各国法律规定的船舶适航性要求；无人船处在计算机控制系统控制之时，因计算机控制系统自身操作的原因而导致的货物灭失损坏可能造成承运人无法适用《中华人民共和国海商法》（以下简称《海商法》）第51条中规定的驾驶船舶过失免责条款；无人船的操作模式可能不符合国际船舶避碰规则中的良好船艺、正规瞭望的要求；岸基操控人员的"船员"或"船长"的责任问题；等等。但需要注意的是，前述问题的产生以无人船适用相关国际公约、法律、法规为前提，即预设无人船是具备"船舶"法律地位。

无人船是否具备"船舶"法律地位，决定了无人船是否受到适当的法律规范的规制。从国际层面而言，确定无人船的法律地位是明确监管框架的基础。国际海运领域的"四大支柱"公约均对"船舶"法律地位有所要求。《1974年国际海上人命安全公约》第2条和《经1978年议定书修订的〈1973年国际防止船舶造成污染公约〉》第3条均直接规定其适用于"船舶"，而《1978年海员培训、发证和值班标准国际公约》第2、3条和《2006年海事劳工公约》第2条则以"海船上工作的海员"为其适用范围。从国内层面而言，确定无人船的法律地位是适用本国法律的前提。我国《海商法》第1条规定的调整对象是以"海上运输"和"船舶"为媒介[2]围绕海上运输或船舶的各种法律关系[3]，而我国《海上交通安全法》第1

---

〔1〕 Robert Veal, Michael Tsimplis & Andrew Serdy, "The Legal Status and Operation of Unmanned Maritime Vehicles", *Ocean Development & International Law*, 1（2019）, p. 4.

〔2〕 司玉琢：《海商法专论》（第4版），中国人民大学出版社2018年版，第2页。

〔3〕 司玉琢、张永坚、蒋跃川编著：《中国海商法注释》，北京大学出版社2019年版，第1页。

条则是以保障生命财产安全为目标的规范。《海商法》和《海上交通安全法》的适用与否，均是以船舶具有法律项下"船舶"法律地位为前提。可见，解决无人船"船舶"法律地位问题，是检验现行国际海事条约或海事海商法律能否规制无人船的前提。

二、国际海事条约与国家（地区）法律中船舶定义的立法实践

船舶是一个动态发展的概念。[1] 从木制船到钢制船、从战船到商船、从帆船到核动力船，不同历史时期的船舶具有不同的种类、形态和特点。也正因如此，目前为止国际上仍没有一个可以反映船舶本质属性的、统一且权威的"船舶"定义。[2] 这导致无人船的法律地位问题显得颇为复杂。[3] 为进一步精确化无人船"船舶"法律地位的界定结果，笔者认为应对国际海事条约以及部分航运国家（地区）法律中的船舶定义条款进行梳理。

（一）国际海事条约中的船舶定义

作为国际海事海商法律体系的组成部分之一，国际海事条约对于规制涉海活动具有重要作用。为了尽可能提高国际海事条约的实施效果，条约的制定者往往会通过"定义"的形式来设定自身的适用范围[4]，以提高各国际海事条约规制相应法律关系过程中的准确性。从某种程度上讲，国际海事条约的"定义"是国际社会对该种概念的广泛理解。为了厘清国际社会对于船舶内涵与外延的理解情况，笔者对联合国（UN）、国际海事组织（IMO）、国际劳工组织（ILO）以及国际海事委员会（CMI）框架内形成的部分国际海事条约规定的船舶定义条款进行了梳理。如下表：

---

〔1〕 赵鹿军编著：《船舶船员法》，大连海事大学出版社 2017 年版，第 5 页。

〔2〕 Robert Veal & Michael Tsimplis, "The Integration of Unmanned Ships into the Lex Maritima", *Lloyd's Maritime and Commercial Law Quarterly*, 2 (2017), p. 308; Eric Van Hooydonk, "The Law of Unmanned Merchant Shipping—An Exploration", *The Journal of International Maritime Law*, 3 (2014), p. 407; Ørnulf Jan Rødseth & Håvard Nordahl, "Definitions for Autonomous Merchant Ships", *Norwegian Forum for Unmanned Ships*, 1 (2017), p. 5.

〔3〕 Robert Veal, Michael Tsimplis & Andrew Serdy, "The Legal Status and Operation of Unmanned Maritime Vehicles", *Ocean Development & International Law*, 1 (2019), p. 4.

〔4〕 Juan Pablo Rodriguez-Delgado, "The Legal Challenges of Unmanned Ships in the Private Maritime Law: What Laws Would You Change?", *Maritime, Port and Transport Law between Legacies of the Past and Modernization*, 5 (2018), p. 498.

表1 部分国际海事条约船舶定义条款情况

序号	公约名称	简 称	缔约成员数	条 款	备注
联合国（UN）框架内公约					
1	1982 年联合国海洋法公约	UNCLOS	168	无	无
2	1986 年联合国船舶登记条件公约	UNCCRS 1986	15	第 2 条	ship
3	1999 年国际扣船公约	ICAS 1999	11	无	无
4	1978 年联合国海上货物运输公约	汉堡规则	34	无	无
5	1993 年船舶优先权和抵押权国际公约	ICMLM 1993	18	无	无
6	2008 年联合国全程或者部分海上国际货物运输合同公约	鹿特丹规则	4	第 1 条	ship
国际劳工组织（ILO）框架内公约					
7	2006 年海事劳工公约	MLC 2006	88	第 2 条	ship
国际海事组织（IMO）框架内公约					
8	2001 年控制船舶有害防污底系统国际公约	AFS 2001	81	第 2 条	ship
9	2001 年国际燃油污染损害民事责任公约	BUNKERS 2001	90	第 1 条	ship
10	2004 年国际船舶压载水和沉积物控制和管理公约	BWM 2004	79	第 1 条	ship
11	1969 年国际油污损害民事责任公约	CLC 1969	34	第 1 条	ship
12	《1969 年国际油污损害民事责任公约》的 1976 年议定书	CLC PROT 1976	53	无	无
13	《1969 年国际油污损害民事责任公约》的 1992 年议定书	CLC PROT 1992	137	第 2 条	ship
14	1972 年国际海上避碰规则公约	COLREG 1972	159	第 3 条	vessel
15	1972 年国际集装箱安全公约	CSC 1972	84	无	无
16	1965 年便利国际海上运输公约	FAL 1965	120	无	无

序号	公约名称	简　称	缔约成员数	条　款	备注
17	1971 年设立国际油污损害赔偿基金公约	FUND 1971	14	第 1 条	ship
18	《1971 年设立国际油污损害赔偿基金公约》1992 年议定书	FUND PROT 1992	115	第 2 条	ship
19	1969 年国际干预公海油污事故公约	INTERVENTION 1969	89	第 2 条	ship
20	《1969 年国际干预公海油污事故公约》1973 年议定书	INTERVENTION PROT 1973	57	无	无
21	1972 年防止倾倒废物及其他物质污染海洋的公约	LC 1972	87	第 3 条	vessel
22	《1972 年防止倾倒废物及其他物质污染海洋的公约》1996 年议定书	LC PROT 1996	50	第 1 条	vessel
23	1966 年国际船舶载重线公约	LL 1966	162	无	无
24	《1966 年国际船舶载重线公约》1988 年议定书	LL PROT 1988	109	无	无
25	1976 年海事赔偿责任限制公约	LLMC 1976	54	无	无
26	《1976 年海事赔偿责任限制公约》1996 年议定书	LLMC PROT 1996	56	无	无
27	经 1978 年议定书修订的《1973 年国际防止船舶造成污染公约》	MARPOL 73/78	157	第 2 条	ship
28	经 1978 年议定书修订的《1973 年国际防止船舶造成污染公约》附则 III	MARPOL ANNEX III	148	无	无
29	经 1978 年议定书修订的《1973 年国际防止船舶造成污染公约》附则 IV	MARPOL ANNEX IV	142	无	无
30	经 1978 年议定书修订的《1973 年国际防止船舶造成污染公约》附则 V	MARPOL ANNEX V	153	无	无

续表

序号	公约名称	简　称	缔约成员数	条　款	备注
31	《经 1978 年议定书修订的〈1973 年国际防止船舶造成污染公约〉》1997 年议定书	MARPOL PROT 1997	91	无	无
32	1971 年海上核材料运输民事责任公约	NUCLEAR 1971	17	无	无
33	1990 年国际油污防备、反应和合作公约	OPRC 1990	112	第 2 条	ship
34	1989 年国际救助公约	SALVAGE 1989	70	第 1 条	vessel
35	1979 年国际海上搜寻救助公约	SAR 1979	111	无	无
36	1974 年国际海上人命安全公约	SOLAS 1974	164	无	无
37	《1974 年国际海上人命安全公约》1978 年议定书	SOLAS PROT 1978	121	无	无
38	《1974 年国际海上人命安全公约》1988 年议定书	SOLAS PROT 1988	115	无	无
39	1978 年海员培训、发证和值班标准国际公约	STCW 1978	164	无	无
40	1995 年国际渔船船员培训、发证和值班标准公约	STCW-F 1995	25	第 2 条	vessel
41	1988 年制止危及海上航行安全非法行为公约	SUA 1988	166	第 1 条	ship
42	2005 年制止危及海上航行安全非法行为公约	SUA 2005	45	无	无
43	《1988 年制止危及海上航行安全非法行为公约》1988 年议定书	SUA PROT 1988	156	无	无
44	《2005 年制止危及海上航行安全非法行为公约》2005 年议定书	SUA PROT 2005	39	无	无
45	1969 年国际船舶吨位丈量公约	TONNAGE 1969	157	无	无

序号	公约名称	简　称	缔约成员数	条　款	备注
国际海事委员会（CMI）相关公约					
46	1924 年统一提单的若干法律规则的国际公约	海牙规则	84	第 1 条	ship
47	《1924 年统一提单的若干法律规则的国际公约》1979 年议定书	维斯比规则	23	无	无

数据来源：联合国条约数据库（UNTC）、国际劳工标准信息系统（NORMLEX）、全球综合航运信息系统（GISIS）。

经对 47 部国际海事条约及其议定书的梳理可以发现，并不是所有的国际海事条约都会规定船舶定义条款。在上述国际海事条约及其议定书中，只有 20 部国际海事条约或议定书具有船舶定义条款，约占调查样本的 42.55%。在海事海商领域具有重要地位的 UNLCOS 和"四大支柱"公约中，只有 MARPOL 73/78 和 MLC 2006 明确规定了船舶的一般定义。在上述规定了船舶定义的国际海事条约中，有 14 部国际海事条约采用了"ship"作为船舶的称谓，有 6 部国际海事条约或议定书采用了"vessel"。

调查显示，包括 UNCLOS 在内的国际海事条约确实没有形成统一的船舶定义，但各国际海事条约在船舶定义条款的形式上具有相对统一的特征。

第一，利用"船只（vessel）"定义"船舶（ship）"。主要体现为用一个含义相对广泛的定义项来描述或解释含义相对狭隘的被定义项。[1] 例如：UNCCRS 1986 第 2 条定义的"船舶（ship）"是"用于……的任何自航式海船（vessel）"；BWM 2004 第 1 条第 12 款定义的"船舶（ship）"是指"在……水环境中运行的……船只（vessel）"；MARPOL 73/78 第 2 条第 4 款定义的"船舶（ship）"指的是"在海洋环境中运行的……船只（vessel）"；等等。当然，也存在特例。SALVAGE 1989 第 1（b）条则使用了含义相对狭隘的"ship"解释"船只（vessel）"的含义。该条规定，"船只（vessel）

---

〔1〕 逻辑学中，定义由被定义项、定义项和定义联项三个部分组成。例如：英国《1995 年商船航运法》第 313 条第 1 款规定的"船舶"定义"'船舶'包括所有用于航行的船只的描述"中，"船舶（ship）"是被定义项，"包括（includes）"是定义联项，"所有（every）""船只的描述（description of vessel）"和"用于航行的（used in navigation）"等则为定义项。

系指任何船舶（ship）、艇筏（craft）或任何能航行的构造物（structure）。"

理论上，"vessel"一词具有"容器、船"的含义，而"ship"一词则具有"（大）船、海船、舰"的含义[1]，前者在含义的外延上要稍大于后者。可见，"vessel"与"ship"的关系是包含与被包含的关系。换言之，"vessel"属于"ship"上位关系的邻近的属概念。实际上，UNCLOS中频繁、交替使用了"ship"和"vessel"以表述"船舶"。[2] UNCLOS也未对其中任何一个术语进行界定。[3] 由于SALVAGE 1989中使用了"ship"来定义"vessel"，因此我们可以确定的是，UNCLOS交替使用的"ship"和"vessel"之间并无明显区别、意思相近并可以相互替换。[4] UNCLOS制定过程中，联合国国际法委员会之所以对"船"的定义作了模糊处理，原因在于UNCLOS的定位是海洋法领域具有普遍适用意义的国际规则和标准。换言之，UNCLOS中"船"的含义包含SOLAS 1974、MARPOL 73/78、COLREGs等诸多国际海事条约中的"船"的定义。[5]

第二，用一个或多个修饰语来充实、丰富被定义项的内容以便准确描述"船"。一般而言，修饰语的选用很大程度上受该被定义项所处情境决定。即通过增饰修饰语的方式，使定义项所描述的概念（被定义项）落于国际海事条约需要规制的对象的范畴之内。例如：UNCCRS 1986对被定义项（vessel）做了"自航式（self-propelled）""海（sea-going）"等多处描述；BWM 2004用"无论何种类型（any type whatsoever）"描述海船和海上艇筏的类型；AFS 2001则补充规定"包括……浮动式储存装置（FSU）以及浮动式生产、储存和卸货装置（FPSO）"等装置属于船舶；MLC 2006使

---

〔1〕《新英汉词典》编写组编：《新英汉词典：增补本》，上海译文出版社2000年版，第1259、1566页。

〔2〕 Oliver Daum，"The Implications of International Law on Unmanned Naval Craft"，*Journal of Maritime Law & Commerce*，1（2018），p. 76；Aldo Chircop，"Testing International Legal Regimes：The Advent of Automated Commercial Vessels"，available at https：//papers. ssrn. com/sol3/papers. cfm？ abstract_id = 3130453，accessed：2019-02-28.

〔3〕 Robert Veal，Michael Tsimplis & Andrew Serdy，"The Legal Status and Operation of Unmanned Maritime Vehicles"，*Ocean Development & International Law*，1（2019），p. 4.

〔4〕 Juan Pablo Rodriguez-Delgado，"The Legal Challenges of Unmanned Ships in the Private Maritime Law：What Laws Would You Change？"，*Maritime，Port and Transport Law between Legacies of the Past and Modernization*，5（2018），p. 498.

〔5〕 Craig H. Allen，"Determining the Legal Status of Unmanned Maritime Vehicles：Formalism vs Functionalism"，*Journal Maritime Law & Commerce*，49（2018），p. 500.

用"除专门在内河……航行的船舶以外"的措辞来限制公约调整的船舶的外延；等等。

（二）国家（地区）法律中的船舶定义

为了梳理各国法律对无人船的适应情况，CMI 无人船国际工作组在向各国海商法协会成员发放的《CMI 无人船问题单》中，曾向各国海商法协会征询无人船是否属于各国法律项下船舶的问题，并作为该问题单的首个问题。笔者对英国、美国、巴拿马、马耳他、丹麦、荷兰、新加坡等重要的航运国家（地区）法律中的船舶定义情况进行了梳理。如表 2：

表 2　部分国家（地区）船舶定义条款情况

序号	国家（地区）名称	法律名称（英）	法律名称（中）	条款	备注
1	英国	Merchant Shipping Act 1995	1995 年商船航运法	313	ship
2	新加坡	Merchant Shipping Act（Chapter 179）	1995 年商船航运法	2	ship
3	丹麦	The Merchant Shipping Act（Consolidation）	2014 年商船航运法	441	vessel
4	克罗地亚	Maritime Code	2004 年海商法典	5	ship
5	澳大利亚	Navigation Act 2012	2012 年航海法	14	vessel
6	荷兰	Dutch Civil Code	荷兰民法典	8：1	ship
7	美国	United State Code（U. S. C.）	美国法典	1 § 3	vessel
				47 §153	vessel, ship
8	芬兰	Act on the Technical Safety and Safe Operation of Ships	2009 年船舶技术安全和安全行驶法	2(14)	vessel
		Act on Environmental Protection in Maritime Transport	2009 年海上运输环境保护法	2(14)	ship
9	爱尔兰	Merchant Shipping Act 1992	1992 年商船航运法	1	vessel
10	巴拿马	Law of No. 57 2008（The General Marine）	2008 年第 57 号法（普通商船）	168(7)	vessel

序号	国家（地区）名称	法律名称（英）	法律名称（中）	条款	备注
11	阿根廷	Argentine Navigation Act	阿根廷航海法	2	vessel
12	南非	Merchant Shipping Act of 1951	1951 年商船航运法	2	ship, vessel
13	加拿大	Canada Shipping Act, 2001	2001 年航运法	2	vessel
14	印度	Merchant of Shipping Act 1958	1958 年商船航运法	2(45)、(55)	ship, vessel
15	中国	Maritime Law Code	海商法	3	船舶
		Maritime Traffic Safety Law	海上交通安全法	50	船舶
16	中国香港	Merchant Shipping Ordinance	商船条例	2	船舶（ship）、船只（vessel）
17	巴林	Bahrain Maritime Code 1982	1982 年海商法典	1	ship
18	索马里	Maritime Code 1952	1952 年海商法典	39	vessel

经对 18 个国家（地区）的相关定义条款梳理后发现，各国（地区）对于"船"术语的称法存在不同。其中，美国、芬兰、南非、印度等国以及中国香港地区同时对"船只（vessel）"和"船舶（ship）"术语进行了界定，而英国、新加坡、丹麦、克罗地亚、澳大利亚、荷兰、爱尔兰、巴拿马、阿根廷、加拿大以及中国等 13 个国家（地区）则未作区分。在 13 个国家（地区）中，英国、新加坡、克罗地亚、荷兰、巴林以及中国对"船舶（ship）"做了界定，而丹麦、澳大利亚、爱尔兰、巴拿马、阿根廷、加拿大、索马里则对"船只（vessel）"做了界定。各国（地区）法律或对其中之一进行界定，或对两者同时进行界定，并未作特别区分。可见，"ship"和"vessel"的含义相近，在多数情况下可以交换使用。

除被定义项"船"存在不同称法之外，各国（地区）法律中船舶定义条款的具体规定同样存在较大差异。[1]

一部分国家（地区）采用较为简单的定义形式，即仅以少量"船"的特征作为定义项描述"船"的邻近的属概念（"船"的上位概念）。这种定义形式使"船"的外延更为宽泛。例如：英国《1995 年商船航运法》以"描述（description）"作为"船舶"的邻近的属概念进行描述，该法第 313 条第 1 款规定："'船舶'包括所有用于航行的船只的描述"；阿根廷海商法协会在《对 CMI 无人船问题单的答复》中称，《阿根廷航海法》第 2 条规定的船只以"构造（construction）"作为"船只"的邻近的属概念，且除要求其是用于航行的任何浮动构造物外，并无其他额外要求[2]；《荷兰民法典》第 8 编第 1 条所描述的"船舶"则是以"事物（thing）"作为其邻近的属概念，并仅以"船舶"漂浮于水上的能力相关的修饰语作为其定义项，该法第 8 编第 1 条规定："'船舶'是指：按照其结构用于漂浮的，并且确实漂浮或一直漂浮且不是飞机的所有事物（thing）"；丹麦没有规定船舶的一般定义，但丹麦《2014 年商船航运法》第 441（b）条规定了该法"救助"部分的"船只"定义，该条规定："船只应指任何船舶、艇筏或能够航行的结构"；爱尔兰《1992 年商船航运法》第 1 条则规定船只（vessel）包括船舶（ship）、轮船（boat）以及任何其他用于航行的船只（vessel）；等等。

一部分国家（地区）则采用相对复杂的定义方式，即采用较多定义项描述被定义项"船"的邻近的属概念。这种定义形式使"船"的指向更为精确。例如：澳大利亚《2012 年航海法》第 14 条除规定该法项下的"船只"是用于水上航行的任何类型的船只外，还额外强调了"无论以何种方式推进或移动"，同时补充规定"驳船或其他浮动船只；气垫船或其他全部或主要用于水上航行的相似船只"也属于该法项下的船舶；新加坡《1995 年商船航运法》第 2 条较澳大利亚《2012 年航海法》第 14 条的规定多一项"海上工业移动装置"；克罗地亚《2004 年海商法典》第 5 条第 1 款第 4 项规定的"船舶"定义与我国《海商法》第 3 条相似，对船舶的长度、总吨或者载客数量有一定要求，同时又将军舰排除在外；巴拿马《2008 年第 57

〔1〕 Robert Veal & Michael Tsimplis, "The Integration of Unmanned Ships into the Lex Maritima", *Lloyd's Maritime and Commercial Law Quarterly*, 2（2017）, p. 310.

〔2〕 Asociacion Argentina De Derecho Maritimo, "CMI IWG Questionnaire Unmanned Ships ARGENTINA", available at https://comitemaritime.org/wp-content/uploads/2018/05/CMI-IWG-Questionnaire-Unmanned-Ships-ARGENTINA.pdf, accessed: 2018-11-05.

号法（普通商船）》第1687条规定，该法项下的"船只"指的是"任何从事货物或人员运输的船只，驳船、挖泥船、浮船坞、石油钻井平台或者其他从事或者可能从事海上贸易的任何其他船体"，还赋予该国海事行政部门界定其他结构物（structure）为船只的权力；加拿大《2001年航运法》第2条对"船只"的描述则偏重于船只航行的物理状态，要求其"用于或能够单独或部分用于在水中、在水面上、穿过或立即在水上航行"，同时，肯定了"正在建造的船只"的法律地位；索马里《1952年海商法典》第39条列举了海上运输、捕鱼、拖船等多种用途以描述"艇筏"的用途类型；巴林《1982年海商法典》第1条则列举了通常的船舶动力来源以描述该法项下的"船舶"，即"适用于航行且通常是使用机械动力或帆……操作或用于海上航行的每艘船舶"；等等。

另一部分国家（地区）法律体系内部对同一个术语也可能存在不同的定义。因而还存在一部分国家（地区）对"船只（vessel）"和"船舶（ship）"分别进行了定义。例如：芬兰《2009年船舶技术安全和安全行驶法》第2（14）条与《2009年海上运输环境保护法》第2（14）条分别定义了"船只（vessel）"和"船舶（ship）"。前者规定："'船只'包括用作或能够被用作水上运输工具的所有描述"，后者则规定"'船舶'是指任何远洋船只或艇筏，包括水翼艇、气垫船、潜水器、浮动艇筏以及固定或浮动平台。"南非《1951年商船航运法》第2条虽然分别定义了"船舶（ship）"和"船只（vessel）"，但对后定义的"船只"进行了简化处理，即规定了"船只"具有与"船舶"相应的含义。印度《1958年商船航运法》第2条规定，"船只"包括任何船舶、轮船、帆船或用于航行的其他船只，而"船舶"则不包括帆船等。又如：香港地区《商船条例》第2条、《美国法典》第1卷第3条与第47卷第153条等。

（三）船舶定义条款的要素解构

虽然大量国际海事条约规定了船舶定义条款，但各类国际海事条约所采用的定义方式不尽相同，众多国际海事条约之间仍没有形成一个权威且统一的船舶定义。各国际海事条约几乎是基于自身考量而对相应的船舶定义进行范围限定。[1] 同样的，同一术语采用不同的定义并非国际海事条约的专利。受各国（地区）立法技术、立法目的、立法条件、区域文化等因素的影响，不同国家（地区）法律之间船舶定义的内容差异更为明显。[2] 甚至本国（本地区）法律体系内部就同一个术语的规定，也会存在不同。类比于国际海事条约间船舶定义的差异问题，笔者认为，这种差异主要受定义所属法律的专业领域影响。尽管无法通过寻求权威且统一的定义来解决无人船法律地位的界定问题，但存在一些受国际社会广泛认可的"船舶"的特征却是不能否认的事实。[3]

无论是国际海事条约抑或是国家（地区）的法律，均是以立法的形式对"船舶"这一术语进行内涵及外延的改造。这种改造行为有助于确定公约或法律所调整的法律关系中新生权利义务的归属以及明确相关政策的执行范围。[4] 既然国际或国家（地区）法律会不断改造以完善对"船舶"的描述，那么我们就可以从定义的表述上总结构成"船舶"的具体参数，即"船舶"的特征。并以此为基础，考量无人船的法律地位问题。

根据前文调查情况，笔者对船舶定义条款中的"船舶"构成要素进行了解构。解构的结果印证了一部分研究的观点，按照国际海事条约及国家（地区）法律的规定，没有迹象表明配备船员是船舶定义条款的构成要素。[5] 总结之下，构成法律意义下的"船舶"可能需要具备以下五种要素：人工结构要素、漂浮能力要素、航行能力要素、建造规模要素以及功

---

〔1〕 Rambøll & Core Advokatfirma, "Analysis of Regulatory Barriers to the Use of Autonomous Ships - Final Report", available at https://www.dma.dk/Documents/Publikationer/Analysis%20of%20Regulatory%20Barriers%20to%20the%20Use%20of%20Autonomous%20Ships.pdf, accessed: 2018-11-05.

〔2〕 Eric Van Hooydonk, "The Law of Unmanned Merchant Shipping—An Exploration", *The Journal of International Maritime Law*, 3 (2014), p. 408.

〔3〕 Oliver Daum, "The Implications of International Law on Unmanned Naval Craft", *Journal of Maritime Law & Commerce*, 1 (2018), p. 79.

〔4〕 Robert Veal & Michael Tsimplis, "The Integration of Unmanned Ships into the Lex Maritima", *Lloyd's Maritime and Commercial Law Quarterly*, 2 (2017), p. 310.

〔5〕 Mohammadreza Bachari Lafte, Omid Jafarzad & Naimeh Mousavi Ghahfarokhi, "International Navigation Rules Governing the Unmanned Vessels", *Research in Marine Sciences*, 2 (2018), pp. 334-335.

能用途要素。[1]

1. 人工结构要素（E_1）

人工结构（structure）要素是船舶的本质特征，即船舶应是经人类对组织成分的搭配、排列或构造，而非自然形成的物体。SALVAGE 1989 在列举船只、艇筏等的情况下，并将"构造物"作为兜底以试图囊括尽可能多的事物作为该公约项下的船舶。较多国家的法律将该要素作为界定船舶的条件之一，例如：丹麦、巴拿马、南非、阿根廷等。其中，丹麦《2014 年商船航运法》第 441（b）条规定任何能够航行的构造物即是船舶，巴拿马《2008 年第 57 号法（普通商船）》第 168（7）条则规定巴拿马海事局界定为船只的结构物也属于船舶。其他国际海事条约或国家（地区）虽未直接表示船舶是人工结构，但个中定义条款所采用的船只（vessel）、工具（craft）、轮船（boat）、人造装置（artificial contrivance）等描述[2]，实际也包含了人工结构的意义。

2. 漂浮能力要素（E_2）

具备漂浮（floating）的能力是船舶的基本属性，也是确保船舶能够正常航行、从事海上作业的必要条件。该要素明示或默示规定与各国际海事条约或国家（地区）法律中。

一部分国家（地区）法律明确要求船舶应当具备漂浮的能力，例如：新加坡、澳大利亚、荷兰、巴拿马、加拿大、芬兰等国以及中国香港地区等。其中，以《荷兰民法典》最为强调"漂浮"的核心地位，该法第 8 编第 1 条规定："'船舶'应指：按照其构造用于漂浮的，并且确实漂浮或一直漂浮且不是飞机的所有事物。"新加坡、澳大利亚等国以及中国香港地区则将"浮动船只""浮船坞"或"浮动船"等归为法律项下的"船舶"。

另一部分国家的法律或国际海事条约虽未明确要求船舶具备漂浮的能力，但其条文措辞暗示船舶必须具备漂浮的能力。COLREGs、LC PROT

---

〔1〕 Rambøll & Core Advokatfirma, "Analysis of Regulatory Barriers to the Use of Autonomous Ships – Final Report", available at https://www. dma. dk/Documents/Publikationer/Analysis%20of%20Regulatory %20Barriers%20to%20the%20Use%20of%20Autonomous%20Ships. pdf, accessed：2018 – 11 – 05; Oliver Daum, "The Implications of International Law on Unmanned Naval Craft", *Journal of Maritime Law & Commerce*, 1（2018）, p. 76; 李志文：《船舶所有权法律制度研究》，法律出版社 2008 年版，第 10 ~ 16 页。

〔2〕 Oliver Daum, "The Implications of International Law on Unmanned Naval Craft", *Journal of Maritime Law & Commerce*, 1（2018）, p. 78.

1996、SUA 1988、《鹿特丹规则》、《海牙规则》等国际海事条约均将"水上（on water）"或"海上（by sea，at sea）"作为构成船舶的事物的修饰语，暗含船舶是经浮力作用处于水上。例如：LC PROT 1996 第 1 条第 6 款规定："'船舶和航空器'系指任何类型的水上……艇筏。"克罗地亚、澳大利亚、加拿大、芬兰、美国、南非、中国等也有类似规定。例如：克罗地亚《2004 年海商法典》第 5 条第 1 款第 4 项规定："船舶是指除军舰以外的任何用于海上航行的水上（waterborne）艇筏……"，其中的"水上"就有"由水浮起的"含义。又如：澳大利亚《2012 年航海法》第 14 条规定："船只是指用于水上航行（navigation by water）的任何类型的船只……"，该条规定中的"水上航行"明确了该法的"船只"是利用水完成其位移的动作，间接地反映了"船只"具有漂浮能力。

3. 航行能力要素（E_3）

具备航行的能力同样是船舶的基本属性。该要素几乎成为所有国际海事条约和国家（地区）法律界定船舶的必要条件。包括《鹿特丹规则》、UNCCRS 1986、CLC 1969、CLC PROT 1992、FUND 1971、FUND PROT 1992、AFS 2001、BWM 2004、COLREGs、LC 1972、LC PROT 1996、MARPOL 73/78、MLC 2006、OPRC 1990、SALVAGE 1989 等国际海事条约蕴含该要素。例如：《鹿特丹规则》定义的船舶是从事海上货物运输（used to carry goods by sea）的船舶；UNCCRS 1986 则认为满足条件的自航式（self-propelled）海船即是该公约下的船舶；AFS 2001 以及 OPRC 1990 则以"航行于海洋环境中（operating in the marine environment）"暗示船舶具有航行能力；SALVAGE 1989 则直接要求船舶应"能够航行（capable of navigation）"；等等。

对于航行能力的要求，各国（地区）的立法态度与上述国际海事条约基本一致，包括英国、新加坡、丹麦、克罗地亚、澳大利亚、爱尔兰、阿根廷、加拿大、芬兰、南非、印度、中国等均明示船舶须"能够航行"或"用于航行"，成为其界定船舶的决定性要素之一。例如：根据中国香港地区《商船条例》第 2 条的规定，船舶包括"用于航行而不靠桨力推进的"各类船只；巴林《1982 年海商法典》则将航行能力要素作为邻近的属概念"艇筏（craft）"的唯一描述内容，该法第 1 条规定，船舶通常"使用机械动力或帆……操作或用于海上航行的每艘船舶"；巴拿马《2008 年第 57 号法（普通商船）》和《美国法典》对船舶的定义虽未明确要求船舶应具备航行的能力，但其要求船舶能够从事"运输（transportation）"却也能从侧面反映该国法律项下的船舶有航行的能力；等等。

4. 建造规模要素（E_4）

笔者发现，一部分国际海事条约或国家（地区）法律中规定了船舶建造规模的要求，即要求船舶在船舶吨位或船舶长度的尺度上具备一定规模。例如：UNCCRS 1986 第 2 条规定的船舶排除了"总登记吨位在 500 吨以下"的船舶；克罗地亚《2004 年海商法典》第 5 条第 1 款第 4 项定义的船舶，须同时满足"超过 12 米""总吨位超过 15 吨"或者"授权运载超过 12 名乘客"中的一项条件；等等。我国《海商法》则排除了 20 总吨以下的小型船艇，但我国《海上交通安全法》则对船舶的建造规模不作特殊要求。该要素常见于船舶登记有关规定或国际海事条约和国家（法律）的免除适用的条款之中，并不是确定船舶地位的决定性影响因素。

5. 功能用途要素（E_5）

考虑到国际海事条约往往规制特定领域的船舶活动，在定义中明确船舶的建造用途要素的情况并不鲜见，包括《鹿特丹规则》、《海牙规则》、UNCCRS 1986、COLREGs、CLC 1969、FUND 1971、STCW-F 1995 等。例如：《鹿特丹规则》和《海牙规则》是"海上货物运输法"领域的公约，因而该公约中的船舶定义强调的是"用于海上货物运输（used to carry goods）"；COLREGs 是"海上交通安全"领域的公约，因而该公约中强调船舶是用作"水上运输工具"的各类艇筏；CLC 1969 则是"油污民事责任"领域的公约，该公约中定义的船舶是"运输散装油类货物（carrying oil in bulk as cargo）的任何类型的远洋船舶和海上船艇"。尽管 CLC PROT 1992 对 CLC 1969 第 1 款第 1 条所界定的"船舶"进行了修正，增加了需要实际运输或存在残余物的前提条件，但实质上"运输散装油类货物"仍是定义的核心要件。各国（地区）法律也存在规定船舶建造用途的情形。例如：巴拿马、美国等国定义的船舶应满足"运输人员"或"运输货物"的要求；我国《海商法》则排除政府公务船舶或军舰在该法的定义之外；索马里《1952 年海商法典》第 39 条定义的"船只"用途包括"海上运输、捕鱼、拖船或其他任何目的"；等等。

以上述五个要素为标准，对有关国际海事条约和国家（地区）法律船舶定义条款的要素具备情况梳理如表 3：

表 3 部分国际海事条约和国家（地区）船舶定义条款的要素具备情况

序号	名 称	术 语	要 素				
			E₁	E₂	E₃	E₄	E₅
国际海事条约船舶定义条款							
1	UNCCRS 1986	ship	√		√	√	√
2	鹿特丹规则	ship	√	√	√		√
3	MLC 2006	ship	√		√		
4	AFS 2001	ship	√		√		
5	BUNKERS 2001	ship	√				
6	BWM 2004	ship	√		√		
7	CLC 1969	ship	√		√		√
8	CLC PROT 1992	ship	√		√		√
9	COLREG 1972	vessel	√	√	√		√
10	FUND 1971	ship	√		√		√
11	FUND PROT 1992	ship	√		√		√
12	INTERVENTION 1969	ship	√				
13	LC 1972	vessel	√		√		
14	LC PROT 1996	vessel	√	√	√		
15	MARPOL 73/78	ship	√		√		
16	OPRC 1990	ship	√		√		
17	SALVAGE 1989	vessel	√		√		
18	STCW-F 1995	vessel	√				√
19	SUA 1988	ship	√	√			
20	海牙规则	ship	√	√	√		√
国家（地区）法律船舶定义条款							
21	英国《1995 年商船航运法》	ship	√		√		
22	新加坡《1995 年商船航运法》	ship	√	√	√		

续表

序号	名　称	术　语	要　素				
			E₁	E₂	E₃	E₄	E₅
23	丹麦《2014 年商船航运法》	vessel	√		√		
24	克罗地亚《2004 年海商法典》	ship	√		√	√	
25	澳大利亚《2012 年航海法》	vessel	√	√			
26	《荷兰民法典》	ship	√	√			
27	《美国法典》	vessel, ship	√				√
28	芬兰《2009 年船舶技术安全和安全行驶法》	vessel, ship	√		√		
29	芬兰《2009 年海上运输环境保护法》		√	√	√		
30	爱尔兰《1992 年商船航运法》	vessel	√		√		
31	巴拿马《2008 年第 57 号法（普通商船）》	vessel	√	√			√
32	《阿根廷航海法》	vessel	√	√			
33	南非《1951 年商船航运法》	ship, vessel	√				
34	加拿大《2001 年航运法》	vessel	√	√			
35	印度《1958 年商船航运法》	ship, vessel	√		√		
36	中国《海商法》	船舶	√		√	√	√
37	中国《海上交通安全法》		√				
38	中国香港《商船条例》	船舶（ship）船只（vessel）	√	√	√		
39	巴林《1982 年海商法典》	ship	√	√			√
40	索马里《1952 年海商法典》	vessel	√	√	√		
	国际海事条约中的出现频率		20	5	16	1	9
	国家（地区）法律中的出现频率		20	9	14	2	4
	总体出现频率		40	14	30	3	13

　　若对上述五个要素按其在国际海事条约和各国（地区）法律中的总体出现频率进行排列，则顺序如下：

排序总体：

人工结构 E_1>航行能力 E_3>漂浮能力 E_2>功能用途 E_5>建造规模 E_4

若对上述五个要素按其在国际海事条约以及各国（地区）法律中的出现频率分别进行排列，则顺序如下：

排序国际海事条约：

人工结构 E_1>航行能力 E_3>功能用途 E_5>漂浮能力 E_2>建造规模 E_4

排序国家（地区）法律：

人工结构 E_1>航行能力 E_3>漂浮能力 E_2>功能用途 E_5>建造规模 E_4

需要说明的是，国际海事条约所采用的对"船舶"一词的界定方式仍存在一定缺陷。正如前文提及的部分专门领域的国际海事条约中的定义的特点如：UNCCRS 1986 采用"自航式（self-propelled）""海（sea-going）"等描述限制邻近的属概念"船只（vessel）"的含义外延，以界定"船舶（ship）"一词；BWM 2004 使用"无论何种类型（any type whatsoever）"等措辞试图拓宽公约调整的海船和海上艇筏类型；AFS 2001 则更具体的罗列"浮动式储存装置（FSU）以及浮动式生产、储存和卸货装置（FPSO）"等装置延展"船舶（ship）"一词的含义；等等。与一般的公约（如 UN-CLOS）或国家（地区）法律所规定的船舶定义条款相比，国际海事条约定义条款往往与特定公约的调整目标密切相关[1]，即为尽可能扩大公约的适用范围，而不是为界定具有更宽泛含义的"船舶"。因此，因两者调整目标的不同，在上述分析中加入专门领域的国际海事条约所规定的船舶定义条款，可能一定程度上稀释了结论的准确程度。

三、船舶定义条款与无人船特征的适应性评价

（一）无人船特征指标的提炼

1. 基于 IMO 考量的无人船特征指标

正如前文所述，按照 IMO MSC 对无人船类型的划分情况，无人船可分为如图 1 中的四类，即采用自主系统的船舶、船上配员的遥控船舶、船上无配员的遥控船舶以及完全自主的船舶。[2]

---

〔1〕 Robert Veal, Michael Tsimplis & Andrew Serdy, "The Legal Status and Operation of Unmanned Maritime Vehicles", *Ocean Development & International Law*, 1（2019）, p. 4.

〔2〕 IMO MSC 并非将无人船硬性划分为四种，而是将四类具有鲜明特征的自主操控形式进行了解释。该组织认为，无人船在单个航程中可能采用一个或多个自主等级进行操控。

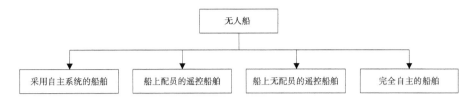

图1　IMO MSC 对无人船的类型划分

IMO MSC 分别对四类无人船进行了描述，我们可以从其描述中整理出不同类型划分的无人船的特征指标。

第一类采用自主系统的船舶的描述分为两句：第一句是"船上的船员操作并控制船上的系统和功能（Seafarers are on board to operate and control shipboard systems and functions）"。该句描述反映了船舶的配员情况以及船舶的操控方式。"船上的船员"表明采用自主系统的船舶配有船员，而"船员操作并控制船上的系统和功能"表明该类无人船的操控由其上配备的船员实现。第二句是"某些操作可能自动的（Some operations may be automated）"。该句同样反映了船舶的操控方式，即计算机控制系统可以自主实现某些船舶操作。因此，采用自主系统的船舶的技术特征包括操控方式（船员操控混合计算机控制系统自主操控）以及配员情况（船上配备船员）。

第二类船上配员的遥控船舶的描述分为两句：第一句，"该类船舶由另一个位置实现控制与操作（The ship is controlled and operated from another location）"反映了船舶的操控方式，即船上配员的遥控船舶是由非在船舶位置的人员远程遥控的，而该位置可能在岸上、飞机上或其他船上。第二句，"但是船上配有船员（but seafarers are on board）"则反映了船舶的配员情况，即船上配员的遥控船舶上配备了船员。因此，船上配员的遥控船舶的技术特征包括操控方式（远程遥控）以及配员情况（船上配备船员）。

第三类船上无配员的遥控船舶的描述同样分为两句：第一句为"该类船舶由另一个位置实现控制与操作（The ship is controlled and operated from another location）"。该句与第二类无人船的描述中的第一段一致，反映的是远程遥控的操控方式，即操控该类无人船的位置可能位于岸上、飞机上或其他船上。第二句为"船上没有配备船员（There are no seafarers on board）"。该句反映的是船舶的配员情况，即船上不配备船员。因此，船上无配员的遥控船舶的技术特征包括操控方式（远程遥控）以及配员情况

（船上不配备船员）。

第四类完全自主的船舶的描述为"该类船舶的操控系统能够自主做出决策并决定行动（The operating system of the ship is able to make decisions and determine actions by itself）"。有理由相信，描述中提及的计算机控制系统所实施的"决策（decision）"和"行动（action）"包括船舶驾驶、设备设施的维护、货物的管理等各类与船舶营运相关的作业。因此，该句描述反映了该类无人船的配员情况以及操控方式，即完全自主的船舶的船上不配备船员且船舶的计算机控制系统有能力实现自主操控船舶。因此，完全自主的船舶的技术特征包括操控方式（完全自主操控）以及配员情况（船上不配备船员）。

2. 基于 CMI 考量的无人船特征指标

CMI 向各国海商法协会分发的《CMI 无人船问题单》也反映了 CMI 无人船国际工作组对影响无人船"船舶"法律地位的因素的考量。《CMI 无人船问题单》问题 1.1 提出："一艘超过 500 总吨、船上没有船长和船员、由无线电通信远程控制的'货船'或者自主控制尤其是采用了计算机化的避碰系统且无人监控的'货船'，是否构成你国海商法下的'船舶'？"[1] 若对该提问进行解构，描述"货船"共有三个部分内容，即超过 500 总吨、船上没有船长和船员以及远程控制或者自主控制。因此，CMI 无人船国际工作组考虑的无人船技术特征为：船舶吨位、配员情况以及操控方式。

3. 无人船特征指标的可视化汇总

综上 IMO MSC 及 CMI 对不同类型的无人船特征的描述，笔者对不同类型的无人船的特征指标进行了可视化汇总。详如表 4：

---

〔1〕 CMI IWG on Unmanned Ships, "CMI IWGUS Questionnaire 24 03 2017", available at https：//comitemaritime. org/wp-content/uploads/2018/05/CMI-IWGUS-Questionnaire-24-03-2017. docx, accessed：2018-11-06.

表4 无人船的特征指标

指标类型		参数内容		
		配员情况	操控方式	船舶吨位
IMO 考量的指标	采用自主系统的船舶	有配员	船上操控	-
	船上配员的遥控船舶	有配员	远程遥控	-
	船上无配员的遥控船舶	无配员	远程遥控	-
	完全自主的船舶	无配员	自主操控	-
CMI 考量的指标	船上无配员的遥控船舶	无配员	远程遥控	吨位下限
	完全自主的船舶	无配员	自主操控	吨位下限

（二）评价结果：无人船具有形式"船舶"法律地位

1. 无人船具有形式"船舶"法律地位

判定无人船是否属于国际海事条约或国家（地区）法律规定的船舶，以其符合国际海事条约或相关国家（地区）法律规定的船舶定义条款为条件。如果无人船的各项特征指标达到船舶定义条款的标准，则我们可以认为无人船在形式上具有相应国际海事条约或国家（地区）法律项下的"船舶"法律地位。

（1）配员情况特征的匹配情况。较大程度上减少配员或不需要配备船员是无人船获得海运界广泛关注的主要原因，也是无人船展现出来的表面特征。对照表3所列的国际海事条约和国家（地区）立法中的船舶定义五项要素之后，笔者认为，所有的船舶定义均没有与船员、船长乃至配备船员相关的表述。[1] 此外，如果逐渐减少船上配员会剥夺船舶的"船舶"法律地位的话，就会形成这样一个悖论：当船员在船上时，该船构成船舶；但当全体船员下船之后，该船就不再构成船舶了。[2] 因此，配员情况显然

---

[1] Eric Van Hooydonk, "The Law of Unmanned Merchant Shipping—An Exploration", *The Journal of International Maritime Law*, 3 (2014), p. 409; Juan Pablo Rodriguez-Delgado, "The Legal Challenges of Unmanned Ships in the Private Maritime Law: What Laws Would You Change?", *Maritime, Port and Transport Law between Legacies of the Past and Modernization*, 5 (2018), p. 504; Craig H. Allen, "Determining the Legal Status of Unmanned Maritime Vehicles: Formalism vs Functionalism", *Journal Maritime Law & Commerce*, 49 (2018), pp. 480-481.

[2] Robert Veal & Michael Tsimplis, "The Integration of Unmanned Ships into the Lex Maritima", *Lloyd's Maritime and Commercial Law Quarterly*, 2 (2017), p. 313.

不是确定某个结构物是否属于船舶的决定性因素。进而言之，由计算机控制系统自主操控抑或是岸基操控人员远程遥控，并不妨碍无人船具有"船舶"法律地位的界定结果。[1]

（2）操控方式特征的匹配情况。改变常规船舶传统的操控方式是无人船获得海运界广泛关注的原因之一，也是无人船区别于常规船舶的本质特征。一方面，船员工资成本的不断提升促使船舶运用一系列自动化控制技术以减少配员。另一方面，操控技术的进步使得船舶最低安全配员标准日益降低，并可能在未来实现船上零配员。但是，从本文对船舶定义的构成要素的调查情况来看，操控方式既未被纳为船舶定义的构成要素，改变操控方式也不会当然地导致无人船失去航行（包括移动、推进等）、漂浮等能力。因而，无论未来的船舶采用何种操控方式，并不会成为影响其"船舶"法律地位界定结果的决定性因素。

（3）船舶吨位特征的匹配情况。船舶吨位要素在我国《海商法》、克罗地亚《2004 年海商法典》、UNCCRS 1986 等国际海事条约或国家（地区）法律规定的船舶的构成要素之一。在我国，由于我国《海商法》对所适用的船舶是 20 总吨以上的船舶，而国内较早开发的"筋斗云"号小型无人货船规划为 500 吨级[2]，要远高于我国《海商法》规定的船舶吨位下限。另外，根据表 3 显示的结果，在规定了船舶定义条款的 20 部国际海事条约中，仅有 1 部国际海事条约在船舶定义条款中规定了船舶建造规模相关要求，占总数的 5.00%。而在规定了船舶定义条款的 17 个国家（地区）的法律中，仅有 2 个国家（地区）的法律中规定了船舶建造规模相关要求，占总数的 11.76%。又鉴于建造规模要素在船舶定义条款出现频率的总体排序、国际海事条约排序以及国家（地区）法律排序中均列末尾，可以认为船舶吨位要素并不是"船舶"法律地位构成要素中的主流要素。当然，在"木桶原理"作用下，船舶吨位要素可能成为影响无人船航线选择问题的"重要"因素之一，即要求从事海上运输的无人船的船舶吨位不能过小。

因此，就上述国际海事条约以及国家（地区）法律中的船舶定义条款

---

〔1〕 Robert Veal, Michael Tsimplis & Andrew Serdy, "The Legal Status and Operation of Unmanned Maritime Vehicles", *Ocean Development & International Law*, 1（2019），p. 7.

〔2〕 《"筋斗云"号无人货物运输船》，载 http://www.yunzhou-tech.com/Products/detail/id/50.html#product，最后访问日期：2018 年 12 月 21 日。

而言，现行有关船舶定义的规定并不会对无人船法律地位的界定构成障碍。[1] 换言之，无人船具有符合船舶定义条款的形式"船舶"法律地位。具有形式"船舶"法律地位的无人船应当受各有关国际海事条约及国家（地区）法律的调整，并应遵守其规定的各项要求。[2]

2. 无人船不具有实质"船舶"法律地位

尽管无人船可能具备所谓的"船舶"形式法律地位，但需要注意的是，由于成文法律永远滞后于技术发展，新型技术不应当然地受旧法律的管辖[3]，即使该技术的特征不违反法律规制对象的构成要素。对无人船而言，现行各类国际海事条约以及各国（地区）法律在制定之初都是以规制船上船员驾驶的常规船舶为其立法目的的，绝大部分国际海事条约和国家（地区）法律不存在规制无人驾驶技术产物的可能性。[4] 虽然无人船可以利用符合船舶定义条款的规定从形式上取得"船舶"法律地位，但这并不意味着无人船可以自动适应公约以及法律中的实体规定。因此在相关公约、法律、法规修改之前，无人船难以取得实质的"船舶"法律地位。

（1）无人船的登记问题。UNLCOS第91条第1款的规定："每个国家应确定对船舶给予国籍、船舶在其领土内登记及船舶悬挂该国旗帜的权利的条件。"根据该款规定，国家有权决定船舶是否属于本国船舶。只有依法登记的船舶才能取得该国的承认，按照这种逻辑，船舶登记制度在确定"船舶"法律地位问题上具有证明作用。而该款规定中的"条件"可以认为即是确定某种构造物是否为"船舶"的标准。例如：《中华人民共和国船舶登记条例》规定，从事国际航线的船舶应当具备船舶航行安全等证书。在有关海事技术标准就无人驾驶技术做调整之前，除采用自主系统的船舶外的无人船可能均无法满足前述要求。因此，本文认为，该问题影响的无人船的类型范围，主要涉及船上配员的遥控船舶、船上无配员的遥控船舶以及

---

〔1〕 Aldo Chircop, "Testing International Legal Regimes: The Advent of Automated Commercial Vessels", available at https://papers. ssrn. com/sol3/papers. cfm? abstract_id=3130453, accessed: 2019-02-28.

〔2〕 Mohammadreza Bachari Lafte, Omid Jafarzad & Naimeh Mousavi Ghahfarokhi, "International Navigation Rules Governing the Unmanned Vessels", *Research in Marine Sciences*, 2 (2018), pp. 334–335.

〔3〕 Robert Veal, Michael Tsimplis & Andrew Serdy, "The Legal Status and Operation of Unmanned Maritime Vehicles", *Ocean Development & International Law*, 1 (2019), p. 5.

〔4〕 Daniel A. G. Vallejo, "Electric Currents: Programming Legal Status into Autonomous Unmanned Maritime Vehicles", *Case Western Reserve Journal of International Law*, 47 (2015), p. 411.

完全自主的船舶。

（2）无人船的适航问题。克罗地亚海商法协会认为，该国法律项下的船舶应当是适航的，而无人船无法满足船舶最低安全配员的要求将使其无法被识别为船舶。[1] 实际上，该协会援引的克罗地亚《2004 年海商法典》第 76 条规定船舶在符合某些规定的情况下为适航的。该条第 2 款第 1 项的规定，船舶在达到最低安全配员标准的时候也被认为是适航的。就该条规定的措辞而言，违反该条规定即船舶不适航并不意味着船舶便不具有"船舶"法律地位。可见，该条规定所指的"适航"是识别"船舶"法律地位的非充分条件。就无人船而言，无人船是否满足常规船舶有关配员的规定即是否处于适航状态，并不会影响无人船形式上的"船舶"法律地位。只不过当无人船满足标准处于适航状态时，其所有人、承运人或承租人等可以享有法律赋予的各项权利，而这正是无人船具有实质的"船舶"法律地位的体现。因此，该问题影响的无人船的类型范围，可能涉及采用自主系统的船舶（配员数量低于规定的最低安全配员标准）、船上配员的遥控船舶（配员数量低于规定的最低安全配员标准）、船上无配员的遥控船舶以及完全自主的船舶。

四、结论

厘清无人船形式上具备"船舶"法律地位的条件，是无人船适用国际海事条约以及国家（地区）法律法规的必要条件。而解决无人船实质上能够可以适用国际海事条约以及国家（地区）法律的实体规定即具备实质"船舶"法律地位的问题，则是无人船能否切实享有权利、履行义务、担负责任的充分条件。国际海事条约以及各国（地区）法律规定宽泛的船舶定义是明智的，因为这样不会在定义层面上对无人船适用法律造成障碍，才能在界定某些结构物为船舶的时候有一定调整、解释的空间。[2] 这有利于无人船在形式上取得"船舶"法律地位。同时，我们应在无人船技术成熟后，对现行海事海商法律中的实体规定作适当调整以适应无人船的发展。

---

〔1〕 Hrvatsko Društvo Za Pomorsko Pravo, "CMI IWG Questionnaire Unmanned Ships CROATIA", available at https://comitemaritime. org/wp – content/uploads/2018/05/CMI – IWG – Questionnaire – Unmanned-Ships-CROATIA. pdf, accessed: 2019-02-18.

〔2〕 Eric Van Hooydonk, "The Law of Unmanned Merchant Shipping—An Exploration", *The Journal of International Maritime Law*, 3（2014）, p. 407.

属性与责任：智能合约何以为合同？

谭佐财 *

引 言

20 世纪 90 年代中后期尼克·萨博（Nick Szabo）通过系列文章提出智能合约（smart contracts）的概念，将智能合约定义为"一套以数字形式定义的承诺，包括合约参与方可以在上面执行这些承诺的协议"。在区块链技术出现之前，理论上的智能合约的双方都必须依靠另一方的计算机代码和网络基础架构。区块链的分布式分类记账特性允许将代码嵌入到一个无需重复的公共分布式分类账本中。每个智能合约用户都使用相同的代码集访问相同的智能合约。这意味着区块链可以有效地防篡改，并且可以使交易自行执行。每个区块均包含时间戳、唯一哈希值和该数据的交易数据。区块链可以确保链中的任何区块都不会被追溯更改，从而促进安全的在线交易，传统上由银行或处理器执行的安全支付处理以及账户跟踪和维护功能在分布式和分散的区块链环境中均是自动化的。[1] 如图 1 所示：

---

* 谭佐财，男，湖北恩施人，武汉大学法学院博士研究生。研究方向：民商法、科技法。

〔1〕 See Satoshi Nakamoto，"Bitcoin：A Peer-to-Peer Electronic Cash System，BITCOIN"，available at https://bitcoin. org/bitcoin. pdf，accessed：2020-05-19.

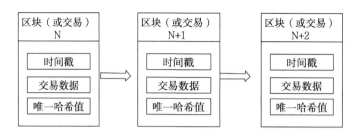

图 1　区块链技术示意图

区块链允许世界上任何地方的两个或多个参与方直接进行交易，同时相对确保交易是安全、真实且不可更改的。无论双方是否知道彼此的真实身份，都可以进行此交易，而无需任何第三方的协助或调解，并且这些交易方可以相对确定该交易是安全，真实和不可更改的。智能合约与区块链的完美结合使智能合约具备了落地应用的关键技术。当下，智能合约已经应用于金融业、知识产权、房地产等行业，并且这些行业将从智能合约技术的发展与监管体系的完善中持续受益。[1] 基于区块链技术的智能合约在政府公共治理、共享经济等方面亦有巨大潜力。

近年来，关于智能合约的研究颇具热度。诚然，一项可能引发社会生活诸多方面变革的技术的发展，无疑会撼动着法律人的神经。法学界主要集中于对智能合约的优势的关注和未来发展的希冀，其中不乏对智能合约未来发展会冲击传统法律体系的讨论，甚至有观点认为，智能合约将颠覆传统商业模式和传统合同法规则。但也有国外学者冷静地看待智能合约的发展，并发出"智能合约真的那么智能吗"的疑问。因为技术与法律的鸿沟，使得一些法学的研究与技术脱节，现有研究至少暴露出以下四个问题：其一，对智能合约的优势与潜力的讨论趋之若鹜，缺少对智能合约固有的局限性的探讨；其二，对智能合约的法律属性一概而论，未予类型化讨论；其三，缺乏与传统合同的细致比较而径行讨论合同法的适用问题；其四，未细化研究智能合约引发的内部法律关系与外部法律关系。本文拟细致分析智能合约的法律属性，并提出智能合约的"缺陷"以期助益于学界对智能合约的客观认识，并在此基础上对智能合约涉及的私法问题进行分析。

---

〔1〕 Scott A. McKinney, Rachel Landy, and Rachel Wilka, "Smart contracts, Blockchain, and the Next Frontier of Transactional Law", *Washington Journal of Law*, *Technology & Arts*, 13（2018）, p. 340.

一、智能合约的法律属性：类型化的方法

（一）智能合约的自治性

智能合约最初就被定义为是一种承诺，也就是一方已经设定好了相关的条件和程序，其他参与主体只需要附和即可。这一定义长期以来被奉为智能合约的通识定义，但也受到一些学者的质疑，认为尼克·萨博的定义已经无法准确地描述智能合约的关键要素：自治性以及当事人对合同具体条款的共识。[1]

理解智能合约需要首先明确，基于分散式记账技术（通常称为"区块链"）的智能合约最重要的要素是自治性，但也有学者认为决定合同是否智能的关键因素是合同是否自动化（autonomated）[2]，笔者认为不宜将自动化等同于自治性（the element of autonomy），是否具备自治性是区分智能合约与其他自动履行合约的关键要素。当然，自治性无疑包含了自动化之特征，正因为如此，方才有学者提出智能合约的另一定义：允许合同当事方通过软件代码的方式将合同内容嵌入区块链中，以保证合约的自动并且自主地自我执行。[3] 以自动售货机为例，消费者与自动售货机的缔约过程是自动化的，但却缺少自治性。一方面，自动售货机的所有者单方面执行该代码并且可以自由决定对其更改、制造障碍或者直接关闭自动售货机，造成交易中断。但是基于区块链的智能合约不仅可以保证履行的自动化，更为关键的是可以实现自治。因为存储在区块链数据库中的信息具有永续性，任何人均不得决定更改。因此，合同的自动化履行不会受到当事人的干扰。而且智能合约没有中央授权，也可排除外部第三人的干扰。[4] 另一方面，在自动售货机缔约过程中，当事人并没有就算法的内容达成共识，消费者无法知晓代码，也无法同意该代码，当事人同意的是其中的隐含条款（支付购买物品的价款）。而且在某些特殊情况下，算法的行为由自动售

---

〔1〕 ONDŘEJ SYLLABA, "Internet Smart Contracts: Are They Really Smart?", *Common Law Review*, 16（2020）, p. 19.

〔2〕 C. Clack, V. Bakshi & L. Braine, "Smart Contract Templates: Foundations, Design Landscape and Research Directions", available at http://www.resnovae.org.uk/fccsuclacuk/images/article/sct2016.pdf, accessed: 2020-05-18.

〔3〕 A. Savelyev, "Contract Law 2.0: Smart Contracts as the Beginning of the End of Classic Contract Law", available at https://ssrn.com/abstract=2885241, accessed: 2020-05-19.

〔4〕 ONDŘEJ SYLLABA, "Internet Smart Contracts: Are They Really Smart? ", *Common Law Review*, 16（2020）, pp. 19-22.

货机的所有者单方面确定。简言之，作为智能合约最初简单模型的自动售货机合约（Vending machine contracting）[1]仅具有自动化（自动履行）的功能而不具有自治性。著名的苏顿诉休莱停车场案（Thornton v. Shoe Lane Parking，Ltd.）则展现了自动售货机不具有自治性的特征。[2]

（二）智能合约的运行机理

智能合约的法律性质在理论上素有争议，主要有"合同说""特殊合同说""合同履行方式说""程序说"四种观点。"合同说"论者认为，智能合约即为合同的一种，并将"smart contracts"翻译为"智能合同"，认为智能合同是已经广泛存在于银行业务、网络音乐、房地产业中的新合同类型；[3] 更有甚者，直接跳过智能合约是否属于合同这一前提性问题的讨论，径行分析智能合约的合同法相关问题。[4] "特殊合同说"论者认为，因为智能合约包括公法智能合约和私法智能合约，不能简单地等同于民事合同。[5] 可以说，"特殊合同说"关注到了智能合约在公共治理领域（公法层面）的应用。"合同履行方式说"认为，不宜将智能合约认定为真正的合同，智能合约应为协议的一套履行机制或执行程序。[6] "程序说"认为，智能合约完全按照代码的技术逻辑运行，其运行无需人为因素的介入和干扰，从而排除法律的介入。[7] 工业和信息化部在其发布的白皮书中也直接将智能合约定义为一种程序。[8] 上述观点均从不同维度观察到智能合约的

---

[1] Johnthan G. Rohr，"Smart Contracts and Traditional Contract Law，or：The Law of the Vending Machine"，*Cleveland State Law Review*，67（2019），pp. 71-92.

[2] Thornton v. Shoe Lane Parking，Ltd. ［1971］2 QB 163 at 165. 该案件争议焦点为，通过自动售票机购买的停车票中是否包含停车场对进入停车场停车的顾客在遭受损害时不承担责任这一免责条款。被告将该免责条款张贴于自动售票机后面的收银员办公室。这类纠纷在自动售货机合约中可能存在，但在智能合约中则不可能发生。原因在于，智能合约的核心要素为自治性，在一定程度上排斥了第三方的介入，而合同是否被自动履行仅是一种普通的履行方式的问题，并不具有实质的法律意义。

[3] 夏庆锋：《区块链智能合同的适用主张》，载《东方法学》2019 年第 3 期。

[4] 柴振国：《区块链下智能合约的合同法思考》，载《广东社会科学》2019 年第 4 期。

[5] 郭少飞：《区块链智能合约的合同法分析》，载《东方法学》2019 年第 3 期。

[6] 金晶：《数字时代经典合同法的力量——以欧盟数字单一市场政策为背景》，载《欧洲研究》2017 年第 6 期；郑观、范克韬：《区块链时代的信任结构及其法律规制》，载《浙江学刊》2019 年第 5 期。

[7] 王延川：《智能合约的构造与风险防治》，载《法学杂志》2019 年第 2 期。

[8] 《2018 年中国区块链产业白皮书》，载 http://www. miit. gov. cn/n1146290/n1146402/n1146445/c6180238/part/6180297. pdf，最后访问日期：2020 年 6 月 30 日。

部分特征，但都存在以偏概全的论述漏洞，由此构建起来的对智能合约的法律性质及法律适用论述便难谓准确与合理。

为厘清智能合约的法律属性，需要在技术层面明确智能合约的运行原理、机制及特征，并结合具体应用场景进行具体分析。智能合约作为一种工具，在本质上是在区块链上运行的计算机代码。[1] 在区块链以太坊中的智能合约，其撰写语言为"Solidity""Serpent"等，目前"Solidity"为较多人使用的选项，同时也是以太坊官方推荐的程式语言，其架构类似于"JavaScript"。使用者在以太坊中部署合约，主要需要完成三个步骤：撰写智能合约（根据具体需求设计相对应的程序，以"Solidity"语言为例，通过程序编译器编译成二进制的代码）；部署至区块链网络并验证（网络中的每个节点都会收到该合约，并依共识演算法进行写入区块链的动作，当验证完毕，合约将被记录在区块链上）；触发合约执行（触发条件依照使用者的合约需求来设置）。[2] 如下图所示：

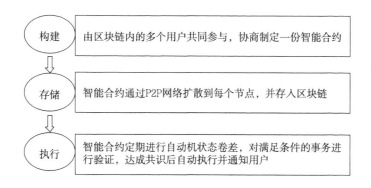

图2　智能合约运行示意图

（三）智能合约的类型

如前所述，智能合约是按照"构建—存储—执行"的模式建立并自动完成智能合约的所有事项。可以看出，该过程至少包括两个具有法律意义的环节：合约的构建与合约的执行。需注意的是，智能合约的应用场景并

---

〔1〕　Josh Stark，"Making sense of blockchain smart contracts"，available at https：//www. coindesk. com/making-sense-smart-contracts/，accessed：2020-05-19.

〔2〕　林咏章、林久弘：《以太坊智能合约安全之研究》，载《资讯安全通讯》2018年第3期。

非完全同质，而是具有复杂多样性。因此，运用类型化的方法区分智能合约的应用场景和功能可较为妥当地回答智能合约的法律属性这一前提性问题，根据智能合约可能产生的不同法律效果可将智能合约类型化为以下三种：①合同型智能合约；②执行型智能合约；③单向型智能合约。

具体而言，满足《中华人民共和国民法典》（以下简称《民法典》）中的合同要素时方可构成合同型智能合约，该类智能合约直接或经由法律解释仍受原《中华人民共和国合同法》等相关法律规范拘束。而智能合约具备合同的相应要素则成为构成合同型智能合约的关键。换言之，必须符合作为法律上可强制执行的承诺的特征，也即需要具备以下要素：要约、承诺、对价、合同目的、各方都有缔约能力、合约内容合法。[1] 按照合同是否成立、生效可以将合同型智能合约区分为未成立合同、未生效合同、已生效合同。由一方提供智能合约而另一方仅表示承诺的合同，在对方尚未做出承诺之前，合同未告成立，例如银行、证券交易中只要用户同意接受相关服务，相关合意即已达成。也可以理解为通过执行智能合约的行为可以同时确认承诺和对价。如果合同执行，则满足要约、承诺和对价的必要条件；如果合同没有执行，则没有产生具有法律约束力的合同，仅仅是一个要约。[2] 合同型智能合约中比较普遍的为附生效条件型智能合约，当事人需要满足智能合约中所约定的特定条件后方可生效。实践中也存在将已成立生效的口头或者书面合同编译成智能合约代码，也即智能合约仅是对既有合同的形式转换，合同当事人在缔约前需要对智能合约架构进行相应的设计协商，并由计算机专家将合同架构的主要内容转化为数字代码，并按照一定的算法逻辑进行设计。智能合约在制定之前，也需要双方协商，根据彼此的需求，取长补短达成共识，然后在法律的框架内，制定出能维护彼此权益的合约，最后将这份合约写入代码之中以自动执行。

执行型智能合约通常是当事人在设立智能合约之前已经对合约的内容有了约定，尽管这种约定在实践中可能是一种为双方当事人之间签订的同一类型合同（个别合同）提供基本框架和基本条件的框架合同（frame con-

---

〔1〕 Scott A. McKinney, Rachel Landy, and Rachel Wilka, "Smart contracts, Blockchain, and the Next Frontier of Transactional Law", *Washington Journal of Law*, *Technology & Arts*, 13 (2018), pp. 322-323.

〔2〕 Paul Catchlove, "Smart Contracts: A New Era of Contract Use", available at https://ssrn.com/abstract=30902267, accessed: 2020-05-19.

tract）。该类型中智能合约的工具性作用更为明显。从合同发展阶段来看，智能合约属于合同的履行环节中的一种自动执行机制。例如，当事人之间已经通过协议的方式达成了"若符合特定条件，则自动完成支付或者其他行为"的合意，然后按照合意的内容编写代码并设置触发条件启动代码的执行，诚然，该合意属于完整合同的组成部分，将该合意转换为代码后，并不能改变该智能合约仍属于合同的组成部分的性质，只是该组成部分与合同的内容执行更为密切。智能合约中的内容并不具有合同成立的要素，仅具有合同的权利义务内容。

单向型智能合约，该类型智能合约被广泛运用到单方法律行为中，例如为遗嘱的设立、分配而设定的智能合约，一旦智能合约程序通过官方等正式途径获悉立遗嘱者已经死亡，智能合约即自动确认触发条件，自动执行遗产分配程序；再如，智能合约在公共治理场域中，政府作为资源供给方通过智能合约为标准化的公共产品提供自动流程，如符合精准扶贫、养老、医疗等方面的条件的，自动触发公共产品供给程序。民事合同是双方法律行为，而前述智能合约却仅仅是单方法律行为甚至不是法律行为，因此直接归入传统合同显然不妥。

由此可见，智能合约在实践中的存在样态和应用场景较为多样，不宜简单地将其归入法律合同或者非法律合同之列。工业和信息化部发布的《2018 年中国区块链产业白皮书》中，将智能合约定义为一种程序而非一种合同，该定义也仅仅看到了智能合约的存在形式而未关注其所包含的内容。

二、智能合约真的那么美妙吗？

智能合约与区块链技术的结合，已经充分显现出其拓展应用领域的潜力。从智能合约的实践运用来看，智能合约的优势非常明显：①清晰：由于合同是用条件逻辑编写的，因此很容易评估在任何特定情况下将要发生的事情；②速度：合同的执行无需任何人工干预；③透明：合约被永久记录在区块链中，任何人都不能篡改。基于区块链的智能合约的优点及其积极作用是由其去中心化的特点所决定的。但由于法学界较少关注其"缺陷"导致对潜在的风险较少论及，故有必要在此予以明晰。

（一）智能合约并不"智能"

智能合约实际上并不是非常"智能"。智能合约通常并不包含人工智能，并且二者存在本质区别：智能合约无法从其行为和经验中进行深度学习，无法自动修正其行为以适应不断变化的环境和具体情况，也无法理解常用的一些不确定概念，诸如实质性、合理之类的概念均无法被智能合约接受。尽管智能合约可以在一定程度上应对意外情况的发生，但却无法根据不可预测的情况"智能"地实施或修正其行为，至少目前尚无法实现。当然，这种不够灵活的特性并非技术上的发展程度使然，而是智能合约的运行机理要求的。

智能合约不宜处理复杂的逻辑关系。逻辑的复杂性会增加出现代码设计错误或编码逻辑存在漏洞的可能，而出现这种错误或漏洞的后果成本往往会相当高。原因在于，智能合约的防篡改性和自动执行性意味着一旦智能合约所设定的条件被触发，则该合约将不受限制地在设定的场域和路径中执行，直至执行完毕。因此，就目前的应用而言，智能合约应用场景的逻辑关系均较为简单，将人从重复、繁琐的人力劳动中解脱出来。例如，在金融业中，每天要通过自动化软件进行数百次股票高频交易，而若通过智能合约的方式自动执行股票交易，则可消除延迟和错误。而且证券交易因需大量的时间转移资产，从而给交易方带来风险，利用区块链技术的智能合同则可以缩短时间和减少此类的风险。但是这类应用仅仅是简单地运用"if-then"语句。逻辑上的重复嵌套会极大地增加设计成本。除了设计开发用于发现智能合约中漏洞的工具外，设计人员在开发过程中还必须采取更一般的预防措施。智能合约工程师应在最终执行智能合约之前进行多次测试，在检测到威胁后，工程师应该能够在正式发布产品之前消除威胁。在执行智能合约期间，工程师应该设法安全地执行智能合约，或者准备好在遭受任何攻击时果断地暂停该过程。如果有任何问题，暂停流程是明智的管理损失的方法。成功执行智能合约后，设计人员或工程师应与智能合约维护保持同步，以防止潜在的攻击。由此可见，这一套保障措施及机制的安排在增加交易安全系数、拓宽其应用范围的同时却极大地增加了智能合约的使用成本，基于此考虑，智能合约目前仍在有限的简单逻辑关系中使用。[1]

从自主学习能力而言，智能合约是"不智能"的，但从本质上而言，智能合约确立的价值中并无灵活性，而相反是确定性和可预测性。这与传统合同不同，传统合同通常会建立修正、更改合同的相应标准的制度。每一个制度都以不同的方式在当事人之间协助风险分配。例如，情事变更制

---

〔1〕 "Blockchain App Platform", available at https://www.ethereum.org/, accessed: 2020-05-18.

度、不可抗力制度、合同撤销（显失公平）均赋予了合同当事人对生效合同进行改变的可能与标准，尽管该标准是模糊不清的。但在智能合约中，合约双方可能希望某些行为会实质性地产生违反协议的后果，但是这些行为却无法在合约中被穷尽地予以预设性规范。

（二）智能合约可执行违约责任能力有限

通常而言，智能合约的违约救济方式已在程序代码中被预先设置，一方遭受合约项下或者之外的不利事项，另一方将承担相应损害赔偿责任。这些不利事项可能是诉讼、代码漏洞或其他设定的行为造成另一方财产损失。但在未来相当长一段时间内，将完整的赔偿条款嵌入到智能合约中在技术上可能是行不通的，因为该类型的条款中包含的变量和灵活性将很难转化为智能合约代码。例如，触发赔偿条款的条件设置为一方提起诉讼，虽然这可由区块链通过法院系统进行验证，但是当事方将承担的诉讼费用、律师费等将根据索赔请求和索赔的范围而有所不同。因此，这些成本实际上无法在区块链中预先列出。而且，对区块链或智能合约技术而言，可能难以正确识别所提起的诉讼与该合约有关进而受赔偿条款的约束。为了使用户获得有意义的赔偿，他们将不得不在区块链之外进行一些协商，这可以在用户彼此熟识的私有链中轻松实现，但在公有链中，匿名用户不太可能线下就赔偿事项谈判协商。

（三）智能合约可能造成新的低效

智能合约的开发目前仍处于起步阶段，大多数事务在智能合约中仍无法实现，例如人力服务的提供，但部分事务是可以运用智能合约来进行的，但往往开发成本也很高，这与智能合约节省成本的目标相悖。因此，寻找适合于运用智能合约的事项才可以使智能合约价值最大化。[1] 智能合约初次应用于特定事项将有可能造成新的效率低下，这种低效却并非应用该人工智能希望达致的目的。例如，在不动产所有权转让中采用智能合约通常在成本和时间上都是有效的。但是，要替换当前的不动产登记系统，就需要适应相应的立法和执法，这涉及采用该系统和培训员工的相关支出以及高昂的维护费用。这样的成本压倒性地超过了将智能合约应用于房地产所有权转让的好处，从而造成了新的效率低下。因此，考虑到新的低效率问

---

〔1〕 JIANG, Jiaying, "The Normative Role of Smart Contract", *US-China Law Review*, (15) 2018, p. 143.

题，在成本与收益之间取得平衡，对于最大化特定领域和行业中智能合约的价值至关重要。[1]

智能合约在全数字化环境中建立，生产、付款、登记等各方面都与数字系统链接，而且智能合约需要采用完全定义的计算机代码编写。这种技术上的复杂性为合同的自动形成和执行创造了可能性。但在交易存在较多不确定性的情况下，与传统的书面合同相比，它也使智能合约的方式更昂贵、效率更低。[2]

（四）"去中心化"特征并非普遍适用

"去中心化"（decentralized）常常被认为是区块链最大的特点。但严格意义上来看该特征并不周延。首先，该词本意是"分散式的"，结合计算机领域的情况来看，分散式的计算机系统不一定是完全去中心的，也可能是多中心、弱中心的。其次，即便是比特币这样的区块链应用，看似绝对的去中心，其实也仅仅是架构设计上的，而在运行上还是存在中心的，比如当某个节点行使记账权的时候，其也可以被看作是临时的中心。更何况，对于那些掌握了大量算力进行专业挖矿的矿场来说，更是事实上的"中心"。最后，从横向上，可将区块链分为公有链（public blockchains）、联盟链（consortium blockchains）和私有链（private blockchains），私有链其实是有中心的，联盟链甚至可能是多中心的。[3] 因此，智能合约的去中心化特征仅在有限范围可予以实现。

综上，智能合约也存在诸多的自身固有"缺陷"，但经常被忽视，在复杂的应用实践中需要认识到其可能存在的法律风险和有限应用范围，在合同法律规范框架下，如何正确处理智能合约的短板所引发的法律问题则成为新的议题。

三、智能合约与传统合同法的关系

（一）智能合约与传统合同的关系

智能合约的固有"缺陷"是代码所具有的刚性，而传统合同当事人通常愿意在合同中纳入自由裁量合同条款，以便在执行时具有更大的灵活性。由于自动化系统会自动执行合同，故智能合约限制了各方的自由裁量权。

---

[1] Id.

[2] Jeremy M. Sklaroff, "Smart Contracts and the Cost of Inflexibility", *University of Pennsylvania Law Review*, 166（2017），p. 291.

[3] 凌锋：《一本书读懂区块链》，台海出版社2018年版，第83页。

一旦各方的行为或者情事触发设定的最终条件，区块链将自动执行。因为智能合约在区块链上的编码无法处理模糊或不确定的问题，故当智能合约与具体触发条件而非抽象触发条件一起使用时，智能合约显得更为实用。正因为如此，智能合约不可能取代需要包含灵活条款的传统合同。但也有人乐观地预测，随着技术的发展，缺乏灵活性似乎不再是一个问题，因为使用最新的或者受到更严格监管的区块链技术可以加入人为干预，以防止欺诈或非法使用智能合约。[1] 具体而言，智能合约与传统合同可根据表1进行区分：

表1 传统合同与智能合约的对比

比较项	传统合同	智能合约
适用情形	适合非常需要主观能动性的约定（比如需要人去判别）。	适合可数字化的约定。
人力成本	因需要法律体系的大量人力保障、成本较高。	无中介化、不需要费用高昂的人力、成本低。
人力参与时间	事后执行，参与者根据最终结果来处理合同。	事前预防，执行前已经提前将待处理的数字资产放置于合约内，由合约根据条件自动处理。
执行保障	执行保障依赖于法律制裁。	执行保障依赖于抵押品或保证金（智能资产）。
执行范围	执行范围受限于参与人所在的区域。	执行范围不受地域限制，是全球性的。

虽然智能合约与传统合同存在诸多区别，但二者系统一而非对立的关系。智能合约与传统合约结合起来，对于守约方的权利救济更为有利，智能合约可以作为传统合同当事人履行义务的工具。如此一来，若智能合约无法按照预期的义务进行履行（如发生了程序漏洞或错误），守约方仍有获得救济的方式。促进和鼓励交易是合同法的功能之一，合同法应为当事方

---

〔1〕 Pierluigi Cuccuru，"Beyond Bitcoin：An Early Overview on Smart Contracts"，*Int'l. J. L. &Info. Tech.*，25（2017），p. 191.

提供有效行动的最佳激励，即在整个合同过程中最大化交易中的价值。相反，智能合约本身既不促进交易也不鼓励自愿进行资源交换，因此不能代替合同法在价值最大化中的作用。智能合约之所以背负此类"缺陷"，主要是由于缺乏合同前阶段而产生的程序缺陷。这些阶段涉及诸如获取信息、确定合同参与方以及协商之类的事项，所有这些阶段都有助于实现资源的适当分配和风险评估，以实现价值最大化。但是，如果智能合约不是孤立存在的，而是作为传统合同的"搭档"存在，或者将智能合约视为嵌入在传统合同中的工具，合同法则保持其传统角色和功能，即参与合同前阶段（分配资源、评估风险并填补空白），则智能合约可以与合同法律规则协同运作，以实现整个交易价值最大化。[1] 智能合约与传统合同在部分法律事项上互相借鉴、融合，兹举数例：

第一，合意方式的融合。传统合同的合意通常是通过行为或墨水签名（a wet ink signature）来表示的。然而近年来，通过电子方式形成合同的频率越来越高。自美国国会于 2000 年颁布《全球和国家商业电子签名法》（Electronic Signatures in Global and National Commerce Act）以来，电子签名具有与墨水签名同等的法律效力，通过 DocuSign 之类的工具达成数字化的合意已变得普遍。尤其是业务直接面向消费者的商主体，都依赖达成合同合意的替代方法。例如，接受在线服务的用户通常会必须选中"同意""接受"框，以表示其同意标准的、不可谈判的条款和条件。这些合同以及其他一些合同似乎是通过采取行动来表示接受，当向用户明确提供合同内容并通过突出显示等方式提示合同与用户有重大利害关系条款时，"单击'注册'即表示您同意使用条款"通常即达成合意并约束合同当事人。传统合同正在逐步接纳智能合约的合意方式，这是技术发展趋势和商业发展需求使然。

第二，主体身份的接轨。智能合约的核心要素包括数字身份，这不同于传统合同中当事人均以真实身份参与，合同主体是合同成立的基本要素。但在智能合约中，当事人不去追求对合约当事人真实身份的探求，身份往往具有虚拟性。虽然数字身份未必是真实身份，但该身份对应的民事主体是真实存在的。此外，智能合约还有其独特的要素：数字资产、合约仲裁

---

〔1〕 JIANG, Jiaying, "The Normative Role of Smart Contract", *US-China Law Review*, (15) 2018, p. 141.

平台及数字资产托管平台。前述两个平台系以代码和区块链的形式进行。随着智能合约的广泛应用，对智能合约的行政监管逐步受到重视，其中就包括主体身份实名注册的要求。因此，智能合约的主体身份也在逐步与传统合同接轨。

（二）智能合约与传统合同法的关系

一方面，智能合约的编译过程及内容会受到既有合同法规范的潜在影响。表面上看，智能合约凭借其去中心化的特征似乎脱离了既有法律规范（主要是合同法）的约束。有人也提出，智能合约不会产生具有法律意义的合同义务，认为智能合约是在尚未受到法律领域触及的技术领域中发展的。[1] 有人更进一步认为，传统合同通过为一个或多个当事方建立将来的义务来促使合同得到履行，但智能合约并不涉及将来的义务，因为双方均无法律义务在订立合同后还采取任何行动。[2] 诚然，上述观点关注到智能合约自动执行而无须其他的行为的本质属性和优势，但该观点仅在理论模型层面具有合理性，如前文所述，根据其类型的不同，智能合约在实际运用中仍会不同程度地受到合同法等相关法律规范的约束。其实，基于区块链的智能合约俨然已成为法律的记录和执行者，在利用区块链相关技术的最初便已将遵守法律通过共识机制建立起来，智能合约的执行过程虽然并不直接受人为因素的干扰，但在此过程中必然包含人的因素，这种因素导致其合约内容会自觉或非自觉地受到法律规范影响。

另一方面，智能合约受到传统合同法的直接约束，传统合同法能"接纳"智能合约。但是，由于智能合约技术上的独特性和复杂性，很难辨别它们在传统合同法的法律框架内的体系位置和存在方式。迄今为止，无论是立法上还是司法上均尚未充分评估出智能合约的发展潜力，对于智能合约本质的认识及发展前景均尚待明晰，因此很难将其置于监管计划之内。在智能合约技术相对发达的美国也尚无一个完全成熟的智能合约市场，亦无法院就智能合约的执行提供直接指南。在没有任何智能合约的具体指导

---

〔1〕 Alexander Savelyev, "Contract Law 2.0: Smart Contracts as the Beginning of the End of Classic Contract Law", *Info. & Comm. L.*, 26 (2017), pp. 116, 128.

〔2〕 Adam J. Kolber, "Not-So-Smart Blockchain Contracts and Artificial Responsibility", *Stan. Tech. L. Rev.*, 198 (2018), p. 221.

的情况下，宜根据传统合同法规则对智能合约进行分析。[1]

在比较法上，更多的国家选择传统合同法对智能合约予以一并规制。但值得注意的是，近年来已经出现专门立法例用以衔接智能合约与传统合同。美国亚利桑那州和内华达州的法规明确将智能合约视为一种"书面文件"，并且还颁布了适用于智能合约的相关法律。[2] 明确仅采用电子形式的记录不会因其媒介的特殊而不被法律所承认，并进一步声明如果在法律上要求以书面形式记录的情况下，"电子记录"则完全符合法律规定。[3] 其立法意图直指区块链中的智能合约。此外，还在法律上授权当事人使用智能合约以订立或者执行协议，通过电子代理商发生的合同效果直接归结于特定主体。[4]

四、智能合约内外部民事法律关系辨析

如前所述，不同类型的智能合约都会在不同程度上受到既有法律规范的约束。智能合约主要涉及合约当事人之间的法律关系（内部关系）和合约提供方与合约方之间的关系（外部关系）。

（一）内部关系：合约当事人之间的法律关系

无论智能合约是属于合同型智能合约、执行型智能合约抑或单向型智能合约，其呈现的形式均为程序。如此，无疑会存在自然语言向程序语言转化时发生转换错误或瑕疵的情况。问题在于，当二者发生不一致时，法律上应如何解决？将智能合约置于区块链之下的设计初衷便是避免争议，基于此，似乎应当以程序代码为准而不考虑当事人主观意思，这就是所谓的"代码即法律"（code is law）。这类似于不动产登记簿的公示效力，相对人须以登记事项为本，在智能合约中即是以代码本身为解释客体。因此，有学者认为，当事人确定采用智能合约的方式完成某一事项或达成某一目标时，即已默示放弃主观意思的解释空间，而仅限于客观解释。但将代码本身作为合同解释的客体不无疑问。原因在于，代码的设计、编译通常是由专业团队或公司完成，如此就产生了直接负责代码编写的人员与使用者产生分离的情况，也即，二者需要进行意思的沟通与统一，其间便可能产

---

[1] Scott A. McKinney, Rachel Landy, and Rachel Wilka, "Smart contracts, Blockchain, and the Next Frontier of Transactional Law", *Washington Journal of Law*, *Technology & Arts*, 13（2018），p. 325.

[2] Nev. Rev. Stat. § 719（2017）；Ariz. Rev. Stat. § 44-7001（2016）.

[3] Nev. Rev. Stat. § 719.090（2017）；Ariz. Rev. Stat. § 44-7007（C）（2016）.

[4] Nev. Rev. Stat. § 719.310（2017）；Ariz. Rev. Stat. § 44-7014（2016）.

生法律语言和程序语言的差异，而且这种差异则可能体现为对合约条款的理解差异，并且具有隐蔽性，无法轻易地被双方察觉。因此，若当事人在智能合约之外另有相关书面约定或可予以证明的口头约定，因代码编译人员并非合约当事人，以口头或者书面形式缔结的合同内容为准更为妥当。

解决该问题的一个基本原则是应当探求当事人内心真实意思。在智能合约与书面合约的理解存在争议时，可以类推适用《民法典》第 466 条新增的规定，即当事人对合同条款的理解有争议的，应当依据《民法典》第 142 条第 1 款的规定，确定争议条款的含义。合同文本采用两种以上文字订立并约定具有同等效力的，对各文本使用的词句推定具有相同含义。各文本使用的词句不一致的，应当根据合同的相关条款、性质、目的以及诚信原则等予以解释。智能合约的程序语言与自然语言其实与采用多种文字订立的合同并无实质区别，因此通过类推适用的方法可为智能合约的解释提供规范基础。美国亚利桑那州和内华达州的法规明确将智能合约视为一种"书面文件"也为此种路径提供了正当性支撑。[1]

此外，智能合约并非能完全避开争议，在智能合约的争议解决上，需要在虚拟世界与现实世界之间往返。其中最为重要的议题至少包括两个方面：其一，由何方来承担代码错误或代码漏洞的举证责任？若该程序代码的设计是双方共同委托或者经充分协商后由一方设计的，按照谁主张谁举证的举证责任一般规则处理即可；但若该程序代码仅由一方设计，作为服务接受方仅表示同意，此种情形下因信息的高度不对称，应当实现举证责任倒置。其二，在智能合约代码存在疑义时如何解释？前文已述，若同时存在自然语言合同和智能合约时的解释路径。但若仅存的智能合约存在疑义时，可以参照格式条款的处理方式，我国台湾地区"消费者保护法"第 11 条第 2 项规定，定型化契约条款如有疑义时，应为有利于消费者之解释。《德国民法典》第 307 条直接规定该条款无效。径行认定该疑义条款无效似有处理过当之嫌，按照罗马法谚"有疑义就为表意者不利之解释"的解释路径较为合理。值得提出的是，智能合约的执行结果可能会和当事人的本意有出入，但至少可以说该种执行是最接近预设的合约之履行。[2]

---

〔1〕 Nev. Rev. Stat. § 719 (2017); Ariz. Rev. Stat. § 44–7001 (2016).

〔2〕 Max Raskin, "The Law and Legality of Smart Contract", *Georgetown Law Tech Review*, 1 (2017), p. 326.

为减少当事人的本意与程序代码之间发生的龃龉，本文提供两种可能的解决路径：其一，在智能合约中直接设置恢复条款，例如"若智能合约出现漏洞或错误时，智能合约恢复到执行前状态"或者"通过参与人的合意可允许嵌入新的合约"。从 The DAO 事件中可以看出，智能合约一旦触发执行条件，并非完全不可撤销或停止，The DAO 事件就采取"硬分叉"的方式避免了黑客转移 The DAO 合约里的资金。简单来讲，就是通过一段新的程序代码来改变原合约"运行轨迹"，将 The DAO 合约里的所有资金以及被黑客控制的资金转移到一个新的合约，该合约只有一个功能：退回 The DAO 众筹参与人的以太币。其二，为减少智能合约的漏洞的出现，就智能合约的结构达成某种程度的共识而形成标准化的智能合约，能简化协商和设计成本、提高交易效率，更为重要的是减少智能合约的争议。智能合约的标准化并非体现在内容的同质性而是体现在技术设计上，包括如何将合同内容转换为代码，以及如何设计触发合约执行条款等。IEEE 也宣布了为智能合约开发"技术法律"标准的计划。[1]

当一方要求另一方履行合同时，可能会出现另一方恶意制造交易障碍的情况。例如，在涉及自动付款机制的智能合约中，如果一方关闭了从中提取资金的银行账户，而另一方的义务却在持续履行，则该方可能会要求强制履行付款义务。此时，主张履行合同的一方需要明确知道另一方的具体身份。在私有区块链中，互相知晓身份有可能成为常态。但在公共区块链中，除了用户名之外，各方的现实身份通常互不知悉。为了规避因身份不明确而无法寻求权利救济的风险，合约各方可将自动化的第三方验证工具嵌入智能合约中。例如对合约方进行背景调查和位置记录，并将调查结果自动提供给合约参与方，因此可以完全透明地了解参与方主体信息，以便可以实际提起诉讼。事实上，该项举措其实目前在区块链技术发展过程中已经得到监管部门的重视，比如比特币近年来也被要求实名认证。但是问题在于，因为智能合约的特征之一是要信任系统而不是个人，使用区块链（至少是公共区块链）的身份验证可能会阻止一些事项使用智能合约。

---

〔1〕 IEEE and The Accord Project Partner to Develop Techno-Legal Standards for Smart Contract Applications, Business Wire, （2018）, available at https://www.businesswire.com/news/home/20180220005076/en/IEEE-Accord-Project-Partner-Develop-Techno-Legal-Standards, accessed: 2020-05-19.

（二）外部关系：提供方与合约方之间的法律关系

智能合约的设计具有较高的技术要求，通常会将设计任务委托给第三方专业机构，那么因第三方机构设计智能合约存在程式漏洞或者代码错误造成合约方损失应当如何处理？首先，需要明确委托合同是共同委托还是单方委托，若由智能合约各方共同委托第三方开发设计，智能合约各方应当公平分担损失，亦可共同向第三方直接主张违约责任。若由当事人单方委托，则涉及《民法典》第 593 条的规定，即当事人一方因第三人的原因造成违约的，应当依法向对方承担违约责任。当事人一方和第三人之间的纠纷，依照法律规定或者按照约定处理。针对该条的第三人的范围，学界素有争议，[1] 但从历史解释的角度看，《〈中华人民共和国合同法〉立法方案》第 8 章第 1 节"一般规定"中明确，该第三人主要包括配件供应人、分包人、受托履行义务人等。由此可以看出，该第三人应当为与当事人密切相关的履行辅助人，承担该项设计任务的第三人可以归列此本条"第三人"。但是问题并非止步于此，若委托方因第三人的原因造成违约，因其与第三方存在合同关系，其权利能得到保障；但若非委托方因该第三方的原因造成违约的，由于该第三方可以视作合约一方（委托方）的履行辅助人，该违约可视作委托方的原因而类推适用《民法典》第 605 条"因买受人的原因致使标的物未按照约定的期限交付的，买受人应当自违反约定时起承担标的物毁损、灭失的风险"的规定，由该方当事人自担风险即可。

另外，如果发生第三人入侵智能合约运行程序，破坏智能合约的运行生态，转移智能合约资金，该第三人及智能合约编译人员承担的责任为何？在智能合约的实际应用中，不乏黑客恶意侵入智能合约运行程序甚至转移资金的案例，影响较大的诸如 The DAO 事件、Coin Dash 事件、Enigma 事件、Tether 黑客事件、Nice Hash 事件、币安事件。[2] 第三人恶意侵入计算机系统，可归属刑事责任范畴，在此不论。关键在于智能合约编译主体的民事责任。在这种情况下，如果合约方从代码开发人员处获得了安全性的保证，则可以向代码开发人员寻求因违反合同的违约救济。

智能合约改变了传统交易中的信任模式，智能合约不需要交易双方互

---

〔1〕 解亘：《论〈合同法〉第 121 条的存废》，载《清华法学》2012 年第 5 期；周江洪：《〈合同法〉第 121 条的理解与适用》，载《清华法学》2012 年第 5 期。

〔2〕 凌锋：《一本书读懂区块链》，台海出版社 2018 年版，第 34~42 页。

相信任，甚至不知道交易对手的身份，智能合约的信任模式是一种"机器式契约信任"。在降低协商成本、提升交易效率的同时，却也埋下了交易风险的种子。合约参与方发生争议时，无法确定交易对手的身份信息便无法向其主张权利。用户此时可以诉诸该交易过程中唯一身份明确的实体：区块链或智能合约平台提供商。其规范依据在于《最高人民法院关于审理食品药品纠纷案件适用法律若干问题的规定》第9条的规定，消费者通过网络交易第三方平台购买食品、药品遭受损害，网络交易第三方平台提供者不能提供食品、药品的生产者或销售者的真实名称、地址与有效联系方式，消费者请求网络交易第三方平台提供者承担责任的，人民法院应予支持。网络交易第三方平台提供者承担赔偿责任后，向生产者或者销售者行使追偿权的，人民法院应予支持。网络交易第三方平台提供者知道或者应当知道食品、药品的生产者、销售者利用其平台侵害消费者合法权益，未采取必要措施，给消费者造成损害，消费者要求其与生产者、销售者承担连带责任的，人民法院应予支持。但是，用户针对区块链或智能合约平台提供商的追索权可能受到与提供商之间的合同实体条款的限制。也即，提供商会通过合同免除自己的责任。例如，以太坊提供了包括支付等许多区块链应用程序。支付软件遵循该程序中各种软件组成的许可协议，其中包括："除在编写版权持有人和/或其他方时另有规定外，'ASIS'程序均不提供任何形式的保证，无论是明示或暗示的保证，包括但不限于对商业目的和适用性的默示保证。有关程序质量和性能的全部风险由您承担。如果因与软件或软件的使用或其他方式产生的与之有关的合同、侵权行为，持有人应对任何索赔、损害或其他责任承担责任。"[1] 该许可条款试图免除因使用该软件而引起的所有责任，从而使用户几乎没有对以太坊的索赔权。

五、结语

智能合约已经或将会极大地影响既有法律体系，这种影响未必直接体现为对既有规则的更改。在技术迅速更新、突破的时代，法律如何与技术融合成为一项全新的议题。法律能否承受技术革新带来的挑战与冲击正是法律人需要直面的问题。在研究全新技术所涉法律问题时，不可避免地需要涉足该技术领域的知识，否则便可谓是"门外汉"自说自话。研究科技法律的国外论著，鲜见直接讨论法律问题者。以本文研究的基于区块链技

---

[1] "LICENSE" available when a download of Ethereum Wallet is initiated, accessed: 2020-05-19.

术的智能合约为例，首先需要明确智能合约的运行机理、本质属性等技术层面的问题，进而选择从民法的视角进行观察分析。

虽然本文对智能合约的固有"缺陷"予以阐释，但并不妨碍其广阔的发展前景，尤其是其在大规模交易、标准化交易中具有无可比拟的优越性。未来民法学界宜紧跟智能合约技术发展动态和法律需求，从跨学科的视角为智能合约技术发展提供法律保障！

在线庭审：现状、成因与变革

王洪用[*]　崔家蔚[**]

引　言

在线庭审是近年来各地法院普遍关注的司法举措。尤其是在新冠肺炎疫情发生之际，"不打烊的法庭"为有效供给司法服务增添了一抹亮色。以智慧司法为诉求，国内在线庭审的实践日益铺陈开来。[1] 然而，庭审不单纯具有诉讼程序上的重要机能，它更蕴含着社会治理层面的价值取向。庭审的过程，实质上也是司法参与乃至主导社会治理的过程。包括法官、当事人和旁听人员等亲历者，他们不仅是纠纷解决意义上的规范共同体，还是社会治理语境中的事实共同体。按照马克思关于矛盾论的经典阐述，世界可被视为永恒发展的"过程"的集合体。据此而言，作为一种过程性治理实践，在线庭审如何回应以及应该怎样回应社会的结构性需求？

---

* 王洪用，现任职于安徽省淮南市中级人民法院。安徽省地方党委政法委执法监督特邀专家，淮南市"法律明白人""法治带头人"培养工程授课讲师。

** 崔家蔚，现任职于山东省济宁市人民检察院。先后在最高人民检察院、国家法官学院组织的学术征文中荣获奖项3项，在国家级刊物发表法学类论文多篇。

[1] 需要说明的是，由于通过网络方式进行案件审理目前尚属于新生事物，实践中各地法院在概念使用上较为混乱，如"线上庭审""网络庭审""电子化庭审""远程视频庭审"等。事实上，不同表述背后所指涉的内容基本上是一致的，均指区别于传统实体的一种新型线上模式，且在法院规范的诉讼平台上运行（不包括法官使用个人微信、QQ等即时通信工具进行的"开庭"）。考虑到司法用语的通常性和易接受性，本文初步采用"在线庭审"的概念。

一、问题提出：在线庭审的运行现状与普遍困境

为准确把握当前在线庭审的运行现状，我们实地走访查看了 12 家人民法院（含 1 家互联网法院、4 家中级人民法院、7 家基层人民法院），设置并发放调查问卷共计 400 份（其中法官类 100 份、司法辅助人员类 100 份、检察官类 50 份、律师类 50 份、当事人类 100 份），收回有效问卷 391 份，有效收回率 97.75%。具体调研情况如下：

（一）线上线下选择混乱

目前杭州、广州和北京三家互联网法院均采取全流程网络办案，庭审方式遵循"线上为原则+线下为例外"，在线庭审已然成为常态。国内其他法院一般采取"线下为主+线上为辅"的方式策略，在线庭审可谓是传统庭审方式的一种补充。在庭审方式选择的话语权上，互联网法院基本坚持由法院行使决定权，[1] 而其他法院则赋权于当事人，是否选择线上方式需尊重当事人意愿。换言之，当事人可自由选择。互联网法院忠情于在线庭审的根源，除了其先天具备网络基因、承担司法先行先试的任务外，还在于其受案管辖范围相对狭窄。值得注意的是，其他法院对采取在线庭审的案件范围与类型，一般更为开放也更为混乱。特别是新冠肺炎疫情发生期间，大量法院囿于客观形势，一般坚持刑事、民商事和行政等案件均可尝试线上方式。可以肯定的是，目前国内法院尚无完全杜绝在线庭审的情况。

（二）线上庭审规则失范

目前我国法院线下庭审的规则较为成熟，历经多年实践锤炼而成的《中华人民共和国人民法院法庭规则》等规范，为法官和其他诉讼参与人提供了明确完备的行为指引。然而，作为新生事物的线上庭审应遵循何种规则进行？其应适用与线下迥异的、全新的规则流程，还是完全附着于线下庭审、两者规则一致？从目前的初步调研看，国内各法院基本采取的策略是"比附线下庭审规则"，并在此基础上减省、调整庭审程序和步骤。然而，这种对庭审规则的减省和调整具有较大随意性，各个法院均不相同，即便是同一法院类案的在线审理，其减省、调整的庭审程序和步骤也不相同。如有的法官将"宣读庭审纪律""当事人身份核实""告知当事人有关诉讼权利义务""回避释明"等作为庭前事项，在线上庭审过程中省去。有

---

[1]　如《北京互联网法院电子诉讼庭审规范（试行）》第 1 条明确规定，当事人申请线下开庭的，应提交书面申请。

的法官仍坚持完整比附线下庭审规则，将上述程序步骤完整体现在线上庭审中。有的法官将法庭调查时的举证质证环节（特别是书证、物证和视听资料的出示）系统整合，认为有异议的证据均已庭前交换，无需线上重复进行。有的法官却不以此为图，引导当事人进行全面的举证质证。在法庭辩论环节更是如此，对于是否互相辩论以及如何进行互相辩论，不同法院的不同法官做法各异。

（三）线上秩序难以维护

因当事人的诉讼环境脱离了传统庭审模式的控制，难以保障庭审的基本秩序和司法仪式感。当事人接入视频的环境五花八门，其本人甚至案外人任意出入视频的情况较为普遍，也存在着部分当事人在庭审时衣衫不整、接打电话和随意抽烟等不良现象。法庭在线调查时，当事人和证人相分离、询问证人时其他证人不得在场、证人不得旁听法庭审理等要求，着实不易实现。另外，尽管各地法院选择不同的线上系统及其技术保障措施，但法官们的普遍遭遇是，当前网络及视频传输技术未能有效匹配庭审的需要，庭审中途网络连接异常、视频卡顿、音像不同步等问题层出不穷，严重制约庭审流程的顺利进行。特别是网络化的运行方式，难免遭遇系统病毒感染、黑客攻击、审判信息以及当事人隐私泄露等问题，令人倍感担忧。

（四）庭审功能难以实现

受目前线上法庭调查和辩论模式的影响，大量案件处于无争点审理或争点弥散化审理状态，经过庭审后法官仍难以形成明确的心证。证据裁判的价值诉求并未得到真正满足，当事人也会困惑乃至质疑裁判结论究竟从何而来。大量当事人在庭审中随意变更陈述内容（或口供），屡次提出新的人证和物证等，严重干扰案件审理节奏。个别互联网法院通过硬性设置网上流程节点的方式避免证据突袭，但问题是，这也可能造成一些迟延提交的、具有案件颠覆意义上证据，再无进入庭审的可能，妨碍了对事实真相的查明和对实质正义的追寻。另外，在线庭审方式的采用，导致对于当事人恶意串通形成的虚假诉讼、诉讼欺诈、证人被迫作虚假供述等现象的规制，也颇为棘手。

（五）线上价值尚未彰显

无论是基于替代还是补充传统庭审方式，抑或是基于智慧司法的政策驱动，各地人民法院探索适用在线庭审，明显对其提升审判效率、节约司法成本和缓解案多人少的矛盾抱以期待。然而从此次调研来看，除了个别互联网法院外，至少目前大量法院尚未实现该目的。一方面，从节约司法成本层面看，在线方式减少了当事人的时间金钱等诉讼投入，特别是对于异地当事人而言更是如此。但也要看到，很多当事人根本不熟悉在线庭审操作规程，前期需学习摸索，后期开庭时间也普遍冗长（过去一年 12 家法院在线庭审每案平均用时约 92 分钟）。[1] 在同类案件的诉讼成本投入总和上，在线方式没有体现出制度预期的优势。相较于互联网法院，其他法院在该问题上表现得最为明显。

另一方面，即便是走在前列的互联网法院，其庭审时间似乎较短，但事实上也仅是将一些事务性工作前移（如杭州互联网法院将当事人证据交换移至庭审前），法官的综合工作量并未有效减少，有些法官助理、书记员的事务性工作甚至增多，如需要提前对当事人及其代理人进行必要的技术操作指导。更遑论部分法院为应对在线庭审的需要，而进行所谓的资源重新整合——另外组建在线审判团队，无形中占据了更多司法资源。尤为关键的是，在线庭审确实为法院解决了大量纠纷，但也要考虑到正是这种主流舆论话语的宣示，让一些原本诉讼意愿并不强烈的当事人因庭审方式变得便捷而提起诉讼，无形中也诱发了更多民间纠纷涌入法院。

二、原因探析：“庭审”与“在线庭审”的本体溯源

目前普遍认为，“因应线上社会已经全面降临的时代背景，线上诉讼几乎必然会成为与这个时代相匹配的新司法方式”。[2] 在时代洪流和科技浪潮的簇拥下，将法庭的建筑实体转换成虚拟的图像、数据和文字，似乎是令人欢欣鼓舞的抉择。然而，我们不能单向度的考量“社会倒逼—法院回应”这种结构性支配关系。作为司法程序的重要一环，庭审也在不断地形塑着我们的社会秩序与社会生活。“在司法功能和程序上，不同的法系在理论上都存在着一个共同目标，即司法功能和程序的发展，是为了使冲突的解决可以在客观性原则和规范化程序的基础上，确保社会公义得以实现。”[3] 换言之，有必要站在参与社会治理层面，重新考量在线庭审的旨

---

〔1〕 即便是杭州、北京与广州三家互联网法院，据官方统计其线上庭审平均用时也达到了 45 分钟、案件平均审理周期约 38 天（截至 2019 年 10 月 31 日）。参见中华人民共和国最高人民法院：《中国法院的互联网司法》，人民法院出版社 2019 年版，第 6 页。

〔2〕 左卫民：《中国在线诉讼：实证研究与发展展望》，载《比较法研究》2020 年第 4 期。

〔3〕 施新州：《人民法院在国家治理中的功能定位分析》，载《治理现代化研究》2019 年第 1 期。

趣及其当下面临的困境。

（一）"庭审"的深层逻辑

法庭不仅仅是纠纷解决的场所，对于法院而言，也是其在制度框架下对社会治理需求的一种政治性回应。司法剧场化的情境里，法庭本身便是一个社会公共场域，置身其中的法官，既承担着履行裁判职能的角色责任，也作为社会治理的行动者，与诉讼参与人一起构成集体行动的力量。庭审的过程表面是直奔案件事实与法律适用问题而来，然而从治理意义上来说其也是制度整合与道德整合的过程。通过庭审，业已冲突的社会秩序得到及时纠偏，让世俗生活重获平稳与安宁。

基于社会变迁的客观需要，我国的制度话语从以往的"社会管理"转变为当下的"社会治理"。值得注意的是，这与发轫于20世纪七八十年代西方的"治理"并不等同，后者是伴随着西方新公共管理运动和福利国家概念应运而生的，指涉的是诸多公共或私人主体管理其共同事务的方式集合，更多强调的是在突破"政治—行政"两分框架后的"多中心主义治理"。[1] 而我国"治理"的根本要义与核心目标则是实现社会秩序的良性互动（或"善治"）。回归到司法权层面，国家主张通过具体司法过程将各类社会关系纳入法律渠道之中，并规范化地呈现出来。[2] 据此而言，庭审是权力的一种运行方式和策略，是司法对地方治理权的一种正当化分割和精准参与。

从社会治理的视角观察庭审，庭审的目的不单纯陷于个案公正，其文化符号意义至为浓厚。庄严肃穆的国徽、居中布置的审判台，相对而立的诉讼两造，以及下陈的大量旁听席位，都直白而有效的宣示——这是一个规范有序的社会场域，传递着国家意志的声音。它警醒着参与乃至旁观这个场域的人，都要尽力搁置自然理性而走向规范理性，都要遵循那些严谨细致的程序和传承已久的仪式，从而为最终实现社会治理目标埋下伏笔。

在庭审过程中，法官、当事人等参与者的话语选择与策略使用，均是为达到自己的交际目的服务的。没有人甘心于单纯作为社会治理的对象，纠纷主体在权利与权力的博弈中，总会在自觉不自觉地流露出表达冲动和

---

〔1〕 参见联合国全球治理委员会：《我们的全球伙伴关系》，牛津大学出版社1995年版，第22~26页。

〔2〕 参见沈德咏、曹士兵、施新州：《国家治理视野下的中国司法权构建》，载《中国社会科学》2015年第3期。

参与意识。事实上，通过法庭纪律宣读、举证质证、相互辩论等环节，在法官的行为示范和语言引导下，可较有效地满足纠纷主体的情感平复和倾诉欲望。在增进参与者的情感认同、道德认同的同时，也实现了司法维护辖区秩序和教化民众的目的。更重要的是，庭审的过程也是法官自我教育、自我说服的过程。在法庭上，通过庭审参与者的言语和行为互动，生动展现出一幅"通过司法的社会治理"的现实图景。

（二）在线庭审何以步履艰难？

目前在线庭审之所以运行不畅或未达到预期目的，原因不能简单归结于法官业务水平不足、资金投入匮乏、网络技术保障不力等，还在于没有充分考量其与社会治理之间的结构性匹配关系，以至于法官和其他庭审参与者采用线上方式的意愿偏低。

作为一种新兴治理技术和治理方式，目前在线庭审的推进无疑彰显出司法治理上的属人性，但也明显淡化了属地性（如跨国也可庭审），其更侧重于纠纷解决而非社区秩序的调适。按照卢曼的见解，在具体运作上法律既是自成一体的封闭系统，与社会相脱离，同时其也兼具适应社会的开放性，并融入其赖以存在的社会环境，与政治和经济等社会子系统产生结构性关联，这种结构性关联一般具有明显地正负效应。[1] 司法作为法律的嘴巴，其治理强调的是一种良性互动，是协调而非控制。线上单纯地进行纠纷解决，并不能像传统庭审那样实现恢复秩序与抚慰情感的目的，司法只有"刻度"而没有"温度"，线上法庭可能恶化为"无人法庭"抑或"无声法庭"，这也致使部分法官和其他参与人不愿甚至拒绝线上方式。[2]

在法庭建筑的实体被消解之后，原先附着于建筑上的一些国家和社区的威权形式，目前并未得以完整承继，某种意义上甚至受到了减损。线下转为线上，"经验活动"与"经验到的事物"在抽象化过程中存在明显脱

---

〔1〕 参见［德］卢曼：《社会的法律》，郑伊倩译，人民出版社 2009 年版，第 234~259 页。

〔2〕 与以往研究成果不同的是，我们在调研和走访座谈过程中发现，至少市县（区）两级法院的法官，并不像宣传的那样倾心于线上诉讼。言谈中他们往往秉持"既不拒绝也不鼓吹"的态度。既有的线上实践也是应景式的审理案件，认为"新冠肺炎疫情期间没有办法，只好采取线上方式"。一些法官助理和书记员甚至有"一边抱怨着一边勉强接受"的心理。令人诧异的是，越是年轻的法官（35 岁以下）对线上方式越抵触，这完全出乎笔者的主观预料。检察官群体认为线上庭审不利于他们履行诉讼监督职能。律师群体则认为线上庭审给他们的业务洽谈和服务收费平添了困扰，因为"当事人觉得他什么都没做，只是简单的上网而已"。当事人则认为在线诉讼软件不易操作，线上庭审时他们也难以清楚充分表达意见，甚至担忧"线上喊冤会被法官禁言"。

离，法官的职业尊荣似乎失去了安身之所，当事人对司法的尊崇也因亲历性不足而发生动摇。至为紧要的是，若与传统庭审方式相比，或许线上诉讼的成本投入有所降低，但若将线上成本投入与该诉讼产品最终收益相比，则并没有实现诉讼参与者的预期，换言之，对他们而言，目前采取线上方式往往是不利益的。

三、完善进路：在线庭审的制度架构与基本规则

沿着司法参与社会治理的视角，并透过社会结构性需求来检视司法举措，冷静地而不是冷漠地看待当前的在线庭审，我们可发觉其存在一些亟待解决的问题。"我国的法律理想愿景应当建构在我国所具备的取舍后的自身法律文明之上。"[1]创新庭审方式不能视为简单的社会科学实验，每一次尝试的背后都满溢着国民的关注目光和当事人的切身利益。当前，人民法院应如何进一步完善和推进在线庭审？

（一）基本思路

现代化本身是一个过程，现代化已经来临。推动实现司法现代化与社会现代化这一双重目标，是通过司法的社会治理迈向良性发展的理想愿景。[2]在这个意义上，对于作为新生事物（就我国而言）的在线庭审，我们应秉持接纳、拥抱并乐观的态度。如果说以往创新司法举措总是遵循"先发展后治理，边发展边规范"的思路，那么目前我们应回归到"顶层总体设计+初步适度规范"的思路上来，在全国法院范围内将线上庭审"规范好"而不是"规范死"。地方法院在探索或尝试在线庭审新方式时，应在最高人民法院统一指导和实质监督下进行。

（二）主要方式

1. 坚持"线上+线下"并行的庭审方式

一般法院可初步按照"线下为主+线上为辅"的原则进行。这里的"主"与"辅"并非指审理案件数量或案件比例，而是指在可预期的时间内，线下庭审仍是主流实践方式，只有在客观上无法满足线下庭审需求的情况下，才可以考虑选择线上。

应当考虑的是，如何评价目前互联网法院采取的"线上为主+线下为

---

〔1〕 王洪用：《法理与治理窘思：标正主义视野下中国法学研究范式之批判》，载《天府新论》2015年第3期。

〔2〕 参见杨建军：《通过司法的社会治理》，载《法学论坛》2014年第2期。

辅"的方式及其实践？毋庸讳言，其主要得益于案件管辖类型的特定性和强有力的政策支持。目前我们考虑的策略无外乎两点：一是纠正其当前的做法，庭审方式改为"线下为主+线上为辅"；二是延续三家互联网法院设立之初的目的，作为独立于其他法院的"改革试验田"，仍坚持和探索"线上为主+线下为辅"的庭审方式。第一种观点难免导致改革试点失去意义，也抑制了地方的创新积极性。第二种观点固然可以规避上述弊病，但后续也容易引发在庭审方式上"全国法制（司法举措）不统一"的问题。笔者建议，在确立互联网法院特殊地位的同时，[1] 对于其目前推行的庭审方式和后续的改革创新，应由最高人民法院进行事前审查许可（后续至少应备案审查），并进行常态性绩效评估和实质监督，确保其在规范路径上运行。

2. 线上线下的程序选择权始终归属于法院

具体采取何种庭审方式，由法官进行审查并最终决定。尽管目前存在威权型司法向回应型司法转变的态势，但这并不意味着当事人可以自由选择庭审方式。庭审属于司法的核心环节和重要的权能配置，其方式选择不应随意托付给当事人。这既是维护司法权威的需要，也是在彰显国家意志的语境下社会有序治理的要求。从而告知乃至告诫当事人和其他诉讼参与人，庭审在定分止争的功能发挥之前，首先是一个捍卫维护社会秩序的场域，它由国家来背书。

3. 赋予当事人庭审方式申请权

法官在行使庭审方式决定权，也可采取一些柔性的办法，比如当事人可以结合自身情况（家庭经济条件、身处地域、交通便捷度等），向法官书面提出线上或线下庭审的申请，并最终由法官裁度决定。法官做出决定后，当事人应严格遵照执行。若认为法官对庭审方式的决定并不合理或者难以接受，必要时可申请复议一次。另外，庭审方式的申请可坚持"刑事、民商事、行政案件相区别"的思路，刑事案件庭审方式一般不应纳入可申请的范围。其他案件的庭审方式在双方协商一致的情况下，法官结合当事人意愿与案件实际情况，一般可准予其申请。

需要说明的是，笔者难以赞成一些互联网法院"当事人不接受线上方

---

〔1〕 最高人民法院原副院长李少平指出，应当进一步明确互联网法院的专门法院地位，在探索跨行政区划管辖的同时，优化其与普通法院的管辖划分。重点将批量简单的涉网案件剥离至普通法院管辖，由互联网法院集中审理具有规则确立意义的、新型疑难复杂的涉网案件。参见李少平：《互联网法院五大发展趋势》，载《瞭望》2020 年第 33 期。

式则必须提交申请"的做法，其实质立场是对线下庭审方式的排斥。线下方式是沿袭已久的庭审常态，即便新设法院带有互联网基因，主要管辖的也是一些网络纠纷，但不能据此要求当事人完全采取线上方式。要求当事人优先（或完全）选择线上方式的做法，目前尚缺乏合法性根据。

（三）具体模式

1. 搭建统一的在线庭审平台和运行系统

当前在线庭审的用户体验效果不佳，很大程度上是受到了不同法院各自为政、庭审平台系统无法兼容的制约。从调研中可知，当前不同地区的法院、甚至同一地区的不同法院，采用不同的在线庭审平台和运行系统，令法官和当事人无所适从，庭审质量也难以保障。建议全国法院适用统一的在线庭审平台及其运行系统，并专网链接，以此解决上述弊病。

2. 慎重对待线上异步审理模式

一般而言，在线庭审是一种隔空（隔地）审理方式。目前个别法院（如杭州互联网法院）施行了案件异步审理模式（可谓是同一案件隔时审理），即将案件的各审判环节分布于法院线上平台，在规定期限内，法官和原告、被告等根据各自方便的时间登录平台，以非同步、非面对面的方式最终完成诉讼。[1] 异步审理模式的采用，固然便于当事人利用碎片化时间参与诉讼庭审，尤其是可解决域外当事人面临的时差问题，但从根本上而言，这种非面对面、非同步式的庭审方式，已不能归类于庭审的范畴。诉讼参与人的亲历性、庭审的社会治理意义将受到根本性减损，这也违背了集约化、连续化和现场化的诉讼规律。其与"民间组织私下任意的调解"无异，至多是主体换成了法院和法官，司法权威更是无从谈起。

（四）重点规则

1. 在比附线下规则的基础上优化再造

当前实践中在线庭审所遵循的规则尚处于混乱失范的状态，法官对遵循何种规则主持庭审存在疑惑，当事人随意进出庭审、妨碍庭审进行等问题也普遍存在。在线庭审是践行全新的庭审规则，还是完全奉行既有的线下庭审规则？应当讲，线上庭审虽然在具象上与线下庭审迥异，但归根结底属于"庭审"的范畴。在线下庭审规则已然较为完善、庭审参与人较为熟悉的情况下，无论是从司法成本角度考量，还是基于现实的迫切需要，

---

〔1〕 参见杭州互联网法院《涉网案件异步审理规程（试行）》。

都没有必要废旧立新。合理稳妥的做法是线上庭审时比附参照线下规则，并在此基础上结合线上庭审特点，改进规则体系与内容。

2. 着重解决当事人违反庭审秩序的问题

在民商事和行政案件线上庭审时，当事人不按时参加或中途擅自退出，并且主张其存在网络断链、电力中断、设备损坏或其他不可抗力的，若所述事由属于众所周知的事实或者简便查明即可佐证的事实，法院可查明后根据事实进行认定处理。若所述事由不属于客观事由且人民法院无从查证的，除非当事人提供具有"高度盖然性"的相关证据，否则可推定为其"拒不到庭"或"中途退庭"，并据此作出"驳回起诉""缺席审理"等处理方式。

3. 合理匡正在线法庭调查和法庭辩论

针对当事人在线上庭审调查时频繁提交新证据的问题，目前不宜采取硬性设置网上流程节点的方式。该方式尽管可有效避免证据突袭的问题，但也易妨碍事实真相的查明和实质正义的追寻。据此我们可参照线下庭审的方式，一般坚持未在期限内提交的证据不作为定案依据的原则，同时对确属重大证据、对案件裁判具有决定性意义的，当事人若延迟提交，可采取罚款等民事制裁方式进行规制。同时事后做好案件宣传示范，引导社会公众在法定期限内举证。法庭辩论时面临的主要问题是当事人随意插话、任意变更表述内容，亦可采取训诫、罚款等民事制裁方式解决。事实上，线上庭审秩序的维护终归仰赖法官的话语引导，[1] 需要法官用公共理性及时匡正当事人的法律意识。

4. 通过技术手段保障证人证言的可靠性

在线法庭调查时，为避免当事人和证人没有分离、询问证人时其他证人在场、证人旁听审理等问题，笔者建议可采取"在线庭审证人网络系统定位""在线庭审证人隐匿"等手段，即在同一网络庭审视频中，技术锁定各个证人接入系统的网络端口和实际地址，并且屏蔽其自身作证外的其他庭审期间的视频（含音频）连接。另外，目前也可实行证人"双机位作证"，即在线上庭审作证期间，证人应准备主辅 2 个机位，主机位（一般为

---

〔1〕 事实上，法官在话语表达时的语气和情态等，本身便具有显著的人际功能，体现着庭审组织者和裁判者的权势地位。参见江玲：《庭审话语中法官"介入"的人际意义》，载《西南政法大学学报》2016 年第 6 期。

1台具备网络视频通话功能的电脑）用来陈述及回答法庭提问，辅机位（1部带有摄像功能的智能手机或电脑均可）用于监控作证环境。在线庭审前证人应按要求调试好设备，作证时主机位对准证人本人，辅机位从证人后方成45度拍摄，并确保作证屏幕能够被法官清晰地看到。

（五）负面清单

1. 在线庭审方式的例外

如学者所言，将在线诉讼与纠纷种类、案件类型、诉讼程序类型等因素进行捆绑的做法并不合理。[1] 但考虑到线上庭审的技术安全和当事人重大利益关切，笔者认为下列案件目前不宜线上审理：①涉及国家秘密、商业秘密和个人隐私的案件；②当事人可能判处无期徒刑和死刑的案件；③发回重审或指令再审的案件；④具有重大影响的涉港澳台、涉外司法案件；⑤法律关系较为复杂、证据繁多或当事人争议较大的案件。

2. 庭审方式任意转换的禁止

采取线上方式庭审的案件，若在审理过程中发现事实查明必须线下进行的，法官可依职权或依当事人申请将庭审方式转换为线下，且肯定其先前在线诉讼行为的效力。相反，对于已经采取线下方式庭审的案件，后续不得再转换为线上方式进行庭审。

3. 重要实物证据应庭前交换

在线庭审往往意味着诉讼事务要线上进行，这也是其与传统庭审方式的关键区别。但是，对于一些高度依赖现场辨识的物证、书证等证据，为实现司法真相查明的关键目的，避免因难以核对原件而妨碍线上庭审有序推进，可在庭前进行实物证据交换，即由当事人邮寄或直接交付至法官手中。

4. 重要诉讼权利必须保留

诉讼权利不仅是法律给当事人的庄严允诺，在法治发展层面具有更深远的价值。即便是采取在线方式，对于当事人一些重要诉讼权利，如辩护权（辩论权）等必须保留，法官不得在线上庭审时予以减省或搁置，不得

---

〔1〕 参见左卫民：《中国在线诉讼：实证研究与发展展望》，载《比较法研究》2020年第4期。

进行事实上的剥夺。[1]

结　语

司法总是在专业化与世俗化之间寻求平衡，并据此形成参与社会治理的重要力量。作为一种过程性的社会治理实践，在线庭审让司法由具象表达向抽象呈现演进。当前我们应坚持实用主义的进路，不断消弭其与社会需求之间的鸿沟，在接近正义和调适秩序的框架下，推进智能技术的深度应用和迭代升级，从而确保在线庭审的良性发展。

---

〔1〕 可以肯定的是，不能把"效率"作为推行线上方式的唯一价值导向，同时还需考量程序公正、司法公信等多种价值诉求。参见李承运：《正确把握推进电子诉讼的四个维度》，载《人民法院报》2020 年 4 月 2 日，第 8 版。

第二编　数据时代与信息保护

信息隐私权的宪法时刻：
规范基础与体系重构[*]

余盛峰[**]

　　随着新型信息技术的迅猛发展，隐私正受到全方位挑战，论者甚至发出"零隐私社会""隐私的死亡"这些警告。在新技术条件下，当"可隐性"逐步瓦解，隐私的成立和维护变得岌岌可危。事实上，在智能社会，信息隐私权乃是发展"第四代人权"与"数字人权"至关重要的环节。[1]迫切需要对信息隐私权的规范基础展开深入讨论。[2] 近代隐私是印刷术时

---

　　[*] 本文原刊于《中外法学》2021年第1期，收入本书时有所修改。

　　[**] 余盛峰，法学博士，北京航空航天大学法学院/高研院副教授。

　　[1] 参见马长山：《智慧社会背景下的"第四代人权"及其保障》，载《中国法学》2019年第5期，第5~24页。

　　[2] 毋庸置疑，个人信息保护已突破传统的隐私权范畴，这是目前我国学界与实务界区分使用隐私权和个人信息保护概念的原因。但是，隐私权拥有深厚的历史传统，其本身就是演化性、历时性、包容性的概念，它也为个人信息保护提供规范与价值层面的支撑。事实上，在信息时代，隐私主要就表现为信息隐私的形式。因此，笔者不赞成将这两个概念割裂处理，主张学理层面可在"大隐私"范畴下统合使用"信息隐私权"概念，它区别于民法上的"隐私权"，也区别于狭义的"信息隐私"（information privacy）概念，进一步分析可见本文结语部分。有关隐私权和个人信息保护，我国学者已展开广泛讨论，可参见张新宝：《从隐私到个人信息：利益再衡量的理论与制度安排》，载《中国法学》2015年第3期，第38~59页；王利明：《论个人信息权的法律保护——以个人信息权与隐私权的界分为中心》，载《现代法学》2013年第4期，第62~72页；丁晓东：《个人信息权利的反思与重塑——论个人信息保护的适用前提与法益基础》，载《中外法学》2020年第2期，第339~356页。

代的技术赋能。[1] 换言之，隐私并非个人的天然权益，它深刻取决于信息和通讯的基础设施。一旦旧的技术架构被数字时代大量的互联互通与计算主义转向改变，隐私的规范基础也就必须重构。这要求我们从新的社会和技术视野出发，为信息隐私权的未来发展提出新的指导原则与体系框架。

全文论证脉络如下：第一部分对信息隐私权的传统规范基础进行了概括；第二部分阐述新技术变革对隐私规范基础的冲击与挑战；第三部分为隐私权重构提出新的原则方向；第四部分也是最后一部分，在宪法时刻的时间意识下，为我国信息隐私法的未来发展寻找新的体系框架。

一、传统与当代：信息隐私权的规范基础

（一）信息隐私权的传统规范基础

自 1890 年沃伦和布兰代斯的名篇《隐私权》发表以来，[2] 信息隐私权的规范基础几经流变，可以将其概括为一个本位、两种范式、三个维度、四组二分法、五种理论与六项概念。

第一，信息隐私权的规范基础以个人为本位。特定个人拥有特定隐私以及遭受特定侵害的可能，这种意象一直主宰隐私权的解释与实践。隐私被定位为一种与世界隔离和对抗的个人权利概念，它乃是个体"保持独处的权利"（right to be let alone），与"围墙""财产边界""共有体验的切断"这些隐喻相联系，[3] 其要义是"给个人制造一个特定的私人地带"。[4] 学者认为，现代隐私产生于印刷媒体的发明，伴随印刷媒体制造的公共、匿名与非个人领域，也连带产生了私人领域，隐私正是保护这一个人自主性不被印刷媒体带来的公共性吞没。[5] 于此，沃伦和布兰代斯将隐私定义为"个体"的"独处权"，与此呼应的普通法隐私侵权，也将目标

---

〔1〕 See Felix Stalder, "The Failure of Privacy Enhancing Technologies (PETs) and the Voiding of Privacy", *Sociological Research Online*, Vol. 7, No. 2, 2002, pp. 1-15.

〔2〕 See Warren & Brandeis, "The Right to Privacy", *Harvard Law Review*, Vol. 4, No. 5, 1890, pp. 193-220.

〔3〕 See Ari Ezra Waldman, *Privacy as Trust: Information Privacy for an Information Age*, Cambridge: Cambridge University Press, 2018, p. 13.

〔4〕 Ari Ezra Waldman, *Privacy as Trust: Information Privacy for an Information Age*, Cambridge: Cambridge University Press, 2018, p. 17.

〔5〕 See Mireille Hildebrandt & Katja de Vries eds., *Privacy, Due Process and the Computational Turn: The Philosophy of Law Meets the Philosophy of Technology*, New York: Routledge, 2013, p. 136.

牢固锁定在保护个人。[1] 正是通过这些法律保护，一个称之为"隐私权"的个人领域产生了。由此，信息隐私权的规范基础是个人本位的权利，指向一切可被识别到个人的信息。[2] 在此理解下，隐私侵权是特定的错误行为人做出特定的行为，由此给特定个体带来的特定伤害。正如《美国侵权法重述》（第 2 版）中所规定的，隐私是个人权利，针对的是个人隐私被侵入的情况。[3] 而在普通法之外，美国隐私的宪法和特别立法保护，其规范定位也都落在个人之上。[4] 同样，欧洲理事会早在1970 年代就将数据保护法的对象界定为自然人的个人信息，1995 年的《数据保护指令》（DPD）和最新的《通用数据保护条例》（GDPR）也都无例外地聚焦于数据主体的权利，隐私保护始终围绕个人的已识别或可识别信息。[5] 综上，信息隐私权的规范基础采取严格的方法论个人主义，以个人为中心和本位，通过个体化策略进行隐私权的解释与应用。

第二，信息隐私权的规范基础扎根于两种哲学范式，即洛克传统和康德传统。洛克传统强调隐私权的消极面向，主张私人生活摆脱公共之眼的注视；而康德传统注重隐私权人格自主的维度。美国隐私法主要受洛克传统影响，隐私权首先是一种消极权利，强调"隔离"（seclusion）、"独处"与"秘密"，主要落实于侵权法；欧洲隐私法主要受康德传统影响，隐私被定位为"人格权"和"信息自决权"，强调自我表达、自主发展身份与认同，晚近以来，更是上升为宪法性的"基本权利"。[6] 洛克范式下，隐私是"自我所有权"（self-ownership）的客体，隐私所有者以财产形式占有隐私，并排除他人侵犯。[7] 正因如此，美国普通法尤其强调隐私的财产特征，

〔1〕　See Warren & Brandeis, "The Right to Privacy", *Harvard Law Review*, Vol. 4, No. 5, 1890, p. 195; William Prosser, "Privacy", *California Law Review*, Vol. 48, 1960, pp. 383-423.

〔2〕　See Bart van der Sloot, *Privacy as Virtue: Moving Beyond the Individual in the Age of Big Data*, Amsterdam: Intersentia, 2017, p. 411.

〔3〕　Quoted from Daniel Solove, *The Digital Person: Technology and Privacy in the Information Age*, New York: NYU Press, 2004, p. 94.

〔4〕　See Helen Nissenbaum, "Privacy as Contextual Integrity", *Washington Law Review*, Vol. 79, No. 1, 2004, p. 129.

〔5〕　See Taylor, Floridi & Sloot eds., *Group Privacy: New Challenges of Data Technologies*, Dordrecht: Springer, 2016, p. 5.

〔6〕　Bart van der Sloot, *Privacy as Virtue: Moving Beyond the Individual in the Age of Big Data*, Amsterdam: Intersentia, 2017, pp. 13-14.

〔7〕　See Janice Richardson, *Law and the Philosophy of Privacy*, New York: Routledge, 2016, p. 15.

特别是"私人空间的神圣不可侵犯",[1] "完美的隐私是完全无法被他人接近"。[2] 而在康德范式下，隐私联系于人格的自由意志，"隐私是人作为人的完整性"。[3] 隐私保护个体的自治、独立与自决，在德国更是发展为事关人类尊严的宪法权利。[4] 如果说，洛克传统下隐私和财产概念关联，康德传统则突出隐私的人格尊严维度。[5] 综上，洛克传统强调隐私作为私域与公域的分离和对抗，康德传统则注重人格与身份的自由发展。晚近以来，两大范式合流，共同构成信息隐私权的哲学基础，即从消极和积极两方面，将隐私重构为个人对自我信息边界的控制，并落实于当代隐私法普遍应用的"告知-同意"原则（notice-and-consent framework）。[6]

第三，信息隐私权的规范基础围绕空间（space）、事物（thing）与主体（ego）三个维度展开。其一，隐私是公共性不能进入和控制的"空间领域"。[7] 隐私是在空间上占据特定范围、获得特有领地、拥有特殊边界的概念。其空间意象与墙壁、隔断、幕布、窗帘等联系，从而确立物理性或心理性的隔离空间。在此理解下，隐私侵犯即是对隐私空间（where）的侵犯，辨别侵害发生的依据，即是对此类空间的指认和确认。其二，隐私是一种特殊的"事物"（what），这一事物（thing）具有亲密性（intimacy）、秘密性（secrecy）或敏感性（sensitive）。隐私确权的关键，即在事物维度判别其"本质"，不同隐私理论因此做出各不相同的界定。[8] 其三，隐私的主体维度是内向与孤独的自我，由自我主导隐私边界，捍卫并抵挡外部

---

〔1〕 Helen Nissenbaum, "Privacy as Contextual Integrity", *Washington Law Review*, Vol. 79, No. 1, 2004, p. 129.

〔2〕 Ruth Gavision, "Privacy and the Limits of the Law", *Yale Law Journal*, Vol. 89, No. 3, 1980, p. 428.

〔3〕 Charles Fried, "Privacy", *Yale Law Journal*, Vol. 77, 1968, p. 477.

〔4〕 See Mireille Hildebrandt, *Smart Technologies and the End（s）of Law*, Cheltenham: Edward Elgar Publishing, 2015, p. 79.

〔5〕 See James Q. Whitman, "The Two Western Cultures of Privacy: Dignity versus Liberty", *Yale Law Journal*, Vol. 113, 2003, pp. 1176, 1193, 1212.

〔6〕 See Janice Richardson, *Law and the Philosophy of Privacy*, New York: Routledge, 2016, pp. 66–71.

〔7〕 See Milton Konvitz, "Privacy and the Law: A Philosophical Prelude", *Law and Contemporary Problems*, Vol. 31, No. 2, 1966, pp. 272–280.

〔8〕 例如，隐私法学者索罗夫就强调"作为亲密关系的隐私"（privacy as intimacy），并论证这一概念如何支配美国的联邦隐私立法与最高法院的司法实践：亲密性是隐私的事物"本质"，因此，信息一旦公开，也就不再成其为隐私。参见 Ari Ezra Waldman, *Privacy as Trust: Information Privacy for an Information Age*, Cambridge: Cambridge University Press, 2018, pp. 20–21.

的侵入。换言之，在这种理解下，隐私主体是理性、自主的行动者，有能力掌控自己的隐私命运。[1] 综上，信息隐私权乃是主体在特定空间占有特定隐私事物的三维意象，由此创造了一个在空间上隔离、在社会关系上孤立的原子化形象。

第四，信息隐私权的规范基础倚赖于四组私人/公共二分法的建构。这四组二分法又是依据上述三维视角建立。在空间维度，建立了私人空间（领域）和公共空间（领域）的二分；在事物维度，创立了个人信息（数据）与公共信息（数据）的二分；在主体维度，建构了私人/公共、主体/客体两组二分法。这四组二分法成为隐私权理论和实践的重要工具。其一，在空间维度，隐私被定位于私人领域，而对私人领域的确定，则又反身性地取决于私人与公共的划分，易言之，隐私即在于假设在空间上"有一个界限将私人和公共区分开来"。[2] 其二，"公共"概念具有高度弹性，既可以指公共物理空间，也可以指不特定他者的注视，既可以指国家主权，也可能指代公共利益。这些不同定位都会深刻影响隐私范围的确定与评价。其三，相比于抽象的人格，"空间"概念更具法律操作性，以确保建立稳定的隐私期待。沃伦和布兰代斯也因此强调保护隐私即保护私人空间。[3] 实践中，私人/公共空间二分法不断灵活限缩或扩大对隐私的保护：即使是私人信息，一旦进入公共空间，就无法作为"隐私"被保护；即便发生在公共空间的对话，一旦在法律上被界定为"私人领域"，也应作为"隐私"对待。[4] 其四，在事物维度，个人/公共信息二分法也成为普遍应用的法律工

---

〔1〕 See Neil Richards & Woodrow Hartzog, "Taking Trust Seriously in Privacy Law", *Stanford Technology Law Review*, Vol. 19, No. 1, 2015, p. 437.

〔2〕 Judith DeCew, *In Pursuit of Privacy: Law, Ethics, and the Rise of Technology*, Ithaca: Cornell University Press, 1997, p. 10.

〔3〕 See Warren & Brandeis, "The Right to Privacy", *Harvard Law Review*, Vol. 4, No. 5, 1890, p. 90.

〔4〕 美国宪法对垃圾隐私问题，就采用了空间二分法，而不是信息二分法理论。即，虽然垃圾是"私人信息"，但一旦被丢弃到"公共空间"，就不再作为"隐私"被保护，参见 California v. Greenwood, 486 U. S. 35 (1988)；而在 Katz v. United States 案中，正是基于"私人/公共"二分法，最高法院把电话通话界定为宪法保护的"私人领域"（private zone），宣布 FBI 对电话亭的监听行为违宪。只是，对何谓"私人空间"的解释，在不同时代、社会和文化，会持续改变。例如在美国，1928 年的 Olmstead v. United States 案，美国最高法院宣布窃听行为并不构成对私人空间的侵犯。而到 1967 年，Kazt v. United States 案推翻了这一判决，认定窃听私人电话构成对私人空间不可接受的侵入，参见 Olmstead v. United States, 277 U. S. 438 (1928), overruled by Katz v. United States, 389 U. S. 347 (1967).

具。隐私乃是"防止访问私人信息的一种保护措施"，[1] 这些信息有关"私人生活、习性、行为以及人际关系"。[2] 普通法隐私侵权的典型类型，即"公开揭露令原告难堪的私人事实"。[3] 司法实践中，正是通过区分个人信息与公共信息，隐私的保护范围不断得到确定和调整。[4] 其五，在主体维度，隐私法预设了私人与公共之间的防御性关系，隐私乃是个人和公共之间的一道保护屏障。[5] 综上，四组二分法对信息隐私权的规范基础在三个维度进行了再区分，进而将隐私界定为居于私人空间的主体占有私人性信息客体并以此对抗公共性的概念。私人/公共二分法成为隐私法领域最具操作性的法律工具箱，四组二分法以"反身性"（reflexive）和"再进入"（re-entry）方式形成复杂的法律组合关系，不断推动隐私理论的演化：一方面确立隐私的定义与范围，另一方面持续调整隐私在规范行为和政策上的效果。

第五，围绕信息隐私权的规范基础形成五种理论解释，即化约主义、所有权理论、人格理论、功利主义和权利理论。化约主义认为隐私的价值不在自身，而在于由隐私侵犯所带来的其他道德价值的受损。"隐私是一种工具善，重点则是保护其他目的善（例如尊严、自由与安全）"。[6] 所有权理论则是洛克传统的延伸，隐私作为"自我所有权"，乃是排他性财产权，

---

〔1〕 Helen Nissenbaum, *Privacy in Context: Technology, Policy, and the Integrity of Social Life*, Stanford: Stanford University Press, 2009, p. 91.

〔2〕 Warren & Brandeis, "The Right to Privacy", *Harvard Law Review*, Vol. 4, No. 5, 1890, p. 216.

〔3〕 See William Prosser, "Privacy", *California Law Review*, Vol. 48, 1960, p. 389.

〔4〕 比如，《美国家庭教育权和隐私权法案》就将学生的记录从"公共信息"改为"私人信息"，在没有学生及其家长明确同意的情况下，禁止对外披露诸如"表现"以及"教师评价"等学生信息。1988 年的《录像带隐私保护法》则把录像带租借记录从"公共信息"改为"私人信息"。《美国爱国者法案》赋予政府机构更大的权力，可以介入到以前被界定为"私人"的众多领域，包括银行和电话记录，甚至是图书馆出借记录。还包括对个人社交网站信息的"私人"或"公共"属性的争论。参见 Helen Nissenbaum, *Privacy in Context: Technology, Policy, and the Integrity of Social Life*, Stanford: Stanford University Press, 2009, pp. 100-102.

〔5〕 美国的隐私保护也通过不同的宪法修正案实现（第 1、3、4、5、9、14 修正案）。主要都是针对政府机构（基于行政和统计目的的电脑数据库）。1974 年的《美国隐私法案》，也是针对联邦机构对个人信息收集、使用和传输的限制，并不包含对私人机构的规制。时至今日，隐私保护仍主要针对政府行动者。参见 Helen Nissenbaum, *Privacy in Context: Technology, Policy, and the Integrity of Social Life*, Stanford: Stanford University Press, 2009, pp. 92-94.

〔6〕 Massimo Durante, *Ethics, Law and the Politics of Information: A Guide to the Philosophy of Luciano Floridi*, Dordrecht: Springer, 2017, p. 129.

是"对整个信息生命周期的控制权"。[1] 人格理论是康德传统的阐发，隐私赋予人格与身份发展的能力，隐私权是人格在"受侵犯时可以确实寻求保护的法律工具"。[2] 功利主义则认为隐私首先是一种利益，它不关注隐私的价值本体或权利属性，而着眼对隐私伤害的救济，在事后评估隐私的事实损害。这一思路集中体现于微软公司牵头制定的《21世纪数据保护原则》这一报告中。[3] 权利理论则认为隐私是实证性法律权利，在美国，隐私既是普通法权利，也是宪法与特别法权利；在欧盟国家，隐私既是民法权利，也是基本权利和国际人权。以上五种解释，除人格理论外，都未着力为信息隐私权提供自主的价值论证：化约主义将隐私视为工具善；所有权理论将隐私进行财产定位；功利主义只在事后对隐私进行伤害成本计算；权利理论坚持法律实证立场。[4] 综上，隐私理论五花八门，但缺乏清晰的哲学论证。人格理论尽管为隐私权提供了价值论证，但人格本身也是有待进一步诠释的抽象概念。

第六，信息隐私权的规范基础可以概括为六项概念核心：独处、秘密、人格、接近、亲密和控制。其一，布兰代斯、沃伦及隐私法权威学者普罗瑟都将隐私界定为排除他人进入的"独处权"，普通法隐私侵权第一项即针对"侵扰他人的幽居独处或私人事务"。[5] 隐私乃是"孤独"（solitude），独处范围既包括身体，也包括作为身体延伸的家庭与房屋。进入独处的私人领域，必须经由同意和允许。[6] 其二，传统隐私法强调"秘密范式"，

---

〔1〕 Luciano Floridi, *The Ethics of Information*, Oxford: Oxford University Press, 2013, p. 241. 在普通法中，隐私利益就被限定在有关排他的财产界限范围内，参见 Ari Ezra Waldman, *Privacy as Trust: Information Privacy for an Information Age*, Cambridge: Cambridge University Press, 2018, p. 72.

〔2〕 Serge Gutwirth & Mireille Hildebrandt, *Profiling the European Citizen: Cross-Disciplinary Perspectives*, Dordrecht: Springer, 2008, p. 318. 人格理论主要盛行于欧洲，但美国最高法院也已在实质正当程序的系列判决中确立隐私权的自由人格理论，参见 Ari Ezra Waldman, *Privacy as Trust: Information Privacy for an Information Age*, Cambridge: Cambridge University Press, 2018, p. 28.

〔3〕 See Mireille Hildebrandt, *Smart Technologies and the End (s) of Law*, Cheltenham: Edward Elgar Publishing, 2015, pp. 201-202.

〔4〕 隐私的人格理论，参见 Jeffrey H. Reiman, "Privacy, Intimacy, and Personhood", *Philosophy & Public Affairs*, Vol. 6, No. 1, 1976, pp. 26-44. 有关隐私的工具价值和内在价值的讨论，参见 Charles Fried, *An Anatomy of Values*, Cambridge: Harvard University Press, 1970.

〔5〕 William Prosser, "Privacy", *California Law Review*, Vol. 48, 1960, p. 389.

〔6〕 See Helen Nissenbaum, *Privacy in Context: Technology, Policy, and the Integrity of Social Life*, Stanford: Stanford University Press, 2009, p. 96.

即只有"秘密"（secrecy）才是真正"私人"的。[1] 隐私是对他人隐藏特定的事实，一旦事实公开，就不再作为"秘密"信息，就不再具有"隐私的合理期待"。[2] 其三，隐私的概念核心也联系人格。隐私是"保护自由、道德个性以及丰富至关重要的内在生活的手段"。[3] 其四，隐私被理解为他人通过信息、注意力和亲近度来"接近"（access）的程度，隐私是根据对主体的接近（访问）程度来衡量的状态（条件）。[4] 隐私即"抵御他者未经允许而接近的能力"。[5] 其五，隐私也被定位于亲密（intimacy），即某人的亲密关系及相关生活面向。易言之，隐私是一种选择性分享信息的社会能力，它"不仅决定自己与他人的亲密程度，还决定他们关系的性质"。[6] 其六，晚近以来，隐私的概念核心逐渐统一于"控制"（control），隐私"不仅仅是在别人脑海中缺乏关于我们的信息，也是对我们自身信息的控制"。[7] "只有当人们拥有控制自身信息的权利，他才能最大程度地满足自己的隐私偏好"。[8] 美国最高法院认定，隐私乃是"对个人信息的控制"，[9] 而影响深远的公平信息实践原则（FIPPs），其要义也在于为个体设置信息流动的选择权和控制权。[10] 综上，六项概念也是根据空间、事物与主体维度形成的意象群：独处和接近是空间概念，秘密与亲密是事物概念，人格和控制则是主体概念。从概念演化的视角，接近、亲密与控制分

---

〔1〕 See Ari Ezra Waldman, *Privacy as Trust: Information Privacy for an Information Age*, Cambridge: Cambridge University Press, 2018, p. 72.

〔2〕 See Daniel Solove, *Understanding Privacy*, Cambridge: Harvard University Press, 2008, p. 22.

〔3〕 J. H. Reiman, "Driving to the Panopticon: A Philosophical Exploration of the Risks to Privacy Posed by the Highway Technology of the Future", *Santa Clara Computer and High Technology Law Journal*, Vol. 11, No. 1, 1995, p. 42. "盗用图利"隐私侵权，即用来禁止以商业目的的使用人格形象或肖像，参见 William Prosser, "Privacy", *California Law Review*, Vol. 48, 1960, p. 406.

〔4〕 See R. Gavison, "Privacy and the Limits of Law", *Yale Law Journal*, Vol. 89, No. 3, 1980, pp. 421-471.

〔5〕 Daniel Solove, *Understanding Privacy*, Cambridge: Harvard University Press, 2008, p. 12.

〔6〕 Helen Nissenbaum, *Privacy in Context: Technology, Policy, and the Integrity of Social Life*, Stanford: Stanford University Press, 2009, p. 85.

〔7〕 Charles Fried, "Privacy: A Moral Analysis", *Yale Law Journal*, Vol. 77, 1968, p. 482.

〔8〕 Helen Nissenbaum, *Privacy in Context: Technology, Policy, and the Integrity of Social Life*, Stanford: Stanford University Press, 2009, p. 72.

〔9〕 Daniel Solove, *Understanding Privacy*, Cambridge: Harvard University Press, 2008, pp. 24-25.

〔10〕 参见丁晓东：《论个人信息法律保护的思想渊源与基本原理——基于"公平信息实践"的分析》，载《现代法学》2019 年第 3 期，第 96~110 页。

别是对独处、秘密和人格概念的发展，其内在逻辑是增加了隐私的社会视角，突破了传统隐私的孤岛理论，为隐私纳入了能动的社会维度。

（二）信息隐私权的当代范式：作为控制的隐私

从以上梳理可以发现，信息隐私权是具有高度弹性的概念，其规范基础具有多义性。隐私是权利、利益、价值、偏好或仅仅只是一种存在状态？隐私是描述性概念、规范性概念还是法律性概念，或者三者兼有？同时，上述考察也揭示，当代信息隐私权主要落实于两个相对独立的法律框架：一是基于洛克范式的隐私侵权法，它提供了实体保护原则：例如处理个人数据过程中不能制造伤害；二是基于康德范式的公平信息实践原则（包括欧盟的个人数据保护原则），它提供了程序保护框架：例如在数据收集、处理和使用过程中，个体享有知情权以及对于相关实践的选择权与同意权。[1]洛克范式的伤害原则主要落实于侵权法，康德范式的自主原则主要体现于各类个人信息和数据保护法，两种范式从消极/积极、实体/程序、私法/公法等面向共同构成当代信息隐私权的保护框架。[2]

事实上，信息隐私权的规范基础一直伴随信息技术变革而相应调整，隐私概念的演化深刻对应于不同时期的技术发展。[3] 19世纪晚期的隐私概念主要针对照相术和大众媒体，核心是防止"侵入"（物理空间的接近）；二战之后的隐私概念则主要应对电子数据库技术，解决个人信息自主保护的问题；而在进入21世纪之后，互联网崛起，隐私概念则开始面对信息流动和信息保护的两难问题。[4] 在新的技术背景下，信息隐私权已开始从原子化、孤立化、隔离化的"独处"与"秘密"概念，不断转向回应信息连带关系的"接近"和"亲密"概念，隐私意象逐渐从"作为隔离的隐私"转向"作为控制的隐私"。一方面，康德范式逐步取代洛克范式，成为信息

〔1〕 有关伤害原则，参见 Bart van der Sloot, *Privacy as Virtue: Moving Beyond the Individual in the Age of Big Data*, Amsterdam: Intersentia, 2017, p. 103; 有关控制原则，参见 Daniel Solove, "Introduction: Privacy Self-Management and the Consent Dilemma", *Harvard Law Review*, Vol. 126, 2012, pp. 1880-1903.

〔2〕 See Neil Richards & Woodrow Hartzog, "Taking Trust Seriously in Privacy Law", *Stanford Technology Law Review*, Vol. 19, No. 1, 2015, p. 436.

〔3〕 See Lisa Austin, "Privacy and the Question of Technology", *Law and Philosophy*, Vol. 22, No. 2, 2003, pp. 119-166; Agre & Rotenberg eds., *Technology and Privacy: The New Landscape*, Cambridge: MIT Press, 1997.

〔4〕 See Herman Tavani, "Philosophical Theories of Privacy: Implications for an Adequate Online Privacy Policy", *Metaphilosophy*, Vol. 38, No. 1, 2007, pp. 6-7.

隐私权的哲学基础；[1] 另一方面，康德范式的自主原则，又与洛克范式的财产理论形成结合，进而构成新自由主义的隐私控制理论，即将隐私理解为个人信息处分的经济选择行为。[2] 在这种认知下，"告知-同意"原则成为具有经济性质的理性选择，"即将个体视为将隐私作为商品经营的企业所有者"。[3]

申言之，信息隐私权的规范基础虽几经蜕变，但仍然聚焦于以个人为中心，以空间、事物和自我为维度的本体论与认识论哲学框架。无论是"告知-同意"原则、被遗忘权或数据携带权，都仍然"定位于一种个人本位的隐私权概念"。[4] 尽管信息沟通和数据流动不断转向网络性、连接性与即时性关系，但认知这些信息关系的法律工具，却仍然主要围绕各种私人/公共二分法，定位在主体化、静态化、空间化和排他性的控制框架中处理。这引发了一系列隐私保护的悖论现象：信息与数据流动的社会性和动态性越强，反而强化并巩固了个人本位的隐私控制理论；在表达上越是强调人格理论作为信息隐私权的价值基础，在实践中却越是倾向对隐私进行财产化与合同化理解；[5] 越是在本体上捍卫"私的隐私"（privacy as private），在结果上就越是无法保护"公的隐私"（privacy as public）；[6] 越是

---

〔1〕 在康德视角下，隐私伤害不需要首先确立私人空间及其被侵入的发生，也不需要考察被侵入的信息是否属于私密或秘密。相反，只要无形的监控和黑箱性的数据处理活动存在，它们就构成对作为积极的人格构建的隐私权的侵害。See Ari Ezra Waldman, *Privacy as Trust: Information Privacy for an Information Age*, Cambridge: Cambridge University Press, 2018, p. 27.

〔2〕 See Janice Richardson, *Law and the Philosophy of Privacy*, New York: Routledge, 2016, p. 69.

〔3〕 Janice Richardson, *Law and the Philosophy of Privacy*, New York: Routledge, 2016, p. 71.

〔4〕 Bart van der Sloot, *Privacy as Virtue: Moving Beyond the Individual in the Age of Big Data*, Amsterdam: Intersentia, 2017, p. 4.

〔5〕 控制概念倾向将隐私联系于个人的偏好和欲望，在这种理解下，隐私概念就可能根据个体喜好而变化，这导致隐私概念变得不稳定与易变，个体也可能对隐私提出各种不合理的要求，因此可能成为一个"反社会"概念，参见 Daniel Solove, *Understanding Privacy*, Cambridge: Harvard University Press, 2008, p. 70. 对隐私权的负面评价，参见 Richard Posner, "The Right of Privacy", *Georgia Law Review*, Vol. 12, No. 3, 1977, pp. 393–422.

〔6〕 Helen Nissenbaum, *Privacy in Context: Technology, Policy, and the Integrity of Social Life*, Stanford: Stanford University Press, 2009, p. 98.

坚持隐私主体的自主权，就越是可能使其主动放弃对于信息的控制权。[1]综上所述，信息隐私权的规范基础依旧囿于个体占据私人空间、控制个人信息，进而维护自主人格的传统。新技术发展非但未能改变这一传统，反而进一步强化了"作为控制的隐私"这一意识形态。

控制范式成为当代隐私法的核心原则，强调个人信息"应完全由其所有者控制"。[2]1970年代以降，隐私法经历了由数据控制者主导转向数据主体自我控制的观念变迁，"告知-选择"成为落实信息自我控制权的主要法律工具。[3]在美国，联邦隐私政策就主要依循控制范式，联邦贸易委员会（FTC）将"告知"作为公平信息实践原则的核心要素，数据控制者起草与发布相关的隐私政策，进而由数据主体对相关数据活动做出同意，"'告知-选择'被内建为数据控制者和数据主体的基础法律关系"。[4]与此相应，欧盟的个人数据保护路径，也坚持将数据主体的同意作为数据处理的基本前提，"数据主体有权自行决定应在什么范围内将个人数据告知他人"。[5]美国的隐私自主与欧盟的信息自决，最终在控制这一概念上形成了范式合流。

二、巨变：信息隐私权的规范危机

（一）信息技术与隐私规范的内在张力

隐私概念变迁反映信息技术的发展，新技术蕴含了隐私侵犯的新手段，

---

〔1〕 美国隐私法的第三方原则即源于这一观念：一旦选择分享数据，就不能再去抱怨它被第三方分享，参见 Mireille Hildebrandt, *Smart Technologies and the End（s）of Law*, Cheltenham：Edward Elgar Publishing, 2015, p. 189. 在这种观念下，仅仅使用互联网本身，就可能意味已主动将自己的数据让渡给不受限制的数据控制者以及不特定的第三方，其后果是使大量个人信息置于隐私保护范围之外，参见 Ari Ezra Waldman, *Privacy as Trust：Information Privacy for an Information Age*, Cambridge：Cambridge University Press, 2018, p. 64.

〔2〕 Luciano Floridi, *Information Ethics*, Oxford：Oxford University Press, 2013, p. 241.

〔3〕 "告知-选择"原则出自1973年由美国联邦住房、教育和福利部起草的报告中发展的公平信息实践原则（FIPPs）。随后，联邦贸易委员会推动国会要求商业网站将"告知"作为最重要的公平信息实践原则。"告知-选择"最终通过一系列联邦和州的部门式数据隐私立法得以落实。参见 Ari Ezra Waldman, *Privacy as Trust：Information Privacy for an Information Age*, Cambridge：Cambridge University Press, 2018, pp. 30, 79, 80.

〔4〕 Ari Ezra Waldman, *Privacy as Trust：Information Privacy for an Information Age*, Cambridge：Cambridge University Press, 2018, p. 31.

〔5〕 Tamò-Larrieux & Seyfried, *Designing for Privacy and Its Legal Framework*, Cham：Springer, 2018, p. 81.

因而催生了法律概念演化的动力。[1] 近代隐私是印刷术的产物，它是在私人书房安静阅读从而发展出丰富内心生活这一实践带来的副产品。[2] 19 世纪晚期的照相术与大众媒体等信息侵入技术破坏了印刷时代的信息规范，因而发展出强调隔离和独处的隐私概念，以保护私人生活免受外部侵扰。控制范式的理论源头，则可以追溯到 20 世纪 60 年代，著名隐私法学者阿兰·威斯汀提出，隐私乃是不同主体对于信息沟通过程的一种自我控制权，[3] 它所应对的，其实是二战之后出现的电子数据库技术，数据保密、数据最小化、"告知-同意"、退出权等原则，针对的是数据库和计算机管理自动化带来的威胁，沃伦和布兰代斯时代的"独处"概念已无法应对这些新挑战。[4] 电子数据库的技术特点，使其可以通过赋予个人信息控制权实现隐私保护：因为电子数据库是机械应用预先设定的计算规则，具有逻辑上的确定性。在这种技术模式下，隐私主要是各类可识别的机器可读数据，信息处理过程是高度结构化的，可以被稳定预期从而实现个人控制。[5] 申言之，在进入 1970 年代之后，隐私保护无法再简单依靠空间上的封闭与隔离，相反，主体必须参与和控制信息的流动过程。

这便是沿用至今且影响深巨的公平信息实践原则与个人数据保护框架的基本技术假设和规范预设，它解决的是电子数据库时代的信息隐私保护问题。在这种技术条件下，可以有效区分数据主体（数据处于危险中）、数据控制者（控制处理目的）和数据处理者（在数据控制者监督下操作数据），规定处理条件（例如目的特定化、数据完整性），对数据控制者施加信息义务（例如透明性、可审核性），赋予数据主体权利（如访问、修改或删除个人数据的权利），总之，"控制范式充分体现于目的限制性、同意和数

---

〔1〕 See Massimo Durante, *Ethics, Law and the Politics of Information: A Guide to the Philosophy of Luciano Floridi*, Dordrecht: Springer, 2017, p. 122.

〔2〕 See Felix Stalder, "The Failure of Privacy Enhancing Technologies (PETs) and the Voiding of Privacy", *Sociological Research Online*, Vol. 7, No. 2, 2002, pp. 1-15.

〔3〕 "隐私是由个人、团体或机构自行决定何时、如何以及在多大程度上将有关自身的信息传达给他人的一种权利"，参见 Alan Westin, *Privacy and Freedom*, New York: Atheneum, 1967, p. 7.

〔4〕 同样，普罗瑟仅仅关注侵权法，而且他的著作完成于 1960 年，时值信息时代来临之前。因此，今天的许多隐私问题都不能被普罗瑟的四个类型涵括，参见 Daniel Solove, *Understanding Privacy*, Cambridge: Harvard University Press, 2008, p. 101. 而在当前，传统隐私问题逐渐被信息隐私和个人数据保护问题取代，隐私范式则从隔离转向控制。

〔5〕 See Mireille Hildebrandt, "Law as Information in the Era of Data-Driven Agency", *The Modern Law Review*, Vol. 79, No. 1, 2016, p. 9.

据最小化这些核心原则"。[1]

从口传文化到书写时代，从印刷术、照相术再到电子数据库，信息技术变革一再凸显隐私边界的不确定性，以及隐私保护的脆弱性。而晚近以来的大数据、云计算、物联网、人脸识别等技术的发展更是从根本上挑战了建立于 1970 年代的信息隐私框架，"数据最小化、数据控制权与程序化问责等原则都不再适用"。[2] 从网络爬虫、个性广告、移动通信监控、应用程序捕捉实时位置、网络社交数字画像，到数据处理系统的隐匿、数据收集规模的暴增、数据交换和转移速度的加快以及无限制的数据存储能力，[3]以及无线射频感应器与生物识别设备相互增强，与在线数据库软件连接，进行不间断实时分析，"在线世界以看似无限的能力收集、聚合、存储和挖掘行为数据，从而整合线下世界，创造出虚拟与物理现实的新融合"。[4]概言之，与电子数据库技术不同，新信息技术发展表现出以下特征：其一，它不再依赖"独立设备"，而是通过持续的互联，"这种互联允许捕获和存储大量琐碎的数据，然后挖掘出相关的模式"。[5] 其二，机器不再仅仅感知环境（读取文本），还折返于环境（预测并应用结果）、建立反馈（比较预测和实际结果）、重新配置算法程序并改进表现。[6] 其三，无论是移动、温度、面部表情、声音、语音、步态，包括同一环境下的过往，以及其他环境下的历史行为，全都成为新技术收集和分析的对象。[7] 其四，数据挖掘不再仅仅表征当前事态，它还从过去的行动进行推断，从而预测未来的

〔1〕 Mireille Hildebrandt, "Balance or Trade‑Off? Online Security Technologies and Fundamental Rights", *Philosophy & Technology*, Vol. 26, No. 4, 2013, p. 368.

〔2〕 See Mireille Hildebrandt & Katja de Vries eds. , *Privacy, Due Process and the Computational Turn: The Philosophy of Law Meets the Philosophy of Technology*, New York: Routledge, 2013, pp. 196–197.

〔3〕 See Tamò‑Larrieux & Seyfried, *Designing for Privacy and Its Legal Framework*, Cham: Springer, 2018, p. 6.

〔4〕 Serge Gutwirth & Mireille Hildebrandt, *Profiling the European citizen: Cross‑Disciplinary Perspectives*, Dordrecht: Springer, 2008, p. 23.

〔5〕 Mireille Hildebrandt, "Legal Protection by Design: Objections and Refutations", *Legisprudence*, Vol. 5, No. 2, 2011, p. 227.

〔6〕 See Mireille Hildebrandt, "Law as Information in the Era of Data‑Driven Agency", *The Modern Law Review*, Vol. 79, No. 1, 2016, pp. 9–10.

〔7〕 See Mireille Hildebrandt, "Legal Protection by Design: Objections and Refutations", *Legisprudence*, Vol. 5, No. 2, 2011, p. 227.

行为。[1]

更棘手的是，新信息技术不仅给我们带来巨大的隐私风险，而且还导致我们"缺乏信息工具去意识到这些问题，也缺乏法律与权利工具去寻求救济"。[2] 概言之，1970 年代以来建立的信息隐私保护框架，主要立足于当时的信息技术条件，主要关注个人数据以及可能的滥用和控制。新信息技术正在迅速瓦解控制范式的技术假设，进而对信息隐私权的规范基础形成全面冲击与挑战。兹以大数据技术为例。

（二）大数据技术与隐私规范基础的瓦解

第一，大数据技术与信息隐私权的个人本位形成冲突。其一，人不再是原子化的，与世界隔离的形象，人成为高度社会化的实体，成为网络世界的节点。数字画像不再是"关注特定个体的数据，而是大规模人群的集成数据"。[3] 其二，大数据技术主要通过不特定目标抓取、收集和处理不确定数量群体的信息，不再直接针对个体，而是在集合、群组与类型意义上统计其相关性。[4] 其三，个人成为各种类型化标签的数据点，算法决策不需要与有血有肉的个人发生联系，而主要基于非个人、离散和可再分的各种数字轨迹，进而"形成超主体与亚主体的'统计学身体'"。[5] 其四，真实个体不断被涵括到统计画像的算法之中，他们不清楚自己是何种群组的哪一部分，也缺乏与编入这些群组的其他成员的互动。[6] 其五，隐私侵权逐渐发生于群体层面，潜在的隐私侵害可能并未涉及任何具体个人，但它深刻影响所有人所处的环境，从而侵犯不特定群体的利益。[7]

---

[1] See Gutwirth et al. eds., *European Data Protection: Coming of Age*, Dordrecht: Springer, 2012, p. 289.

[2] Taylor, Floridi & Sloot eds., *Group Privacy: New Challenges of Data Technologies*, Dordrecht: Springer, 2016, p. 233.

[3] See Mireille Hildebrandt & Bert-Jaap Koops, "The Challenges of Ambient Law and Legal Protection in the Profiling Era", *The Modern Law Review*, Vol. 73, No. 3, 2010, p. 434.

[4] See Bart van der Sloot, *Privacy as Virtue: Moving Beyond the Individual in the Age of Big Data*, Amsterdam: Intersentia, 2017, pp. 2-3.

[5] Mireille Hildebrandt & Katja de Vries eds., *Privacy, Due Process and the Computational Turn: The Philosophy of Law Meets the Philosophy of Technology*, New York: Routledge, 2013, p. 157.

[6] See Taylor, Floridi & Sloot eds., *Group Privacy: New Challenges of Data Technologies*, Dordrecht: Springer, 2016, p. 145.

[7] See Bart van der Sloot, *Privacy as Virtue: Moving Beyond the Individual in the Age of Big Data*, Amsterdam: Intersentia, 2017, pp. 6, 92.

　　第二，大数据技术腐蚀了信息隐私权的传统范式基础。其一，洛克范式认为隐私是隔离、独处的权利，在这种理解下，信息公开即是对隐私的"处分"和"放弃"。而在大数据时代普遍连接、公开与分享的条件下，洛克范式就可能给隐私保护带来自主放弃的悖论后果。同时，新技术条件下，个人数据很难再是洛克意义上的"排他性权利"，数据通常被大量人群共享，"数据主体"往往也无意进行"独占"。特定场景下，不同主体往往可以同时对同一数据主张不同权利。[1] 其二，大数据技术已深度介入并支配数字人格与身份的设定，"在大数据画像中，人们将难以理解和回应自身如何被定位、涵括、排除、奖赏或是惩罚"。[2] 康德范式的自主理论遭遇危机。

　　第三，大数据技术冲击了信息隐私权空间、事物与主体的维度假设。首先，传统隐私的空间边界是固定和可见的，而当前的信息沟通主要发生在"在线世界"与"大数据空间"，这是由数据服务器、推理机器和虚拟机连接的庞大网络，形成由各种分布式节点构成的复杂动态空间。[3] 以往的隐私侵犯多发生于固定的空间，而在新技术条件下，信息流动变成非线性的动态过程，难以事先在空间层面对信息的特征、功能与使用方式做出规定与评估。其次，在事物维度，传统隐私是一种确定的存在，具有客观、稳定和可预期的指向，而当下的信息流动则呈现暂时性、瞬时性，伴随时间持续变化的特征。"数据可以被回收、整理、匹配、重组……任何对信息的认知操作都是施为性的：它通过自动复制信息来改变信息的性质"。[4] 同时，信息的循环生命周期也发生了深刻改变：信息起初是作为脱敏数据，但在与其他数据的连接中，则可能再次转变为敏感数据，而在群体画像中，它有可能被进一步集合并匿名化，而个人也可能再次被链接回这一画像过程。最后，在主体维度，数据生产者、收集者、处理者与消费者之间形成复杂的信息关系。隐私主体不清楚自己何种数据被存储，也不知道如何要

　　[1] See Luciano Floridi ed., *Protection of Information and the Right to Privacy—A New Equilibrium?* Switzerland：Springer, 2014, p. 37.

　　[2] Mireille Hildebrandt, *Smart Technologies and the End（s）of Law*, Cheltenham：Edward Elgar Publishing, 2015, p. 91.

　　[3] See Luciano Floridi ed., *Protection of Information and the Right to Privacy—A New Equilibrium?* Switzerland：Springer, 2014, pp. 35, 43.

　　[4] Luciano Floridi, *Information Ethics*, Oxford：Oxford University Press, 2013, pp. 259-260.

求数据控制者开放权限，"隐私侵犯主体也可能消失，没有一方能为预测性算法结果承担相应责任"。[1]

第四，大数据技术侵蚀了信息隐私权的传统二分法。其一，私人/公共空间二分法被打破，"由于不断变化的态度、机制、现实条件和技术，公共与私人的界限不断发生演化"。[2] 私人和公共的空间划分在网络世界不断模糊化，一系列公私领域的边界被无缝穿越。在离线世界之外，不断生成的网络空间（cyberspace）以及信息化的模拟空间，共同构成一个跨越公私领域的"信息圈"（infosphere）。[3] 其二，私人/公共信息二分法模糊化。在新技术条件下，信息的类型和属性可能发生迅速改变，无论是私人数据、敏感数据、集合数据或公共数据，其信息类型都不再固定不变。[4] 匿名数据可以回归为个人数据，公共信息也可能还原为个人信息。概言之，由于无法预知哪些数据会与其他数据关联，以及在数据处理过程中会产生何种新的知识，这些都导致私人/公共信息二分法失效。其三，私人/公共主体二分法被打破。在大数据技术背景下，私人利益开始难以"个体化"定位，与此同时，公共利益也难以被"特定化"。[5] 在一些数据挖掘活动中，即使个人没有被"识别"出来，他们仍然可以被"触及"，并因此受到相应算法推断的深刻影响。[6] 不同社会组织在大数据处理中承担的角色越发模糊，信息流动过程变得高度复杂化，不同"权力"主体参与其中，侵权归责因此变得越加困难。关键是，无处不在的计算装置不再只是"公权"范畴，大量私人组织、资本和企业参与其中，从而形成复杂的公-私、私-私权力网络。概言之，私人/公共二分法隐含的一系列假设被新的技术发展削弱，从而难以继续作为隐私保护的规范基础。

第五，大数据技术挑战了信息隐私权的传统解释理论。其一，大数据

---

〔1〕 Mireille Hildebrandt & Katja de Vries eds. , *Privacy, Due Process and the Computational Turn：The Philosophy of Law Meets the Philosophy of Technology*, New York：Routledge, 2013, p. 100.

〔2〕 Daniel Solove, *Understanding Privacy*, Cambridge：Harvard University Press, 2008, p. 50.

〔3〕 Massimo Durante, *Ethics, Law and the Politics of Information：A Guide to the Philosophy of Luciano Floridi*, Dordrecht：Springer, 2017, p. 8.

〔4〕 See Ronald Leenes et al. eds. , *Data Protection and Privacy：(In) visibilities and Infrastructures*, New York：Springer, 2017, p. 5.

〔5〕 See Bart van der Sloot, *Privacy as Virtue：Moving Beyond the Individual in the Age of Big Data*, Amsterdam：Intersentia, 2017, pp. 3–4.

〔6〕 See Taylor, Floridi & Sloot eds. , *Group Privacy：New Challenges of Data Technologies*, Dordrecht：Springer, 2016, p. 20.

主要从标签类型（乘客、年轻消费者、中产白领、低收入妇女等）而不是人格符号（你、我、他）来定位主体。[1] 人格理论与大数据技术模式发生错位。[2] 其二，传统隐私权可以归属到特定个体，但在新技术环境下，一个个体在特定时间可能是数百个临时群组的成员，在法律上赋予所有这些群组身份以相应权利来保护隐私，在实践上不具操作性。由此，隐私的权利理论也遭遇困境。其三，若将隐私视为所有权或利益，也忽视了隐私保护深深依赖于特定的社会结构、技术基础设施和法律框架这一现实。隐私作为"财产"与"利益"不是自明的，它是特定技术背景下法律建构的产物，大数据时代的隐私危机深刻凸显了这一事实。

第六，大数据技术瓦解了信息隐私权的核心概念。其一，传统隐私的"独处"概念预设个人是原子化的，可以与他人和周围环境保持"隔离"。而新技术背景下的隐私则不具备这一可能。其二，隐私保护也无法再局限于"秘密"，因为数据处理过程具有动态性和循环性，加密数据可以轻易"去匿名化"与"再识别化"，公开数据也可能被挖掘出私密信息。其三，作为"接近"（访问）的隐私概念也变得不适用，因为大量信息收集、存储和处理活动并不需要实质的"接近"。[3] 由于数字算法可能受知识产权或商业秘密保护，数据主体则往往无法"访问"这些算法程序。其四，隐私的人格概念受到挑战，因为人格开始"由智能冰箱的持续预期、输入信息的智能过滤、自适应交通管理或先发制人的健康监测无意识地塑造"。[4] 其五，隐私也难以完全掌控"亲密关系"，各类机器算法正深度介入社会关系的建构。其六，控制概念逐步失效，大量数据在个人掌控范围之外收集与储存，大量数字踪迹散布在控制之外，"人们越加不可能对每一信息片段施加控制"。[5] 大数据技术制造了"自主性陷阱"：即使自以为做出一个有

---

[1] See Taylor, Floridi & Sloot eds. , *Group Privacy: New Challenges of Data Technologies*, Dordrecht: Springer, 2016, p. 97.

[2] "如果环境剥夺了我们预见别人如何期待我们的可能性，那么我们发展自己身份的自由就岌岌可危了"，参见 Mireille Hildebrandt, "Who Needs Stories If You Can Get the Data? ISPs in the Era of Big Number Crunching", *Philosophy and Technology*, Vol. 24, No. 4, 2011, p. 371.

[3] See Daniel Solove, *Understanding Privacy*, Cambridge: Harvard University Press, 2008, p. 21.

[4] Mireille Hildebrandt, "Legal Protection by Design: Objections and Refutations", *Legisprudence*, Vol. 5, No. 2, 2011, p. 232.

[5] Taylor, Floridi & Sloot eds. , *Group Privacy: New Challenges of Data Technologies*, Dordrecht: Springer, 2016, p. 46.

意识的选择，但它潜在受到画像者和被画像者之间知识不对称的影响。[1]即使是自主决策，但"选项已经被格式化，以适应他被推断出来的倾向"。[2] 而其结果是，越坚持控制概念，就越可能"悖论地走向数据主体对隐私的自主'放弃'"。[3]

（三）技术巨变重构社会图景

信息技术发展深刻挑战了隐私权的规范基础，破坏了法律保护隐私的能力。[4] 大数据技术不断将社会信息转译为离散的机器数据，诸如人脸识别、基因信息、社交数据、移动轨迹，以及与这些匹配发展的分析方法，例如云计算、机器学习与算法挖掘，都构成了对隐私的新威胁。技术发展不仅重塑了社会关系，"也改变了法律所保护的权利的本质和属性"。[5] 因此，为了应对新技术挑战，重构信息隐私权的规范基础，就需要重新理解社会变化，考察技术发展带来的巨变，以及由此引发的隐私问题的复杂性。笔者试从空间、时间与社会三个维度简要分析。

首先，我们今天所处的是一个普遍化的计算环境和智能空间，它具有如下特点：其一，敞视性。以往，空间消极记录我们活动的痕迹，它是被动的，并不构成隐私的威胁。但在今天，各种广泛使用的工具和设备，全天候、全覆盖记录我们的行踪，将记录提供给"第三方"，庞大而普遍的数据收集形成了一个新型的敞视社会。[6] 其二，规模性。"社会计算"编程将大量人群与机器整合其中，"新技术嵌于庞大的物理、社会和意义网

---

〔1〕 T. Zarsky，"'Mine Your Own Business!'：Making the Case for the Implications of the Data Mining of Personal Information in the Forum of Public Opinion"，*Yale Journal of Law & Technology*，Vol. 5，No. 1，2002，p. 17.

〔2〕 Mireille Hildebrandt，"Legal Protection by Design：Objections and Refutations"，*Legisprudence*，Vol. 5，No. 2，2011，p. 233.

〔3〕 Ari Ezra Waldman，*Privacy as Trust：Information Privacy for an Information Age*，Cambridge：Cambridge University Press，2018，p. 32.

〔4〕 物联网结构化的数据分享会瓦解"告知-同意"这样的数据保护机制，参见 Ronald Leenes et al. eds.，*Data Protection and Privacy：(In) visibilities and Infrastructures*，New York：Springer，2017，p. 64.

〔5〕 Massimo Durante，*Ethics，Law and the Politics of Information：A Guide to the Philosophy of Luciano Floridi*，Dordrecht：Springer，2017，p. 118.

〔6〕 See Bauman，Zygmunt & David Lyon，*Liquid Surveillance：A Conversation*，Cambridge：John Wiley & Sons，2013.

络",[1] 这使空间容纳的信息沟通规模与挖掘深度大为提高，个人与群体、社会和机器全都成为网络调动的节点，由此形成的不再是牛顿或康德的空间概念，而是去中心、混合性（物理和虚拟）、既扩张又收缩、计算性与信息化的空间意象。[2] 其三，智能性。空间发展为由不同主体实时沟通和交换信息的智能场所。诸如人工智能、物联网、智慧城市相互连接，实时收集、处理与共享数据，"机器成为我们大多数沟通的中介"，[3] 空间自身形成了"自我控制和自我规制的能力"。[4] 其四，穿越性。离线世界与在线世界持续分化并深度耦合，在这一双重空间进行信息沟通的是不断激增的人-机关系所形成的复杂网络，各种不可见的计算决策系统，打破了现实空间和网络空间的传统界限。[5] 其五，多变性。栖居新空间的主体包含各类计算实体与信息实体，其特征是高度的"流动性、可转移性和结合性"。[6] 它们不再具有确定与有形的边界，而是呈现模块化、组件化、插件化，赋有"可分解性和去植根性"。[7] 其六，黑箱性。新空间遍布各种复杂的算法机制与人工神经网络，海量的数据，包括个体行为模式、集群、眼球运动、天气状况、产品周期管理、皮肤状态、步态、人脸、金融交易、安全漏洞、血液构成，都通过各类计算机器进行挖掘、收集、建构、读取和评估，而这些数字黑箱的技术原理却鲜为人知。其七，跨国性。信息社会的流动性特征创造了一个跨越国家的全球信息网络，隐私问题成为超国家和全球化现象。传统的国家法与国际法管辖效力出现失效，经济系统和科技

---

〔1〕　Helen Nissenbaum, *Privacy in Context: Technology, Policy, and the Integrity of Social Life*, Stanford: Stanford University Press, 2009, p. 6.

〔2〕　See Luciano Floridi, "Global Information Ethics: The Importance of Being Environmentally Earnest", *International Journal of Technology and Human Interaction*, Vol. 3, No. 3, 2007, pp. 1–11.

〔3〕　Ryan Calo, "People Can Be So Fake: A New Dimension to Privacy and Technology Scholarship", *Penn St. L. Rev.*, Vol. 114, No. 3, 2010, p. 809.

〔4〕　Massimo Durante, *Ethics, Law and the Politics of Information: A Guide to the Philosophy of Luciano Floridi*, Dordrecht: Springer, 2017, p. 127.

〔5〕　See Luciano Floridi, *The Fourth Revolution: On the Impact of Information and Communication Technologies on Our Lives*, Oxford: Oxford University Press, 2014, p. 41.

〔6〕　J. Kallinikos, *The Consequences of Information: In Institutional Implications of Technological Change*, Cheltenham: Edward Elgar, 2006, p. 18.

〔7〕　J. Kallinikos, *The Consequences of Information: In Institutional Implications of Technological Change*, Cheltenham: Edward Elgar, 2006, p. 15.

系统的功能逻辑不断扩张，"主宰与支配其他领域乃至整个社会的逻辑"。[1]

其次，新信息技术的深刻影响也从空间维度不断延伸向时间维度，表现为以下特征：其一，实时性。电子数据库时代的重点是记录"过去"（档案、数据库等），而新技术环境不再只是关注过去的痕迹，也聚焦发生在当下的沟通。对于"当下"的知识，是"基于实时的数据收集，而不是基于对过去痕迹的重构"，[2] 由此形成了一个适应持续变化环境的实时系统。其二，跳跃性。数据交换过程同步化，包含大规模的平行处理。信息不仅从一个领域转移到另一个领域，还经常跨越时间线，过去（甚至是久远的过去）收集的信息被重新注入当下情境。[3] 其三，动态性。个人身份"不再是在一个单一时间框架内一劳永逸地建构，而是动态、连续的过程"。[4] 人格"继发性的多阶段发展过程被即时性的干预和调整所取代"。[5] 其四，前瞻性。大数据不断形成对未来的推断，基于未来推断建立数字模型，进行假设、预测与引导，并以此检视和评估当下。"对于'当下'的知识与评估，受制于对'未来'的推断和预期"，时间焦点从过去和当下转向未来。[6] 其五，丛集性。新信息技术同时介入对过去、当下和未来时间维度的操作，三种维度并不相互排斥，而是丛集并存。由此形成的历史隐私、实时隐私与推断隐私，给隐私保护带来前所未有的挑战。其六，时间性。大数据空间本身就是时间化的空间，空间隐喻趋于消失，"隐私越来越少出现在拓扑术语中（这里/那里），而更多出现于时间术语中（之前/之后）"。[7]

最后，新信息技术也深刻重塑了社会维度，表现在以下方面：其一，

---

〔1〕 Luciano Floridi ed. , *Protection of Information and the Right to Privacy—A New Equilibrium?* Switzerland：Springer, 2014, p. 44.

〔2〕 Massimo Durante, *Ethics, Law and the Politics of Information：A Guide to the Philosophy of Luciano Floridi*, Dordrecht：Springer, 2017, p. 127.

〔3〕 See Helen Nissenbaum, "Protecting Privacy in an Information Age：The Problem of Privacy in Public", Law and philosophy, Vol. 17, 1998, p. 585.

〔4〕 Massimo Durante, *Ethics, Law and the Politics of Information：A Guide to the Philosophy of Luciano Floridi*, Dordrecht：Springer, 2017, p. 138.

〔5〕 Serge Gutwirth, *Privacy and the Information Age*, Lanham：Rowman & Littlefield, 2002, p. 76.

〔6〕 Massimo Durante, *Ethics, Law and the Politics of Information：A Guide to the Philosophy of Luciano Floridi*, Dordrecht：Springer, 2017, p. 127.

〔7〕 Massimo Durante, *Ethics, Law and the Politics of Information：A Guide to the Philosophy of Luciano Floridi*, Dordrecht：Springer, 2017, p. 128.

社会主体。各种不可见的复杂数据模型，不断切割和再组合个体，数字主体而非血肉之躯成为重点。[1] 数字主体形成沟通潜力，而行为结果"越来越难以被归因到一个独立、中心化和自主性的行动渊源"。[2] 其二，社会行动。数据挖掘和模型技术相互结合，根据不同场景，预测与干预人们的行为和运动。通过改变参数，这些模型可以"持续改变行动的反馈闭环"，进而改变个体的行为决策。[3] 其三，社会交互。新信息技术催生了一系列多主体系统（multi-agent systems），主体不再必然是人类，也可以是组织、人工主体或混合系统。收集和处理信息活动不再仅由单个（人或人工）主体，也开始由超主体、多主体系统或分布式与普遍系统（自动计算系统）完成。[4] 其四，社会权力。过去，国家是信息生命周期的主要管理者，隐私保护主要针对公权力。新技术条件下，国家不再是处理、控制和管理信息生命周期的唯一实体，信息寡头企业获得过滤、聚合与协调信息的强大权力，成为隐私侵犯的重要威胁。其五，社会归责。传统隐私聚焦于特定的侵害，进行个体化的法律归责。但新技术变革使隐私侵犯变为由大量细碎操作或黑箱程序带来的系统性权力问题，"责任弥散在大量行动者之间，它们具有完全不同的动机与目标，每一方在不同时间点都发挥着不同的作用"。[5] 在这种背景下，明确的隐私侵权者变得难以定位。

三、再造隐私：信息隐私权规范基础的重构

（一）信息论与社会理论视角的隐私

在信息论视野下，隐私并不是一组客观的数据，而是一种信息化的能力，它具有封装和支配数据的能力，可以不断把数据转化为信息，并赋予其意义。正是在这个角度，本文强调信息隐私权而不是数据隐私权，以突

---

〔1〕 See Daniel Solove, *Understanding Privacy*, Cambridge: Harvard University Press, 2008, pp. 119, 125.

〔2〕 Massimo Durante, *Ethics, Law and the Politics of Information: A Guide to the Philosophy of Luciano Floridi*, Dordrecht: Springer, 2017, pp. 45–46.

〔3〕 Mireille Hildebrandt & Katja de Vries eds., *Privacy, Due Process and the Computational Turn: The Philosophy of Law Meets the Philosophy of Technology*, New York: Routledge, 2013, p. 58.

〔4〕 See Ugo Pagallo, "Robotrust and Legal Responsibility", *Knowledge, Technology & Policy*, Vol. 23, No. 3, 2010, pp. 367–379; Giovanni Sartor, "Cognitive Automata and the Law: Electronic Contracting and the Intentionality of Software Agent", *Artificial Intelligence and Law*, Vol. 17, No. 4, 2009, pp. 253–290.

〔5〕 Daniel Solove, *The Digital Person: Technology and Privacy in the Information Age*, New York: NYU Press, 2004, p. 61.

出隐私权的信息性、社会性、关系性和能动性特征。从社会理论视角分析，隐私是法律对信息稀缺性的人为建构，以此确立隐私信息的独特价值，将其区分于一般的数据信息。因为，隐私是现代社会确立个体人格的重要工具。换言之，保护隐私，也是保护与创造法律人格的稀缺性，从而为现代社会运行提供宝贵的自由主体（agent）资源，这是现代人类作为个体存在的信息论前提。信息作为"制造差异的差异"，[1] 其本质即在于区分（distinction），而隐私则构成主体建构自我身份的基础，以此成就法律人格的独特性。表面上，隐私保护与信息流动存在矛盾，但实际上，没有稀缺性就没有冗余性，信息社会信息的冗余性和弥散性，恰恰悖论地建立在隐私信息的稀缺性与差异性之上。

进言之，隐私并不是固定的事物，而是一束可变的信息关系。信息隐私比个人数据拥有更为丰富和复杂的内涵，它"保护我们将数据转化为与自身相关的信息的能力"，[2] 也因如此，隐私"不只是一种利益或偏好，也具有价值与道德含义"。[3]

社会演化不断产生新的信息规范。信息社会创造了新的信息类型、行动者类型以及沟通模式，这也要求我们在理论上为信息隐私权提出新的规范框架。在传统时代，隐私被固定于静态化的空间和人格，而在信息时代，空间与人格是多重、可塑和易变的，"我们每个人都成为信息系统，在一个由信息构成的环境中，与其他信息系统进行信息的生产、处理和交换"。[4] 人们在信息沟通与数据流动中不断形成新的认同，隐私不再是固定不变的实在，而是嵌入到高度流变的网络关系中。因此，我们需要从信息论和社会理论视角重新理解隐私，进而，对信息隐私权的规范基础进行重构：从个人本位转向社会本位，从控制范式转向信任范式，从独占维度转向沟通

---

〔1〕 G. Bateson, *Steps to an Ecology of Mind*, St Albans：Frogmore, Paladin, 1973, p. 319.

〔2〕 Massimo Durante, *Ethics, Law and the Politics of Information：A Guide to the Philosophy of Luciano Floridi*, Dordrecht：Springer, 2017, p. 132.

〔3〕 Helen Nissenbaum, *Privacy in Context：Technology, Policy, and the Integrity of Social Life*, Stanford：Stanford University Press, 2009, p. 66. 波斯特也坚持隐私的规范面向，认为规范性含义内在于其概念核心，否认隐私作为描述性中立概念存在的必要性，参见 Robert Post, "The Social Foundations of Privacy：Community and Self in the Common Law Tort", *California Law Review*, Vol. 77, No. 5, 1989, pp. 957-1010.

〔4〕 Massimo Durante, *Ethics, Law and the Politics of Information：A Guide to the Philosophy of Luciano Floridi*, Dordrecht：Springer, 2017, forward, vi.

维度，从二元对峙转向一体多元，从权利视角转向权力视角，从概念独断转向语用商谈。

（二）信息隐私权规范基础的重构

第一，从个人本位转向社会本位。传统上认为隐私和社会是对立的，"隐私意味个人的优先性以及个体权利对于社会的超越性"，[1] "隐私权本质上是一种躲避集体生活的权利"。[2] 但在社会理论视角下，隐私绝不是与社会隔离的概念，许多学者都强调了隐私的社会本位与关系主义视角。齐美尔指出，隐私是一种"普遍的社会形式"，是一种用来帮助界定社会关系的社会形式。[3] 戈夫曼同样强调隐私的社会角色和社会价值。[4] 罗伯特·波斯特则认为，隐私侵权并非社会对个人的伤害，而是对人际相互依赖性与社会形式的一种破坏。[5] 换言之，社会理论视角的隐私理论洞察到隐私所承担的重要社会功能，认为隐私构成了社会结构的基础要素。正如当代心灵哲学所揭示，自我乃是一种涌现现象，它并不起始于个体，而是在复杂的社会过程中同时苗生了自我与他者。[6] 信息不是由个体独立创造，信息产生于社会主体的互动。因此，个人绝不是原子化的个体，而是"作为在不同社会语境中处于具体社会关系，参与具体社会活动的具体社会成员"。[7] 实际上，有学者研究揭示，隐私权最初并不定位于个体权利，而主要聚焦社会的一般利益和公共利益。在法律实践中，经历了从数据控制者的一般义务到数据主体的主观权利，从一般社会利益到个体利益视角的

---

[1] Ari Ezra Waldman, *Privacy as Trust: Information Privacy for an Information Age*, Cambridge: Cambridge University Press, 2018, p. 11.

[2] Thomas Emerson 语。转引自 Daniel Solove, *Understanding Privacy*, Cambridge: Harvard University Press, 2008, p. 89.

[3] Georg Simmel, "The Secret and the Secret Society", in Kurt H. Wolff ed., *The Sociology of Georg Simmel*, translated by Kurt H. Wolff, New York: Free Press, 1950, p. 338.

[4] See Erving Goffman, "The Nature of Deference and Demeanor", *American Anthropologist*, Vol. 58, No. 3, 1956, pp. 473-502.

[5] 在这种新的理论视角下，隐私原告就不是个人受害者，而是社会规范受害群体的代表者。参见 Robert Post, "The Social Foundations of Privacy: Community and Self in the Common Law Tort", *California Law Review*, Vol. 77, No. 5, 1989, pp. 957-1010.

[6] See Janice Richardson, *Law and the Philosophy of Privacy*, New York: Routledge, 2016, p. 19.

[7] Helen Nissenbaum, *Privacy in Context: Technology, Policy, and the Integrity of Social Life*, Stanford: Stanford University Press, 2009, pp. 129-130.

转变，隐私保护的个人本位并不是先天的。[1] 学者里根更是认为，隐私乃是"公共品"，与清洁空气和国防一样，隐私最好通过公共监管来保护，而不只是借助私人机制。[2] 其关键是，在新技术背景下，隐私侵权的发生机理已与法律救济的个体机制发生严重错位，为了应对技术变革带来的系统问题，隐私的价值本体有必要重归社会视角，致力于从一般利益、社会利益和公共利益定位隐私，化解个人与社会的二元论，不仅"考虑个体的具体伤害，也应当考察社会层面的潜在伤害，不仅应该考虑相应的法律后果，也要重视相应的伦理和社会后果"。[3]

第二，从控制范式转向信任范式。隐私权的洛克范式与康德范式，都强调主体对个人信息（数据）的占有、控制和处分，在当代浓缩为控制范式。而在当下，我们已经很难将任何信息进行独占，对于信息流动更是无法实现"控制"。因此，重要的不是与社会的隔离，而是如何基于信任进入社会。在信息流动和分享的语境下，信任意味着在披露个人信息过程中，自愿在他人面前呈现脆弱性。因此，每一种信息关系实际都包含着一定程度的信任，只有当人们相信对方是值得信任的，才更有可能去分享信息。所以，隐私"是在社会分享者之间建立信任的一种社会建制"。[4] 隐私虽然对个人信息流动构成限制，但它绝不是单向的控制，它的目标是在复杂的社会网络中，给社会生活的不同领域带来平衡。"如果说个人数据是当代全球经济的货币，那么信任就是中央银行"。[5] 我们需要发展隐私理论，建立与相互信任的信息关系，与促进信息分享的技术发展趋势相适应的理论范式。而在建构信任范式中，最重要的是确立信息受托者的可信任性。学者巴尔金提出了"信息信托"这一重要概念，因为，所有信托法都基于两项前提：不对称性和脆弱性。只有在受托人尽职照顾信托人利益的情况

---

[1] See Bart van der Sloot, *Privacy as Virtue: Moving Beyond the Individual in the Age of Big Data*, Amsterdam: Intersentia, 2017, p. 1.

[2] See Priscilla M. Regan, *Legislating Privacy*, Chapel Hill: University of North Carolina Press, 1995, p. 221.

[3] Bart van der Sloot, *Privacy as Virtue: Moving Beyond the Individual in the Age of Big Data*, Amsterdam: Intersentia, 2017, p. 102.

[4] Ari Ezra Waldman, *Privacy as Trust: Information Privacy for an Information Age*, Cambridge: Cambridge University Press, 2018, p. 149.

[5] See Gutwirth et al. eds., *European Data Protection: Coming of Age*, Dordrecht: Springer, 2012, p. 177.

下，才能赋予受托人相应的权力。"如果你让另一个人对你产生信任，你不能转身背叛这种信任"。[1] 在新技术条件下，由于信息权力不对称如此显著，就迫切需要引入类似信托这样的法律概念，来重新构建信息隐私的信任关系，推动个体与个体、个体与互联网公司、个体与社会修复它们的信任关系。

第三，从独占维度转向沟通维度。传统隐私权聚焦空间、事物和主体维度，形成隐私独占的意象。而在信息论视角下，有必要强调隐私的事物、社会与时间维度，建立能够促进信息沟通、互动和共享的规范框架。沟通维度呼应于当代信息社会的发展趋势，将关注焦点从隐私隔离转向信息流动。易言之，沟通维度观察到各类原始数据、网络数据和处理数据在机器、人-机、人-人之间的快速流动，关注到信息对于信息主体、受体、发送者、接收者与指涉者的不同含义，将隐私纳入关系化和网络化的视角，从控制论、博弈论、信息论视角审视交互计算背景下隐私关系的互动性与时间性特征，进而审思由此形成的权力结构和法律责任。[2] 不同社会演化出不同的信息环境，由此也产生了不同的行动者与归因配置，并因此形成信息规范的不同特征变量。在信息论视角下，信息规范至少由三大变量构成：行动者、信息类型与传输原则。行动者具有不同社会角色，信息类型则根据语境和场景变化，传输原则也包含众多。[3] 因此，隐私权绝不只是单一的主体、秘密或控制视角，而是信息"恰当"流动的权利，在其背后，蕴含着信息沟通的复杂规范体系。隐私是对"信息沟通和流动的一种赋权与限制"，[4] 进言之，隐私"并非简单地限制信息流动，而是保证信息流动的适当性"。[5] 因此，沟通维度可以让我们回到社会交往的具体场景和情境，聚焦特定的信息关系，以及与此种关系相适应的隐私期待、法律机制与保

---

〔1〕 Jack Barkin, "Information Fiduciaries and the First Amendment", *UCDL Rev.*, Vol. 49, No. 4, 2015, p. 1224.

〔2〕 See Massimo Durante, *Ethics, Law and the Politics of Information: A Guide to the Philosophy of Luciano Floridi*, Dordrecht: Springer, 2017, pp. 56-58.

〔3〕 独占只是其中一种，还包括"秘密地""第三方授权""法律所要求的""售出""买入""互惠""经由证明的"，等等，参见 Helen Nissenbaum, "Respecting Context to Protect Privacy: Why Meaning Matters", *Science and Engineering Ethics*, Vol. 24, No. 3, 2018, p. 840.

〔4〕 Ari Ezra Waldman, *Privacy as Trust: Information Privacy for an Information Age*, Cambridge: Cambridge University Press, 2018, p. 34.

〔5〕 Helen Nissenbaum, *Privacy in Context: Technology, Policy, and the Integrity of Social Life*, Stanford: Stanford University Press, 2009, p. 2.

护方法，由此"构建一种几何多变的隐私保护体系，根据数据主体、数据处理者、数据类型、使用类型及其语境采取不同的保护方式"。[1] 换言之，隐私的事物、社会和时间维度无法相互化约，没有任何一个维度可以单独垄断隐私的定义，正因如此，秘密范式、独占意象或控制概念都是片面的。

第四，从二元对峙转向一体多元。传统信息隐私权建立于私人/公共二分的古典自由主义理论，由于受到二分法理论束缚，隐私经常会被神圣化或污名化。[2] 而在信息时代，私人与公共的二元界限正被不断打破，隐私无法再是私人领域对公共领域的孤立和隐藏，而必然是信息主体在不同时空语境下确立自我边界的连续动态过程。隐私本身就具有鲜明的公共属性与公共价值，确定隐私边界的过程就发生于社会领域，只有在群体关系中，才能确定隐私的真实含义。因此，将隐私片面等同于私人利益，将隐私对立于国家权威和公共利益，在实践中只会带来负面的后果。在当代，如果不能超越古典自由主义提出新的理论规范，就难以在新的技术背景下捍卫人的尊严。一方面，个体缺乏足够的知识和资源，另一方面，隐私问题高度结构化，不仅影响特定个体，也影响整个社会。"正因为问题是架构性的，所以解决办法也应当是架构性的"。[3] 因此，只有构建一体多元的隐私命运共同体，才有可能创造可持续发展的信息社会。私人/公共二分法一方面忽视了隐私命运的一体性，另一方面也忽略了信息社会的生态多样性，将社会简单化约为两个二元对立的领域。作为"一体"，公民需要在隐私风险评估过程中获得充分参与权，采取多方利益攸关者路径，公共机构有责任在信息保护方面承担积极角色；作为"多元"，要求我们必须采取信息社会的生态主义视角，理解当代社会的功能分化趋势，改变经济部门和商业语境对隐私世界的殖民化。其关键是，将隐私的二元对峙转化为信息主义

---

〔1〕 Taylor, Floridi & Sloot eds., *Group Privacy: New Challenges of Data Technologies*, Dordrecht: Springer, 2016, p. 51.

〔2〕 比如，在波斯纳看来，隐私法导致人们隐藏有关自身的信息，从而"误导那些与之发生互动的人"。隐私造成了无效率、交易成本和伤害，"隐私变成了一种欺诈"，参见 Richard Posner, *The Economics of Justice*, Cambridge: Harvard University Press, 1983, pp. 231-233。而在女性主义学者麦金农看来，（家庭）隐私构成对妇女平等的伤害，它是一种"让男人避开国家，任意压制妇女"的权利，参见 MacKinnon, *Toward a Feminist Theory of the State*, Cambridge: Harvard University Press, 1989, pp. 184-194.

〔3〕 Daniel Solove, *The Digital Person: Technology and Privacy in the Information Age*, New York: NYU Press, 2004, p. 100.

的统一视角，从信息生产、处理、沟通和分享的系统运作逻辑出发，充分考虑信息场景与语境的特性，周密评估信息属性、主体角色、信息关系、分享形式等特征变量，构建一个隐私友好的信息规范框架。[1]

第五，从权利视角转向权力视角。传统隐私权的化约主义、所有权理论、人格理论、功利主义和权利理论，都毫无例外地聚焦于信息弱势者视角（patient），强调数据主体作为信息弱势者的主观权利（利益）；在新技术条件下，亟待将隐私保护转向信息强势者（agent）视角，强化数据控制者作为权力施为者的责任，这一责任不需要直接对应弱势者的权利。因为，隐私权本是应对信息权力不对称的一种法律工具，而在实践中，信息权力正不断倾向信息强势者，数据主体相对数据控制者的向上透明性愈益凸显，数据控制者的向下透明性则停留于名义，权力不对称越发严重。[2] 互联网企业在这种权力结构下更加追求短期利益，从而形成"鼓励将数据货币化的短期性和短视性的法律体制"。[3] 隐私的自我管理变成闹剧，"告知过剩，而选择缺席"；[4] 各类隐私立法在执行过程中存在大量例外和漏洞，"法律很多，但保护很少"。[5] 根本原因就在于，传统隐私保护过多关注信息弱势者的权利，而未能关注信息权力的结构性问题。事实上，在劳动者保护、消费者保护、环境保护等法律领域，都早已将社会权力的不对称纳入视野，进而构建新的法律问责机制。在信息隐私权问题上，也迫切需要从权利视角转向权力视角，从承受者视角转向施为者视角，从数据主体的"知情-同意"转向数据控制者的可问责性（accountability）。在私法框架中，义务与相关的权利对应，而在公法框架中，法律义务和责任却不需要直接对接个体权利。在新的信息权力结构下，隐私权的规范基础亟须超越权利主义和私法主义的视角。

---

〔1〕 See Ari Ezra Waldman, *Privacy as Trust: Information Privacy for an Information Age*, Cambridge: Cambridge University Press, 2018, p. 44.

〔2〕 See Mireille Hildebrandt & Katja de Vries eds. , *Privacy, Due Process and the Computational Turn: The Philosophy of Law Meets the Philosophy of Technology*, New York: Routledge, 2013, pp. 202–203.

〔3〕 Neil Richards & Woodrow Hartzog, "Taking Trust Seriously in Privacy Law", *Stanford Technology Law Review*, Vol. 19, No. 1, 2015, p. 435.

〔4〕 Neil Richards & Woodrow Hartzog, "Taking Trust Seriously in Privacy Law", *Stanford Technology Law Review*, Vol. 19, No. 1, 2015, p. 445.

〔5〕 Daniel Solove, *The Digital Person: Technology and Privacy in the Information Age*, New York: NYU Press, 2004, p. 71.

第六，从概念独断转向语用商谈。传统隐私理论都尝试从概念核心去界定隐私本质，由此陷入某事物处于隐私范围之内或之外的无休止争论，这导致隐私概念"要么过于狭窄而不够包容，要么过于宽泛而沦为模糊"。[1] 但按照当代语言哲学的理解，隐私不应在形而上、终极性、内在真实的语义学意义上把握，因为隐私首先是一种语用学和现象学表征，"隐私不是由（of）信息构成，而是通过（by）信息构成"。[2] 技术发展的不断加速，社会系统与社会场景的不断分化，有关隐私的定义、范围、保护程度和救济方式，不再有固定和统一的标准，而是表现为一整束具有演化特征的伞状型术语。无论是独处、接近、秘密、亲密、人格或控制概念，都不足以完整涵括隐私的本质。这要求我们从概念独断论走向语用性商谈中，让信息主体不断参与到与自身息息相关的信息规范和隐私期待的公共商谈。"权利是关系，而不是事物"。[3] 事实上，"隐私的合理期待"本身就是一个社会学概念，但在实践中，隐私的合理期待往往蜕化为"法院认为合理的期待"，从而无法真实反映社会的理解。[4] 在隐私政策制定中，往往由官方与巨头企业垄断，广大消费者缺乏知情权和参与权。因此，我们应该转换思路，告别概念独断论，采取商谈进路重新定位信息隐私权。过时的语义学范式忽视了公共参与的巨大潜力。最关键的是，要为信息主体参与平等商谈提供各种渠道和途径，在持续的社会参与、公共舆论与权力监督的压力下，由相互理解的交往行动形成社会反制力量，进而发展出基于公共商谈的隐私规范体系。

四、结语：信息隐私权的中国宪法时刻

保卫社会、缔结信任、促进沟通、一体多元、问责权力、公共商谈，信息隐私权的规范重构，还需要完成体系框架的根本定位。技术发展日新月异，信息规范不断演化，隐私保护同样需要升级更新，以促进信息社会

---

〔1〕 Daniel Solove, *Understanding Privacy*, Cambridge：Harvard University Press, 2008, p. 44.

〔2〕 Massimo Durante, *Ethics, Law and the Politics of Information：A Guide to the Philosophy of Luciano Floridi*, Dordrecht：Springer, 2017, p. 86.

〔3〕 ［德］哈贝马斯：《在事实与规范之间：关于法律和民主法治国的商谈理论》，童世骏译，生活·读书·新知三联书店 2003 年版，第 520 页。

〔4〕 Daniel Solove, *Understanding Privacy*, Cambridge：Harvard University Press, 2008, p. 72.

的可持续发展。[1] 这要求超越单一的私法或公法视角，从宪制演化和基本权利的高度重新理解信息隐私权。

法国法学家瓦萨克最早提出代际人权（the generations of human rights）的观念。所谓代际人权，是强调权利具有演化（evolutionary）、动态的（dynamic）的特质，其累积性（cumulative）和继发性（successive）特征是对社会变迁的回应。[2] 事实上，代际权利演化的观念，可以帮助我们解决隐私权与个人信息保护、数据权等性质和关系之间的长期争论。信息隐私伴随时间而演化，部分权利形态在此过程中消失，部分权利形式得以新生，这构成信息隐私的代际权利形态。这些权利形式不是互相取代与排斥，而是累积、重叠、依赖和交叉的关系。正是在历史演化中，信息隐私得以更新与发展，而不同形式的保护需求逐渐落实为多元的权利形态。因此，我们不妨将信息隐私权视为一个容纳不同代际隐私权的综合概念，作为权利演化树（evolutionary tree），信息隐私伴随技术发展不断衍生新的家族权利，建立起包括私法和公法在内的多部门复杂规范网络，从而成为一个统合性与涵括性的"大隐私"概念。

不同代际隐私具有相对独立的背景、传统和原理。易言之，隐私权演化回应了从个人社会到组织社会再到网络社会的结构化变迁。[3] 第一代隐私是个人消极自由的概念，预设侵权方与被侵权方的防范关系和平等主体关系（空间隐私╱侵权隐私）。第二代隐私则是组织社会的产物，主要针对个人与各类公共、专业或商业组织之间持续的不对称信息关系（有关同意╱自决、进入╱退出的公平信息实践原则）。而当进入网络社会，技术平台取代各类人际互动和社会组织成为信息沟通的枢纽，信息权力超越传统的个

---

〔1〕 我国在信息隐私保护领域存在立法碎片化、缺乏可操作规则等诸多问题。特别是，对个人信息和隐私两者关系的认识仍然存在分歧，时而陷入"一元制"和"二元制"保护模式的争论，在立法路径选择上摇摆不定。可参见徐明：《大数据时代的隐私危机及其侵权法应对》，载《中国法学》2017 年第 1 期，第 130~149 页；李永军：《论〈民法总则〉中个人隐私与信息的"二元制"保护及请求权基础》，载《浙江工商大学学报》2017 年第 3 期，第 10~21 页。

〔2〕 See Karel Vasak, *The International Dimension of Human Rights*, Westport: Greenwood Press, 1982, pp. 715 –716.

〔3〕 有关个人社会、组织社会与网络社会，这里采用了德国法学家卡尔-海因茨·拉德的理论概念，参见 Karl-Heinz Ladeur, "Constitutionalism and the State of the 'Society of Networks': The Design of a New 'Control Project' for a Fragmented Legal System", *Transnational Legal Theory*, Vol. 2, No. 4, 2011, pp. 463–475.

人与组织视角，形成总体性的社会涵括和排除的权力效果，因此，也就特别需要发展出相应的隐私权概念予以制衡。如果说，第一代隐私主要借助侵权法机制，通过私法工具（个人-个人），保护"私人信息"（亲密信息/秘密信息/敏感信息）；第二代隐私主要依靠公私法合作（个人-组织），保护"个人信息"（个人数据/数据主体）；那么网络社会的第三代隐私，则需要演化为宪法性的概念（信息权力-权利的构成与限制）。隐私不再只是聚焦于个人权利的私法规则，也不再只是强调知情同意的信息政策，而必须基于新的社会、技术和制度条件，成为宪法性的基本权利概念。[1] 最关键的是，通过构建信息隐私的"权利树"与"法律树"体系，形成足以制衡各类不对称信息权力的宪制安排。[2]

　　隐私的传统民法视角聚焦于个体权利与个人利益，但新的技术现实已然深刻影响结构性和社会性的利益。质言之，将隐私权定位于个人私权本位的民法视角已捉襟见肘。事实上，在欧洲，隐私既是国家层面的宪法权利，也是大陆范围的基本权利。[3] 而通过连接民法与宪法的一般人格权概念，隐私保护早已突破狭义的民法框架。[4] 在美国，隐私虽然最早是作为

---

〔1〕 基本权利不仅对国家权力，也对私人（私权力）施加义务的宪法理论在不同法系都已得到蓬勃发展，主要包括"国家行为理论""基本权利的横向效力""基本权利结构化效果理论""基本权第三人效力与放射效力"理论等，目前我国宪法学主要受德国第三人间接效力理论影响。参见 G. W. Anderson, "Social Democracy and the Limits of Rights Constitutionalism", *The Canadian Journal of Law & Jurisprudence*, Vol. 17, No. 1, 2004, pp. 31-59；张翔：《基本权利在私法上效力的展开——以当代中国为背景》，载《中外法学》2003年第5期，第544~559页。

〔2〕 "权利树"与"法律树"概念受到了王锡锌教授的启发，参见王锡锌：《〈数据安全法〉应考虑的三组关系》，载 https://mp.weixin.qq.com/s/5Zkakj7M-OZltjK5tR7AFQ，最后访问日期：2020年8月20日。

〔3〕 See Viktor Mayer-Schonberge, "Beyond Privacy, Beyond Rights-Toward a 'Systems' Theory of Information Governance", *California Law Review*, Vol. 98, 2010, p. 1862.

〔4〕 《欧洲人权公约》第8条已成为作为基本权利的隐私权发展的基础条款，该条最初是典型的第一代隐私权，但通过司法实践，它已演化为积极的人格权概念。法院通过概念诠释，大大拓展了隐私涵括的范围，保护了大量原来从属于公约其他条款的权利与自由。德国的一般人格权与信息自决权概念也发挥了相似的宪法保护功能。德国法最初没有专门的隐私性民法概念，隐私性利益通过一般人格权得到发展。参见 Bart van der Sloot, "Privacy as Personality Right: Why the ECtHR's Focus on Ulterior Interests Might Prove Indispensable in the Age of 'Big Data'?", *Utrecht Journal of International and European Law*, Vol. 31, 2015, pp. 26-28.

普通法权利，但《权利法案》在隐私案件中的分量也已变得越来越重。[1]
进言之，欧盟《通用数据保护条例》建构的实际也是一个具有宪法性质的
"二元治理"结构：一方面赋予个人正当程序权利，一方面通过合作治理结
构制约信息权力。[2] 传统隐私通过私法赋权，形成去中心的个人信息治理
和执行机制，国家不承担建立专门机构监督与执行隐私保护的职能。[3] 而
在今天，单一的民法路径已无法有效承担信息治理的功能，隐私的私人执
行机制已逐渐转向宪法化的合作治理机制。[4]

隐私不只是原子化的个人权利，它也有关信息权力的配置与运行。数
据保护不只是告知、选择和控制，更需要直面"数据工业复合体"（data in-
dustrial complex）的负外部性。[5] 正如前文所述，隐私的功能不只在于保
护个体，它对于社会本身也具有重要的建构作用。因此，有必要将隐私保
护上升到信息社会宪法的高度进行认知。信息即权力，掌握信息即意味施
加权力的可能。[6] 当前，各类网络平台企业正在取得准主权实力，这些信
息权力正在深刻塑造隐私的表现形式与可能性边界。所以，当代隐私不仅
要从权利保护机制，更应当从构建和制衡信息权力的维度来定位它的宪法
功能。仅仅只有权利清单，却没有相应的权力配置与制衡机制，就不足以
成为宪法性的制度框架。如何塑造信息技术，如何规制信息权力，将对未
来信息社会的宪制发展产生深远影响。

在信息社会，法律权力与权利的组织和配置都紧密围绕信息关系展开，
因此，信息隐私权不再只是简单的私法或公法权利，而是具备了枢纽性的

---

〔1〕 See Bart van der Sloot, "Privacy as Personality Right: Why the ECtHR's Focus on Ulterior Inter-
ests Might Prove Indispensable in the Age of 'Big Data'?", *Utrecht Journal of International and European
Law*, Vol. 31, 2015, p. 26

〔2〕 See Margot E. Kaminski, "Binary Governance: Lessons from the GDPR's Approach to Algorith-
mic Accountability", *California Law Review*, Vol. 92, 2019, pp. 1529-1616.

〔3〕 See Viktor Mayer-Schonberge, "Beyond Privacy, Beyond Rights-Toward a 'Systems' Theory of
Information Governance", *California Law Review*, Vol. 98, 2010, p. 1872.

〔4〕 See Viktor Mayer-Schonberge, "Beyond Privacy, Beyond Rights-Toward a 'Systems' Theory of
Information Governance", *California Law Review*, Vol. 98, 2010, pp. 1856, 1875.

〔5〕 See Woodrow Hartzog & Neil Richards, "Privacy's Constitutional Moment and the Limits of Data
Protection", *Boston College Law Review*, Vol. 61, No. 5, 2020, pp. 1695, 1725.

〔6〕 See Austin Sarat ed. , *A World without Privacy: What Law Can and Should Do?* Cambridge: Cam-
bridge University Press, 2014, p. 65.

基本权利的意涵。[1] 信息隐私的宪法化，最重要的不是简单将隐私权入宪，更关键的，是根据宪法机制的演化原理，为信息隐私保护寻找到根本的目标方向与价值定位。它既应当包含类似《权利法案》中的实质性规则，又应当涵括针对信息权力、治理和责任的程序性规定。正如近代宪法对政治权力的构成性和限制性功能，信息隐私宪法化的核心任务乃是对信息权力在规范上的构成与限制，以促进信息社会的可持续发展。[2]

布鲁斯·阿克曼认为，美国历史上存在着宪法身份根本再造的数次关键时刻。在日常政治的挤压和利益团体的压力下，立法者往往难以打破法律发展的常规；而在"宪法时刻"（constitutional moment），人民被高度动员，广泛参与公共商谈，政治精英与人民大众深入互动，这让他们得以摆脱当下处境，去思考根本的秩序问题，从而深刻改变宪法发展的路径。[3] 同样道理，我们当下正处于信息社会发展的关键时间窗口，当前的制度抉择将在未来几十年持续塑造法律演进的方向，中国信息隐私法发展面临重要的"宪法时刻"。

欧洲隐私法的快速发展就得益于它在宪法定位上的明确化。当前，我国信息隐私法的体系重构也迫切需要寻找宪法层面的根基，以信息权利保障与信息权力制衡为基本目标，为信息隐私的民法、刑法和特别法保护建

---

〔1〕 基本权利的具体功能包括：基本权（间接）第三人效力与放射效力、基本权作为组织与程序保障、基本权保护义务等，参见张嘉尹：《基本权理论、基本权功能与基本权客观面向》，载翁岳生教授祝寿论文编辑委员会：《当代公法新论》（上），元照出版公司 2002 年版，第 50 页。

〔2〕 在德国法学家托依布纳看来，传统宪法的焦点在于释放政治权力的能量，同时又有效限制这种权力；而当前的宪法挑战，则在于如何释放各种超脱国家主权控制的不同社会能量（如经济、金融、科技和网络传媒），同时又有效限制它们的破坏性。宪法问题已跨越国家层面，出现在各种"私人部门"中，宪法不再局限于纵向的"国家宪法"，也开始扩展为横向的"社会宪法"。为了更好保护个人，甚至保护各种社会体制，需要拓展制度化、组织化与系统化的保护渠道。借助社会理论，"宪法"可以进行更抽象的理解和表述。宪法化的判准包括宪法功能、宪法领域、宪法过程和宪法结构四个维度，通过这四个维度，宪法化实现对社会过程的正当化构造，确立起实质的宪法权威。参见［德］贡塔·托依布纳：《宪法的碎片：全球社会宪治》，陆宇峰译，中央编译出版社 2016 年版；余成峰：《系统论宪法学的理论洞见与观察盲点——托依布纳〈宪法的碎片：全球社会宪治〉读后》，载《政法论坛》2020 年第 2 期，第 134~142 页。

〔3〕 有关阿克曼的"宪法时刻"概念，可参见［美］布鲁斯·阿克曼：《我们人民：奠基》，汪庆华译，中国政法大学出版社 2013 年版。

立一个统合于宪法的客观价值秩序框架。[1] 目前我国法学界的通说认为，《中华人民共和国宪法》第 38 条"人格尊严不受侵犯"之规定属于无法律保留的基本权利，其中就包括隐私权。[2] 这一宪法上的一般人格权对接民法上的一般人格权，其共同目的旨在对未列举的人格权进行保护。正如学者所说，"民法典规定一般人格权成为民事立法者落实基本权利国家保护义务的结果"，"它乃是一个接收器，处理具体人格权无法保护的领域"。[3] 伴随着信息技术造成的威胁的不断变化，一般人格权势将成为我国信息隐私权未来演化的王牌条款。而保持一般人格权在宪法与民法通道上的对接性，其核心意义就在于宪法条款对立法机关所具有的约束力。[4] 正如研究者所言，我国宪法从来没有成为单纯约束国家权力的基本法，私人权力始终在制宪者视野之中，基本权利的国家保护义务功能乃是我国宪法的题中之意。[5] 这一点为同时制约公私信息权力提供了宪法上的重要依据。

我国信息隐私保护存在民法至上、安全至上和管理至上三大问题，而这三种倾向又都与宪法思维的偏颇有关。主流民法学者认为，虽然域外国家与地区普遍把信息隐私权视为宪法权利，但在我国，由于宪法实施监督制度不够完善，因此首先应当将其视为一项民事权利，通过民事立法来保护。[6] 但事实上，隐私民法保护路径的效果在世界范围都差强人意。[7] 因为，民法路径将隐私保护的力量完全寄托于法院，信息隐私的执行倚赖于

---

〔1〕 目前，来自德国的基本权利客观价值秩序理论已获得我国学界普遍认同，并被作为理论前提运用于基本权利第三人效力、宪法和部门法的关系，以及具体基本权利问题的分析中。客观价值秩序理论已经成为我国基本权利理论的一部分。参见李海平：《基本权利客观价值秩序理论的反思与重构》，载《中外法学》2020 年第 4 期，第 1063 页。

〔2〕 参见胡锦光、韩大元：《中国宪法》（第 2 版），法律出版社 2007 年版，第 280 页。

〔3〕 王锴：《论宪法上的一般人格权及其对民法的影响》，载《中国法学》2017 年第 3 期，第 102～103 页。

〔4〕 参见王锴：《论宪法上的一般人格权及其对民法的影响》，载《中国法学》2017 年第 3 期，第 121 页。

〔5〕 "国家有义务保护个别公民的基本权利防止来自其他私人的侵犯，国家应当采取适当的措施来避免法益损害。"参见陈征：《基本权利的国家保护义务功能》，载《法学研究》2008 年第 1 期，第 52 页。

〔6〕 参见王利明：《论个人信息权的法律保护——以个人信息权与隐私权的界分为中心》，载《现代法学》2013 年第 4 期，第 62～72 页。

〔7〕 参见 Neil Richards, "The Limits of Tort Privacy", *J. on Telecomm. & High Tech. L.*, Vol. 9, 2011, pp. 357-384；张新宝：《〈民法总则〉个人信息保护条文研究》，载《中外法学》2019 年第 1 期，第 72～73 页。

个人，且只能发生于私主体之间，这无法回应新技术发展带来的挑战。实际上，信息隐私宪法化不等同于把信息隐私权写入宪法，也不以宪法司法化为必然前提。宪法化提供的是法律体系重构的基础，最终形成以行政法责任为主，同时辅以民事、刑事等多种责任体系在内的"权利树-法律树"架构。宪法化在个人权利机制之外，通过算法公开、市场激励、机构监督、风险评估、专家委员会、公共参与等手段，将信息权力主体纳入综合治理的轨道。[1]

现行立法还存在安全至上的思维，国家或公共安全成为信息立法的核心保障目标，个人信息保护则降格为维护安全的手段。[2] 在明确信息隐私权基本权利地位的基础上，立法者应在宪法价值层面厘清信息隐私与公共安全的关系，"分门别类地构筑专门的系统立法，而不是像现在这样含混不清或者厚此薄彼"。[3] 保障公民基本权利应是维护公共安全的终极目的，而不是相反。进言之，在当前管理至上思维的主导下，公权力往往被排除在法律规制的范围之外，信息隐私保护往往蜕变为网络信息管理手段。在实践中，偏狭的管理思维也可能陷入监管俘虏，形成公私权力合谋和滥用的可能。在自上而下的管理之外，更迫切的是需要通过自下而上的媒体报道、丑闻公开、舆论监督、公益诉讼，有效限制公私信息权力的过度扩张。

笔者认为，应以《中华人民共和国个人信息保护法》《中华人民共和国民法典》《中华人民共和国刑法》等法律为基础，通过法院实践、行政监管和商业治理，为信息隐私搭建一个多管齐下、动态保护、多方参与、激励相容，具有弹性与外接性的宪制体系。这需要打破画地为牢的部门法思维，横跨私法、公法、国内法和国际法，集合各法科智慧，构筑一个既有效保护个人信息，又充分维护信息自由、发展数据经济的隐私体系。[4] 信息隐私权的宪法时刻，任重而道远。

---

〔1〕 在实体法之外，基本权利同样是组织法和程序法形成、解释与适用的准则和标尺。参见 Vgl. Sachs, Grundgesetz Kommentar, München: Verlag C. H. Beck, 1999, S. 89. 转引自赵宏：《主观权利与客观价值——基本权利在德国法中的两种面向》，载《浙江社会科学》2011 年第 3 期，第 44 页。

〔2〕 参见孙平：《系统构筑个人信息保护立法的基本权利模式》，载《法学》2016 年第 4 期，第 74~75 页。

〔3〕 孙平：《系统构筑个人信息保护立法的基本权利模式》，载《法学》2016 年第 4 期，第 76 页。

〔4〕 宪法化机制仰赖大量社会中间组织和多层次制度结构的发育，市场机制是其中的关键力量。有研究者已注意到经济激励对解决个人信息保护与数据经济发展二元难题的重要性。经济激励本质上是为企业和用户就个人信息处理提供的对话协商平台。通过生成新的自发制度空间，推动从零和博弈走向合作博弈。参见蔡培如、王锡锌：《论个人信息保护中的人格保护与经济激励机制》，载《比较法研究》2020 年第 1 期，第 106~119 页。

数据按贡献参与分配实现的法律意蕴

刘小红 *

数字经济时代，数据已然成为新型生产资料。拥有海量数据及强大数据处理能力是市场主体获取竞争优势的重要途径。2019 年 11 月，国务院首次在公开场合提出数据可作为生产要素参与分配。2020 年 5 月，李克强总理在《政府工作报告》中指出，要培育技术和数据市场，激活各种要素潜能。要发展平台经济、共享经济，更大激发社会创造力。这些重大举措，在很大意义上也是对大数据时代政府治理挑战的积极回应。数据作为生产要素从产生、储存、加工、流转，最后到消费者手中，实现了数据的经济价值，给市场主体带来巨大经济利益的同时，也产生了新的分配不公。和谐社会理念包含的核心价值观是社会公平正义。在全面建成小康社会的决胜期，完善按要素分配的体制机制，促进收入分配更合理、更有序，从制度层面探讨数据按贡献参与分配的法律保障更具现实紧迫性。既有的理论研究多从私法角度就个人数据或企业数据的特征、法律属性及其法律保护，或者数据跨境流动的法律规制等展开，[1] 从经济法角度探讨数据参与分配

　＊　刘小红，法学博士，西南政法大学副教授。研究方向：经济法学、数据法学、福利社会学。

　〔1〕　例如，姚佳：《企业数据的利用准则》，载《清华法学》2019 年第 3 期；李扬、李晓宇：《大数据时代企业数据权益的性质界定及其保护模式建构》，载《学海》2019 年第 4 期；龙卫球：《再论企业数据保护的财产权化路径》，载《东方法学》2018 年第 3 期；石丹：《企业数据财产权利的法律保护与制度构建》，载《电子知识产权》2019 年第 6 期；许多奇：《个人数据跨境流动规制的国际格局及中国应对》，载《法学论坛》2018 年第 3 期等。

问题的成果并不多见[1]数据按贡献参与分配涉及民生，既强调效率，更注重公平。以国家干预为主要手段，追求实质公平为己任的经济法对此应该有所作为。

一、数据按贡献参与分配的缘起探究

1846 年，国外学者尼森就提出了数据（data）这一概念。[2] 哈佛大学教授劳伦斯·莱斯格认为"数据只是信息的中性载体"。[3] 我国有学者将数据等同于信息。[4] 也有学者提出"数据是指记录、存储和处理客观事物存在与发展过程中的状态、特征以及与其他客观事物关系等的符号"，认为"数据并不等于信息，它们既有联系又有区别，是形式与内容的关系"。[5] 国际标准化组织（ISO）和国际电工委员会（IEC）对数据所作的定义是"以适合于沟通、解释或处理的形式化方式重新解释信息的表达"。[6] 欧盟《一般数据保护条例》（以下简称 GDPR）采用定义加列举的方式对个人数据进行了界定，强调个人数据的识别性和相关性。[7] 笔者认为，数据与信息并无本质区别，正如"淮南为橘，淮北为枳"，只是不同国家、不同地区或者不同时期的不同叫法而已。它可以是文字、图像、声音等，是信息的形式化表达。数据有多种分类，以其所有者或控制者为标准，可以分为政府数据、企业数据和个人数据；以所属行业划分，可以分为医疗数据、教

---

〔1〕 现有的从经济法视角探讨数据问题的成果主要有：马平川：《大数据时代的经济法理念变革与规制创新》，载《法学杂志》2018 年第 7 期；牛喜堃：《数据垄断的反垄断法规制》，载《经济法论丛》2018 年第 2 期等。

〔2〕 F. G. P. Neison, "Contributions to Vital Statistics, Especially Designed to Elucidate the Rate of Mortality, the Laws of Sickness, and the Influences of Trade and Locality on Health, Derived from an Extensive Collection of Original Data, Supplied by Friendly Societies, and Proving their too Frequent Instability", 9 *Journal of the Statistical Society of London* 50–76 （1864）.

〔3〕 Lawrence Lessig, *In Code and Other Laws of Cyberspace*, 1999.

〔4〕 高富平：《个人信息使用的合法性基础——数据上利益分析视角》，载《比较法研究》2019 年第 2 期。

〔5〕 姬春燕、吴金波、董雪艳：《互联网信息时代企业基础数据信息产权界定初探》，载《经济论坛》2018 年第 10 期。

〔6〕 See Information Technology—Vocabulary, ISO/IEC 2382：2015 （en），2121272 data, available at https：//www. iso. org/obp/ui/#iso：std：iso-iec：2382：ed-1：v1：en, accessed：2019-10-08.

〔7〕 GDPR, CHAPTER 1, "'personal data' means any information relating to an identified or identifiable natural person （'data subject'）; an identifiable natural person is one who can be identified, directly or indirectly, in particular by reference to an identifier such as a name, an identification number, location data, an online identifier or to one or more factors specific to the physical, physiological, genetic, mental, economic, cultural or social identity of that natural person. "

育数据、交通数据、建筑数据等；以产生方式为依据，分为原始数据与衍生（或加工）数据；[1] 以是否需要支付对价，分为公益数据、私益数据等。

数据按贡献参与分配既是一个重大的理论问题，也是一个紧迫的现实问题。把握数据按贡献参与分配政策有三个思维进路：一是融入当前中国社会发展历史进程与未来趋势去思考；二是结合收入分配制度演进的历史逻辑与现实问题去分析；三是梳理相关法律政策表述。

（一）社会发展的历史进程与未来趋势

纵观人类社会发展轨迹，无论是在经济单一的奴隶社会、相对保守的封建时期、奉行自由加重商的资本主义社会，还是强调国家干预的社会主义时期，一条主线始终贯穿其中：经济基础决定上层建筑，经济变革推动社会变革。任何时代，那些推动经济发展、科技进步的新生事物，总是会先引发人们讨论关注，继而遍地开花似的蓬勃发展，最终引起立法者重视，并通过立法予以保障。组织如此，技术也如此。

随着大数据、人工智能、云计算等科技的飞速发展，一种以大数据及其相关技术应用为基础的经济形态展现在世人面前，成为新时代经济发展的重要引擎和关键力量。部分国家已敏锐察觉到数据在经济发展中的重要作用，纷纷出台立法加强对本国数据的保护力度。美国倡导自律，进行分散立法，相继颁布《隐私法案》《儿童在线隐私保护法》《视频隐私保护法案》《金融隐私权法》等，2018 年《加州消费者隐私法案》强调了数据主体对个人信息的控制，同时规范企业收集处理数据的方式。《澄清境外数据的合法使用法案》更是伸出了长臂，加强对境外企业数据的管控。欧盟 GDPR 将数据分为一般数据与敏感数据，建立数据收集本人同意机制，并实行本地储存。这些国家利用科技优势与法律之盾既保护本国数字经济发展，又严格控制数据国际流动，使得数据拥有量、应用水平以及创新能力差距愈发像一条横亘在国家与国家之间的不可逾越的鸿沟。我国数字产业领跑全球，涌现出一批诸如阿里巴巴、百度等以人工智能、大数据为基础业务

---

[1] 原始数据是企业或个人自身研发、创造、收集及存储的多元化、可商业利用的数据，这些数据并不依赖于现有数据而产生。企业往往利用技术优势，创造出超过单个原始数据经济价值的数据集合。衍生数据是指在原始数据基础上，运用算法、模型等技术手段，对原始数据进行加工，包括清洗、匿名、过滤、计算、提炼、整合后形成的数据。

的世界品牌。[1] 从未来发展的趋势看，数字化、智能化是历史的必然。明确数据权属、数据分类治理、规范数据交易也无疑成为数字经济时代法律人亟须关注的重要课题。

（二）分配制度的历史逻辑与现实问题

要素分配理论旨在研究国民收入如何在各要素所有者之间按要素功能或贡献进行合理分配。随着时代的变迁，生产要素类型已从农业经济时代的土地与劳动二要素说[2]发展到信息时代的土地、劳动、资本、组织、技术、数据六要素说，[3] 而要素分配的理论依据则经历了要素价值论、要素贡献论和要素产权论的历史变迁。

计划经济时期，我们追求平均分配。并逐步建立起按劳分配为主体、多种分配方式并存的分配制度。这一制度设计曾极大地激发了生产要素所有者的积极性。但随着社会发展，按劳分配为主的分配制度引发的矛盾逐渐凸显：城乡间、区域间、产业间发展较不平衡，贫富两极分化。[4] 效率优先前提下的公平容易导致过度强调效率，"优胜劣汰"法则的充分适用，则势必有损公平，并影响社会稳定。政府逐渐从追求"效率"转向注重"公平"。建立了"初次分配和再分配都要兼顾效率和公平，再分配更加注重公平"的改革思路。"以人民为中心的发展思想"成为我国新时代收入分配改革的主基调。将数据纳入参与分配的生产要素范畴，是回应时代呼唤的重大决策，也是新时期要素分配理论的与时俱进。然而在一片繁荣的数字经济背后，危机暗藏：数据权属模糊引发分配不均、分配排除，数据垄断、数据不正当竞争导致分配失序等。这些问题既是数据参与分配的现实障碍，也成了数字经济健康发展的绊脚石。

---

〔1〕 据相关资料显示，全球排名前 20 的互联网企业中，中国有 6 家，分别是腾讯、百度、阿里巴巴、蚂蚁金服、小米、滴滴出行。

〔2〕 威廉·配第在其 1662 年的著作《赋税论》中提出"劳动是财富之父""土地是财富之母"的观点。

〔3〕 Eric Brynjolfsson, 1994; Brian Gentile, 2011; Capgemini, 2012; Sunday Okerekehe Okpighe, 2015.

〔4〕 据 2019 年福布斯中国富豪排行榜显示，马云以 2701.1 亿元蝉联榜首。马化腾排名第 2 位，身家为 2545.5 亿元。而同年全国居民人均可支配收入仅 30 733 元，数据来自国家统计局网站，http://www.stats.gov.cn/was5/web/search? channelid = 288041&andsen = %E5%B1%85%E6%B0%91%E6%94%B6%E5%85%A5.

（三）数据按贡献参与分配的法律政策文本解析

通过对相关法律法规及政策性文件的梳理，我们可以看到，立法者和政策制定者对于数据的态度是鲜明的：一是发展大数据战略，推动网络经济、数字经济健康发展，打破制约数字生产力发展的制度障碍。二是对参与分配数据进行区分。公益数据强调开放共享；对私益数据则给予严格的法律保护。2015年，《国务院办公厅关于运用大数据加强对市场主体服务和监管的若干意见》中明确指出要保护企业商业秘密、个人隐私，《中华人民共和国网络安全法》提到要促进公共数据资源开放，《信息通信行业发展规划（2016-2020年）》《大数据产业发展规划（2016—2020年）》均提到个人信息保护，2020年5月，《中共中央、国务院关于新时代加快完善社会主义市场经济体制的意见》中再次强调要加强数据有序共享、保护个人信息，2020年5月通过的《中华人民共和国民法典》明确了隐私权及个人信息保护等。三是加强数据跨境流动监管，保护国家经济安全、信息安全。《国务院办公厅关于适用大数据加强对市场主体服务和监管的若干意见》《"十三五"国家信息化规划》《大数据产业发展规划（2016—2020年）》中均提到了数据跨境监管。

表 1　有关数据的主要规范性文件

序号	时间	文件名称	相关要点
1	2015.6	《国务院办公厅关于运用大数据加强对市场主体服务和监管的若干意见》	提出处理好大数据发展、服务、应用与安全的关系。加快研究完善规范电子政务，监管信息跨境流动，保护国家经济安全、信息安全，以及保护企业商业秘密、个人隐私方面的管理制度，加快制定出台相关法律法规。
2	2015.7	《国务院关于积极推进"互联网+"行动的指导意见》	提出强化知识产权战略，营造宽松环境，完善信用支撑体系，加强法律法规建设，加快推动制定网络安全、电子商务、个人信息保护、互联网信息服务管理等法律法规……

续表

序号	时间	文件名称	相关要点
3	2015.8	《国务院关于印发促进大数据发展行动纲要的通知》	提出推动出台相关法律法规，加强对基础信息网络和关键行业领域重要信息系统的安全保护，保障网络数据安全。研究推动数据资源权益相关立法工作。
4	2016.11	《中华人民共和国网络安全法》	提出国家鼓励开发网络数据安全保护和利用技术，促进公共数据资源开放，推动技术创新和经济社会发展。
5	2016.12	《"十三五"国家信息化规划》	（1）提出要"全面增强信息化发展能力……拓展网络经济空间""统筹实施网络强国战略、大数据战略、'互联网+'行动"…… （2）提出"建立统一开放的大数据体系""建立跨境数据流动安全监管制度"。
6	2016.12	《大数据产业发展规划（2016—2020年）》	（1）提出"推动大数据产业发展"，"发展壮大新兴大数据服务业态，加强大数据技术、应用和商业模式的协同创新，培育市场化、网络化的创新生态"的大数据产业发展原则。 （2）提出"强化大数据知识产权保护……研究制定数据流通交易规则……推动完善个人信息保护立法……建立数据跨境流动的法律体系和管理机制，加强重要敏感数据跨境流动的管理"。
7	2017.11	《国务院关于深化"互联网+先进制造业"发展工业互联网的指导意见》	提出完善工业互联网规则体系，建立涵盖工业互联网网络安全、平台责任、数据保护等的法规体系，健全协同发展机制，落实相关税收优惠政策的保障制度。

续表

序号	时间	文件名称	相关要点
8	2018.5	《数字中国建设发展报告（2017年）》	提出建立健全国家数据资源管理体制机制，建立数据开放、产权保护、数据交易、隐私保护相关政策法规和标准体系，完善网络安全法律法规体系，完善金融、财税、国际贸易、人才、知识产权保护等制度环境，优化市场环境，更好释放各类创新主体创新活力，培育公平的市场环境，强化知识产权保护，反对垄断和不正当竞争的工作方向。
9	2019.6	《国家邮政局、商务部关于规范快递与电子商务数据互联共享的指导意见》	（1）加强电子商务与快递数据管控。 （2）加强电子商务与快递数据互联共享管理。 （3）加强电子商务与快递数据政府监管。
10	2020.4	《工业和信息化部关于工业大数据发展的指导意见》	牢固树立新发展理念……促进工业数据汇聚共享、深化数据融合创新、提升数据治理能力、加强数据安全管理，着力打造资源富集、应用繁荣、产业进步、治理有序的工业大数据生态体系。
11	2020.5	《中共中央、国务院关于新时代加快完善社会主义市场经济体制的意见》	完善数据权属界定、开放共享、交易流通等标准和措施，发挥社会数据资源价值。推进数字政府建设，加强数据有序共享，依法保护个人信息。
12	2020.5	《中华人民共和国民法典》	处理个人信息的，应当遵循合法、正当、必要原则，不得过度处理……

二、数据按贡献参与分配的内涵解读

数据不仅在于要参与分配，更在于"按贡献"参与分配，这里的"按贡献"，是"按劳分配"的延续和发展，也是技术参与分配在逻辑与发展趋势上的一个延续。它既有效率之意，更强调与新时代社会公平正义的契合。

"无论是在古代、近代还是现代社会，人们追求公平、正义和平等之心从未改变。"[1]区分数据种类、环节贡献考量及实质公平与形式公平有机统一是数据按贡献参与分配的应有之意和内在要求。

第一，参与分配数据区分公益与私益。公益数据不等于公共数据，二者在内涵和外延上有所不同。公共数据通常指政府或政府部门控制的，涉及经济建设、城市建设、民生服务、资源环境、公共安全等具有公益性，应当对大众开放的数据。而公益数据则是不需要支付对价的数据总和，[2]包括绝大部分政府数据（不能对外开放的政府数据除外），以及需要被公知的部分企业数据或信息，比如企业名称、住址、法定代表人、注册资本等企业基本信息，及部分具有公共流通属性的个人数据。[3] 参与分配的数据仅指私益数据，包括不需也不能对外开放的企业数据和个人数据。私益数据具有所有数据共同的特征：非实体性、利用的非消耗性、可重复性、可加工性等。此外，私益数据还具有公益数据所不具有的特殊属性，也正是由于这些特殊属性决定了私益数据具有参与分配的可能性。一是专有性。私益数据的所有者或者控制者为独立的"经济人"——企业或者个人，而非负有公权力，相关数据需要对外开放的政府及其部门。[4] 二是隐蔽性。正由于私益数据专属于特定的主体，无论是企业数据还是个人数据都相对隐蔽，权利人采取了保密手段或隐藏方式，他人不易获取。三是稀缺性。稀缺性是相对的。私益数据往往凝聚了数据控制者的智力和技术，而这样的数据相对于处于公开状态，获取方便的公益数据而言，数量较少。也有学者认为"企业数据的稀缺性并非事实上的稀缺，而是基于法律上的拟制而人为地制造出来的"。[5]四是经济性。数据具有经济价值，可以作为财产参与分配。大数据时代数据的经济价值体现在数据的共享性与开放性，企

---

〔1〕 刘小红：《农业保险弱者保护制度的检讨与完善》，载《西南政法大学学报》2015 年第 6 期。

〔2〕 也有学者认为公益数据是指具有公益性质的数据，等同于公共数据。

〔3〕 比如有学者提出："个人信息对于共同体具有信息流通的价值。个人本身就生活于社群之中，打听熟人或亲戚的个人信息等行为往往被认为是正常社交的一部分。"丁晓东：《个人信息的双重属性与行为主义规制》，载《法学家》2020 年第 1 期。

〔4〕 2006 年《德国信息自由法》及 2018 年《美国开放政府数据法案》明确所有政府信息都应默认为开放数据，机器可读、且可自由重复使用。

〔5〕 李扬、李晓宇：《大数据时代企业数据权益的性质界定及其保护模式建构》，载《学海》2019 年第 4 期。

业数据不会因他人的使用而减少其数据本身的价值，反而因无数人的不断使用使得数据产生新的衍生价值与附加价值。

第二，数据参与分配要考虑环节贡献。数据从产生、加工、流转到使用的全链条，所有者、开发者、加工者等是否都享有参与分配的权利？笔者认为，数据全链条中的每一个环节都可能包含该环节所有者或控制者的智力和体力投入，如果该环节的控制者付出额外劳动，对已有资料和信息进行整理加工，体现出独创性，那么就应当享有分配权。只不过某些环节以工资的形式实现分配，比如企业内部员工对数据的加工；或者以合同对价的形式实现分配，比如数据交易买卖；某些环节可以入股的形式实现。虽然数据不具有作品的"独创性"、知识产权的地域性及保护的期限性等特点，但是各加工环节的数据类似于《中华人民共和国著作权法》中的作品。依据《中华人民共和国著作权法》，著作权人就其作品享有一系列人身权和财产权。而作品经改编、翻译、注释、整理已有作品而产生的作品，其著作权由改编、翻译、注释、整理人享有，但行使著作权时不得侵犯原作品的著作权。合法数据控制者在获取数据后，依照约定有权对数据进行加工处理，也有权依法或依约获得相应权利。

第三，兼顾形式公平与实质公平。无论是儒家的"不患寡而患不均"，还是法家的"均贫富"是"帝王之政"，都反映出古人的治国公平分配理念。公平意味着权利平等、机会均等、规则的平等适用和社会权益的平等保障。一个社会中，资源、机会、权利、利益总是捆绑在一起的，彼此相辅相成。如果存在权利不公平、机会不公平，则必然会影响到社会资源、发展机会和利益分配的倾斜，并导致权益的失衡，反之也如此。收入分配本不可能绝对公平。"它具有相对性。不同历史阶段，不同阶级或阶层，分配公平是不同的……人们会因为天赋和能力的不同而导致不同的收入，这是合理的。"[1] 数据作为新晋的生产要素参与分配，强调的公平并不是平均主义公平观，而是要立足于数据特性与其在生产环节的贡献予以考量。民法等私法追求形式公平，强调机会均等。每个市场主体都可以基于自身特性与优势生产数据。生产环节的收入分配属于平等主体之间法律关系范畴，在其意思自治范围内能够通过私法的规则机制实现分配的公平性。但同时，也要意识到在生产领域由于市场主体力量（包括人力、财力、物力

---

[1]《马克思恩格斯文集》（第 3 卷），人民出版社 2009 年版。

等）悬殊，加之数据本身特性，无法通过私力救济实现实质公平，需要从经济法视角对收入分配的机制、规则进行矫正，实现形式公平与实质公平有机统一。

三、数据按贡献参与分配的理念革新

实现数据按贡献参与分配需要基本理念指引与具体制度支撑。当前紧要的是为数据权属模糊而引发的分配不均、分配排除，数据垄断、数据不正当竞争导致的分配失序等数据参与分配的现实障碍寻求经济法解决之道。经济法理念是经济法的内在精神，主导着经济法律的制定和调整，体现了经济法立法者的价值取向。理念并非一成不变，数字经济时代的经济法理念应着力实现"三转变、一统一"。

（一）从以人为本向以民为本理念转变

以人为本的理念是指把人作为价值核心，以追求和实现人的物质及精神需求为制度设计的出发点、落脚点。数字经济时代的以人为本具体化为以民为本，"以人民为中心"。数据按贡献参与分配的以民为本主要从以下两个层面来实现：一是宏观层面上，通过财政、金融、税收支持数据产业发展，完善金融、财税、知识产权保护等制度环境。考虑数据、人工智能新兴产业的特殊性，在金融、税收和政策方面给予鼓励、引导、帮助、扶持，并以此建立一系列配套的法律保障制度。二是微观层面上，既强调公益数据共享，又保护企业商业秘密和自然人个人信息。对数据产业的不正当竞争行为、垄断行为等影响数据参与分配的行为给予否定性法律评价。

（二）从经济安全向系统安全理念转变

经济安全往往与国家安全、社会稳定捆绑在一起。随着数字时代的到来，互联网、大数据、人工智能引起的科技革命让智能生产、智能生活走进千家万户。正如狄更斯所说："这是最好的时代，也是最坏的时代。"科技与风险相伴而生，如数据权属不明带来的分配模糊问题、数据鸿沟、数据不正当竞争和垄断问题、数据跨境流动带来的经济风险、社会风险甚至国家安全风险问题，等等。可见，"由于技术的可能性出现了不可预料的、全新的机会，鉴于同时产生的风险，所以一切与真实生活有关的问题一定要由人们来做最后的决定。其实，真正的挑战就产生在我们赋予数据意义的

同时"。[1]强调系统安全并不是否认经济安全。经济法的安全理念不仅包括国内经济安全和国际经济安全，在风险无处不在的信息社会，更应关注系统安全，因为任何环节都可能牵一发而动全身。经济法应正视风险并确立系统安全理念，并以此作为数字时代经济法调整的重要目标。在系统安全理念指引下，建立相应的数据分配机制，有利于"机会和风险得到恰当的权衡"。[2]

（三）从可持续发展向协调发展理念转变

"可持续发展是在人类面临文明加速进化与生态环境不断恶化、富裕与贫穷的差距不断拉大这两大失衡的背景下产生的一种新的发展模式和发展观。"[3]协调发展不是单纯的经济增长观，也不是更强调代际利益平衡的可持续发展观，而是主张横向和纵向的利益平衡观，不仅关注国内，也关注国际；不仅关注微观，也关注宏观；不仅关注本代，也关注代际。随着大数据时代的到来，互联网、大数据在给人类带来便利的同时也似乎正在"造成新的社会裂痕和财富、权力和价值的阶层分化"。[4]不仅如此，数据还会增强国家权力与市场主体的扩张性。大数据监视着人类的一举一动，浏览记录、行走轨迹、消费信息等一切都让人显得愈发透明，"个人将变得受到越来越令人窒息的数字监管"，[5]个人权利与自由受到威胁。财富的分化、权力的扩张、自由的约束让本就不平衡的市场资源配置情况恶化。国家之间、市场主体间的数据鸿沟愈发被拉大。因此，顺应时代潮流，树立协调发展理念，探索国家之间、产业之间、市场主体之间、本代与代际间良好的协调方式，从而"促进、引导或强制实现社会整体目标与个人利益目标的统一"。[6]

（四）资源优化配置与共享理念有机统一

资源优化配置，是市场经济体制对经济法的基本要求。它内在地要求

---

〔1〕［德］罗纳德·巴赫曼等：《大数据时代下半场——数据治理、驱动与变现》，刘志则、刘源译，北京联合出版公司 2017 年版，第 271 页。

〔2〕［德］罗纳德·巴赫曼等：《大数据时代下半场——数据治理、驱动与变现》，刘志则、刘源译，北京联合出版公司 2017 年版，第 271 页。

〔3〕李昌麒主编：《经济法学》，法律出版社 2007 年版，第 83 页。

〔4〕马平川：《大数据时代的经济法理念变革与规制创新》，载《法学杂志》2018 年第 7 期。

〔5〕Claudia Diaz, Omer Tene & Seda Gurses, "Hero or Villain: The Data Controller in Privacy Law and Technologies", 74 *Ohio St. L. J.* 923 (2013).

〔6〕徐孟洲：《经济法的理念和价值范畴探讨》，载《社会科学》2011 年第 1 期。

资源，包括人力资源、物力资源、技术资源和信息（数据）资源合理、有效流动，改变社会失序配给状态。人民是时代财富的创造者也应是改革成果的分享者，独享经济迈向共享经济是历史必然。然而，市场就像一根无形的指挥棒，指挥着资源的流向。有一种现象我们不容忽视：互联网、大数据和人工智能技术造就的平台使得大量财富流向少部分人。[1] 这似乎与经济法所追求的公平正义背道而驰。

2020 年 5 月，《中共中央、国务院关于新时代加快完善社会主义市场经济体制的意见》中提到"数据共享"。资源优化配置与数据共享看似矛盾——前者是为了效率实现，由市场配置数据资源，后者则是主张通过公益数据的社会分享实现数据分配的实质公平，但市场配置的资源多指私益数据，公益数据更强调共享，二者之间不存在此消彼长的关系。经济法确立与法治精神相契合的共享发展理念，[2] 将二者有机统一起来。通过市场自治与国家干预，在实现私益数据资源优化配置前提下，缩小数据鸿沟，消除数据不正当竞争，规制数据垄断行为，实现信息自由、数据共享和数据公平。

四、数据按贡献参与分配的路径选择

数字经济时代的全新机遇与重大挑战，推动着政府治理的重大转向，也促使经济法制度不断更新、完善与变革。审视现行法律制度与数据参与分配现状，有效构建规则、健全制度，才能实现数据按贡献参与分配的初衷。作为以社会利益为本位的法，经济法是在"承认经济主体的资源和个人禀赋等方面差异的前提下而追求的一种结果公平"。[3] 对于私权之间的利益界定问题，主要由民法为之，但并不能排除经济法在这方面的作用；而公权和私权之间的利益界定，则主要由经济法为之。[4] 数字经济时代，秉持经济法新理念，在实施路径上沿着"赋权+止损"的思路，实现数据按贡献参与分配。

---

〔1〕 百度作为国内最大的以信息和知识为核心的互联网综合服务公司，2019 年度总收入高达 1074 亿元人民币。《百度发布财报：2019 年全年营收 1074 亿元》，载 https://baijiahao.baidu.com/s? id = 1659759485627232548&wfr = spider&for = pc，最后访问日期：2020 年 2 月 28 日。

〔2〕 张守文：《在法治框架内加强和改善宏观调控》，载《人民日报》2016 年 9 月 13 日，第 7 版。

〔3〕 李昌麒主编：《经济法学》，法律出版社 2007 年版，第 81 页。

〔4〕 种明钊主编：《国家干预法治化研究》，法律出版社 2009 年版。

（一）数据参与分配的赋权

首先，明确数据财产权属性并合理区分数据权属主体。数据具有财产权是权利主体参与分配的关键，是权利人对其所有或控制的数据享有占有、支配、流通和分配关系的法律表现。关于虚拟财产的定性，大致有物权说、债权说、知识产权说。[1] 虽然数据的权属、权利的性质还没有形成共识，有学者否认数据本身的财产属性，认为"数据本身并不是财产价值之源，具有工具性和非独立性……并导致过分商业化的恶果"，[2] 但大部分学者认为数据具有人格权、财产权属性，认为"数据财产权是成立的"。[3]。也有学者指出数据还具有国家主权属性。[4] 本文并不否认数据的非独立性，这恰恰是数据具有经济价值的前提和依附，数据的非独立性或依附性并不能掩盖其财产属性。数据是一种特殊的财产，既不同于有形财产，也不同于知识产权等无形财产，它兼具人身属性和财产属性。

清晰、合理区分权属主体是数据参与分配的前提。关于数据权利主体问题，1999 年，哈佛教授劳伦斯·莱斯格就提出了数据财产权理论，认为"数据所有权属于数据用户"，[5] "数据创造者享有数据财产权。"[6]还有学者认为，"数据产权不应仅限于用户，应考虑数据经销商的合法利益。"[7] 数据全流程包括产生、加工、流转、使用等。尽管环节多、过程杂，但大体包括三类主体，即数据所有者、数据控制者和数据使用者。数据所有者（data owners/producers）是指制造、生产该数据的自然人或法人、非法人组织等原始所有者及法定的继受所有者。例如对其本人住址、行动轨迹、消费爱好等数据而言，该自然人就是数据所有者；企业是其开发的经营数据、产品信息等的数据所有者。广义的数据控制者包括数据所有者，但此处数

---

〔1〕 杨立新、王中合：《论网络虚拟财产的物权属性及其基本规则》，载《国家检察官学院学报》2004 年第 6 期。

〔2〕 梅夏英：《数据的法律属性及其民法定位》，载《中国社会科学》2016 年第 9 期。

〔3〕 龙卫球：《再论企业数据保护的财产权化路径》，载《东方法学》2018 年第 3 期。

〔4〕 中国政法大学互联网金融法律研究院院长李爱君在 2018 凤凰网 WEMONEY 新金融峰会发表题为"数据权属与应用法律问题"的演讲，提出数据是新型财产权利，具有人格权、财产权、国家主权的性质。

〔5〕 Lawrence Lessig, *In Code and Other Laws of Cyberspace*, 1999.

〔6〕 K. Yu. Peter, "Data Producer's Right and the Protection of Machine‑Generated Data", 93 *Tul. L. Rev.* 859 (2019).

〔7〕 X. Yu, Y. Zhao, "Dualism in Data Protection: Balancing the Right to Personal Data and the Data Property Right", 35 *Computer Law and Security Review* (2019).

据控制者（data controllers/processors）是指除数据所有者以外的依法或依约拥有数据控制权的主体。例如数字（网络）平台通过协议依法获取用户数据控制权，企业支付对价获取数据控制权等。数据使用者是除数据所有者和数据控制者外，具体使用、消费数据的主体。数据所有者毫无疑问对其个人数据或企业数据拥有财产权，享有参与分配的权利。如前所述，数据全链条中每一个环节都可能包含该环节所有者或控制者对已有资料和信息进行整理加工。"劳动使它们同公共的东西有所区别……如此，它们就成了他的私有的权益了……确定了我关于他们的财产权。"[1] 尽管洛克的劳动财产权理论不尽完美，但数据控制者如果就数据加工投入智力和体力，付出了额外劳动，参考额头出汗（Sweat of the Brow）原则，[2] 应就其合法获取的经加工的数据享有分配的权利。

各国数据立法鲜少涉及数据财产权问题，更多从数据的人格权属性出发。欧盟 GDPR 赋予了权利主体知情权、访问权、删除权、可携权等，一定程度上也接受了数据财产化的观念，对于数据隐私施加财产规则的保护。[3] 1983 年德国联邦宪法法院提出了个人信息自主的概念和权利保护理论，认为个人有权反对个人资料被无限制的收集和使用。2019 年《印度个人数据保护法案》则从"目的限制""数据最小化""限期储存"等方面确立了个人信息收集的原则。审视我国现行法律规范，《中华人民共和国反不正当竞争法》提到了企业商业秘密具有商业价值;[4]《中华人民共和国公司法》允许股东以知识产权出资；2019 年《数据安全管理办法（征求意见稿）》用了"数据资源"一词，明确了网络运营者等主体的数据安全管理责任；《中华人民共和国民法典》《中华人民共和国个人信息保护法（草案）》也并未提及个人信息的经济价值或财产属性，《中华人民共和国个人信息保护法（草案）》只是在法律责任部分提到了信息处理者因处理个人信息获得利益的赔偿责任。显然，我国相关立法也更多是从数据人格权保

---

〔1〕 ［英］洛克：《政府论》（下篇），叶启芳、瞿菊农译，商务印书馆 1964 年版。

〔2〕 Jewelers' Circular Pub. Co. v. Keystone Pub. Co. 案确立了额头出汗原则。参见 Jewelers' Circular Pub. Co. v. Keystone Pub. Co. 274 F. 932, at 934（S. D. N. Y., 1921）.

〔3〕 Jacob M. Victor, "*The EU General Data Protection Regulation: Toward a Property Regime for Protecting Data Privacy*", 123 *Yale Law Journal* 513 (2013).

〔4〕 笔者认为，企业数据与企业商业秘密既有联系也有区别。企业数据包括公益性企业数据和私益性企业数据，私益性企业数据等同于商业秘密。

护角度出发。在司法实践中，有的地方法院确认数据加工者（控制者）对数据享有财产权，比如 2018 年"淘宝诉安徽美景案"，[1] 在"酷米客诉车来了案"中，法院明确，存储于权利人 APP 后台服务器的公交实时类信息数据具备无形财产的属性。但目前我国并无数据立法，现行法律对数据产权的归属、类型和结构界定规则仍然比较模糊，对数据权属带来的伦理及法律问题缺乏有效应对。虽然司法实践确认了数据财产权，但成文法的缺失使得权利主体主张数据参与分配底气不足。亟待通过立法，从数据的收集、处理、共享和交易等环节对数据产权、数据权利束进行认定。当然有一点必须明确，数据立法并不是为了禁止或者限制数据流动，恰恰是为数据流动，实现数据价值最大化提供依据和保障。同时，考虑到数据作为权利客体的特殊性，在制度设计上有必要对数据财产权做出使用、许可等限制，以此平衡数据流动、隐私保护和数据安全。

其次，建立相应金融财税制度。国家干预理论认为，市场也会失灵，市场自身无法克服市场不普遍、市场不完全、外部性、公共产品供应不足等问题，社会资源无法自发达到均衡状态，政府伸出有形之手成为克服市场失灵的必然诉求。国家干预的实质在于对私权的限制。民法本是确权法，单纯行政法的调整手段也无法有效通过宏观控制与市场规制路径对市场主体的合法权益进行保护或限制。只有追求实质公平的经济法才能更好实现对私权的限制，采取宏观调控的方法在进入数据市场阶段及再分配阶段实现数据参与分配的公平。通过对弱者的差别待遇来"缩小"差距，使市场主体能最大可能得到"实质上"的平等对待。经济法遵循协调发展的基本理念，以总量平衡为基本目标，间接手段为主要调控方式，以对经济利益的引导为主要手段，通过对占据市场优势地位的数据所有者和控制者赋予更多义务，对弱势的市场主体给予更多优待，比如对数据收益所得征收税收，对新兴的网络公司、数据平台等给予金融财税扶持，对数据所有者予以信息保护，并保障数据权利人收益。通过国家干预、公权介入，缩小差距，实现数据收益的结果公平。

（二）数据参与分配的止损

数据权利是一种流动性权利，流动才能产生效益和价值。数据的财产

---

〔1〕 2018 年 8 月 16 日，淘宝诉安徽美景公司利用技术手段非法共享零售电商数据产品一案，成为我国首起确认网络运营者对数据产品享有财产性权利的案例。

价值"需要由当事人的控制行为来实现"，[1] 因此，数据参与分配问题不仅关注赋权，更需要清晰数据行为边界以止损。"所有权远没有使用权重要。与其追问数据权利归属，毋宁辨明数据行为的边界。"[2] 市场主体利用数据的自然属性，使得实践中数据参与分配存在公平价值失衡的风险：其一，数据加工、使用等环节的技术性导致普通公众对其控制力不强，造成数据运行的透明度低，效益的生成及其收入分配容易形成"黑箱效应"；其二，数据与其他生产要素的交错性导致数据作为生产要素的独立性受到挑战，特别是当数据和算法作为人工智能发展的基础性条件时，人工智能作为技术性要素主张分配，造成与其所依托的数据基础形成的分配机制缺少合理界分。数据价值依赖形成的聚类性使得行业巨头更容易发挥规模优势、技术优势而形成垄断，结果造成在收入分配中参与主体力量对比失衡，阻止公平价值的实现。

首先，数据行为规制模式。对于数据行为规制模式大致有合同法规制、侵权法规制及竞争法规制三种观点。我们不否认合同法、侵权法规制的正当性及合理性，但现实中，数据平台、网络公司数据争夺大战愈演愈烈：Facebook 诉 Power、腾讯诉抖音、顺丰斗菜鸟等。[3] 数据平台等市场主体为了争夺竞争优势，或违背商业道德复制、抄袭他人数据或违反"三重授权原则"[4] 收集、披露或使用数据，或具有支配地位企业垄断数据资源的获取和利用，设置数据收集准入壁垒、强制交易、提高数据产品价格等，[5] 市场主体的"经济人"属性，加之现行法律对数据生产者、数据控制者、数据使用者之间的界分不明、权属不清，以及数据财产权制度化都有造成数据不正当竞争和垄断的风险。单纯依靠合同法、侵权法规制有着局限性。合同法主张合同的相对性、"对人权"，侵权法虽强调对世权，但无法具有

---

〔1〕 梅夏英：《数据的法律属性及其民法定位》，载《中国社会科学》2016 年第 9 期。

〔2〕 许可：《数据要素市场的大哉问》，载微信公众号"腾云"2020 年 5 月 27 日。

〔3〕 2017 年 6 月 1 日凌晨菜鸟指责顺丰宣布关闭对菜鸟的数据接口，随后，顺丰曝出猛料称是菜鸟率先发难封杀丰巢。两大物流快递之争暴露出企业对数据控制之争。

〔4〕 该原则是经由"新浪微博诉脉脉案"的终审判决所确立的，现已成为法律实务界、学术界和行业公认的行为准则。即在收集和利用用户数据时，数据从业者应当逐一取得"用户授权、平台授权和用户授权"。

〔5〕 比如谷歌终止 Waze 访问 API（应用程序编程接口），用程序编程接口是指可以让应用程序获得编程所提供服务的一套编程指令和标准。参见 Allen P. Grunes & Maurice E. Stucke, *Big Data and Competition Policy*, Oxford University Press , 2016, p. 93.

宏观格局和视野，对市场秩序维护及利益平衡方面存在局限。大数据及其规制应该具有竞争法属性。通过禁止数据不正当竞争和垄断行为，加强数据投入生产的自由，亦即通过竞争实现非利益受损的公平。建立数据权利保护机制和制度，在促进政府与市场、企业与企业、企业与消费者等的数据平衡前提下，为数据公平地参与分配保驾护航。

其次，数据行为规制应当"硬""软"兼施，既坚持"原则"又顾全"大局"。硬即"原则"，对待扰乱市场秩序的不正当竞争和垄断行为要严格依法处置，无论是数据不正当竞争还是数据垄断，其负面影响都是毋庸置疑的：违背商业道德、扰乱了数据市场竞争秩序、损害其他经营者和消费者合法权益。反不正当竞争法自身行为规制是谦抑性的，[1] 我们反对的只是不正当竞争行为，而不是竞争行为本身；我们也并不是要否定垄断"状态"，而只是约束垄断"行为"。软即"大局"，应给予市场主体足够的发展空间。竞争是市场机制的灵魂，既要保证市场主体在法律许可的范围内实施数据竞争行为，实现数据按贡献参与分配，也要促进大数据产业的可持续发展。保障数据在自由流转与隐私保护，市场配置与资源共享之间达成平衡。

再次，数据行为的责任形式。虽然《中华人民共和国反不正当竞争法》并没有明确数据不正当竞争行为，数据与商业秘密在内涵和外延上也有所不同，[2] 不过该法第 2 条进行了兜底，认定数据不正当竞争行为应满足如下几个条件：数据经营者之间存在竞争关系；竞争者实施了违反诚实信用与商业道德的行为；其他经营者合法权益受到了实际损害；行为与损害之间有因果关系。对待数据不正当竞争，有必要加以规制，禁止市场主体不当获取、使用、转移他人数据的行为。《中华人民共和国民法典》在"人格权编"的"隐私权和个人信息保护"一章也强调收集处理个人信息应当遵循合法、正当、必要原则。对实施破坏竞争秩序的数据不正当竞争及垄断行为的市场主体施加民事责任、行政责任及经济法责任，比如通过黑名单、红名单制度惩罚或奖励市场主体。在强调发挥法律评价功能的同时，寻求"国家—市场"之外的第三方——社会的力量支持，通过行业协会、自律组

---

〔1〕 张占江：《论反不正当竞争法的谦抑性》，载《法学》2019 年第 3 期。

〔2〕 商业秘密的所有者为经营者，主要包括经营信息和管理信息等；而数据的权利主体不仅包括经营者，也包括不以营利为目的的个人或机构，既可以是经营管理信息，也可以是行动轨迹、购物记录、检索记录、浏览记录等个人信息。

织或者社会协商进行行业规则等。

最后，数据行为人责任豁免情形。关于数据收集、处理行为一般采用知情同意原则，我国民法典也采纳此观点。然而，大数据时代，知情同意原则受到挑战。原始数据一般来源于两个途径：一是个人数据，二是企业数据。原始个人数据分布至广。实践中，传统知情同意框架几乎面临穷途末路，隐私保护效率低下，用户权利几近架空。[1] 有学者提出引入利益豁免机制。[2] 在 2015 年"朱某诉北京百度网讯科技公司隐私权纠纷案"中，从一审判决认定"隐私权侵权"到二审认定不构成侵权，两级法院作出了截然不同的判决。二审法院认为，用户在无偿享用网络服务提供者提供的个性化服务同时应以在一定程度上的理解和宽容，且被告尽到了提醒说明义务，朱某在这样的前提下仍使用被告搜索引擎服务应视为"默示同意"。当然，对个人数据的收集使用还应秉持去识别化。原始企业数据同样分布至广，因此，除明示同意外，默示同意（比如在企业网站上可以获得的信息数据）、为公共利益需要（如公共卫生、环境保护、社会保障、征信等）的数据行为责任应予豁免。

结　语

数据按贡献参与分配的实质就是强调公平分配。主张实质公平与强调国家干预的经济法应革新理念，针对数据参与分配存在的权属模糊、数据垄断、数据不正当竞争等现实困境，通过"赋权"和"止损"的制度设计来保障数据参与分配的形式公平与实质公平的有机统一。

---

〔1〕 范为：《大数据时代个人信息保护的路径重构》，载《环球法律评论》2016 年第 5 期。

〔2〕 Daniel J. Solove, *Privacy Self-Management and the Consent Dilemma.* 转引自谢琳：《大数据时代个人信息使用的合法利益豁免》，载《政法论坛》2019 年第 1 期。

调整与合规：数字经济时代
网络服务商刑事责任认定研究

刘　珏* 　陈禹衡**

数字经济（Digital Economy）时代的到来依托于双层社会的时代背景，伴随"现实空间"与"网络虚拟空间"的逐步交融，[1] 数字经济得以进一步发展，而正如德国刑法学者乌尔里希·齐白（Ulrich Sieber）所言："正在兴起的信息社会正在创造新的经济、文化和政治集会，但它同时也引发了新的风险，这些新的机会和风险正在对我们的法律制度构成新的挑战。"[2] 数字经济时代的发展需要网络服务商作为沟通"现实空间"和"网络虚拟空间"的桥梁，而网络服务商也因此面临全新的犯罪风险，并且由于我国关于网络服务商（Internet Service Provider）的刑事责任认定存在争议，导致网络服务商在数字经济时代陷入归责路径不明的艰难处境。有鉴于此，本文希望从数字经济的特征着手，镜鉴域外的相关治理经验，分析数字经济时代网络服务商犯罪行为的侵害法益，借助中立帮助行为的理论重新整合刑事归责路径，在技术中立和网络安全保护之间寻求平衡，并倡导构建有效的网络服务商刑事合规体系，以促进网络空间国家治理的现代化进程。[3]

---

　* 刘珏，东南大学法学院刑事法研究所研究员，浙江省湖州市人民检察院检察官。

** 陈禹衡，东南大学法学院博士研究生。

〔1〕 陈洪兵：《双层社会背景下的刑法解释》，载《法学论坛》2019 年第 2 期。

〔2〕 于冲主编：《域外网络法律译丛·刑事法卷》，中国法制出版社 2015 年版，第 3 页。

〔3〕 杨嵘均：《网络空间政治安全的国家责任与国家治理》，载《政治学研究》2020 年第 2 期。

一、问题的提出：数字经济时代转型导致的网络服务商刑事责任认定困境

数字经济需要对网络空间的管理升级，而网络空间刑法规制的正当性则成了数字经济时代网络治理的核心议题。在域外，欧盟内部统一认为，网络空间需要国家和政府的适度干预，英国明确网络并非法外的"真空之地"，法国则主张政府要与技术开发商、网络服务商及用户一起调控互联网管制。[1] 面对数字经济时代的网络空间的新态势，网络服务商的刑事责任认定也面临新的挑战，由于数字经济领域的网络服务商横跨双层社会领域，相较于传统的网络服务商，其呈现出"小聚集、大分散"的态势："小聚集"指发生的刑事犯罪范围较为聚集，主要集中在网络金融犯罪领域；"大分散"指数字经济时代的网络服务商犯罪行为的影响范围更广，交错于"现实空间"和"网络虚拟空间"的双层社会空间，加大了网络服务商刑事责任认定的难度。

（一）数字经济时代导致的侵害法益变更

数字经济的概念最早来源于 1994 年《圣地亚哥联合论坛报》（*The San Diego Union - Tribune*）的报道。1996 年，唐·泰普斯科特（Don Tapscott）在其专著《数字经济：网络智能时代的希望与危险》（*The Digital Economy： Promise and Peril in the Age of Networked Intelligence*）中对数字经济进行详细探讨，并总结出了数字经济的 12 个特征，分别是：知识驱动、虚拟化、数字化、消费者也是生产者、及时、分子化、去中介化、聚合、集成/互联工作、创新、不一致性、全球化。[2] 通说将数字经济定义为"依托数字化的知识和信息为关键生产要素，将数字技术创新作为核心驱动力，并将现代信息网络作为重要载体，深度融合实体经济和数字技术，促使传统产业的数字化水平和智能化水平不断提高，从而加速重构出经济发展与政府治理模式的新型经济形态"[3]。而由于数字经济所蕴含的语义本身较为复杂，导致网络服务商犯罪行为的侵害法益内涵发生变动。对于数字经济时代的网络服务商而言，其犯罪行为侵害的法益已经不止传统概念上的数据安全法益和数据财产法益，虽然这些法益在数字经济时代的网络服务商犯罪行

---

〔1〕 何明升等：《网络治理：中国经验和路径选择》，中国经济出版社 2017 年版，第 19 页。

〔2〕 Tapscott Don，*The Digital Economy： Promise and Peril in the Age of Networked Intelligence*，New York：McGraw-Hill，1996，p. 11.

〔3〕 李长江：《关于数字经济内涵的初步探讨》，载《电子政务》2017 年第 9 期。

为中受损最为严重，但是还应该从更为宏观的视角考虑其犯罪行为对网络空间交易秩序法益的侵害。此处的交易秩序法益主要是指数字经济时代网络空间正常的交易秩序，其契合了数字经济时代的"虚拟化""数字化"以及"去中介化"特征，并构成了数字经济时代网络空间交易活动的基础。而在传统视角下分析网络服务商的刑事责任，则会忽略对该法益的保护，由于"双层社会"分析视角的缺失，导致刑法规制手段在数字经济时代的适用失灵。

（二）当下中立帮助行为理论亟须调整适用

针对网络服务商的刑事责任认定，由于我国是以实行行为为中心来构建的犯罪论体系的，[1] 因此可以适用中立帮助行为理论作为出罪路径，而自从快播案发生以来，学界对于网络服务商的刑事责任认定的争议日趋激烈。陈洪兵教授最早提出将网络服务商的行为归为中立帮助行为，通过否定其一般的可罚性，可以限制其处罚范围，[2] 如果其没有制造不被法所容许的危险，就不宜作为帮助犯加以处罚。[3] 周光权教授则提出通过客观归责理论来限制网络服务商的刑事责任，并认为由于单纯提供网络技术的经营行为并没有制造法所不允许的危险，所以原则上就不应受到处罚。[4] 刘艳红教授则认为对中立帮助行为的判断，应当通过"全面性考察"的审核视角，以此来对网络中立帮助行为的可罚性做出合理界定。[5]

在数字经济时代，对于网络服务商的刑事责任，在基本框架上仍然应该适用中立帮助行为理论，但考虑到数字经济时代的特征，在具体适用的层面，也应该做出相应的调整，贯彻"全面性考察"。对于数字经济领域的网络服务商而言，其区别于以往网络服务商所涉及的淫秽色情物品传播犯罪或知识产权犯罪，这两者中，网络服务商的参与度相对较低，其自身在其中获利也较少。但是在数字经济活动中，要考虑到网络服务商一般会深度参与相关犯罪行为，而对此时的犯罪行为进行刑法解释，则要考虑到具

---

〔1〕 何荣功：《实行行为研究》，武汉大学出版社 2007 年版，第 27 页。

〔2〕 陈洪兵：《中立的帮助行为论》，载《中外法学》2008 年第 6 期。

〔3〕 陈洪兵：《网络中立行为的可罚性探究——以 P2P 服务提供商的行为评价为中心》，载《东北大学学报（社会科学版）》2009 年第 3 期。

〔4〕 周光权：《犯罪支配还是义务违反——快播案定罪理由之探究》，载《中外法学》2017 年第 1 期。

〔5〕 刘艳红：《网络中立帮助行为可罚性的流变及批判——以德日的理论和实务为比较基准》，载《法学评论》2016 年第 5 期。

体犯罪行为对传统线下犯罪的进化。由于数字经济时代网络空间中的虚拟性和智能性的凸显，犯罪的行为主体也转向网络平台，而其相应的犯罪行为的构造则发生松动重组，此时的刑法归责路径也会发生相应变化。[1] 简而言之，在数字经济时代，由于数字经济本身对网络空间的影响，基于中立帮助行为理论的归责路径也随之发生变化，应该基于具体的犯罪行为和法益侵害进行调整适用。

（三）网络服务商刑事合规体系有待完善

由于数字经济时代网络服务商的刑事责任认定存在调整，那么面对数字经济时代新态势的网络服务商刑事合规体系也应该随之完善，以促使其厘清自身的平台责任，倒逼其完善自我管理、贯彻刑事合规的理念。[2] 在数字经济时代，完善网络服务商的刑事合规体系，能够确立网络犯罪的合作治理模式，促使网络服务商切实履行安全管理义务，并以此为契机降低网络服务商的风险，[3] 避免因为算法偏见之类的新类型网络犯罪影响网络服务商在数字经济时代的合法经营活动。[4]

鉴于刑事合规体系的重要作用，对于网络服务商而言，依据现有数字经济的时代背景而完善相应的刑事合规体系显得尤为重要，而当下的网络服务商刑事合规体系存在以下问题亟待解决：其一，数字经济时代法益保护的变更，导致网络服务商的刑事合规体系中的刑事合规任务难以厘定，而没有具体的合规任务，则合规体系的运转便难以为继，甚至陷入"刑事合规空置化"的怪圈。实际上，当下网络服务商的刑事合规体系多是建立在淫秽色情制品传播和版权犯罪的基础上，这导致合规体系本身并不适用。其二，由于网络服务商在数字经济中扮演角色的差异、参与度的不同，导致网络服务商对于技术的理解发生变更，坚持传统的中立帮助行为理论已然无法适用数字经济时代技术的适用语境。考虑到刑事合规的核心要素是刑法规制手段的整合适用以及合规体系内部控制机制的完善构建，[5] 对于

---

〔1〕 刘艳红：《网络犯罪的刑法解释空间向度研究》，载《中国法学》2019 年第 6 期。

〔2〕 李源粒：《网络安全与平台服务商的刑事责任》，载《法学论坛》2014 年第 6 期。

〔3〕 李本灿：《拒不履行信息网络安全管理义务罪的两面性解读》，载《法学论坛》2017 年第 3 期。

〔4〕 陈洪兵、陈禹衡：《刑法领域的新挑战：人工智能的算法偏见》，载《广西大学学报（哲学社会科学版）》2019 年第 5 期。

〔5〕 李本灿：《刑事合规理念的国内法表达——以"中兴通讯事件"为切入点》，载《法律科学》2018 年第 6 期。

技术的判断关系到刑法规制手段的整合，因此对于技术本身的判断应该基于中立帮助行为的理论框架进行重新思考，以期在技术中立判断和网络安全保护中寻求平衡。

二、数字经济时代的侵害法益再厘定

刑法的目的是保护法益，犯罪行为在本质上都侵犯了他人的利益。[1]而对法益的选择则导致了对构成要件的不同解释方向。[2] 由于数字经济概念的影响，导致网络服务商具体犯罪行为的侵害法益发生变动，基于双层社会的视角，传统网络犯罪所侵害的法益集中在数据财产法益以及数据安全法益，数据本身是"信息"承载的实质内容，属于网络社会和刑法体系在法益领域的耦合之处。[3] 在数字经济的影响下，不仅数据财产法益和数据安全法益的内涵发生变动，而且需要考虑对网络空间交易秩序法益的侵害，从而重新厘定侵害法益内涵，用以指导数字经济时代网络服务商的刑事归责。

（一）数据财产法益和安全法益的再解释

数字经济时代的特征，决定了数字经济的重心放在对于数据财产法益的保护体系构建上，进而衍生出保护数据安全法益。在网络服务商犯罪活动中，对于法益的侵害，比较明显的是对数据财产法益的侵害，比如流量劫持[4]、网络爬虫窃取数据[5]等，行为的重心放在对数据财产法益的攫取上。[6] 与之相对，由于数据本身具有表征数据安全需求的对象功能，[7] 因而在司法实践中也出现了颇多侵害数据安全法益的案例，比如利用钓鱼网站获取他人敏感数据[8]、利用网络平台撞库打码案[9]等。有鉴于此，对于数字经济时代网络服务商的刑事责任认定，需要对数据财产法益和数据安

---

〔1〕 张明楷：《刑法格言的展开》，法律出版社 2003 年版，第 86 页。

〔2〕 张明楷：《法益初论》，中国政法大学出版社 2000 年版，第 216 页。

〔3〕 皮勇、黄琰：《试论信息法益的刑法保护》，载《广西大学学报（哲学社会科学版）》2011 年第 1 期。

〔4〕 上海市浦东区人民法院（2015）浦刑初第 1460 号刑事判决书。

〔5〕 北京市海淀区人民法院（2017）京 0108 刑初 2384 号刑事判决书。

〔6〕 陈禹衡：《"控制""获取"还是"破坏"——流量劫持的罪名辨析》，载《西北民族大学学报（哲学社会科学版）》2019 年第 6 期。

〔7〕 杨志琼：《我国数据犯罪的司法困境与出路：以数据安全法益为中心》，载《环球法律评论》2019 年第 6 期。

〔8〕 湖北省荆州市荆州区人民法院（2018）鄂 1003 刑初 150 号刑事判决书。

〔9〕 江苏省宿迁市中级人民法院（2020）苏 13 刑终 23 号刑事判决书。

全法益进行再解释，以明晰网络服务商的归责路径。

1. 数字经济特征下的数据财产法益界定

数字经济时代的特征导致数据财产法益的概念也需要随之变化。一般意义上的网络数据可以视为网络服务商正常运行的"血液"，具有实际运用价值，[1] 能够为网络服务商的经营活动提供保障，因此被视为其资产的一部分。传统观点多将数据财产法益归为网络虚拟财产，认为其在物理空间仅是普通的数字符号及网络代码，其价值仅存在于计算机信息系统的虚拟空间内，并以动态存储数据作为展示载体。[2] 但是在数字经济时代，在数字经济特征的加持下，区别于虚拟财产的不可控性和无价值性特征，[3] 数据财产在这里具有可溯源性、价值较为明确等典型优势特征，将其定义为依托于网络空间载体、具有可溯源性和明确价值的财产法益，并能够在双层社会中用于网络虚拟空间和现实空间之间的正常市场交易活动。

在 Web3.0 时代，数据财产已经脱胎于虚拟财产，结合数字经济的技术优势，成为正常市场经济秩序中的重要组成部分。[4] 因此，网络服务商的犯罪行为不可避免地会围绕数据财产法益的概念展开，有学者就此提出了基于数据财产法益构建专门化保护与非专门化保护的二元保护模式。[5] 综合来看，对于网络服务商而言，在数字经济时代所采取的高技术的犯罪行为，其重要目的在于获取数据的财产法益，并通过对其进行二次加工以牟利。对于数字经济时代的数据财产法益，不能桎梏于传统虚拟财产法益的视角，而是要意识到其已经成为网络服务商在从事相关网络犯罪活动中所侵害的主要法益。美国在数据财产法益的保护中，也尝试以消费者隐私信息为核心进行保护，证明了网络服务商在相关犯罪活动中的法益侵害指向。[6] 倡导对数据财产法益的保护，可以藉此区分数据私权化和数据共享

---

〔1〕 孙道萃：《大数据法益刑法保护的检视与展望》，载《中南大学学报（社会科学版）》2017 年第 1 期。

〔2〕 张明楷：《非法获取虚拟财产的行为性质》，载《法学》2015 年第 3 期。

〔3〕 徐凌波：《虚拟财产犯罪的教义学展开》，载《法学家》2017 年第 4 期。

〔4〕 刘艳红：《网络爬虫行为的刑事规制研究——以侵犯公民个人信息犯罪为视角》，载《政治与法律》2019 年第 11 期。

〔5〕 孙道萃：《网络财产性利益的刑法保护：司法动向与理论协同》，载《政治与法律》2016 年第 6 期。

〔6〕 杨翱宇：《美国法信息盗用制度的演进及其对我国数据财产权益保护的启示》，载《政治与法律》2019 年第 11 期。

之间的界限,[1] 避免混同数据财产法益和数据安全法益。

2. 数据安全法益的提倡与调整

数字经济时代离不开数据安全作为其发展完善的基石，且数据安全本身就是网络安全的核心组成部分。[2] 有学者据此认为网络服务商对个人网络信息数据的攫取，并不是为了获得财产法益，而是为了破坏数据，是对数据安全法益的破坏。[3] 本文则认为，在数字经济时代，网络犯罪行径不仅是对数据财产法益的侵害，同时也是对数据安全法益的侵害，两者兼而有之，不可偏废。如果忽视了数据安全法益，那么将会导致对网络服务商的某些行为难以评价，并且不符合数字经济时代发展的客观规律，导致数字经济在得不到安全保障的前提下发展，无法对网络服务商的行为做出实质评价。数据安全法益不同于计算机信息系统安全法益，后者虽然较早地获得学界认同,[4] 但是实际上并不能体现数字经济时代的网络安全特征，不符合网络服务商犯罪行为的技术内涵，也无法用于对数据犯罪的构成要件解释。实际上，组成计算机信息系统"内容物"的数据由于更具价值，而成了主要的侵害对象。[5] 有鉴于此，提倡并调整数据安全法益，能够最大程度地涵括当下网络服务商犯罪活动中的侵害法益，并且可以促使刑法在规制犯罪过程中重新解释相关罪名的犯罪构成要件，保障数字经济的发展。

数据安全的概念于 1975 年由杰罗姆·H. 沙尔茨（Jerome H. Saltzer）和迈克尔·施罗德（Michael Schroeder）提出，本意是针对未经过授权而泄露、修改、使用数据的犯罪行为，并被分为"三个面向"，即数据的保密性（confidentiality）、完整性（integrity）和可用性（availability）。网络服务商在数字经济时代的犯罪行为中所侵害的数据安全法益，本质上是对数据的保密性、完整性和可用性等相关性利益的侵害，破坏了数据自身安全的独

---

〔1〕 任颖：《数据立法转向：从数据权利入法到数据法益保护》，载《政治与法律》2020 年第 6 期。

〔2〕 于志刚、李源粒：《大数据时代数据犯罪的制裁思路》，载《中国社会科学》2014 年第 10 期。

〔3〕 欧阳本祺：《论虚拟财产的刑法保护》，载《政治与法律》2019 年第 9 期。

〔4〕 王作富主编：《刑法分则实务研究》（中），中国方正出版社 2013 年版，第 1075 页。

〔5〕 王倩云：《人工智能背景下数据安全犯罪的刑法规制思路》，载《法学论坛》2019 年第 2 期。

立保护需求。[1] 申言之，对数据安全法益，应该从以下几个方面丰富其内涵：其一，数据安全法益应该着重于对数据保密性的强调，在数字经济时代，"虚拟化""去中介化"的特征要求数据本身具有保密性；而网络服务商的犯罪行为，则首要侵害数据的保密性，导致数据泄露并处于被攻击的危险状态。其二，数据安全法益要求保证数据的完整性，在大数据技术的加持下，通过算法技术的分析，即便是碎片化的个人信息经过整合分析都能得出衍生的结论，[2] 而数据如果不能保持完整，不仅阻碍公民对数据的理解，而且也有数据泄露的风险，所以网络服务商应该尽可能地保证数据的完整性。其三，从数据安全的可持续发展角度出发，数据安全法益需要重视数据的可用性，避免数据因为其他原因而失去了实际可用的价值，进而导致数据陷入实际上的"虚置"，而这将导致数据丧失在社会流通过程中的安全性和可信赖性。[3] 综上所述，在数字经济时代的网络服务商犯罪行为中，数据安全法益应该被提倡，并且根据数字经济的特征，调整数据安全法益的具体内涵和侧重点。重视对数据安全法益的保护，不仅可以完善对网络服务上犯罪行为的刑法解释，避免法益保护的疏漏，也可以消除数字经济时代网络犯罪行为中刑法评价和技术评价之间的"鸿沟"，体现刑法保护的时代特征。

（二）网络空间交易秩序法益的提倡补足

数字经济时代的法益保护，除了基于数据个体而衍生出的数据安全法益和数据财产法益，同时应该考虑网络服务商在拒不履行信息网络安全管理义务或者帮助信息网络犯罪活动时，对于网络空间交易秩序法益的侵害。基于数字经济的视角，由于数字经济具有"消费者也是生产者""集成性""全球化"等特征，这意味着数字经济本身便需要网络空间良好经济秩序的维持。网络服务商作为数字经济中网络空间交易的重要一环，当其做出犯罪行为时，自然会影响正常的交易秩序，而在交易秩序遭到破坏后，数字经济将会陷入停滞，甚至会因此造成具体的数据财产法益和数据安全法益损失。

---

〔1〕 ［德］乌尔里希·齐白：《全球风险社会与信息社会中的刑法：二十一世纪刑法模式的转换》，周遵友、江溯等译，中国法制出版社2012年版，第308页。

〔2〕 陈禹衡、陈洪兵：《反思与完善：算法行政背景下健康码的适用风险探析》，载《电子政务》2020年第8期。

〔3〕 徐育安：《资讯风险与刑事立法》，载《台北大学法学论丛》2014年第91期。

虽然学界对于经济犯罪的法益观念倾向于由"秩序法益观"转向"利益法益观"，[1] 但是在数字经济的特殊背景下，交易秩序法益仍然有"一席之地"。因为"生活利益的不断变化导致法益的具体数量与种类也随之发生变化"，[2] 所以法益保护的重心需要根据时代特征而有所侧重，"秩序"的含义本身即指自然和社会进程中所存在的某种程度的一致性、连续性和确定性。[3] 这一概念同样可以适用于数字经济时代，数字经济背景下网络空间交易秩序法益的提倡和补足就是基于时代特征所做出的应然之举。网络空间交易秩序的内涵，应该围绕网络服务商的两个实行行为即"拒不履行信息网络安全管理义务"和"帮助信息网络犯罪活动"进行展开，网络服务商主要是利用自己在网络空间所具有的优势支配地位，在交易活动中谋取不正当的优势地位，从而破坏了数字经济交易中的公平性，导致数字经济的交易难以进行，破坏数字经济的发展。值得注意的是，此处强调对网络空间交易秩序法益的保护，并不是舍弃或者忽视数据财产法益，不能单纯以网络空间交易秩序之稳定为中心。[4] 数字经济发展是一个复合的进程，其中具体的数据财产法益、数据安全法益和网络空间交易秩序法益并非直接的对立，三者之间是相辅相成的。如果此处对秩序法益的侵害仅限于破坏国家经济制度，没有造成对社会损害的法益附随后果，则无需适用刑法规制。[5] 正是由于此处网络空间交易秩序法益可以视为数据财产法益和数据安全法益的衔接，保障数字经济的发展，避免刑法在数字经济时代陷入因安抚公共情绪而忽视法益保护的"象征性立法"的窠臼。[6]

三、数字经济时代网络服务商归责路径的调整

数字经济时代网络服务商犯罪行为的刑事责任认定，由于数字经济时代本身也归属于双层社会中的"网络虚拟空间"层面，所以本文认为应该

---

〔1〕 钱小平：《中国金融刑法立法的应然转向：从"秩序法益观"到"利益法益观"》，载《政治与法律》2017 年第 5 期。

〔2〕 ［德］李斯特著，［德］施密特修订：《德国刑法教科书》（修订译本），徐久生译，法律出版社 2006 年版，第 6 页。

〔3〕 ［美］E. 博登海默：《法理学——法律哲学与法律方法》，邓正来译，中国政法大学出版社 2017 年版，第 219 页。

〔4〕 张小宁：《"规制缓和"与自治型金融刑法的构建》，载《法学评论》2015 年第 4 期。

〔5〕 ［日］神山敏雄、齐藤丰治等：《新经济刑法入门》，成文堂 2008 年版，第 7 页。

〔6〕 ［德］克劳斯·罗克辛：《德国刑法学总论（第 1 卷）犯罪原理的基础构造》，王世洲译，法律出版社 2005 年版，第 18 页。

参照数字经济的特点，在中立帮助行为理论的基础上进行分析。在快播案之后，国内对于中立帮助行为理论进行了广泛的研究，但是快播作为传统的网络服务商在这里所扮演的角色异于数字经济时代的网络服务商，因此需要对具体的适用模式进行调整。

（一）现有刑事归责理论适用的比较分析

针对数字经济时代网络服务商的刑事归责，学界除了中立帮助行为理论外亦有其他观点。德国学者克劳斯·罗可辛（Claus Roxin）的主观说从行为的主观因素出发，辅以客观归责论的立场，并强调中立行为只有制造了不被法所容许的危险才能进行客观归责，进而作为帮助犯予以处罚，[1] 而对"不被法所容许的危险"的判断，则分为"直接故意抑或确定的故意的场合"和"间接故意抑或未必的故意的场合"，但这一观点在域外也受到一定程度的质疑。[2] 张明楷教授也持相近的观点，认为对适用的领域界定为日常生活行为，将出罪的路径限定在有责性阶段而非违法性阶段。[3] 但是在网络犯罪层面，张明楷教授却持有不同的观点，认为网络服务商在技术上提供了客观帮助，而主观层面意识到自己的帮助作用，就因此定罪，则过分限制国民自由。[4] 与之相对，德国学者京特·雅各布斯（Günther Jakobs）持溯及禁止论，目的在于阻断正犯行为和中立帮助行为之间的联系，由正犯独立承担责任。[5] 德国学者沃尔夫冈·弗里希（Wolfgang Frisch）持假定的代替原因考虑说，通过判断正犯是否可以轻易地得到第三人同等的帮助，将其作为假定的替代原因。持此观点的亦有日本学者岛田聪一郎教授，其认为应该将现实的因果过程与排除这种行为的状况进行比对，评价行为对正犯的结果的实际影响程度。[6] 德国学者罗兰德·黑芬德尔（Roland Hefendehl）采用利益衡量说，认为应该从利益衡量的角度对帮助犯客观要件进行限制性解释，在帮助人的行为自由与被害人的利益保护之间进行利益衡量。通过对上述多种学说进行对比，本文则认为，对于数字经济时代的网络服务商而言，虽然当前刑法有将帮助行为正犯化的趋势，符

〔1〕 陈洪兵：《中立的帮助行为论》，载《中外法学》2008 年第 6 期。

〔2〕 陈洪兵：《论中立帮助行为的处罚边界》，载《中国法学》2017 年第 1 期。

〔3〕 张明楷：《刑法学》，法律出版社 2016 年版，第 385 页。

〔4〕 张明楷：《论帮助信息网络犯罪活动罪》，载《政治与法律》2016 年第 2 期。

〔5〕 何庆仁：《溯责禁止理论的源流与发展》，载《环球法律评论》2012 年第 2 期。

〔6〕 ［日］岛田聪一郎：《正犯·共犯论的基础理论》，东京大学出版会 2002 年版，第 365 页。

合网络时代网络犯罪法益侵害性高于传统犯罪的特点，但由于法益保护的严苛化及前置化导致对中立帮助行为出罪空间的限缩，所以应该结合数字经济的特点调整对中立帮助行为理论的适用。[1]

结合域外关于治理网络服务商犯罪行为的措施，有较为丰富的案例值得参考，其中治理的路径及模式大相径庭：

（1）"SABAM 案"：欧盟的 SABAM 软件是用于 LEDE 网络共享的软件，涉嫌传输侵权的信息资料，而欧盟法院认为，网络服务商的义务设定应该兼顾公民个人基本权利和网络服务商的经营自由，以在两者间达到平衡，但是要求网络服务商植入内容过滤系统则会侵犯其经营自由，并且增加经营成本，[2] 所以网络服务商对由第三方所传输的信息，一般不应承担主动审查、监控等事先义务，而只承担被动删除、报告等事后义务。[3] 在最终的审判结果上，适用中立帮助行为理论为 SABAM 公司出罪。

（2）"KaZaA 案"：荷兰的 KaZaA 公司提供一种程序，使网络使用者得以通过其交换任何形式的文件，而程序的用户可以直接从其他用户的硬盘驱动器上共享文件，由于是加密传送超节点间的数据，所以难以发现传输的数据及文件类型。二审法院最终因为侵权是用户行为，而 KaZaA 公司无法从技术上查明是否拥有版权，此处的安全威胁仅是可能的威胁，最终判决 KaZaA 公司不承担责任。[4]

（3）"CompuServe 案"：德国的 CompuServe Germany 是 CompuServe USA 的全资子公司，负责德国地区用户的视频服务。CompuServe 新闻组中被发现有来自第三方的涉及儿童色情的内容，虽然有关机关立即将清单传递给 CompuServe Germany，后者第一时间通知总公司屏蔽或者删除违法的儿童色情信息，但是 CompuServe USA 却在两个月后解除了屏蔽。初审法院认为 CompuServe USA 之所以不履行义务，是因为 CompuServe Germany 的负责人在接到相关通知后而仍然提供接入违法内容的服务。与之相对，二审法院援引《电信服务法》（Teledienstgesetz）第 5 条第 3 款的规定，认为如果网络

<hr>

〔1〕 刘艳红：《网络犯罪帮助行为正犯化之批判》，载《法商研究》2016 年第 3 期。

〔2〕 涂龙科：《网络内容管理义务与网络服务提供者刑事责任》，载《〈上海法学研究〉集刊》2019 年第 3 卷。

〔3〕 尹培培：《网络安全行政处罚的归责原则》，载《东方法学》2018 年第 6 期。

〔4〕 杨彩霞：《P2P 软件和服务提供商著作权侵害刑事责任探究——以 P2P 技术架构为切入点》，载《政治与法律》2016 年第 3 期。

服务商仅提供使用他人内容的通道，则对于这些内容不承担责任，进而否定了负责人的共犯责任。

（4）"Winny 案"和"MMO 案"：日本的 Winny 软件是为了供档案资料共享且自由下载而制定的软件，但是由于资料存在秘密性（因共享的资料中有未经授权的资料），所以涉嫌侵犯著作权罪，并被日本京都地方法院宣判有罪。[1] 除此以外，京都地方法院还认为被告人使用 Winny 软件的行为构成侵犯著作权罪的帮助犯，特别是当被告提供新版 Winny 软件时，形成了"适合"违反著作权法行为的特别情况。在"MMO 案"中，MMO 公司设置了提供 P2P 软件 File Rogue（混合式架构）的网站，供用户下载交换文件和档案搜寻，且网站并未向用户收费，却仍然被东京高等裁判所判定其侵权。实际上，日本学者渡边卓也认为，无论是作为还是不作为，网络服务商都不具备可罚性的基础，且犯罪行为与结果之间不具有充分的因果关系，不应据此认定网络服务商在提供网络连接服务后具有消除不良信息的义务。[2] 换言之，为了保障宪法所赋予的表达自由，过度介入公民的表达自由只会限制公民的行为。网络服务商不具有介入影响会员所存储信息的义务，[3] 如果网络服务商介入内容生成，就是由单纯的引导用户访问转化为实质的传播行为。[4] 因此，即使在民法上要求网络服务商采取一定的管理、监督措施，也难以据此将其上升为刑法上的作为义务。

（5）"Napster 案"和"Grokster 案"：Napster 软件是早期提供索引目录集中式的点对点网络传输服务的代表，因为有代理侵权的嫌疑而受到起诉，而法院最终判定 Napster 软件应该对其系统使用设立一些限制，在系统范围内承担管理责任，而非放任侵权的著作在其系统上供用户自由存取。[5] 与之相对，Grokster 软件由于没有建立 Napster 软件那样的中控式索引服务器，而是通过 KaZzA 软件实现资源共享，所以无法对其网络传输内容实现全面的监管，法院据此认定其并未侵权。[6]

---

〔1〕 日本京都地方裁判所 2006 年 12 月 13 日判决。

〔2〕 ［日］渡边卓也：《电脑空间における刑事的规制》，成文堂 2006 年版，第 111 页。

〔3〕 ［日］永井善之：《サイバ—・ポルノの刑事规制》，信山社 2003 年版，第 17 页。

〔4〕 于志刚：《虚拟空间中的刑法理论》，中国方正出版社 2003 年版，第 185 页。

〔5〕 蔡蕙芳：《著作权侵权与其刑事责任——刑法保护之迷思与反思》，新学林出版社 2008 年版，第 226 页。

〔6〕 冯震宇、胡心兰：《从间接侵权责任论著作权法 P2P 责任立法之商榷》，载《月旦法学杂志》2007 年第 151 期。

（6）"ezPeer 案"和"Kuro 案"：我国台湾地区对于网络服务商刑事责任的归责也产生了颇多争议，其主流方向仍旧是趋近于中立帮助行为理论。在"ezPeer 案"中，ezPeer 网站为用户提供档案上传和下载的 P2P 服务，而我国台湾地区的士林地方法院认为其提供的软件有多种用途，并非专供用户侵害他人著作权，这属于中性业务行为，不成立帮助犯。对于 ezPeer 案的判决，多数学者持支持态度，[1] 但亦有学者提出反对，认为此处的中性业务行为很可能成为侵犯著作权犯罪的"挡箭牌"，所以"采用某一中性帮助之科技，而导致侵害著作权时，另应视 P2P 业者之主观犯意及整体行为而定"[2]。在"Kuro 案"中，Kuro 软件主要用于歌曲的搜寻，并为了牟利而刊登诱导性广告。Kuro 辩称其所提供的软件是中性的科技，仅提供平台，而无法预知用户下载内容是否合法。法院最终认定，其所提供的软件虽为中性的科技，但是其明知软件可以作为侵犯他人著作权的工具而加以推销，所以成立共犯。但是有学者提出反对，认为宣传广告本身就具有夸张性，不应该对 P2P 经营者的广告提出更高的要求。[3] 而支持者则从保证人说的观点出发，认为具有保证人地位之人在能够履行保证义务时却疏于履行，[4] P2P 经营者作为开启危险源者，具有保证人地位，既然其从中获利，那么也必然应该对其开启的危险负责。[5]

通过对当下理论的梳理和域外关于此类网络服务商案件的比较研究可以发现，为了促进数字经济时代互联网产业的发展，不宜对网络服务商施加过重的责任负担。网络产业发达的国家（或地区）对于网络服务商行为的刑事责任判定，多持有宽松的态度。我国的司法实践则倾向于认为在网络服务商对用户上传信息的编辑、修改或者改变其接收对象的行为中，可以将网络服务商视为内容提供者并承担法律责任，[6] 这实际上不利于数字

〔1〕 蔡蕙芳：《P2P 网站经营者之作为帮助犯责任与中性业务行为理论之适用》，载《东吴法律学报》2006 年第 2 期。

〔2〕 陈家骏：《从网路电子交易评我国首宗 P2P 著作权重制与传输之 ezPeer 案判决》，载《月旦法学杂志》2006 年第 130 期。

〔3〕 蔡蕙芳：《P2P 网站经营者之作为帮助犯责任与中性业务行为理论之适用》，载《东吴法律学报》2006 年第 2 期。

〔4〕 宫厚军：《"保证人说"之演变及其启示》，载《法商研究》2007 年第 1 期。

〔5〕 萧宏宜：《P2P 业者的刑事责任问题——ezPeer 与 Kuro 案判决评析》，载《法令月刊》2008 年第 9 期。

〔6〕 浙江省丽水市中级人民法院（2011）浙丽民终字第 40 号民事判决书。

经济时代网络服务的发展。相较而言，适用中立帮助行为理论，可以较为清晰地厘定网络服务商的刑事责任，即"对于用户生成、上传的信息内容不负有一般性的审查监控义务，仅负有事后'通知-移除'的民事、行政责任，例外情况下承担刑事责任"[1]，真正做到"形式入罪实质出罪"的实质刑法观，[2] 这才是契合数字经济发展实际状况的归责进路。

（二）基于数字经济视角的归责路径调整

数字经济时代的发展是网络现代化浪潮的必然趋势，而现代化本身是一个流动的过程，[3] 体现了时间对空间与社会的支配和影响。[4] 因此，根植于社会领域的相关理论也应该随之调整适用，这一点在数字经济时代的网络服务商犯罪刑事归责路径的调整上体现得尤为明显。2012 年 12 月 28 日第十一届全国人大常委会第三十次会议通过的《全国人民代表大会常务委员会关于加强网络信息保护的决定》中规定，网络服务提供者应当加强对其用户发布的信息的管理，发现法律、法规禁止发布或者传输的信息的，应当立即停止传输该信息，采取消除等处置措施，保存有关记录，并向有关主管部门报告。而国内主流观点则援引该条款否定了网络服务商的内容审查义务。[5] 实际上，当前针对网络服务商刑事责任的认定，学界主流观点所采用的中立帮助行为理论多是基于著作权视角进行考虑的。归责路径的适用场域集中在 P2P 传输平台层面，侵害对象集中在侵犯著作权和传播淫秽色情物品方面，这与数字经济的话语体系仍然存在一定的适用差异。以传播淫秽色情物品为例，对于网络服务商传播淫秽色情物品的刑事归责路径实际上是为了实现打击犯罪的目的而先定性案件，随后才找寻合适的罪名。[6] 如果仅因为客观上帮助了他人主导的网络犯罪行为，且主观上意识到自身业务行为可能起到帮助作用，就对网络服务商加以刑罚规制，则

---

〔1〕 陈洪兵：《网络服务商的刑事责任边界——以快播案判决为切入点》，载《武汉大学学报（哲学社会科学版）》2019 年第 2 期。

〔2〕 刘艳红：《实质刑法观》（第 2 版），中国人民大学出版社 2019 年版，第 46 页。

〔3〕 ［英］齐格蒙特·鲍曼：《流动的现代性》，欧阳景根译，上海三联书店 2002 年版，第 3 页。

〔4〕 ［美］曼纽尔·卡斯特尔：《网络社会的崛起》，夏铸九、王志弘等译，社会科学文献出版社 2001 年版，第 529 页。

〔5〕 张勇：《个人信用信息法益及刑法保护：以互联网征信为视角》，载《东方法学》2019 年第 1 期。

〔6〕 刘艳红：《无罪的快播与有罪的思维——"快播案"有罪论之反思与批判》，载《政治与法律》2016 年第 12 期。

并不利于网络社会的发展。[1] 实际上，针对网络服务商犯罪行为所设立的拒不履行信息网络安全管理义务罪和帮助信息网络犯罪活动罪是将本不应处罚的"明知非促进型"网络服务提供者的中立帮助行为加以处罚，[2] 扩张了网络服务商的管理义务，以管控网络的目的加重了网络服务商的责任。相较而言，域外一般将网络服务商的义务内涵限定为协助执法义务、内容信息监管义务以及用户数据保护义务，[3] 显著轻于我国司法解释中所采取的"对片面共犯的承认以及共犯正犯化"的归责立场。[4] 简而言之，真正对信息网络安全进行管理的适格主体应该是网络安全管理部门，而非网络服务商，将信息网络安全管理义务提升为网络服务商的作为义务，实际上忽略了刑法规范确定性的基本要求，[5] 因此适用中立帮助行为理论恰如其分。

数字经济时代对于中立帮助行为理论的调整，一方面，需要考虑到网络服务商在数字经济中所扮演的角色差异。在用户侵犯著作权和传播淫秽色情物品这两种情况下，网络服务商一般参与度较低，实际上更多的是提供技术平台，网络服务商本身并没有深入参与到上述犯罪活动中去，因此对其入罪有违司法公正。但是在数字经济时代，网络服务商在数字经济的交易中占据重要角色。以比特币交易为例，比特币本身就被广泛用于网络黑产交易，其具有的"去中介化"特征意味着比特币网络交易平台在这里的角色超过了类似于帮助管理、流转的银行角色，比特币网络交易平台大多在比特币交易中牟利，一些类似的网络代币公司甚至本身就是网络代币的产出公司。鉴于网络服务商在其中的深度参与已经超越了技术支持本身的范畴，属于中国人民银行的监管范畴，[6] 网络服务商在此处深度参与犯罪行为的，同样应该承担刑事责任。

另一方面，在数字经济时代，对于网络服务商的归责路径，因为行为

---

〔1〕 张明楷：《论帮助信息网络犯罪活动罪》，载《政治与法律》2016 年第 2 期。

〔2〕 刘艳红：《网络犯罪帮助行为正犯化之批判》，载《法商研究》2016 年第 3 期。

〔3〕 皮勇：《论网络服务提供者的管理义务及刑事责任》，载《法商研究》2017 年第 5 期。

〔4〕 李本灿：《拒不履行信息网络安全管理义务罪的两面性解读》，载《法学论坛》2017 年第 3 期。

〔5〕 敬力嘉：《论拒不履行网络安全管理义务罪——以网络中介服务者的刑事责任为中心展开》，载《政治与法律》2017 年第 1 期。

〔6〕 樊云慧、栗耀鑫：《以比特币为例探讨数字货币的法律监管》，载《法律适用》2014 年第 7 期。

本身迥异于以往的传播侵权类行为，对于网络服务商的行为归责应该更加注意从侵害法益的角度进行考虑，相关罪名的确定本身就与侵害法益的内涵密切联系。[1] 通过上文的梳理可以得出，数字经济时代网络服务商的侵害法益主要是数据财产法益、数据安全法益以及网络空间交易秩序法益，所以只有当网络服务商的"中立帮助行为"在实际上侵害了这三种法益至少其中之一时，才值得对网络服务商科处刑罚。在三种侵害法益中，对于数据财产法益的侵害最易判定。对于数据安全法益的侵害，应该将对这一法益的保护和网络服务商拒不履行信息网络安全管理义务相区分，鉴于"责令改正"程序具有防止损失扩大的"紧急保全"性质，[2] 所以不能轻易认为所有的不履行网络安全管理义务都侵害了数据安全。这里的"安全监管义务"的核心在于"监管"，而非刻意地追求安全，不能肆意地将安全的义务转嫁给网络服务商，对于侵害数据安全法益要尤为慎重。除此以外，对于侵害网络空间交易秩序法益的判断，不能将技术中立行为的判定机械地与交易秩序法益相衔接，因为此处的交易秩序的语义本身就有扩大刑法处罚范围的风险，技术中立行为的犯罪边界不能因为交易秩序法益的语义不定而随之扩充。[3] 对侵害交易秩序法益，网络服务商的中立帮助行为是否成立，更多地应该从网络空间交易秩序法益的内涵入手做实质解释。只有秩序法益确实成立，并且法益受侵害本身和网络服务商的具体行为有直接的因果关系，即是否实施了加害行为（包括中立技术行为）决定能否肯定犯罪的成立，[4] 才能进而认定法益的可罚性，避免相关罪名适用的口袋化，[5] 坚持法益对刑法适用的限缩功能。[6]

综合来看，对于数字经济时代网络服务商的刑事归责，应该基于法益保护的视角，考虑数字经济的特点，在中立帮助行为理论框架内对网络服

---

〔1〕 魏超：《巨额财产来源不明罪法益与主体新论——信赖说之提倡与国家工作人员之证立》，载《东北大学学报（社会科学版）》2018 年第 4 期。

〔2〕 陈洪兵：《论拒不履行信息网络安全管理义务罪的适用空间》，载《政治与法律》2017 年第 12 期。

〔3〕 陈洪兵：《论技术中立行为的犯罪边界》，载《南通大学学报（社会科学版）》2019 年第 1 期。

〔4〕 ［日］山口厚：《刑法总论》，有斐阁 2016 年版，第 4 页。

〔5〕 刘艳红：《"法益性的欠缺"与法定犯的出罪——以行政要素的双重限缩解释为路径》，载《比较法研究》2019 年第 1 期。

〔6〕 刘艳红、周佑勇：《行政刑法的一般理论》（第 2 版），北京大学出版社 2020 年版，第 237 页。

务商的行为进行具体分析。对于具体刑事责任的判定，坚持"主观的客观解释论"。鉴于数字经济时代新类型的网络犯罪频发，而网络服务商在其中所扮演的角色对法益的侵害日趋严重，因此以客观解释为基础，同时其解释不能超出"刑法条文的语言原意"的范围，以主观解释作为客观解释之限定。[1] 也就是说，既不能肆意扩大网络服务商的刑事责任，同时也要结合数字经济时代利益联系日趋紧密以及去中介化的有关特征，通过对法益的保护，来判断与侵害法益密切相连行为的性质，处理好科学技术促进经济发展的同时所带来的负面影响，[2] 基于法益衡量理念在技术发展与数字经济安全之间寻求平衡。[3]

四、数字经济时代网络服务商刑事合规体系的完善

在厘定数字经济时代网络服务商犯罪行为的侵害法益，并且以中立帮助行为理论框定网络服务商的归责路径后，对于具体犯罪行为的预防和规制，不能一味地依赖刑法作为制裁手段。为了保障刑法的谦抑性，并且促进数字经济的发展，应该基于具体的侵害法益，结合中立帮助行为理论作为行为边界，进而整理出具体的刑事合规任务，并且完善刑事合规体系的适用，避免"象征性刑事立法"阻碍数字经济发展。[4]

（一）数字经济中刑事合规体系的适用证成

合规制度诞生于企业对法律法规的自觉遵守，由美国 1933 年《国家工业复兴法》（National Industrial Act of 1933）的提出而促进生成，[5] 本质上是为了促进企业在遵守法律的前提下做到公平竞争。[6] 在数字经济时代，网络服务商刑事合规体系的构建，应该是基于数字经济的特征，在数字经济的话语体系下，整合出具有数字经济特征的刑事合规任务，再由此构建值得网络服务商遵守的刑事合规体系。在合规任务的确立过程中，一方面，

---

〔1〕 刘艳红：《网络时代刑法客观解释新塑造："主观的客观解释论"》，载《法律科学》2017年第 3 期。

〔2〕 刘艳红：《刑法理论因应时代发展需处理好五种关系》，载《东方法学》2020 年第 2 期。

〔3〕 阮晨欣：《法益衡量视角下互联网可信身份认证的法律限度》，载《东方法学》2020 年第5 期。

〔4〕 刘艳红：《象征性立法对刑法功能的损害——二十年来中国刑事立法总评》，载《政治与法律》2017 年第 3 期。

〔5〕 陈禹衡、王金雨：《社会信用体系背景下二代征信系统适用的法治之道》，载《征信》2020 年第 6 期。

〔6〕 李本灿等编译：《合规与刑法：全球视野的考察》，中国政法大学出版社 2018 年版，第 5 页。

要以法益保护为基础，合规任务的内涵不能脱离对具体法益的保护；另一方面，在设立合规任务的过程中，要注重中立帮助行为理论的影响，对于网络服务商而言，中立帮助行为理论的适用将构建其出罪路径，这本身与刑事合规中合规任务的目的具有趋同性，因此在合规任务的确立上，要避免两者间出现冲突。

镜鉴域外关于合规体系的构建，大多在本国刑事制裁基础上结合具体实际情况加以适用：①美国：对于合规体系的构建以合规文化为主，配合量刑指南的指引，在明确对企业制裁目的的同时，采用诸如高额化的罚金刑、受害赔偿令、企业整改等新型制裁方法，并在合规文化中强调企业应该承担的社会责任（corporate social responsibility），合规文化的存在与否成为衡量是否适用刑罚的重要依据。[1] ②英国：英国最先提出企业的社会责任，其现阶段主要通过 2000 年《金融服务与市场法》（Financial Services and Market Act 2000）来调节刑事合规内容，对于刑事合规的执行，通过重大欺诈局进行督导，采用制裁金和公示违反事实之类的制裁措施，重点在于监督部门的事前预防。[2] ③德国：德国对于企业犯罪的制裁体系有刑法（如背信罪）和相关特别法，而对于企业合规的治理，核心则是 2002 年颁布的《德国企业治理准则》（Deutscher Corporate Governance Kodex），以软法的方式，通过合规计划让董事会和监察人承担具体化的义务，实际上是秉持将合规文化导入刑法理论的积极观点。④日本：日本的刑事合规制度构建参照了澳大利亚的硬法规和软法规相结合的治理模式，并辅以配套的周边制度加以完善，并以行政刑法为基础，坚持《禁止垄断法》中的"公平交易原则"，实行宽严相济的制裁金减免制度。[3] 而类似的《金融商品交易法》则强化刑罚，纳入公开收购、改正大量保有报告制度，被称为"日本的《萨班斯法案》"。[4] 除此以外，在合规文化的构建上，包括法令、企业伦理、公司内部规定、指南等都被涵括在内，[5] 并将合规文化的落实

〔1〕 ［日］川崎友巳：《企业的刑事责任》，成文堂 2004 年版，第 225 页。

〔2〕 ［日］甲斐克则、田口守一编：《企业活动与刑事规制的国际动向》，信山社 2008 年版，第 79 页。

〔3〕 ［日］田口守一、甲斐克则、今井猛嘉等：《企业犯罪与合规制度》，商事法务 2006 年版，第 292 页。

〔4〕 ［日］黑沼悦郎：《金融商品交易法入门》，日经新书 2006 年版，第 19 页。

〔5〕 ［日］浜边阳一郎：《合规的思考方式》，中央公论新社 2005 年版，第 5~6 页。

分为三个阶段，即从行业内共存的合规文化的共同事项，到根据行业特殊事由整理出的软性合规文化，再到由合规企业依据自身特性制定的更细致的合规文化，[1] 从而为刑事合规制度的完善提供了值得参考的构建进路。

针对数字经济时代我国网络服务商犯罪行为适用刑事合规体系，无疑是对当下制裁困局的最优之解，刑事合规这种软法和硬法并用的方式能够在促进数字经济发展和保护相关法益间达到平衡，是最为有效的制裁论。[2] 实际上，数字经济语境下网络服务商作为企业的刑事责任应该立足于责任主义和责任原理来加以考虑，[3] 相较于以刑事制裁为主的单向度的国家监管，刑事合规体系是一种包含网络服务商和国家监管的二元犯罪治理体系，避免了单一规制手段导致的适用失灵，符合刑法由"因报应和谴责而惩罚转向基于控制风险而威慑"的趋势。[4] 刑事合规体系对于网络服务商的影响，在于促使其注重保障数据安全工作的内控化、制度化，并增强其对数据安全的责任意识，以事前主动介入的方式来增强对数据安全的积极防控，以期实现对相关犯罪行径的积极的一般性预防。[5] 总而言之，刑事合规是一个充满张力的概念，[6] 其并非仅仅是单一的网络服务商内部制约制度，而是国家刑事政策对合规与否的回应。在数字经济时代，数字经济本身的运转就需要完善的风控机制，在数字经济的运转过程中，对于程序正当的把握关系到数字经济的价值体现，没有经过合规手续的数字经济更多地被认为是"网络黑产"，而不被主流市场经济活动所接纳。有鉴于此，在数字经济框架内构建网络服务商刑事合规体系，不仅有较为完善的固有风控机制供刑事合规体制参照，同时也能加强对经济犯罪的规制，实现预防和惩治犯罪的合作治理模式。此外，刑事合规理念本身与中立帮助行为理论并不冲突，甚至都属于出罪事由，只是前者更多从程序层面出发，而后者更多从实体层面出发，但两者实际上都促进了数字经济的发展。

---

〔1〕［日］田口守一、松泽伸、今井猛嘉等：《刑法应当怎样介入企业活动》，成文堂 2020 年版，第 113~138 页。

〔2〕［日］佐伯仁志：《制裁论》，有斐阁 2009 年版，第 17 页。

〔3〕［日］甲斐克则：《责任原理与过失犯论》，成文堂 2005 年版，第 95 页。

〔4〕［美］理查德·A. 波斯纳：《法理学问题》，苏力译，中国政法大学出版社 2002 年版，第 210 页。

〔5〕于冲：《数据安全犯罪的迭代异化与刑法规制路径——以刑事合规计划的引入为视角》，载《西北大学学报（哲学社会科学版）》2020 年第 5 期。

〔6〕孙国祥：《刑事合规的理念、机能和中国的构建》，载《中国刑事法杂志》2019 年第 2 期。

（二）网络服务商刑事合规任务的具体确立

通过镜鉴域外的相关经验，并且对数字经济时代网络服务商刑事合规体系的适用加以证成，意味着应该在数字经济的语境下，依托具体的侵害法益，并且参考中立帮助行为理论，构建具体的刑事合规体系。最为重要的则是确立具体的刑事合规任务，并将合规文化融入其中。

1. 基于法益保护视角厘定合规任务范畴

对于网络服务商而言，其本身直接同网络安全相联系，影响数字经济的发展，因此无论是风险支配，还是结果避免，都自然产生了对其业务范围内网络安全的管理义务。[1]而此处的管理义务，则是合规任务的来源，但是对于合规任务的范畴，则应该将侵害法益整合在其中。对于数字经济时代网络服务商犯罪的侵害法益，主要有数据财产法益、数据安全法益和网络空间交易秩序法益，而这三种法益都应该融入合规任务。对于数据财产法益，其在具体的合规任务中应该有量化指标，数据财产法益的加入，并不是对网络服务商的经营活动做严格限制。实际上，由于数字经济的自身损耗，网络服务商在运行过程中本身就需要付出大量资源，因此不能轻易地适用诸如非法经营罪之类的罪名，而是应该在具体的合规任务中采用范围数值来保护数据财产法益。对于数据安全法益，应该从技术层面强调对这一合规任务的重视。在评价网络服务商的技术争端时，首先评价的就是技术手段是否构成对数据安全法益的侵害。以区块链网络服务商为例，现有的普惠金融等，已经注重建立智能合约犯罪的预防体系，发展智能合约合规体系，而具体的内容则包括非法转移他人加密币、非法持有他人私钥、非法修改他人智能合约内容等行为。[2]对于网络空间交易秩序法益，则应该从合规文化层面进行指引，合规文化是域外合规任务的价值指引，而网络空间交易秩序本身就容易受到企业文化的影响。出于对网络空间交易秩序法益的保护，以合规文化的方式对其进行潜移默化的影响，不仅可以降低机械地将秩序法益纳入合规任务中所造成的突兀感，同时也更能切中要害地对法益进行保护，避免法益保护的虚置。总而言之，基于法益保护视角来厘定合规任务的范畴，可以避免合规任务不适应数字经济的实际状况，使得合规任务能够契合数字经济的发展需求，进而在网络服务商内

---

〔1〕 于冲：《网络平台刑事合规的基础、功能与路径》，载《中国刑事法杂志》2019 年第 6 期。
〔2〕 杨玉晓：《区块链智能合约犯罪刑事司法应对研究》，载《法律适用》2020 年第 15 期。

部形成约束机制。[1]

2. 基于中立帮助行为理论完善技术判断

在数字经济时代，网络服务商在刑事合规体系中的出罪离不开中立帮助行为理论的适用，而这就要强调网络服务商对作为可能性的技术判断，[2]需要将中立帮助行为理论应用于技术的判断过程。合规任务的约束性在于技术判断，中立帮助行为理论的适用，提出了"技术无罪"的口号，为刑事合规体系的出罪提供了依据。但是诚如前文所述，数字经济的特征意味着网络服务商并不能像以往一样借助"技术中立"的借口"独善其身"。当网络服务商本身就参与到了数字经济的活动中，并且将技术性行为用于牟利，造成法益的损害，则必然破坏了具体的合规任务，因此需要受到刑事制裁，但是对于行为界限的把握，则需要中立帮助行为理论发挥作用。

在具体的合规任务中，对于技术出入罪之间界限的划分，需要依托中立帮助行为理论来规范合规计划的尺度，从而客观评价网络服务商的技术，对于入罪与否持有一致的标准。[3] 当技术本身已经和侵害法益有直接且紧密的联系，而非单纯的技术支撑，则可以判定为值得科处刑罚。因此，合规计划中的技术判断，必须加入中立帮助行为和法益保护的判断，在两者间寻求平衡。既要利用中立帮助行为理论扩充技术的边界，促进数字经济的发展，不让技术本身陷入合规任务的桎梏，又要加强对法益的保护，避免技术的无限扩张"反噬"数字经济的红利，以合规任务的方式确保网络服务商的正常经营活动。

五、结语

数字经济的高速发展，使得网络社会再一次焕发活力，以数字经济为首的信息技术革命推动着人类社会在全球范围内的重构。[4] 在当代技术的加持下，包括数字经济在内的网络空间治理体系应该由现代性与技术性二

---

〔1〕 李本灿：《自然人刑事责任、公司刑事责任与机器人刑事责任》，载《当代法学》2020 年第 3 期。

〔2〕 于冲：《"二分法"视野下网络服务提供者不作为的刑事责任划界》，载《当代法学》2019 年第 5 期。

〔3〕 李本灿：《刑事合规的制度边界》，载《法学论坛》2020 年第 4 期。

〔4〕 闫婧：《网络社会与国家——曼纽尔·卡斯特"网络社会"理论探究》，载《国外社会科学前沿》2019 年第 11 期。

者相互建构而成,[1] 对于数字经济本身而言，网络服务商是其中不可或缺的一环。对于网络服务商在数字经济时代中的刑事责任认定，不可片面地套用传统理论，而是应该结合数字经济的特征，调整中立帮助行为等传统理论，使其在数字经济这一新语境下适用，从而构建契合实际的刑事归责路径。在厘定了具体的侵害法益内涵后，应该基于法益保护来制定刑事合规体系，用刑事合规的模式来避免对网络服务商过分限制，促进数字经济的发展。

---

[1] 杨嵘均：《论网络空间治理体系与治理能力的现代性制度供给》，载《行政论坛》2019 年第 2 期。

远程办公过程中信息安全性的法律保障机制研究

宿云达[*]

一、远程办公的概念及特点

"远程办公"一词最早由杰克·奈尔斯（Jack Nilles）在 1973 年提出，杰克·奈尔斯也被称为"远程办公之父"。后期学者也开始对远程办公进行相关研究，使用的名词还有远程工作、分布式工作、虚拟工作、弹性工作、弹性地点等，其实意义差别不大，不少学者都有专著对此进行过研究并定义，其中，2015 年在美国心理科学协会（APS）的杂志上发表的一篇文章中的三位专家，将远程办公定义为：远程办公是一种工作实践，组织中的成员将原本集中办公的工作时间，转换成一部分时间（从每周数小时到全职时间不等）在远离办公场所的地方，通常是在其家中、利用科技手段与同伴交流来完成工作任务。

我们认为，远程办公是随着互联网技术的发展而兴起的一种新型的弹性用工方式，主要是指具有一定专业技能的劳动者，在具备一定办公条件的场所，利用互联网技术，通过远程操控而完成工作任务的一种新型工作方式。

远程办公与传统的集中办公模式相比，远程办公可以建立网络环境，超越时空地域的限制，可以保证员工在任何时间、任何地点处理与工作相关的任何事情，便捷程度高且减少交通拥堵，缓解出行压力。远程办公使

  ＊ 宿云达，中央民族大学博士研究生。

得员工有更多自由的空间，居家进行办公，减少不必要的出行。因此，远程办公可以缓解交通压力，减少发生交通事故的概率，保护城市环境的清洁，充分体现其未来发展趋势的重要性。远程办公还可使人们同时处理一个问题，节约系统开支，提高利用率。要充分发挥远程办公的优势、推广远程办公的应用范围的一个重要前提就是确保远程办公过程中信息的安全问题，信息安全对于远程办公具有重要的作用。

信息的安全性包含了传输信息的机密性、信息的完整性和不可否认性三个要素[1]。传输信息的机密性是指数据信息不会被窃取，或者窃取者无法解读，具有不公开性，只有部分范围内有权限的人员可以获取。信息的完整性是指数据信息的一致性，确保发出的信息与接收到的信息是完全一致的。信息的完整性是防止数据在发出、传输、接收的过程中被篡改，防止侵入人员就信息的编码进行更改，导致发出信息与接收信息出现不一致。不可否认性是指用户无法抵赖，防止用户否认其行为，对信息的发出、接收不予认可的情况出现。信息安全是指信息网络的硬件、软件及其系统中的数据信息得以保护，不会受到恶意的破坏、更改、泄露，可以保证系统正常的连续运行，实现服务的连续性。因此，要在互联网上实现远程办公的关键问题是确保远程办公过程中数据信息交换的安全性，必须解决数据信息自身的安全性和传输的安全性。确保数据信息的安全性对于提高远程办公的广度和接受度具有重要的意义。

二、远程办公中确保信息安全的重要意义

（一）确保信息的安全性有助于远程办公系统的推广应用

远程办公可以打破时间、地域、空间的限制，节省了大量的人力、物力成本。单位职工的自由化程度提高，具有很好的发展前景。然而，远程办公要想大范围内应用，从而被广大客户所接受的前提条件便是远程办公过程中传输数据的安全性，如果传输信息的安全性无法得到保障，人们远程办公中会出现很多问题，给公司、单位带来很多不利影响，出现弊大于利的情况，人们难免会放弃这种办公模式，这对于远程办公的推广应用极为不利。因此，实现远程办公的扩大应用前提是确保远程办公过程中传输信息的安全性。

---

〔1〕 刘炎火：《探索构建远程办公信息安全技术》，载《电脑开发与应用》2012年第9期。

（二）确保信息的安全性有助于用户提高工作效率

远程办公的过程中，信息需要往来传输，各个审批部门进行审阅，而且存在同时编辑文档的情况。如果传输过程中出现信息错误，会导致后续事宜错误叠加的情形出现，给用户带来不可估量的损失，对于人力、财力、物力都是极大的浪费。而传输的信息的安全性有助于用户在同等条件下将工作一次性做完，节约人力和时间成本，提高工作效率，达到事半功倍的效果。

（三）确保信息的安全性有助于节约公司成本，减少纠纷，营造和谐的社会氛围

信息传输过程中出现偏差或者被其他别有用心之人获取，对信息进行擅自的编辑、篡改、截取，给公司利益带来损失。公司在出现损失时，难免会动用一部分力量去查找事故的原因，进而可能产生后期维权的诉讼，将会占用公司的资金成本和人员精力用于处理双方的争议，不利于节约公司成本和公司的长远健康发展。

三、我国远程办公中信息安全立法的现状及问题

（一）我国远程办公中信息安全的立法现状

我国目前尚无专项远程办公方面的立法出台，但相信随着互联网技术的发展以及人们对于远程办公的需求，相关远程办公方面的立法将会逐渐出现。现在关于远程办公方面的相关法律涉及互联网安全、保密、信息保护、基础设施建设、经营许可等诸多领域，现有法律法规主要有《中华人民共和国民法典》《中华人民共和国保守国家秘密法》《互联网信息服务管理办法》《信息网络传播权保护条例》《中华人民共和国电信条例》《中华人民共和国计算机信息网络国际联网管理暂行规定》《互联网上网服务营业场所管理条例》《中华人民共和国计算机信息系统安全保护条例》等法律法规，初步形成了一个保障系统并逐步完善，这些都极大地从法律方面保障我国远程办公的发展。例如，信息获取后由出售给他人的网络中间商的行为，在现行的民事法律制度中，属于侵权行为，应承担侵权责任。同时，如果侵犯公民个人信息达到一定的严重程度，则可能构成《中华人民共和国刑法》规定的侵犯公民个人信息罪[1]。

---

〔1〕 何培育、蒋启蒙：《个人信息盗窃灰色产业链的技术手段与法律规制》，载《科技管理研究》2015 年第 24 期。

可以看到，目前我国与远程办公相关的立法虽然取得了一定的成绩，但仍对于信息的机密性、信息的完整性及打击违法犯罪行为方面的法律保护还有进一步完善的空间。

（二）远程办公中信息安全存在的问题

目前，远程办公已经逐渐被人们所认可并实施，根据已开展的远程办公的情况来看，在远程办公中的信息安全问题主要体现在以下几个方面：

第一，远程办公过程中信息机密性的保障问题[1]。远程办公作为机关、企业、事业或者个人办公的一种方式，交互传输的信息不同程度上直接代表着个人、企业或国家的相关保密材料，相关信息具有不公开性。传统的办公模式采取内网和外网的方式来保障信息的安全性。在内网登录业务系统时，因为内网办公属于一个相对封闭的网络环境中，输入用户名和密码后就可以在一定程度上有效的阻止信息的泄露问题。但远程办公过程中，员工通过 VPN 等形式接入，接入终端和员工双方是在一个较为开放的网络环境上的，对于信息的机密性就构成了一定的威胁，要预防通过搭线和电磁泄漏等技术手段造成信息泄漏的行为。

第二，远程办公中的个人办公设施、设备等硬件系统能否安全管理的问题。公司员工居家远程办公时，一般是使用笔记本、智能手机、平板等各种移动个人设备进行办公，由于部分员工的保密意识不强、接触的人员复杂等原因，且这些个人移动设备采取的安全保护技术不足，或者相关设备无法保证及时更新安全补丁，或者被安装了非法的恶意软件，都可能造成移动设备中的信息丢失或被篡改。同时，上述移动设备便携的同时也容易丢失，这些方面都可能成为窃取相关信息的突破口，造成信息的泄露。

第三，信息传输过程中的完整性、准确性、一致性问题。远程办公相对简化了办公过程，减少了人为干预。与此同时，也带来了办公过程中各方信息是否完整、准确、一致的问题。导致信息不完整、不准确、不一致的原因有多种可能，如由于录入时出现意外差错、工作人员的责任意识不强或遭到黑客的恶意攻击等。同时，信息在传输过程中丢失、重复以及传送的先后顺序不同，都会导致相关人员获取的信息不同，进而可能影响到部门的整体策略。因此，需要加强员工的责任意识，强化工作职责，建立完善的监督检查机制，预防对信息的随意生成、修改、删除，还要防止黑

---

〔1〕 李江：《法律：安全电子商务的重要保障》，载《中国科技信息》2006 年第 9 期。

客的恶意篡改以及信息传输过程中信息的丢失和重复，以保证信息传送顺序的统一。远程办公过程中往往需要进行信息或文档的远程协同编辑，由于远程办公员工使用的终端、系统、办公软件等参差不齐，很容易存在信息不一致的风险。一旦出现错误，可能会给企业带来严重的损失，这些都应该制定相关措施加以预防。

第四，远程办公人员缺乏保密意识。远程办公过程中还需要进行大容量工作资料文件的传输与存储，整个过程中涉及的人员众多，工作人员责任意识、保密意识参差不齐。如果小部分员工缺乏保护公司数据资产的意识和识别安全威胁、判断高风险行为的能力，比如无法识别钓鱼邮件或随意拷贝存储公司数据等，使得数据遭受篡改或者泄露，公司的核心数据资产安全将受到侵害。整个公司的信息安全就会陷入被动局面，不利于公司的长远发展。

第五，对于买卖信息的网络经营者等中间商处罚力度较轻。出售或作价给他人的中间商对于其获取的信息进行买卖或者交易的行为，在法律虽规定了一定的处罚措施，但在远程办公逐步扩大的情形下，应该进一步完善相关法律规定，把出售或变相交易信息的各种行为均纳入法律规范管辖的范畴内。根据现行的民事法律制度，中间商的一系列买卖个人信息的行为，属于侵权行为，应承担侵权责任。中间商未经信息主体人的许可，非法买卖个人信息，对信息主体造成损害时，信息主体有权要求侵权人停止侵权行为，并进行赔礼道歉，若因为侵权行为对信息主体造成损失的，应当赔偿损失。我国刑法也规定了侵犯公民个人信息罪，对于侵犯公民个人信息的行为在犯罪主体及行为方式上进行了扩大，更有利于对公民个人信息的保护。为了更好地规范远程办公中的各种潜在风险，提高远程办公的应用度、认可度，相关法律规定应进一步完善，以期人们更加认可远程办公的快捷、方便。

四、保障远程办公中信息安全的法律对策

为实现远程办公中信息的安全性，除采取防火墙技术、加密技术、加强客户端管理和认证等技术措施意外，我们必须加强通过法律手段保障远程办公信息安全的研究，从而更好地保障远程办公过程中信息的安全性。笔者认为可以从下几个方面入手：

（一）立法方面，在梳理现行相关法律的基础上，尽快制订远程办公方面的专门法律

目前，与远程办公相关的法律还比较少，随着远程办公应用越来越多，我国也需要尽快制订相应的法律法规来规范远程办公过程中出现的相关问题。比如明确远程办公模式中各方权利义务、相关远程办公行为的法律属性和效力、各种法律问题的解决办法等问题，从而推动远程办公全面进入法治轨道，更好地保护各方权益[1]。同时，在拟订远程办公信息保护方面的法律时，必须充分考虑信息技术高速发展的现状，一方面应有一定的超前性，另一方面应留有余地，以便适应远程办公发展的新情况。

（二）执法方面，加强执法力度，严厉打击远程办公中侵犯信息安全的行为

设立专门的监督机构，对于远程办公中信息保护的相关法律法规和政策的执行情况进行监督。对于远程办公中侵犯他人信息安全的非法信息提供方、非法信息获取方、网络中间商等各类侵权主体，有关行政执法机关要加大监督力度，对违法行为进行严格处罚。同时，加大对违法行为处罚的宣传力度，从而预防相关人员实施侵犯他人信息安全的违法犯罪行为。

（三）司法方面，明确举证责任的分配，严格落实相关主体的责任

对于侵权案件，按照相关法律的规定，一般侵权行为以过错为构成要件。由受害方提供证据证明对方有主观过错、侵权行为、损害后果、因果关系等内容。然而远程办公过程中发生的侵犯信息安全事件，往往具有不可马上感知的形态，侵权方在技术手段、资金实力等方面又更具有优势，在这种情况下，受害方很可能都不知道有泄露行为的发生，因而很难提供证据证明侵权方的过错，不利于受害方保护其合法权益。对于举证责任的分配问题，建议可以根据侵权主体的不同而按照不同的归责原则予以确定。如若侵权人为政府等公权机关，可适用无过错原则；若侵权人为商业机构或者个人，则可适用过错推定的原则。通过适用不同的归责原则，来更好的保护受害方的合法权益。

（四）守法方面，加强宣传教育，提高个人的法律意识和保密意识

加强远程办公中信息安全方面法律的宣传教育，强化公民个人的信息权利意识、法律意识、保密意识，让有关人员知晓如何保护信息，不随意

---

[1] 刘广:《远程医疗信息系统中个人隐私的保护策略研究》，载《中国科技纵横》2016年第13期。

填写、泄露有关信息。居家办公还是在其他场所远程办公都要做好硬件系统和软件系统的个人保护。对于个人移动办公设备防止丢失、被他人盗走等情形的发生。信息设备的软件系统要增加密码保护级别、安装安全监测软件，防止在使用应用软件及访问相关网站时有关数据信息被调取。当发现相关信息泄露后，及时向单位汇报，并依法向公安等有关国家机关报案，依法维护自身合法权益。

结　语

伴随着远程办公深入人们的日常生活，我们一方面要认识到远程办公作为一种办公模式的优越性，另一方面，也应意识到确保远程办公信息安全的重要性。远程办公的信息安全需要通过技术手段、法律手段、行政手段的相互结合、综合运用予以保障，只有在保障远程办公过程中信息安全性的前提下，才能够进一步增进人们对于远程办公的接受度，从而更好地促进远程办公在现代社会经济发展中的作用，推动经济社会的全面快速发展，相信在互联网技术快速发展的趋势下，远程办公将具有广阔的发展前景。

侵犯公民个人信息犯罪归责体系研究

——以公民"安全空间"之界分为参照[*]

邢丽珊[**]

在网络环境中仿佛所有人均无法做到"与世隔绝",通过网络,"他"与"他"总会有着千丝万缕的联系,但这种联系是否已经打破了人与人之间的"安全空间"?在相互不知道底细但为达到交流及生活方便的目的又要交出自己"底细"的情况下,如何界分这种"安全空间"?在对网络空间中的对向人或者平台中介具有信任感的前提下,交出自己的"安全空间",但对向人或平台中介严重失约,是追究违约责任还是承担罪刑?

在信息交流便利、数据更新速度极快的今天,为赶上时代的洪流、推进现代社会的建立,网络及技术显露头角成为尖端。商家利用网络空间及技术能力推销产品、媒体利用其达到宣传目的、消费者利用其便利生活、市民足不出户便可知晓国家大事。但诸多以营利模式为主的市场经济主体在交易中均是以个人信息注册为交换的,即以个人"安全空间"的部分交换为前提,我们时常听到这样的声音:"注册一下吧亲,花费不了您多长时间,免费的哦","我们需要实名注册才能享有折扣","留下您的姓名电话就能有礼品相送","扫二维码送好礼",等等,也接过无尽的培训班电话、

---

　　* 本文所称的"安全空间",即指公民个人各自所具有的认为潜在安全不容被侵犯的空间,包括公民的私密空间及认为安全可共融的部分空间。公民的个人信息即包含在安全空间中。

　　** 邢丽珊,女,北京师范大学法学院博士研究生。研究方向:刑法学。

各路保险电话、推销电话，这种现象环绕在我们周围，或许很多人已经习惯了被打扰，可这些习惯后的衍生问题却是棘手的。例如获取个人信息后的网络诈骗行为[1]，财产及生命的损失同个人信息泄露行为间存在某种形式上的因果律。因此在公民个人信息保护必要化的今天，严格公民个人信息防控的标准、明确侵犯公民个人信息行为的责任主体、建立完善的刑事立法及归责体系刻不容缓。

一、公民个人信息民刑双重保护的立法现状

（一）《中华人民共和国民法典》人格权编专章保护

我国 2020 年 5 月 28 日通过的《中华人民共和国民法典》（以下简称《民法典》）在个人信息保护方面通过总则与分则的规定指明个人信息保护的必要性，例如，《民法典》总则编中第 111 条规定："自然人的个人信息受法律保护。任何组织或者个人需要获取他人个人信息的，应当依法取得并确保信息安全，不得非法收集、使用、加工、传输他人个人信息，不得非法买卖、提供或者公开他人个人信息。"此规定强调三点：一是公民的个人信息受法律保护，一切侵犯公民个人信息的行为均违法；二是组织及个人可以获取他人个人信息，但前提应合法且有确保信息安全的注意义务；三是不得通过非法方式处理个人信息，并采用列举的方法将集中非法方式列明。

《民法典》分则人格权编亦针对公民个人信息保护做出了相关规定，这些具体且详细的规定为保护公民的隐私权及个人信息提供了参照标准。通过区分两者定义，列明侵害他人隐私权的禁止性行为，明确处理个人信息应遵循的原则及条件，强化信息处理者及掌握公民个人信息的国家机关及其工作人员的信息安全保障义务，从社会生活中可能发生问题的各个方面对公民个人信息进行了全方位的预防性保护。但在个人信息的使用方面，因民法调整市场经济秩序的基本功能，对个人信息的拥有、处理及使用者给予了极大的宽容，引入了"合理"一词，如在人格权编第 1036 条处理个人信息免责事由中合理平衡公共利益及个人权利，但合理的范围之大不足以界定法与非法之间的标准，因此在司法实践中，对合理的权衡也只能依

---

[1] 2016 年 8 月某电信网络诈骗团伙成员杜某，利用技术手段破解了山东省 2016 年高考网上报名信息系统，盗取了包括徐玉玉在内的大量考生报名信息，骗取了徐玉玉 9900 元，徐玉玉在报警后因心脏衰竭死亡。

靠法官的自由裁量。

值得一提的是，在侵权责任编中，针对网络时代公民个人信息的保护源头问题，即千万网民及网络服务提供者的"极易"侵权行为，第 1194 条规定了网络用户和网络服务的提供者的侵权责任。若利用网络，侵害了他人的民事权益，则应承担侵权责任。个人信息因具有民事权益，因此从侵权责任法的角度，对于侵犯公民个人信息的行为，也应承担民事侵权责任。《民法典》的这种全面性保护，是个人信息保护专门法的先声，它将公民隐私及公民个人信息区分开来，强调信息处理者的"注意义务"，为后续立法奠定根基。但此规定仅针对私人领域，而在犯罪层面上，公共领域内的国家惩治，需在侵犯公民个人信息的行为中树立威严、形成震慑。

（二）刑事法律专门保护

我国刑法对于侵犯公民个人信息犯罪的规定源于《中华人民共和国刑法修正案（七）》［以下简称《刑法修正案（七）》］的出台，打破了以计算机犯罪作为相关犯罪"口袋罪"的情况，在一定程度上体现出了国家对公民个人信息保护的重视。因此，在 2009 年，立法机关第一次将侵犯公民个人信息的犯罪规定在刑法中，但只设置非法获取公民个人信息罪以及出售、非法提供公民个人信息罪，在行为方式的规定上有一定的局限性，在实践中司法机关很难界定具体的行为方式是否可归咎于行为人。且《刑法修正案（七）》在规定犯罪主体时采取了列举式的方式，将出售、非法提供公民个人信息罪的犯罪主体仅限定为国家机关或者金融、电信、交通、教育、医疗等单位的工作人员，针对其他犯罪主体却没有约束，在犯罪主体多样化的网络空间社会，显然已不足以精准定位犯罪主体。

《中华人民共和国刑法修正案（九）》 ［以下简称《刑法修正案（九）》］的出台修正了以上弊端，将出售、非法提供公民个人信息罪和非法获取公民个人信息罪整合为一罪——侵犯公民个人信息罪，减少了列举的行为方式，用概括的语言模式在一定程度上增加了犯罪行为方式，扩大了犯罪主体的范围。同时，增加了"从重处罚"情节，利用职位及工作便利获取公民个人信息并出售或提供给他人的，应从重处罚。在量刑上，增加了单位犯罪的罚金刑。

针对情节问题，2017 年 5 月 8 日公布的《最高人民法院、最高人民检察院关于办理侵犯公民个人信息刑事案件适用法律若干问题的解释》（法释〔2017〕10 号，自 2017 年 6 月 1 日起施行）（以下简称《解释》）具体规定了"情节严重"及"情节特别严重"的情形，将非法购买、收受的部分行为也纳入"情节严重"的判断标准中。同时，《解释》对公民个人信息作出了定位[1]，构成公民个人信息的资料需要能够识别特定自然人的身份或者能够反映特定自然人的活动情况，与"静态"的个人信息如姓名电话不同的是，在卫星定位普遍应用的今天，"动态"的行动轨迹也被纳入公民个人信息的范畴。在刑法上对公民个人信息的定位，实践中亦曾有过规定，2013 年 4 月 23 日发布的《最高人民法院、最高人民检察院、公安部关于依法惩处侵害公民个人信息犯罪活动的通知》（公通字〔2013〕12 号）（以下简称《通知》）对公民个人信息的定义将涉及个人隐私的信息包含在内，即在当时的实践中，有关对个人隐私的侵犯与个人其他相关信息的侵犯在刑法范围内是一同惩治的。2017 年《解释》的定义中将个人的隐私信息去除，但在对个人隐私的惩罚上刑法未作规定，在此存在疑问，但与民法的要求不同的是，刑法存在出罪及入罪的衡量标准，即能够识别身份的法益能够得到刑法的保护，若侵犯比其法益更重的个人隐私法益，则更应受其保护，但标准问题值得商榷与衡量。

若行为人利用信息网络达到获取公民个人信息的目的或为获取公民个人信息设立专门的网站及通讯群组，则需适用信息网络规范，以非法利用信息网络罪定罪量刑。

在民法及刑法对个人信息的双重保护下，侵犯公民个人信息行为或过失泄露公民个人信息行为造成的重大后果不容小觑，当前现状下依然面临诸多问题。

二、当前现状下面临的问题及归责体系的凸显

（一）案例及现状研究

在中国裁判文书网中以"侵犯公民个人信息犯罪"为关键信息进行检索，可检索出自 2015 年至 2020 年侵犯公民个人信息犯罪的一审判决书共8577 份，其中 2016 年共 367 份、2017 年 1296 份、2018 年 2182 份、2019 年2497 份、2020 年 2210 份，判决书的持续增长显示了刑事司法对侵犯个人信息行为惩罚力度的加强，也在一定程度上反映出了在网络时代侵犯公民个

---

[1] 公民个人信息，是指以电子或者其他方式记录的能够单独或者与其他信息结合识别特定自然人身份或者反映特定自然人活动情况的各种信息，包括姓名、身份证件号码、通信联系方式、住址、账号密码、财产状况、行踪轨迹等。

人信息行为的发生方式及频率正在朝多样化、频繁化的方向发展。在所有的判决中，关于侵犯公民个人信息罪的单人犯罪罪因大多为非法获取网络游戏或微信、QQ 等聊天软件的账号密码并出售；在与其他人共同犯罪或者数罪判决的，出现最高频率的罪名即为诈骗罪，而数罪判决中，侵犯个人信息的行为也成为其作为其他罪的手段及方式，因触犯两个法益，由刑法专门规定，作为数罪处罚。

【案例一】 团伙式运营模式

潘某利用其妻殷某公安局某支队警长的身份以商务咨询公司的名义与许某以"某商务调查网站"的名义搞合伙运营，通过网站、微信、QQ 等途径招揽客户开展找人、找车、婚外情调查等业务。潘某手下有两名雇员，与潘某约定了报酬及提成；许某手下有三名雇员，三人的报酬是每笔业务由许某视情况给予分成。在潘某及许某接到客户委托后，殷某即通过公安机关信息查询系统获取所需的公民个人信息并提供给潘某。潘某的雇员即利用提供的信息，找到目标对象后采取安装 GPS 定位设备、蹲守、跟拍等手段获得他人实时行踪轨迹等个人信息提供给客户。同时潘某、许某等人也通过购买、跟踪等其他途径获取公民个人信息，用于完成委托业务获取利益。[1]

此案例具有一定的典型性，一为团伙运营的模式，二为其表现方式为对他人的行动轨迹的获取，且主观上是以营利为目的，三为特殊主体侵犯公民个人信息的行为。

【案例二】 疫情期间的公民个人信息泄露

某年 1 月 25 日，曾某在某微信群内看到洪某转发的《某 0124 乡镇返乡人员名单》电子表格，其查看后，将表格转发到其他两个微信群中，并发表不当言论。表格内含 629 名公民的姓名、性别、身份证号、联系电话、住址、返乡时间、武汉住史、有无感染症状等信息。为此曾某被判处拘役 4 个月，缓刑 6 个月，并处罚

---

[1] 湖北省宜昌市夷陵区人民法院（2020）鄂 0506 刑初 48 号。

金人民币 1000 元。[1]

特殊时期的公民行为应被规范，但疫情这样一种社会环境能否成为决定罪名成立的关键，或者环境是否可影响量刑？包含有公民姓名、性别等个人信息的表格及文件是否应通过网络传播，其源头某政府的保密义务的界限在哪里？公民本人涉嫌违法，但也同社会管理等其他因素有关。

【案例三】 单位犯罪

2019 年 11 月，某电子商务有限公司为销售黑枸杞，该单位负责人杜某将含有公民个人电话、住址等共计 13.06 万余条公民个人信息提供给李某，作为交换，李某提供给对方 12.68 万余条内含公民个人电话、住址等的公民个人信息。某电子商务有限公司犯侵犯公民个人信息罪，判处罚金人民币 40 000 元。杜某被判处侵犯公民个人信息罪，判处有期徒刑 3 年，缓刑 4 年，并处罚金人民币 10 000 元；李某被判处侵犯公民个人信息罪，判处有期徒刑 3 年，并处罚金人民币 10 000 元。[2]

对以行为人为主要负责人的单位犯罪中单位主体的单独惩治是否造成了惩治规范的重复，但若择一惩治，单位犯罪的法条是否形同虚设？分离单位犯罪与主要负责人犯罪的重要标准为何？

【案例四】 以非法手段辅助企业的违规行为

2017 年 2 月以来，徐某在租住房内，利用其以非法途径获取的他人身份信息开户的电话卡，用电脑及相关软件在网上帮助海尔、大众等企业获取虚假好评，以及帮助"尚一品"平台获取验证码以收取报酬，共非法获利 57 752 元。被判处有期徒刑 3 年，缓刑 3 年 6 个月，并处罚金 10 000 元。[3]

---

[1] 湖南省靖州苗族侗族自治县人民法院（×××）湘 1229 刑初 104 号。
[2] 江苏省南京市栖霞区人民法院（2020）苏 0113 刑初 175 号。
[3] 湖南省益阳市赫山区人民法院（2020）湘 0903 刑初 393 号。

在市场经济时代，商品的买卖市场供需相接，若海尔、大众等企业的营销模式产生的需求间接滋生了犯罪行为，则企业的社会信用应予降低，企业行为也应因违规行为担负责任。

（二）归责体系下侵犯个人信息行为因果链分析

1. 公民个人信息行为法益规范类型

《刑法修正案（九）》将侵犯公民个人信息罪规定于分则第 4 章侵犯公民人身权利、民主权利罪的类罪名中，因此，有关公民个人信息的法益侵犯，依立法者原意可理解为对公民人身权利的侵犯。该罪在刑法结构的位置也表明，该罪侵犯的主要是公民的人身权利，而不是侵害国家机关管理秩序。[1] 从现有规范出发，当前对个人信息的保护多用人格权保护的形式。《解释》也将公民个人信息定义为能识别特定自然人身份或者反映特定自然人活动情况的信息，个人信息是指与已被识别或可以被识别的个体有关的信息。[2]

如上文所述，《民法典》将公民个人信息权列入人格权编，并与隐私权进行了区分，如个人的"安全空间"领域，它并非为一个无法接近的个人领域，在个人所认为的合理范围下，自愿交付个人信息并合理处分以进行商业交流或贸易交换，但隐私权属于个人并不自愿交付的一部分。且部分可交换个人信息属于处分人因特殊需要进行的自愿处分，并未自愿交由第三人处分。因此个人信息属于个人自愿交付于相对人但不自愿交于第三人的资料。个人信息被允许使用的情况为被侵害人因培训教育、买卖物品、申请项目而进行填写申请、注册登记等行为活动，对此种自愿活动，被侵害人处于自愿且主动的状态；但若商业平台将个人信息泄露、出卖或另做他用，则不可为被侵害人所授权及默许。

在刑法领域中对此罪所侵害的法益具有一定的争议，有论者认为，之所以将此种行为规定为犯罪，关键还是在于其侵犯了公民的信息权益，造成了对法益的侵害[3]；也有论者认为侵犯个人信息罪的法益是"'公权益

---

〔1〕 翁孙哲：《个人信息的刑法保护探析》，载《犯罪研究》2012 年第 1 期。

〔2〕 高富平、王文祥：《出售或提供公民个人信息入罪的边界——以侵犯公民个人信息罪所保护的法益为视角》载《政治与法律》2017 年第 2 期。

〔3〕 付强：《非法获取公民个人信息罪的认定》，载《国家检察官学院学报》2014 年第 2 期。

关联主体'对个人信息的保有"[1]；此外，部分学者认为该罪保护的法益为"个人信息所体现的公民的隐私权"[2]，"只有个人信息中体现着个人隐私权的那一部分信息才属于刑法保障的范围"[3]。总的来说，争议的焦点在于侵犯个人信息的犯罪是具有私人性还是公共性。在此也可以"安全空间"作想，安全空间属于私人空间的一部分，与私人空间相对的为公共空间（public space or public place）的概念，公共空间是一个供人使用的物质"容器"[4]，是一个不限于经济或社会条件，任何人都有权进入的地方，共享空间（commons）是公共空间最早的例子[5]。公共空间由单个私人空间构成，在公共空间中不仅存在私人空间且存在私人间交互的公共空间，个人在公共空间中活动需要制定公共规则、遵循公共秩序，违反公共规则、侵犯公共空间则需受到惩治或承担后果，侵犯公民个人信息罪属于侵犯私权利或者公共秩序的核心在于行为人是否扰乱公共秩序。通过上文的判决书及案例分析，可判断出侵犯公民个人信息罪的特点如下：其一，侵犯个人信息数量大，多以买卖方式为主；其二，与企业主体联合，在市场经济秩序中发挥负面作用；其三，合伙联合方式为主、网络方式为主。因此，笔者认为，应将公民个人信息理解为可在公共空间中交互的私人空间范畴，区别于纯私人空间（隐私权），故侵害公民个人信息的行为法益应具有公共性，应将其所在刑法条文规定类罪名范畴加以修改。

2. 侵犯公民个人信息行为中的犯罪主体

在此主要以案例三为例探讨单位犯罪及单位中主要负责人犯罪的双罚特点，在我国刑法中，对单位犯罪大多使用双罚制，即对单位判处罚金刑之后的其他直接责任人也应受到罚金惩处，根据判决结果，法院判处亦遵循了此规律。但在实际的司法实践中应分清以单位的名义为单位的利益非

---

〔1〕 皮勇、王肃之：《大数据环境下侵犯个人信息犯罪的法益和危害行为问题》，载《海南大学学报（人文社会科学版）》2017 第 5 期。

〔2〕 王昭武、肖凯：《侵犯公民个人信息犯罪认定中的若干问题》，载《法学》2009 年第 12 期。

〔3〕 蔡军：《侵犯个人信息犯罪立法的理性分析——兼论对该罪立法的反思与展望》，载《现代法学》2010 年第 4 期。

〔4〕 钱媛媛：《米德符号互动理论视角下的社区公共空间营造策略》，载《建筑与文化》2020 年第 9 期。

〔5〕 《"公共空间"定义》，载 https://baike.sogou.com/v73900532.htm? fromTitle＝%E5%85%AC%E5%85%B1%E7%A9%BA%E9%97%B4，最后访问日期：2020 年 10 月 5 日。

法获取公民个人信息，而非行为人为实现侵犯公民个人信息的目的以成立单位为手段而施行的行为。在案例三中某电子商务公司为实现销售的目的而获取的公民个人信息，与案例一的合伙成立非法组织不同，因此被判处了罚金刑，以此反观案例四中的海尔、大众等企业，其是否应承担其主体的使用个人信息的责任？海尔、大众等大型企业，为获取好评利用他人获取的账号密码等信息，达到树立企业外在形象的目的，虽并没有使用个人信息，但利用他人的使用行为获利。在市场经济发展中，这种"间接"性的使用模式及鼓励非法行为的经营理念在一定程度上助长了他人非法获取公民个人信息的势头。若海尔、大众等企业没有通过徐某的刷单行为获益，而是将徐某非法获取的个人信息拿来使用，非《解释》中所述"购买"及"收受"的情形，那么对于侵犯个人信息源头的规范便存在缺失。

（三）侵犯公民个人信息行为与结果间因果关系界定

1. 本行为与其他行为的衍生关系问题

一些不法分子为了追逐不法利益，利用互联网大肆倒卖公民个人信息，已逐渐形成庞大的"地下产业"和黑色利益链，由此滋生了电信诈骗、网络诈骗、敲诈勒索、绑架、盗刷信用卡、非法讨债等各类违法犯罪活动，社会危害严重、群众反映强烈。[1] 侵犯公民个人信息罪中规定的行为限定在"出售""提供""窃取"或"其他方法非法获取"等非法行为之中，但在司法实践中，危害较大的行为并非仅为"获取"行为。在极端情况下，单纯的"获取"行为并不能产生危害后果，假设 A 单纯出于"爱好""癖好"计算他人的身份证号码，推导出数学公式，在各自相对的私人领域中，并不能产生危害后果。当然此种假设是在排除个人信息归于隐私权的情况下，例如不能利用他人的身份号码查阅开房记录或进行监视、偷窥等情况。因此应考虑获取公民个人信息后的衍生行为，即出售于非法运营之人、交于诈骗等犯罪分子等行为。因不法分子获取公民个人信息的目的为网络诈骗、开展非法业务，所以侵犯公民个人信息的行为极易成为其他相关犯罪的上游犯罪，侵犯个人信息行为亦极易衍生为其他相关犯罪行为。即便《通知》中已将非法获取个人信息并实施其他犯罪行为的作为数罪惩罚，但依然存在主观意志支配下行为目的与作为行为手段的工具连接作用认定之间的区别。

---

[1] 《宁波破获首起利用"暗网"侵犯公民个人信息案》，载《中国防伪报道》2020 年第 6 期。

以网络诈骗行为为例，若行为人主观上具有网络诈骗行为的故意，但在诈骗行为的实施中运用了公民的个人信息，此个人信息以出售、窃取等方式得来，则公民财产损失的后果与行为人获取个人信息的行为之间具有因果关系，据此可以将公民财产损失的后果归结于诈骗行为及获取个人信息行为，以数罪处罚之。但若公民个人信息非以出售、窃取、非法获取等方式得到，而是他人赠与，且仅限于使用行为，则造成公民的财产损失固然应与行为人使用个人信息的行为具有因果关系，可却仅能作为诈骗罪的手段行为，以诈骗罪一罪处罚。

因而，当前法条对于侵犯公民个人信息罪的规定，行为模式过于单一，应加大对信息使用行为的处罚力度。

2. 网络中介的安全保障义务辨析

《解释》第9条为网络服务提供者的网络安全管理义务作出了规定，[1]此处的网络安全管理义务针对能够第一手把握公民个人信息的网络服务提供者、网络中介归于《刑法》第286条之一进行惩治，且将过失违反义务的行为最低程度地减轻惩罚。对网络中介及服务者不履行义务的不作为行为，是否能够阻止行为人非法获取公民个人信息与信息泄露后果之间的因果关系连接？即是否为网络中介的不作为行为直接导致公民个人信息泄露，进而阻止非法获取行为人承担既遂之责？劳东燕教授论及不作为犯，认为"对不作为犯的结果归责的肯定，是传统因果关系理论走向规范化的重要一步。刑法上结果的可归责性，无须再以行为对结果施加现实作用力为基础"[2]。网络服务提供者拒不履行网络安全管理义务被作为单独不作为犯划分出来，在论及行为与结果间的因果关系中，行为人的不作为并非要体现现实联系作用，而网络服务提供者的不作为也并不足以阻断侵犯个人信息的行为人与信息泄露间的因果关系，即没有行为人的积极作为，在网络服务提供者的过失泄露情况下，公民财产人身安全遭受威胁均不影响两个主体分别担责。但《刑法》对于网络服务提供者的过失泄露责任过于宽容，需经监管部门责令采取改正措施且不改正的提醒及提示，在其中引入了行

〔1〕《解释》第9条：网络服务提供者拒不履行法律、行政法规规定的信息网络安全管理义务，经监管部门责令采取改正措施而拒不改正，致使用户的公民个人信息泄露，造成严重后果的，应当依照《刑法》第286条之一的规定，以拒不履行信息网络安全管理义务罪定罪处罚。
〔2〕劳东燕：《风险社会中的刑法：社会转型与刑法理论的变迁》，北京大学出版社2015年版，第100页。

政救济途径，笔者认为不足以惩罚网络服务提供者过失泄露责任。

三、归责体系建立简构

（一）明晰个人信息定义范畴界限

在公民的私人"安全空间"中，公民个人信息为可交互的安全空间内容，即在公民自愿交付个人信息的情形下，内心为安全，行为为主动。但在包含有隐私权的"安全空间"地带，每个人均拒绝提供，且侵犯即"不安全"的，因此个人信息的定义有别于个人隐私，不能将二者等同看待，故而应将此处"个人信息"的定义排除在"个人隐私"之外，此为其一。其二，应将各类信息进行精准分类，可将信息分为一般信息和重要信息，前者例如身份证号码、姓名、电话等基本信息，后者例如财产信息、住房信息、行动轨迹等。在司法实践中，因重要信息较难获得，因此这种类型化的规定有助于司法机关在司法适用的量刑幅度上对侵害信息的内容类别进行衡量。

因在公民的隐私权利规定中，隐私权是指公民的私人生活安宁与私人信息应受保护的权利，其与个人信息的范围不同但存在交叉。个人信息包含个人隐私信息也包含可公开的个人身份信息，但个人隐私信息只为个人所享有隐私权的一部分。将公民的"安全空间"认识做出界分也是为了更好地解释个人隐私与个人信息的区分，从而有助于理解公民个人信息的定义。隐私权属于公民的近身利益，在社会生活中，个人对于道德的认识、近身行为的实施、私人空间的利用均具有一定的自由支配权，且不受他人干涉。但为了进一步便利生活，适应科技社会的发展脚步，换言之，为了检验并监督是否会对他人的隐私权或个人信息保护权受到侵犯，实名制信息使用成为必要。这亦是文中指出的"安全空间"，可交付、可被便捷使用的个人信息，但之所以"安全"，是因为其被保证不可传播，交易双方负有信任义务。若走出"安全"范畴，则需双重法则保护：其一，究其特征，近身利益保护则属隐私权范畴；其二，"安全"信息不被授权的传播、一般信息或轨迹信息的允诺范围外的扩散则属个人信息权利保护的规范范畴。

（二）规范"使用"个人信息行为，明确犯罪主体要素

增加非法获取并使用或提供给他人使用等行为方式，将非法使用公民个人信息的行为与非法获取、出售和提供公民个人信息的行为相并列，使其共同成为侵犯公民个人信息罪的规制对象[1]。平台中介抑或银行职员、政府保密信息的管理者对在第一时间所搜集的公民个人信息的一手资料具有保密的义务，对此，平台中介、银行、政府等单位中均有严格的保密要求，此处笔者所讲的"使用"个人信息需为"故意"并"放任"的；若违反保密要求故意使用个人信息，则应视为泄露个人信息并予以规制，但若是因过失导致的信息泄露，则以违反注意义务的方式处罚。

针对个人自愿交付的信息，相对人应负有保护信息不受传播的义务，行为的"使用"权利仅仅限制在一定范围内，信息的交付产生于行为人所认识的"安全空间"中，个人信息的传播仅限于行为人所授权或默认的"安全空间"中，例如，网络游戏中的实名制，APP 中的注册登录账号等信息，在不涉及侵犯资金使用安全的情况下，网络平台对于这种双方默认的交流信息状态应负有一定的权限范围限制。在"使用"信息之外确立应予规制的主体及主体义务，在此，应将不予传播的义务及过失传播的注意义务规定在非法获取使用或提供给他人使用的行为模式中。

（三）衔接民、刑、行领域，处理好公共权力及私权保障间关系

《民法典》的颁布，推进了民法在私域领域内对个人信息的保护力度，同时在侵权责任编明确了侵犯公民个人信息民事权益的救济途径，对此，具有刑事法实施职能的检察机关对于《民法典》在个人信息中概念及处罚特点的学习及领会是必要的。作为公权力的使用者，检察机关在公诉及向法院提交量刑建议的职能使用上可通过领会私权利的维护者的民法思维，参照侵权救济模式确立刑法预防及惩罚的合理范围。

在行政法领域，有学者认为，侵犯公民个人信息的危害行为从产生之时起就具备行政违法的性质，其所成立的犯罪就符合行政犯的特征[2]，《解释》的第 6 条规定也较好地结合了行政处罚，即为合法经营活动而非法购买、收受公民部分个人信息的行为，存在 2 年行政处罚的"宽容期"。如上文所述，若某些大型企业达不到犯罪主体的成立条件，在使用信息或雇人使用信息的行为同公民个人信息损失具有因果关系的情况下，也可运用行政处罚方式进行惩治。然而，对侵犯公民个人信息之行为，我国尚未建

---

〔1〕 刘仁文：《论非法使用公民个人信息行为的入罪》，载《法学论坛》2019 年第 6 期。

〔2〕 刘军：《刑法与行政法的一体化建构——兼论行政刑法理论的解释功能》，载《当代法学》2008 年第 4 期。

立统一、完备的行政法律制裁体系与刑事制裁相衔接[1]。《中华人民共和国治安管理处罚法》中也是通过采用民法中隐私权的规定来起到对公民个人信息的保护作用[2]。因此，民法、行政法、刑法规范应配合统一，使用行政违法前置、刑事惩罚"收尾"、民事赔偿"顾全"的方式，全面合理制裁非法行为，实现多角度有效衔接，建立多方位惩治机制。

---

〔1〕 赵秉志：《公民个人信息刑法保护问题研究》，载《华东政法大学学报》2014 年第 1 期。

〔2〕 许风学、王雷《侵犯公民个人信息罪实证分析》，载《中国检察官》2020 年第 4 期。

合理隐私期望理论在我国本土化应用中的现状与反思

吴基祥*

一、问题的提出

最早提出并通过法律保护隐私权的国家是美国。在通过法规的前后时间段里，美国在实践中对隐私保护问题已经积累了比较丰富的司法经验，并对多个国家隐私权法律产生积极的影响。除了隐私立法之外，合理隐私期望理论也是首先在美国司法实践中创立的，并为多个国家所采用。该理论从主观和客观两个方面来考虑对公民个人隐私给予不受侵犯的保护，即公民对个人隐私信息享有不被侵犯的主观期望，并且客观上这种期望为社会所认可和接受。

我国学者对该理论也有一定的研究探讨，且存在多种关于"合理隐私期望"（reasonable expectation of privacy）的译说。魏永征教授早在2006年出版的《新闻传播法教程》中就提到了合理隐私期望，以此来阐释私人空间还包括在公共场所中具有合理隐私期望的场合。[1] 向燕副教授在其2009年的博士毕业论文中，对合理隐私期望理论的形成到发展适用进行了较为系统的梳理和研究，并结合我国的法律提出引进适用的构想，后又对搜查和刑事侦查中的隐私权进行了比较研究，都有涉及理论的主客观要件分析。张民安教授（2015）在《隐私合理期待分论》一书中，对美国科技时代关

* 吴基祥，男，华东政法大学硕士研究生，传媒法制专业。

〔1〕 魏永征：《新闻传播法教程》（第2版），中国人民大学出版社2006年版，第190页。

于隐私合理期望理论的司法案例，进行了大量系统的研究，为读者了解美国的具体判例提供了参考资料。曾赟教授（2015）在研究美国监听侦查实践中，对隐私期望的适当性标准与合理性有了较为深入的谈论，并提出我国法律应当在监听侦查中借鉴美国隐私期望的经验。[1]

到了网络时代，刘文杰教授认为由于媒体的公私属性不同，因而在社交中存在不同程度的合理隐私期望。[2] 王四新教授根据公共场所隐私权理论，由现实公共场所具有合理隐私期望，引申出空间有无合理隐私期望的讨论，最后得出结论认为合理隐私期望理论能够在空间中适用。[3] 通过参阅大量有关文献可知，目前国内学者对合理隐私期望理论持肯定态度。但是笔者发现，目前已有的关于合理隐私期望理论的研究存在三方面问题：一是部分学者在研究中缺乏对理论的系统梳理，提及理论时没有对理论作进一步解释；二是没有考虑到理论在网络时代中的适用存在哪些问题；三是没有结合我国司法实践适用理论的现状进行分析。

本文将从以下几个方面来研究合理隐私期望理论在我国司法体系中的适用：首先，厘清合理隐私期望理论的起源与发展历史，从根源上立体化掌握理论内涵；其次，探讨该理论要义能否与我国的法律体系相对接，在我国法律中有无具体体现，从而判断该理论在司法实践中适用是否适当；最后，分析该理论在网络时代中将面临哪些挑战和问题，并尝试对存在的问题提出一些解决措施。

二、合理隐私期望理论的起源与发展历史

厘清合理隐私期望理论的起源与发展脉络，了解理论的内涵变化，是准确掌握和运用理论的关键。在不同的发展阶段，理论具有不同的内涵。准确掌握理论的具体内涵，是深入分析运用理论的重要前提。

（一）合理隐私期望理论在物理空间中的确立

美国宪法第四修正案的主要目的在于禁止政府对公民财产的任意搜查。当时宪法第四修正案侧重对公民财产利益的保护，并以物理空间的侵入来判断政府的行为是否构成非法搜查，在隐私保护方面还未形成权利意识。

---

〔1〕 曾赟：《监听侦查的法治实践：美国经验与中国路径》，载《法学研究》2015 年第 3 期。

〔2〕 刘文杰：《社交网络上的个人信息保护》，载《现代传播（中国传媒大学学报）》2015 年第 10 期。

〔3〕 王四新、周净泓：《网络空间隐私权的保护研究——基于公共场所隐私权理论》，载《四川理工学院学报（社会科学版）》2018 年第 6 期。

直到 1886 年美国联邦最高法院审理的 Boyd v. United State 案，孕育了宪法第四修正案保护公民隐私利益的萌芽，[1] 将宪法第四修正案保护的内容从财产权利拓展到隐私权利。

在"Boyd 案"中，Boyd 被指控具有欺诈逃税的嫌疑，检察官扣押了 Boyd 的货物，并强制其提交证据。美国联邦最高法院认为，检察官发布的要求 Boyd 提交私人文件的命令，明显侵犯了个人生活的私密性。[2] 该案标志着宪法第四修正案的保护范围从物理性财产拓展到公民隐私权利，"物理性侵入"成为判断搜查是否对个人隐私造成侵害的标准，直到 Katz v. United States 案时被彻底推翻。

1967 年美国联邦最高法院在审理"Katz 案"时，最终放弃了"物理性侵入"规则。在该案中，被告 Katz 因为在电话中传播赌博信息被逮捕，审理中控方出示了通过偷听方式获得的 Katz 电话录音证据。控方认为电话亭属于公共场所，不受宪法第四修正案保护，因此偷录通话行为未侵犯 Katz 的隐私。法院认为，宪法第四修正案保护主体是人，而不是地方。当政府的搜索行为从房屋转移到电话亭时，人们应当有权知道自己将遭受不合理的搜查和扣押，而在 Katz 案中，政府的搜查未获得法院授权，明显违反了宪法第四修正案对公民隐私的保护目的。[3]

哈兰大法官认同法院的审理意见，认为当 Katz 进入电话亭关上门后，封闭式的电话亭就如同自己的家一般，此时人们对通话隐私享有的合理期望（reasonable expectation of privacy）受到宪法的保护。哈兰大法官在该案中解释了合理隐私期望的含义，提出了一个双层标准（a twofold requirement）：主观上个人必须表现出一种真实的隐私期望；客观上该期望能够得到社会认可，具有合理性。只有同时满足主客观的要求，公民的个人隐私才享有合理的期望，受到宪法保护。由此，合理隐私期望理论在"Katz 案"中确立，并影响至今。

"Katz 案"确立了合理隐私期望标准后，美国在司法实践中也逐渐发现该理论的不足之处，主要是客观要件中合理性判断标准具有不确定性。因此在一系列司法判例中，又对客观要件提出了多种解释理论，以排除不具

---

[1] Richard C. Turkington & Anita L. Allen, *Privacy Law: Cases and Materials*, St. Paul, Minn West Group, 1997, p. 78.

[2] Boyd v. United States, 116 US 616, 6 S. Ct. 524, 29L. Ed. 746 (1886).

[3] Katz v. United States, 389 US 347, 351, 88 S. Ct. 507, 19L. Ed. 2d 576 (1967).

有合理期望的个人隐私，主要有公共暴露理论[1]、风险承担理论[2]和非法信息无隐私说[3]。三种理论共存，为法官在司法实践中提供了选择余地，但同时也使得公民隐私保护处于相对不确定的状态。

（二）合理隐私期望理论由物理空间拓展到社交领域

随着网络技术的发展，人们的隐私空间进一步拓展。随之也产生一个问题，其中的用户是否还依然享有隐私期望。美国地区法院在1997年审理的 United States v. Charbonneau 案中，认为电子邮件和其他现代通讯没有区别，电子邮件发送后被接收和阅读，信件内容不再享有隐私期望保护。但是在这之前，除非警察取得搜查令，其他任何人都无权打开信件，因而信件的内容是保密和安全的。[4]也即电子邮件撰写者在发送之前对信件内容享有合理隐私期望。至此，合理隐私期望理论在社交领域开始适用。

在"Charbonneau 案"后，司法实践中对用户在社交媒体中是否享有合理隐私期望问题，展开了一场争论。最早提及宪法第四修正案如何在社交媒体中运用，是在"Forrester 案"和"Quon 案"中。[5] 2008年第九巡回法院在审理 Forrester v. United States 案时认为，由于必须将信息提交给互联网服务提供者（ISP）后才可使用电子邮件服务，也即相关内容已被第三人知道，所以电子邮件使用者对这类信息不享有合理隐私期望。[6] 而在2008年第九巡回法院审理的 Quon v. Arch Wireless Operating Co. 案中认为，短信、电子邮件之间不存在区分的意义，用户对短信内容具有合理隐私期望，被

---

〔1〕 公共暴露理论认为，对于暴露在公共空间中的事物，以及任何人都可以观察到的信息，即使属于个人隐私，也不具有合理性期望。1999年美国联邦最高法院审理的 United States v. Knotts 案中，法院认为警察使用电子追踪器对车辆方位信息进行跟踪的行为，没有侵犯 Knotts 的隐私，因为车辆方位信息属于暴露在公共空间中的信息，任何人都可以观察到，因而不具有合理隐私期望。

〔2〕 风险承担理论认为，当个人向第三人披露隐私信息时，披露者应当承担着他人向警方泄露的风险。在美国联邦第一巡回法院审理的 Smith v. Maryland 一案中，法院认为公民在通信中已经将信息泄露给第三人电话公司，因而公民对通信信息不再享有合理隐私期望。

〔3〕 非法信息无隐私说认为，任何非法的行为以及所产生的信息，都不具有隐私保护期望。在美国联邦最高法院审理的 United States v. Place 一案中，法院认为缉毒犬嗅出毒品，即使致使毒品暴露，也没有侵犯被告的合理隐私期望，因为除了毒品之外，其他物品没有被暴露。因而在司法实践中，非法信息无隐私的规则也被确立并适用。

〔4〕 See United States v. Charbonneau, 979F. Supp. 1177. 1184 (SD. Ohio. 1997).

〔5〕 张民安主编：《隐私合理期待分论——网络时代、新科技时代和人际关系时代的隐私合理期待》，中山大学出版社2015年版，第169页。

〔6〕 United States v. Forrester, 512F. 3d 500, 510 (9th Cir. 2008).

告对用户短信的搜查违反了宪法第四修正案。[1] 由此可知，在巡回上诉法院层面，对社交媒体中用户是否享有合理隐私期望存在较大分歧。

随着科技生活化程度提升，美国政府认可并提高了用户存储在云端隐私期望的合理性，如联邦贸易委员会（FTC）对不遵守其隐私标准的公司采取执法行动。[2] 从美国联邦最高法院新近的判例来看，对社交媒体中用户是否享有合理隐私期望，表露了最新的观点和立场。在 2018 年审理的 Carpenter v. United States 一案中，政府根据运营商提供的犯罪嫌疑人手机定位数据将其抓获。美国联邦最高法院认为，政府通过运营商提供的手机定位信息来获取个人行踪信息的行为，对公民的合理隐私期望构成了侵犯。[3] 该案件折射出美国联邦最高法院对用户在社交媒体中享有合理隐私期望持肯定态度。至此，公民在社交媒体中同样享有合理隐私期望，并受到宪法第四修正案的保护，最终在美国政府和联邦最高法院层面得到确定。

三、合理隐私期望理论在我国法律体系中"生命力"的体现*

不少学者提议我国应当借鉴或引进合理隐私期望理论，用以保护公民隐私权利。但是在借鉴或引进之前，首先需要思考该理论在我国法律中是否已经有所体现，实践中是否已有应用。只有在立法和司法实践中皆没有的情况下，提出借鉴或引进才符合逻辑。

（一）合理隐私期望理论在我国立法中的体现

1. 《宪法》《刑法》中合理隐私期望理论客观标准的体现

《宪法》作为我国的根本法，规定了公民所享有的基本权利。但是我国宪法并没有直接对隐私权保护作出规定，而是以间接的方式保护公民隐私。1982 年《宪法》第 37 条至第 40 条，分别规定了我国公民的人身自由、人格尊严、住宅、通信自由和通信秘密不受侵犯的权利。可以认为，公民在这五项宪法性规定上享有隐私期望，并得到了国家和社会的承认，即符合合理隐私期望理论的客观标准。

---

〔1〕 Qunon v. Arch Wireless Operating Co, 529F. 3d 892（9th Cir. 2008）.

〔2〕 E. Johnson, "Lost in the Cloud：Cloud Storage, Privacy, and Suggestions for Protecting Users' Data", *Stanford Law Review*, 69（2017）, p. 887.

〔3〕 See Timothy Ivory Carpenter v. United States, 138 S. Ct. 2206 585 US 2018, 201L. Ed. 2d 507（2018）.

* 本文本部分所引用法律皆为中华人民共和国法律，故相关法律文件名中省去"中华人民共和国"，特此说明。

《刑法修正案（七）》和《刑法修正案（九）》，将侵犯公民个人信息行为纳入刑法保护，并规定了关于非法出售、提供、获取公民个人信息方面的刑罚。我国刑法对公民个人信息的保护，扩大了犯罪主体和范围，降低了犯罪门槛，并加重了犯罪处罚。[1] 这反映出公民对其个人隐私信息享有的隐私期望也越来越高。除此之外，《刑法》第 245 条对非法搜查和非法侵入的处罚，第 246 条对侮辱和诽谤行为的规制，以及第 252、253 条关于非法私拆他人信件行为的处罚，都在法律层面对公民所享有的主观隐私期望，予以承认和保护。

2. 《民法典》《网络安全法》中合理隐私期望理论主客观标准的体现

2020 年我国《民法典》通过，在人格权编第 6 章中关于隐私权和个人信息保护的规定，对公民隐私与个人信息有了更新、更为全面的保护，并与合理隐私期望理论的主客观双重标准相对接。其一，《民法典》第 1032 条规定隐私是指"自然人的私人生活安宁和不愿为他人知晓的私密空间、私人活动、私密信息"。其中"生活安宁"和"不愿为他人知晓"，与合理隐私期望的主观标准相契合。其二，《民法典》第 1033~1039 条的规定，列举侵害隐私权行为，明晰个人信息处理的原则和条件，并对信息处理者和国家机关及其工作人员的保密义务作了规定，这些都表明了国家与社会对个人享有的隐私期望予以认可。此外，《民法典》结合时代个人隐私信息泄露的现状，对网络中的个人隐私信息也赋予了合理隐私期望。杨立新教授也认为，我国《民法典》人格权编中对于私生活的判断与美国法上的合理信赖原则是相类似的。[2]

《网络安全法》中涉及信息安全的规定，可以看作是对合理隐私期望理论客观标准的细化。其中第 40~49 条，对网络运营者和国家有关部门规定的保障用户信息安全责任和义务，客观上认可了用户对隐私信息所享有的主观期望。除此之外，我国《民事诉讼法》《刑事诉讼法》《未成年人保护法》等法律以及相关司法解释，涉及公民隐私信息保护的内容，无一不与合理隐私期望理论之间有着密切联系。因此，在不少学者提议我国应当借鉴或引进合理隐私期望理论之前，该理论早已融入了我国的部分立法之中，

---

〔1〕 张庆立：《侵犯公民个人信息罪的法益廓清与实践认定——基于最新司法解释的考察》，载《时代法学》2018 年第 2 期。

〔2〕 王利明：《民法典人格权编的亮点与创新》，载《中国法学》2020 年第 4 期。

并表现出顽强的生命力，因而学者的借鉴或引进之说缺乏考证。

（二）合理隐私期望理论在我国司法中的体现

合理隐私期望理论除了在立法中展示出"生命力"，在我国司法实践中也有适用体现。笔者在中国裁判文书网上以"合理隐私期望"为关键词进行搜索，共搜索出四份相关判决书。其中诉讼当事人以合理隐私期望作为辩护理由的有三份，但是法院都没有对当事人的隐私是否具有合理期望问题做出具体答复。[1]而法院在判决书中主动适用合理隐私期望理论的只有一份，法院审理认为，诉讼后双方在明知彼此身份的前提下以通话形式进行协商，通话内容不具有合理隐私期望，以此来确定通话证据的合法性。[2]

除了直接引用合理隐私期望理论之外，在其他的一些司法案例中也侧面体现了该理论的内涵。如在高某诉"快手"短视频侵犯隐私权案中，一快手用户上传了高某在未成年时吸毒被查获的视频，并配有照片、姓名，且未对重要可识别的身体部位打马赛克，因而侵犯了高某的隐私。[3]该案件中，高某作为未成年人，国家在《未成年人保护法》中对其违法行为给予隐私保护，并且高某通过诉讼的方式来维护自己的隐私，对自己的隐私信息表现出主观期望。法院最终支持高某的诉求，也体现出社会对高某主观隐私期望合理性的认可。

从上述考证分析可知，我国在立法上体现了合理隐私期望理论内涵，并在实践运中有所用适用。因此得出结论：合理隐私期望理论作为舶来品，在我国法律体系中具有较强的生命力。即使如此，该理论在我国的适用也存在些许问题，尤其是随着技术的发展，该理论的局限性逐渐暴露。

四、合理隐私期望理论在社交媒体应用中的局限性

合理隐私期望理论适用场景的变化，尤其是媒体的出现，挑战着理论的适用。理论最初适用于物理空间，但是随着网络技术的迅速发展及复杂多变，理论已经无法适应网络社交场景，从而暴露其不足之处。这也是该理论在本土化适用过程中需要面对的挑战。

（一）特殊信息的主观隐私期望与隐私保护要件冲突

互联网所塑造的社交媒体虚拟环境，相较于起初理论适用的物理环境，

---

〔1〕 参见广州市中级人民法院（2019）粤01民终4540号判决书；长春市中级人民法院（2017）吉01民终2055号判决书；广州市中级人民法院（2015）穗中法民一终字第5018号判决书。

〔2〕 参见佛山市中级人民法院（2019）粤06民终1833号判决书。

〔3〕 参见三亚市中级人民法院（2018）琼02民终822号判决书。

已发生了巨大变化。场景的变迁给理论在适用中也带来诸多挑战，尤其是涉及提供虚假信息及删除云端的隐私信息时，是否还具有合理隐私期望，成为一个问题。

1. 提供虚假信息的主观隐私期望与隐私保护真实性要件冲突

根据个人主观意图来判断其对隐私的合理期望，在社交媒体中面临最大的挑战是如何处理虚假个人信息的隐私期望问题。个人信息属于个人隐私的一部分，具有虚拟性和可匿名性，用户在社交媒体中个人信息的真实性无法确定。真实性和隐匿性是构成隐私的核心要件，也是判断是否侵犯个人隐私信息的关键点。就隐匿性要件而言，用户在平台中的私人账号空间设置了专有账号密码，未经授权不允许他人进入该私密领域，因而私人账号具有隐匿性特征。

就真实性要件来看，尚存在待考证之处。真实性的隐私信息当然受到法律的保护。但是若用户在社交媒体中使用虚假身份，或者提供虚假的个人信息，当其虚假或半真半假的信息遭泄漏而被侵犯时，用户对这些信息能否主张合理隐私期望？如用户未经注册使用搜索引擎，其搜索痕迹被第三方泄漏，或是当个人手机或账号被盗时，人们对因此而创建的相关数据信息是否还具有合理隐私期望？[1] 若严格根据侵犯隐私的两个构成要件来看，泄漏用户提供的虚假信息，并没有具体侵犯用户的真实隐私，因而不存在侵权问题。

但是反过来思考，用户提供虚假的个人信息进行社交活动，在主观上能够体现用户对此类信息享有隐私期望吗？笔者认为，在当下个人信息遭严重泄漏并被侵犯的境况中，用户之所以这么做，主要是避免自己的真实个人信息遭泄漏。从功利主义视角来看，采用提供虚假信息的方式进行活动，用户主观上不希望他人知道其真实个人信息，因而对其活动信息享有主观上的隐私期望。基于虚假信息所表现出来的主观隐私期望，能否得到社会认可而受到保护，面临两种尴尬的选择：一是隐私期望得到社会认可而具有合理性，就会与隐私保护的真实性要件相矛盾；二是社会不认可此类隐私期望，社交媒体上虚假或半真半假的个人信息，将得不到保护，当用户此类隐私信息被泄露或者个人账号被盗时，寻求司法救济可能无果。

---

[1] W. Howard, "Cox. Sting Ray Technology and Reasonable Expectations of Privacy in the Internet of Everything", *The Federalist Society Review*, 17 (2016), pp. 1-34.

2. 删除信息的主观隐私期望与隐私保护的隐匿性相冲突

对于垃圾这一特殊物品，用户是否享有合理隐私期望，也是值得关注的问题。在物理空间中丢弃的私人物品，抛弃者对丢弃物是否还具有合理隐私期望，美国在司法实践中给出了否定答案。在第一巡回法院审理的 U-nited States v. Scott 案中，法院认为被告将文件放入碎纸机的行为，等同于将文件像垃圾一样丢弃，不再对该文件抱有合理隐私期望，因为任何人都可能对该垃圾进行打开翻查，因而将碎纸文件拼接作为证据使用，并未侵犯被告的隐私。[1] 从该案件中可以推断出，客观上被告将物品抛弃至他人可随意获取的地方，丢弃物不再具备隐匿性，行为人在主观上已放弃对该物品的隐私期望。

而网络虚拟社交媒体作为物理空间的延伸，如果公民将存储在云中的邮件、照片等文件进行删除，如同物理空间中的丢弃行为。但是与物理空间中的丢弃垃圾行为不同的是，当用户在社交媒体中删除隐私信息后，社交媒体平台或 ISP 仍然会在一段时间内存储用户的个人隐私信息。根据 Scott 案的审判结果进行类推，用户在社交中删除信息的行为，是否意味着该隐私信息不再具备隐匿性，用户在主观上也放弃了隐私期望？抑或意味着政府和运营商可以搜集用户丢弃的信息而不违法？这些都与公民自身的隐私安全有着重大关系，值得我们重点关注。

（二）客观要件通说理论在社交媒体应用中局限性显露

从合理隐私期望理论标准的客观要件来看，公民主观上的隐私期望只有得到社会的认同，才可获得到法律保护。但是将是否合理交由社会来判断，"社会"一词本身具有复杂性，对合理性的判断，缺乏具体的衡量依据。

美国司法实践对合理隐私期望理论的客观要件提出了三种判断依据，公共暴露理论、风险承担理论和非法信息无隐私说。三种判断依据同时存在，导致公民的隐私权利处于被侵犯的危险之中。虚拟空间的存在，使得三种理论在适用中的局限性逐渐显露出来。

1. 公共暴露理论：物理空间暴露转移至网络空间，公民隐私期望存在不确定性

公共暴露理论是针对现实物理空间中个人隐私而言的，但是在空间中，该理论表现出明显的局限性。当一个人的言行经过传播而成为公众关注的

---

[1] See United States v. Scott, 975F. 2d 927 (1st Cir. 1992).

人物时，尤其是"被出名"的个人，是否明知自己的言行会成为公众关注的对象？因而对于主观"明知"的认定，在技术发达的今天，辨别具有一定的难度。即使个人明知其在公共环境中，其言行不具有合理的隐私期望，但是个人的身份信息、征信信息等，仍然具有合理的隐私期望。值得注意的是，现实生活中公民的部分言行常常暴露于公共空间中，有时会因公众的关注，公民的个人隐私信息可能被他人在社交媒体中泄露。当物理公共空间中的暴露延续至社交媒体中时，个人的隐私信息就会面临被泄露的风险，而按照公共暴露理论解释，被暴露在公共空间中的隐私信息就不再享有合理隐私期望，对公民的隐私保护带来很大的不确定性。

2. 风险承担理论：ISP 作为第三人，公民在其中无隐私可言

风险承担理论是公共暴露理论的一种具体形态，披露者须承担其信息被第三人向警方或其他人泄漏的风险，即当第三人将信息泄露给另外一方时，其个人信息不再享有合理隐私期望。该理论将隐私狭义地界定为"秘密性"，当共享的信息被认定为进入公共领域，社交媒体用户的隐私得到隐私法的保护将是微乎其微。[1] 但是在社交媒体中，人们的社交活动信息都会被 ISP 收集和使用，甚至是某种程度上的监控。

在"9·11"事件后，美国颁布了《爱国者法案》，赋予政府执法部门前所未有的权力，[2] 政府与 ISP 的合作，对公民活动的监控，给隐私造成了更多的威胁。另外，平台能够根据用户的搜索行为实行精准推送，也印证了 ISP 在后台监控并收集用户数据的行迹。用户在注册使用社交媒体时与平台签署的用户协议，也默认了 ISP 的相关行为。根据风险承担理论，这是否意味着当 Facebook、腾讯这类社交媒体平台泄露用户隐私信息时，可以辩称：用户已经将隐私信息提交给了 ISP，因而不具有秘密性，也不享有合理隐私期望？这般来看，社交媒体中用户的隐私将无所遁形。

3. 非法信息无隐私说：不同学说相矛盾，公民隐私范围被无限压缩

非法信息无隐私说与公共暴露理论存在矛盾之处。在 Kyllo v. United States 案中，警察用热成像技术侦察出 Kyllo 在室内用加热灯种植大麻，进而指控 Kyllo 的违法行为。但是美国联邦最高法院认为室内的温度没有暴露

---

〔1〕 Mills, Max, "Sharing Privately: the Effect Publication on Social Media Has on Expectations of Privacy", *Journal of Media Law*, 10（2017），pp. 1-27.

〔2〕 ［美］劳伦斯·莱斯格：《代码 2.0：网络空间中的法律》，李旭、沈伟伟译，清华大学出版社 2009 年版，第 77 页。

在公众中，属于个人隐私信息，警察的搜索行为构成对隐私的侵犯。[1] 但若根据非法信息无隐私说来判断，Kyllo 因种植大麻的违法行为而产生出的温度信息，不具有合理隐私期望。由此可知，理论的选择适用会导致不同的判决结果。

而在社交媒体中，非法信息无隐私说给予了政府和法院更多的裁量空间，给公民隐私造成更多的限制，个人在社交媒体中的任何触及违法行为的信息，都无法被赋予保护机会。而对社交媒体中非法信息的搜查，往往会触及他人不违法的隐私信息，从而造成公民隐私受侵犯的范围扩大。另外，非法信息无隐私并不意味着行为人没有任何隐私权利可言。如在性侵案件中，受害人一方将聊天记录作为证据在社交媒体中公开，从而引起社会关注。施害者通过社交软件发送骚扰信息的行为，具有非法性。以非法信息无隐私说来看，施害者对被公开的信息不享有合理隐私期望，但这并不意味着施害者完全没有个人隐私可言。从已有的社会新闻来看，施害者被公开后往往相当于"裸奔"，其个人信息、家庭住址、工作单位、开房记录等都会遭"人肉搜索"而泄露。有学者认为，性侵者的个人信息公开应当规范化，[2] 而不是无限制地被泄漏。

五、合理隐私期望理论本土化适用中问题的解决

合理隐私期望理论若想要在我国能够得到良好应用，需解决缺乏具体法律依据、司法实践经验匮乏、理论适用存在矛盾等问题，以此提升理论在本土化适用中的准确性。

（一）弥补理论无法律依据缺陷，注重理论实践适用

由前文可知，学术界对合理隐私期望理论的发展与适用，已经有了较为丰富的探讨。但是合理隐私期望理论在我国立法中只是体现，并无直接的法律依据。通过在中国裁判文书网中的搜索发现，目前司法实践中仅有四个相关案例涉及合理隐私期望，也只有一份是法院直接引用该理论，这表明该理论在我国司法实践适用中的相关经验较为匮乏。理论探讨与实践经验之间的差距较为悬殊，反映了该理论在本土化适用过程中呈现出"重理论轻实践"的不对称现象。另外，从四份涉及合理隐私期望的判决书中

---

〔1〕 See Kyllo v. United States，533 US 27，121 S. Ct. 2038，150L. Ed. 2d 94（2001）.

〔2〕 《公开性侵犯者个人信息应规范化》，载 http://www. legaldaily. com. cn/index_article/content/2017-12/05/content_7412044. htm? node=5955，最后访问日期：2020 年 8 月 2 日。

可以发现，不论是当事人还是法院在援引合理隐私期望时，都没有从法理和学理两个层面做出相对应的解释。司法文书中的直接引用显得较为突兀和僵硬。

学术界对理论较为充分的研究讨论，为理论的落地提供了学理基础。因此，笔者认为可以尝试在我国的立法或司法中，将合理隐私期望理论写入法律中，或以司法解释的形式进行说明。如以《中华人民共和国民法典》第 1032 条第 2 款关于隐私的规定为例，[1] 可以尝试用合理隐私期望理论对私密空间、私密活动和私密信息的范围做进一步解释，如"私密空间的隐私是指自然人在主观上对某一空间享有隐私期望，且该隐私期望符合社会公众的理性认知"。

在司法中，司法机关可以结合合理隐私期望理论，对涉及隐私保护的相关法律内容做出更具体的解释，例如可以对非法信息、公共场合中的隐私是否具有合理的隐私期望、是否受到法律保护进行阐释。通过案例指导方式，对今后社交媒体中涉及 ISP 与公民隐私保护的案例提供审理意见。另外，法院在判决书中援引理论时，可以对引用合理隐私期望的内容和学理依据稍作解释，既体现审判的专业性，又能够将理论落实到具体案例实践中。

（二）建立隐私期望合理性标准，避免理论理解适用存在偏差

合理隐私期望理论在我国司法实践中的运用也存在一定的矛盾和偏差。在王宏利诉杭州市公安局西湖区分局一案中（2019），法院认为由于原告的前妻在原告不知情况下查询了原告的银行征信，但是未向社会散播，[2] 因而未侵犯原告的个人隐私，即原告对其个人征信息仍享有较高的隐私期望。而在朱某诉百度侵犯隐私权纠纷一案中（2014），终审法院认为，cookie 技术在利用用户信息进行推送时，相关信息已经与用户身份分离，不具有可识别性，不再属于个人信息范畴，因此驳回原告诉求。[3] 从最后的判决结果可推知，基于行为而产生的 cookie 数据，用户不享有合理隐私期望。上述两个案例对于第三人知悉的隐私信息，两个法院给出了不同的判决结果。

---

〔1〕 《民法典》第 1032 条第 2 款规定，隐私是自然人的私人生活安宁和不愿为他人知晓的私密空间、私密活动、私密信息。

〔2〕 参见杭州市西湖区人民法院（2019）浙 0106 行初 222 号判决书。

〔3〕 参见南京市鼓楼区人民法院（2013）鼓民初字第 3031 号判决书；江苏省南京市中级人民法院（2014）宁民终字第 5028 号判决书。

这也折射出实践中对理论的理解存在偏差。两个案例的审理时间，刚好处于美国 Carpenter v. United States 案前后，这与理论本身具有的不确定性存在一定关联。但是在这之后，我国没有在立法或司法解释层面对涉及理论适用的相关案例做出指导说明，缺乏最高层面定纷止争性的引导。

合理隐私期望理论在本土化适用过程中，存在上述各种问题的主要原因在于对隐私期望的合理性把握不够准确，缺乏具体的判断标准。因此建立隐私期望的合理性衡量标准，避免司出现偏差和矛盾，是解决理论适用问题的关键。笔者认为，可以从以下几个路径去解决：其一，关于虚假个人信息，由于不具备真实性，且披露也不会损害当事人隐私，因此对此类信息不给予保护；但是若其中涉及一些个人真实的信息，如 IP 地址、手机号码等信息，则仍享有高度的隐私期望。其二，在社交媒体中删除的个人信息，由于具有隐秘性，用户对其删除的信息并不意味着放弃主观隐私期望，如将手机中的隐私照片删除，当事人并不希望 ISP 可以获取。考虑到社交媒体成为人们的另一主要生活空间，对用户删除的隐私信息给予较高的隐私期望认可，更符合当下人们的隐私权利需求。其三，保障公民合理隐私期望的稳定性，需要对客观要件同时存在的三种适用依据进行严格限制。如公共暴露理论，仅对隐私主体主动在中暴露的隐私信息不给予保护，原因在于：一是主动暴露即表明主观期望的放弃；二是对于被暴露的隐私信息，由于隐私主体主观上并未放弃隐私期望，且给予被暴露的信息隐私期望，能够对恶意泄露者予以约束。对于风险承担理论中涉及的特殊主体 ISP，根据我国法律对 ISP 设定的义务可知，用户在 ISP 中的隐私信息仍享有合理隐私期望。但是若涉及危害到社会公共秩序和国家利益的信息，如制造传播谣言、侮辱英雄烈士名誉、泄露国家秘密等信息，隐私主体不得以合理隐私期望进行抗辩。为了避免三种学说适用混乱，有必要对各学说的案件使用类型和范围进行严格限定。如将公共暴露理论限定在公民之间的隐私权纠纷案件范围内，风险承担理论则限定在 ISP 侵犯公民隐私一类案件中，而非法信息无隐私说则仅适用于对涉及国家和社会公共利益的信息。当案件触及多个适用学说时，根据利益的公私大小进行分级，非法信息无隐私说优先于其他依据，风险承担理论优先于公共暴露理论。由此，根据上述标准对隐私进行分类保护，确立合理性标准，能够避免实践中理论理解与适用的偏差。

六、结语

合理隐私期望理论的确立是一个漫长且曲折的过程，只有深入去了解理论的发展历程，才能够更为立体的掌握具体内涵。作为舶来品，在本土适用过程中不可避免会出现"水土不服"的现象。准确理解并适用理论，对我国学者和司法从业人员都提出了较高的要求，不仅需要深层次系统了解理论的内涵，还需要在适用中结合我国的司法实践现状，克服社交媒体的复杂性，更需要有理论创新应用的胆量和勇气。

第三编　　比较司法文化

司法裁判说理援引法律学说的
功能主义反思[*]

杨　帆^{**}

导言：在法学研究与司法实践之间

　　众所周知，在罗马法的经典时代，法学家的学说就曾经是司法裁判的重要法源之一。公元 426 年，东罗马帝国、西罗马帝国一起颁布了《引证法》，明确规定帕比尼安（Aemilius Papinianus）等历史上著名的五位法学家的学说和著作具有和法典一样的直接法律效力。[1] 罗马司法上的这一规定成为后世各主要法系中法官援引法律学说进行说理和裁判的滥觞。这一现象在今天各国的司法实践中依然扮演着重要角色，引起学界的广泛讨论。[2] 司法裁判是否可以，以及在什么层面上可以援引法律学说进行说理和裁判？对这一问题的回答，事实上反映出，在一个国家的法律体系内，法学研究扮演了什么样的功能角色，以及它能在多大程度上影响司法，或者说司法实践与法学研究之间的关系如何？这又是一个在规范层面和实践层面都需要谨慎应对的问题。过往的研究或多或少都包含了一种未经细致论述的前置立场，本文希望从法社会学的功能主义视角对这一问题展开进一步的探

　　* 本文内容原载于《法制与社会发展》2021 年第 2 期，收入本书时有所修改。吉林大学法学院研究生王一鹤、杨晓霞、周启冰参与了本研究的数据搜集与整理工作，王立栋、刘小平、朱振、侯学宾、蔡宏伟、李拥军、刘树德、苗炎等学者在本文写作过程中提供了帮助，作者在此一并表示感谢。
　　** 杨帆，吉林大学理论法学研究中心、法学院副教授，吉林大学司法数据应用研究中心研究员。
　　〔1〕　［英］巴里·尼古拉斯：《罗马法概论》（第 2 版），黄风译，法律出版社 2004 年版，第 35 页。
　　〔2〕　P. Fábio, Shecaira, *Legal Scholarship as a Source of Law*, Springer, 2013, p. 2.

讨与反思。

《中华人民共和国民法典》第10条规定，"习惯"可以作为民事裁判的依据，但是并没有像其他一些大陆法系国家的民法典那样赋予法律学说以直接法源地位。[1] 在我国的诉讼法体系中，对这一问题的规定也比较模糊，具有最正统规范效力的《中华人民共和国刑事诉讼法》《中华人民共和国民事诉讼法》《中华人民共和国行政诉讼法》都没有对裁判文书能否以及如何援引法律学说进行说理作出明确规定。2018年6月1日发布的《最高人民法院关于加强和规范裁判文书释法说理的指导意见》是迄今为止最高人民法院关于司法裁判文书说理问题规定最为细致的规范性文件，对我国各级法院法官的裁判文书写作都有规范和指导意义。该《指导意见》第13条规定："除依据法律法规、司法解释的规定外，法官可以运用下列论据论证裁判理由，以提高裁判结论的正当性和可接受性：……公理、情理、经验法则；……法理及通行学术观点；与法律、司法解释等规范性法律文件不相冲突的其他论据。"由此可见，在我国，在规范层面，裁判文书被允许援引法律学说等进行多元化说理，只要这种说理与现行"硬法"[2]不抵触即可。但是，裁判文书在什么情况下应当援引法律学说进行说理、在什么情况下不应援引法律学说进行说理？法律学说是否具有促成裁判结果的"直接"效力？裁判文书援引法律学说时是否应当注明法律学说的提出者和出处？诸如此类的细节问题在既有规范中找不到明确答案，在实践中，法律学说的适用也处于相对混乱的状态，这在一定程度上影响了我国司法裁判说理的规范性和可接受性。[3]

目前，我国学界对这些问题有两派似乎针锋相对的观点，大体可以将之归类为"支持说"与"反对说"。以金枫梁为代表的学者们认为，援引法律学说可以增强司法裁判文书说理的可接受性。裁判文书不仅应当多援引法律学说进行说理，而且应当尽可能援引"非通说"，形成理论对话。裁判

---

〔1〕 相关论述参见杨群、施建辉：《〈民法总则〉"法理"法源规则缺失与实践重建》，载《南京大学学报（哲学·人文科学·社会科学）》2019年第3期，第149~157页。

〔2〕 一般来说，与"软法"概念相对应的"硬法"指具有较强约束力的规范，在我国一般包括法律、法规、司法解释等，它们在司法裁判中可以作为"强"法源而存在。参见周佑勇：《在软法与硬法之间：裁量基准效力的法理定位》，载《法学论坛》2009年第4期，第12~16页。

〔3〕 参见最高人民法院司法改革领导小组办公室编：《最高人民法院关于加强和规范裁判文书释法说理的指导意见理解与适用》，中国法制出版社2018年版，第207~208页。

文书援引法律学说时应注明学说的具体出处，这样可以"促成学术与实务的良性互动"。[1] 他的这一观点主要参考了德国法教义学的传统，来自于德国语境下法学家与法官同属于一个职业共同体这一现实。[2] 与此观点类似，在我国民法学界，一些学者受到德国、瑞士等国家的民法理论的影响，也主张将具体法理与学说作为民事司法实践的重要渊源，将其运用到民法理论的补充、续造与完善之中。[3] 王立梅则认为，司法裁判说理应该回归"当事人本位"，避免"法律人本位"。混淆说理对象会导致判决结果的不确定性，因此，应严格限制法律学说在司法判决中出现。裁判文书应当引用通说进行说理，且只能隐性、具体地引用通说，而不能显性、抽象地引用通说。[4] 这一看法似乎也得到了官方的部分赞同。最高人民法院司法改革领导小组办公室编写的《最高人民法院关于加强和规范裁判文书释法说理的指导意见理解与适用》一书也主张，裁判文书应尽可能引用成为通识、共识的学界观点，并且尽量不要"指名道姓"地进行引用，因为这会"导致不必要的争议"。[5] 可见，官方对这一问题的观点仍趋于保守，但也承认"尚需在实践中加以进一步的探索"。[6]

本文认为，目前主流的讨论都没有关注到裁判说理中援引法律学说这一问题的实践功能属性，忽略了其背后的法学学术研究与司法实践之间的关系这一背景。而想回答这一问题，最好的路径是采取一种法社会学的功能主义研究视角，首先考察在不同法律传统背景下，法律学说在司法裁判说理中究竟扮演了什么样的功能角色，其次探究我国裁判文书援引法律学说进行说理的实践样态及成因，最后在此基础上提出兼具理论融贯性与现

---

〔1〕 金枫梁：《裁判文书援引学说的基本原理与规则建构》，载《法学研究》2020年第1期，第190~208页。

〔2〕 参见金枫梁：《裁判文书援引学说的基本原理与规则建构》，载《法学研究》2020年第1期，第196、199页。

〔3〕 参见李敏：《论法理与学说的民法法源地位》，载《法学》2018年第6期，第99~115页；杨群、施建辉：《〈民法总则〉"法理"法源规则缺失与实践重建》，载《南京大学学报（哲学·人文科学·社会科学）》2019年第3期，第149~157页。

〔4〕 参见王立梅：《裁判文书直接引用学者观点的反思》，载《法学论坛》2020年第4期，第93~100页。

〔5〕 最高人民法院司法改革领导小组办公室编：《最高人民法院关于加强和规范裁判文书释法说理的指导意见理解与适用》，中国法制出版社2018年版，第213~214页。

〔6〕 最高人民法院司法改革领导小组办公室编：《最高人民法院关于加强和规范裁判文书释法说理的指导意见理解与适用》，中国法制出版社2018年版，第214页。

实可能性的反思。因为在不同的法律传统中，法学研究与司法实践之间的关系不尽相同，所以适用于一国的裁判说理模式可能对其他国家来说并不适用，或者至少应因情适用。功能主义研究的首要目标是对不同的规范现象进行实践归因，探究其社会背景，因此它与社会学的经验实证研究紧密相连，是将经验实证研究、机制分析与理论构建相贯通的一种路径。[1] 采取功能主义研究视角尤其是与其紧密相连的经验实证研究方法来讨论这一问题的好处是，可以将其置于社会功能比较（而非仅是规范的比较）的视野下，从更宏观的层面来发掘其意义。除此之外，功能主义的研究进路还探讨，在理想的社会功能目标之下如何设计和改进有关制度，这是在功能归因之后要进一步解决的问题。以上两种彼此接续的功能主义研究视角也是当今比较法研究中最主流的研究范式。[2]

有鉴于此，本文将分三个主要步骤对这一问题展开细致讨论：首先，在功能比较视野下，讨论裁判文书援引法律学说进行说理的不同意义，这是对我国相关司法实践进行经验研究的基础。其次，以经验研究的方式（量化研究与质性研究）考察我国裁判文书援引法律学说进行说理的实践样态及成因。最后，在上述两方面的基础上，本文将从法学研究与司法实践的关系角度，就如何在司法裁判说理中援引法律学说这一问题提出规范性主张。需要说明的是，"法律学说"这一概念的含义在不同的语境下是有差别的。例如，有人认为，法国法学语境下的"学说"（la doctrine）与美国语境下的"法学学术研究"（legal scholarship）就是不同的概念，前者是指法学家（尤其是民法学家）作为一个整体所生产的法律思想，后者则泛指法学院的学者们的各种学术研究。[3] 对它们进行比较研究需要十分谨慎和小心。目前，我国学界、实务界对"法律学说"这一概念的称谓也并不统

---

[1] 社会科学的功能主义理论从早期自然科学中的"有机体"思想中发展而来，旨在对各种社会现象在整体中所扮演的"功能"与"角色"进行分析，通常伴随有"解释"和"归因"等研究路径。历经百余年的发展，也历经了不断的挑战、补充与完善，功能主义依然是今天社会科学研究最基础的理论视角，并深刻影响了法社会学、比较法、法学实证研究等学科领域。参见邓伟志主编：《社会学辞典》，上海辞书出版社2009年版，第69页；［美］罗伯特·K.默顿：《社会理论和社会结构》，唐少杰、齐心等译，译林出版社2006年版，第156~157页。

[2] 参见［德］K.茨威格特、H.克茨：《比较法总论》，潘汉典等译，法律出版社2003年版，第23~26页。

[3] ［法］菲利普·热斯塔茨、克里斯托弗·雅曼：《作为一种法律渊源的学说——法国法学的历程》，朱明哲译，中国政法大学出版社2020年版，第5页。

一，除"法律学说"外还有"法学理论""法理学说""法律理论""法学观点"等不同表述，或者干脆就叫"法理"。本文将在相对宽松的意义上使用法律学说及相关概念——它是一个复数概念，而非一个整体性概念，指向法学领域内的各种学术观点和学理创建，其提出主体一般被限定在当代中国的法学学者。出于对法学研究和司法实践之关系进行研究的目的，本文并未涉及其他社会科学或者自然科学理论在司法裁判中适用的情形，即便后者也是一个非常值得关注的领域。[1]

一、司法裁判文书援引法律学说进行说理的功能比较

在当今世界各主要国家，司法实践与法学研究间的功能性联系不尽相同，裁判文书援引法律学说进行说理也各有特点。就笔者有限的文献阅读范围而言，已有不少文章对中国、美国、英国、德国、法国、俄罗斯、乌克兰、澳大利亚等国家的法院援引法律学说进行司法裁判说理的情况进行了专门讨论。笔者认为，若想对这些情况做出"为什么"意义上的回答，就需要将其放置于司法裁判说理的社会功能、司法系统与社会其他系统的关系等功能主义视角中进行考察。美国、德国与法国的司法裁判说理是此视角下三种不同风格的代表。

（一）美国实质主义说理风格下的法律学说援引

美国司法裁判说理的最重要特征就是实质化倾向非常明显。早在20世纪90年代，由著名学者麦考密克（Neil MacComick）与萨默斯（Robert Summers）主导的跨国司法风格比较研究项目，就将美国司法裁判说理定义为实质主义说理的典型代表，其核心表现就是大量独立的实质化理由（independent substantive reasons）被运用于裁判文书。这些独立的实质化理由包括经济的、政治的、社会的各种理由，[2] 当然也包含法律学说。这些理由既没有被整合进形式化的制定法或先例中，也没有依附于其他权威，而是被法官以"对话式的"（discursive）方式加以运用，来论证判决结果。美国

---

〔1〕 社会科学知识在司法裁判中的运用是学界讨论较多的话题。参见侯猛：《司法中的社会科学判断》，载《中国法学》2015年第6期，第42~59页；张剑源：《发现看不见的事实：社会科学知识在司法实践中的运用》，载《法学家》2020年第4期，第54~67页；王云清：《司法裁判中的社会科学：渊源、功能与定位》，载《法制与社会发展》2016年第6期，第120~131页；[美] 约翰·莫纳什·劳伦斯·沃克：《法律中的社会科学》（第6版），何美欢等译，法律出版社2007年版。

〔2〕 D. Neil MacCormick and Robert S. Summers（eds.），*Interpreting Statutes: A Comparative Study*, Routledge, 2016, pp. 498-499.

司法裁判说理的这一特点有其自身的政治文化背景，比如《美国宪法》中设置了较多的道德实质性原则，而其联邦最高法院同时又是宪法法院，因而其司法机关（尤其是高级别法院）更倾向于引用实质内容进行说理；[1] 美国有着较为特殊的政治分权结构，司法机关的权威并不弱于立法机关，司法机关也并不仅是法律的执行者，而且同时是法律的制定者；殖民地时期进行革命斗争的历史决定了美国的司法系统对于形式化先例的重视程度要远弱于英国及其他英联邦国家；等等。[2]

在这样的背景下，美国法院的裁判文书尤其是高级别法院的裁判文书援引法律学说进行说理的情况非常常见。例如，在联邦第七巡回上诉法院[3]公布的 2013 年 8 月至 2014 年 8 月间作出的判决书中，有 11.4% 的判决书直接引用了学者的观点。[4] 历史地看，在 1950 年到 2008 年间，美国所有联邦巡回上诉法院公开的判决书中有 7.6% 的判决书至少引用了一次学者的观点。[5] 而对美国联邦最高法院 60 年间（1949—2009 年）作出的判决书进行的统计研究显示，至少引用学者观点一次的判决书的比例达到了惊人的 32.21%，且平均每份判决书引用学者的观点超过一次，这意味着，在一份判决书中多次引用学者观点的情况非常普遍。[6] 不仅如此，上述研究还显示出，在美国的高级别法院中，判决书对学者观点的援引随着时间推移呈逐渐上升的趋势。上述比例在笔者所见的对其他国家的裁判文书援引法律学说进行说理的情况展开的统计研究中都是非常高的。与此同时，根据笔者的观察，美国的法学学者们也通常以自己的观点被高级别法院的判决书援引为荣，他们认为，这体现了自身学术思想对司法实践的影响力。

---

〔1〕　D. Neil MacCormick and Robert S. Summers （eds.）, *Interpreting Statutes: A Comparative Study*, Routledge, 2016, p. 499.

〔2〕　D. Neil MacCormick and Robert S. Summers （eds.）, *Interpreting Precedents: A Comparative Study*, Routledge, 2016, pp. 437-460.

〔3〕　其在美国联邦法院系统中的地位仅低于联邦最高法院。

〔4〕　See Diane P. Wood, "Legal Scholarship for Judges", *The Yale Law Journal*, Vol. 124, No. 7 （2015）, p. 2606.

〔5〕　See David L. Schwartz and Lee Petherbridge, "The Use of Legal Scholarship by the Federal Courts of Appeals: An Empirical Study", *Cornell Law Review*, Vol. 96, No. 6 （2011）, p. 1359.

〔6〕　See Lee Petherbridge and David L. Schwartz, "An Empirical Assessment of the Supreme Court's Use of Legal Scholarship", *Northwestern University Law Review*, Vol. 106, No. 3 （2012）, p. 998.

著名法学院也会积极对此类情况进行重点宣传。[1]

但是，即便如此，在著名法官兼教授理查德·波斯纳看来，美国的司法实践与法学研究之间的关系依然不够紧密，存在着普遍的彼此忽视，法学界对司法实践的影响力"本应该更大"，[2] 他将这种关系形容为"各行其是"（divergent paths）。他认为，造成这种现象的原因既包括司法系统的，也包括法学界的。一方面，美国的法官终身任职，他们无需其他理由来正当化其权威，因此也就会变得保守而神秘，懒得去看论文，甚至不亲自撰写判决书。[3] 另一方面，受实用主义学术传统的影响，美国的法学学术市场越来越大，也越来越专业化。优秀的法学家们更倾向于以社会科学的方法对法律进行"二阶观察"，也一般不去考虑法官是否为合适的受众，因为他们可以在专业领域找到足够多的读者。[4] 波斯纳认为，应该从法院与法学界两个方面尝试进行调整和改变，以加强二者的联系。他的这一主张在美国学界引起了诸多学者的共鸣。[5]

（二）德国法律职业共同体思维下的法律学说援引

在德国，裁判文书援引法律学说进行说理的情况与美国类似，甚至援引更为频繁，但是其功能背景与美国不尽相同。在德国，无论是法官还是法学家，都不仅要经历非常标准化且严格的法教义学训练，而且要经过严格的选拔过程，这使得法官与法学家有着更为强烈的职业共同体思维与意

---

〔1〕 例如，著名的加利福尼亚州大学伯克利分校法学院就在其网站主页上长时间对该院两位教授的学术观点被联邦最高法院的判决书引用进行宣传，并强调这体现了伯克利分校法学院法学教育和研究的卓越影响力。See Andrew Cohen, "Supreme Influence: Two Professors Cited Recently by Nation's Highest Court", available at https://www. law. berkeley. edu/article/supreme-influence-two-professors-cited-recently-by-nations-highest-cour, accessed: 2020-06-10.

〔2〕 ［美］理查德·波斯纳:《各行其是：法学与司法》，苏力、邱遥堃译，中国政法大学出版社 2017 年版，第 4 页。

〔3〕 参见 ［美］理查德·波斯纳:《各行其是：法学与司法》，苏力、邱遥堃译，中国政法大学出版社 2017 年版，第 10、14~16 页。

〔4〕 See Diane P. Wood, "Legal Scholarship for Judges", *The Yale Law Journal*, Vol. 124, No. 7 (2015), pp. 2594-2602. 参见 ［美］理查德·波斯纳:《各行其是：法学与司法》，苏力、邱遥堃译，中国政法大学出版社 2017 年版，第 5~10 页。

〔5〕 See David Hricik and Victoria S. Salzmann, "Why There Should be Fewer Articles Like This One: Law Professors Should Write More for Legal Decision-Makers and Less for Themselves", *Suffolk University Law Review*, Vol. 38 (2005), pp. 761-787.

识，彼此之间的联系十分紧密。[1] 德国的法教义学，实际上就是通过法学学者与法官频繁互动而"共同构造"出来的一种类法源体系，甚至有"教授法"（professorenrecht）这样的称谓。[2] 在这种情况下，法官的裁判说理经常回应和引用学者的观点成为十分顺理成章的事情。有学者曾随机抽取了一卷本 1985 年的德国联邦民事司法判决报告并对其进行统计，发现平均一份判决书要援引学术文本 13 次。[3] 尽管他并没有说明这些学术文本是否都是法学论文，但这一比例本身也是相当惊人的。在同一年的英格兰的民事判决书中，平均一份判决书只引用了学术或其他"次权威"（secondary authority）观点 0.77 次。[4] 德国的这一比例在笔者所搜集到的各种相关研究数据中是最高的。

这种司法裁判说理的"德国模式"的产生还有其他的独特背景。在德国的法教义学传统中，法学教育与法学研究一直较为保守和封闭，也十分崇尚理性思辨和说理。[5] 德国的法学院几乎不会设置法学专业以外的"通识课程"。法学研究主要关注那些在司法实践中有意义的问题，几乎很少有德国法学家以社会科学的眼光对法律问题进行"二阶观察"。历史地看，德国的法学教授甚至拥有比法官更高的社会地位，法学家的思想对于德国民法典的编纂产生过关键性影响。[6] 德国大学的法学教授席位设置非常少，

---

〔1〕 有德国联邦法院前院长认为，德国法学理论界与实务界的互动在全世界范围内是最为密切的。参见金枫梁：《裁判文书援引学说的基本原理与规则建构》，载《法学研究》2020 年第 1 期，第 196 页。

〔2〕 参见苏永钦：《司法造法几样情——从两大法系的法官造法看两岸的司法行政造法》，载王洪亮等主编：《中德私法研究（17）：司法造法与法学方法》，北京大学出版社 2018 年版，第 12~13 页。

〔3〕 See Hein Kötz, "Scholarship and the Courts: A Comparative Survey", in Clark（ed.）, *Comparative and Private International Law: Essays in Honor of John Henry Merryman on His Seventieth Birthday*, Duncker & Humblot, 1990, p. 193.

〔4〕 See Hein Kötz, "Scholarship and the Courts: A Comparative Survey", in Clark（ed.）, *Comparative and Private International Law: Essays in Honor of John Henry Merryman on His Seventieth Birthday*, Duncker & Humblot, 1990, p. 188.

〔5〕 参见陈林林：《法律方法比较研究——以法律解释为基点的考察》，浙江大学出版社 2014 年版，第 147 页。

〔6〕 See Twining et al., "The Role of Academics in the Legal System", in Peter Cane and Mark Tushnet（eds.）, *The Oxford Handbook of Legal Studies*, Oxford University Press, 2003, p. 936. 参见方新军：《内在体系外显与民法典体系融贯性的实现——对〈民法总则〉基本原则规定的评论》，载《中外法学》2017 年第 3 期，第 567~589 页。

学者一般都要经过长期的淬炼，到很高的学术阶段才能获得法学教授席位。法官们在获得职业资格之前也要经过较长时间的法学教育（一般需要博士学位），通过严格的国家考试，成为"完全的法律人"。[1] 而这期间对他们进行学术训练和指导的，正是那些通过更为严格选拔程序的法学教授们，法学教授对法官的影响可想而知。与美国的法学教授通常兼具其他学科背景不同，[2] 德国的法学教授几乎清一色是纯粹法学背景，这使得他们在这一相对封闭的环境中彼此更为熟悉。此外，德语法学学术市场也相对较小，且主要以向外输出影响为主。德语法学家的学术作品的目标受众几乎都是德国或者受德国影响的地区的"圈内人"，这与前述波斯纳描述的美国的情况形成鲜明反差。

此外，二战之后，为了汲取历史教训，在德国联邦宪法法院的主导下，[3] 德国司法判决的说理风格也发生了较大转向，实质化及其背后的新自然法思想逐渐占据说理风格的主流。1973 年，德国联邦宪法法院在"伊朗王妃案"的判决中主张，包括"法学界的普遍共识"在内的诸多实质化理由都可以在必要时成为法律渊源。同年的一份联邦宪法法院决议也规定，所有法官的司法裁决都需"建立在理性论证基础之上"。[4] 这些都为法律学说大量进入到司法裁判说理中创造了条件。总之，"内卷化"[5] 的环境加上司法裁判说理方式的高度理性化，使得德国的法学家们与法官们彼此之间更有法律职业共同体思维和意识，援引法律学说进行司法裁判说理成为德国司法的显著特点。

---

〔1〕 参见张陈果：《德国法学教育的特色与新动向》，载《人民法治》2018 年第 18 期，第 27~32 页。

〔2〕 美国的法学院几乎不面向本国人提供学术博士学位（Ph. D）教育，而仅向本国人提供专业学位（JD 或者 LLM）教育。因此在美国，一个人如果想成为知名法学院的教授，除了需要有法学教育背景以外，一般还得拥有其他学科的学术博士学位，以彰显自身的学术研究能力，而非仅仅具备法律职业技能。这种状况在一定程度上催生了美国法学研究的开放化和社会科学化。

〔3〕 相对于其他欧陆国家，在德国，联邦宪法法院的判决和意见对整个司法系统都有较强的约束力。参见苏永钦：《司法造法几样情——从两大法系的法官造法看两岸的司法行政造法》，载王洪亮等主编：《中德私法研究（17）：司法造法与法学方法》，北京大学出版社 2018 年版，第 8 页。

〔4〕 参见陈林林：《法律方法比较研究——以法律解释为基点的考察》，浙江大学出版社 2014 年版，第 148、153~154、162 页。

〔5〕 作为一个人类学和社会学概念，"内卷化"一般指，在有限的资源和环境中，不断投入过多的人力和物力，从而造成边际效应递减，经济、社会等无法向前发展。在今天，它也被用来描述一些不断自我繁殖、自我指涉，从而很难向外发展和扩张的各种社会系统。笔者认为，"内卷化"很适合被用来描述法教义学传统下德国法学界和司法界的状况。

（三）法国司法形式主义之下的法律学说"不援引"

法国的司法裁判说理风格经常被研究者们作为美国式实质化司法裁判说理风格的对立面加以呈现，它几乎是形式主义和极简主义说理的代名词。法国的判决书基本上遵循严格的形式主义三段论结构，判决书的字数也比美国、德国的判决书字数少上不少。[1] 尽管有法国学者主张，经过几百年的发展，作为一个整体的法国民法学说已经成为重要的法律渊源（至少是间接法律渊源），[2] 但法国的判决书中几乎没有出现过援引法律学说进行说理的情况并未因此而改变。在制定法方面，笔者以"doctrine"（学说）作为关键词进行检索，发现在法国的现行法典中并不存在"学说可以作为裁判依据或参照"的"硬法源"的相关表述。[3] 笔者搜集到的相关文献中也没有提到法律学说被法国的司法系统援引的情况。为了验证过往的研究，笔者还检索查阅了法国最高法院（Cour de cassation）和法国最高行政法院（Conseil d'État）在 2020 年 10 月的全部 364 份公开案例，[4] 也确实没有发现这些案例的判决书中有援引法律学说进行说理的情况。

法国的判决书"不援引"法律学说有着深刻的功能性背景。意大利、西班牙、葡萄牙等大陆法系国家中受到法国民法典影响的国家的司法裁判说理风格与法国近似。这些国家往往被归入大陆法系的罗马子法系，与受德国民法典影响的日耳曼子法系国家相区隔。[5] 大陆法系国家虽然均存在成文法传统，但近代以来法典化的情况并不完全相同：在法国民法典编纂和确立时期，法律形式化的意识形态是很强的；但是在德国、瑞士和斯堪的纳维亚地区的法典化时代，已经出现了明显的"将自由精神注入法律"

---

〔1〕　See Michel Troper, Christophe Grzegorczyk, and Jean-Louis Gardies, "Statutory Interpretation in France", in D. Neil MacCormick and Robert S. Summers（eds.）, *Interpreting Statutes: A Comparative Study*, Routledge, 2016, p. 172.

〔2〕　参见［法］菲利普·热斯塔茨、克里斯托弗·雅曼：《作为一种法律渊源的学说——法国法学的历程》，朱明哲译，中国政法大学出版社 2020 年版，第 5~6 页。

〔3〕　检索结果参见 https://www. legifrance. gouv. fr/search/code? tab_selection=code& searchField=ALL&query=doctrine&page=1&init=true，最后访问日期：2020 年 11 月 6 日。

〔4〕　其中，法国最高法院公开案例 88 个，案例及裁判文书列表参见 https://www. courdecassation. fr/jurisprudence_2/，最后访问日期：2020 年 11 月 7 日；法国最高行政法院公开案例 276 个，参见法国最高行政法院裁判案例公开平台 https://www. conseil-etat. fr/ressources/decisions-contentieuses/arianeweb2，最后访问日期：2020 年 11 月 7 日。

〔5〕　参见［德］K. 茨威格特、H. 克茨：《比较法总论》，潘汉典等译，法律出版社 2003 年版，第 108~109 页。

的反绝对形式化倾向。[1] 这是法国司法裁判说理相较于德国司法裁判说理更为形式化的历史背景。

此外，很多相关研究均认为，相对"特殊"的分权结构也是法国司法裁判说理形式化的重要原因。法国历史上有着非常强大的一元权力传统，[2]司法机关被视为法律的忠实宣示者和执行者——如孟德斯鸠所言，法官只是"法律的嘴"，[3] 并不具备"司法造法"职能。法律上的漏洞在司法过程中基本不会得到正面承认。普通法院一般不会援引法律以外的资源进行说理，更不会进行"法律续造"等超越职权的活动。宪法委员会（其职能类似于宪法法院）和行政法院偶尔会援引法律之外的政治权威性话语进行说理，但也不会触及包括法律学说在内的其他资源。上级法院相对于下级法院拥有绝对权威，上级法院会在上诉审的过程中审视下级法院的裁判说理，因此，下级法院极少在裁判说理中援引法条以外的资源，以防被上级法院"挑毛病"。[4]

最后，法国的判决书不援引法律学说进行说理的原因还包括法国的司法机关秉持"神秘主义"的价值取向。判决书简单、形式化且神秘虽然会导致对司法不透明问题的种种诟病，但也被认为是对司法权威性的一种保护。相较于其他国家的司法机关大力推进司法公开举措，法国的司法机关曾一度明确规定了四不公开：检察官意见不公开、对不予受理申诉的裁定理由不公开、判决拟稿不公开、法官合议不公开。[5] 在各国法律界和法学界积极推进司法裁判与大数据、人工智能技术相结合的今天，法国却通过

---

〔1〕 参见［德］K. 茨威格特、H. 克茨：《比较法总论》，潘汉典等译，法律出版社 2003 年版，第 111 页。

〔2〕 参见杨帆：《在"凯撒"与"公民"之间——法国违宪审查制度演进的政治思想动因》，载《人大法律评论》编辑委员会组编：《人大法律评论》（2016 年卷第 2 辑·总第 21 辑），法律出版社 2016 年版，第 468~473 页。

〔3〕 Michel Troper, 《Séparation des pouvoirs》, *Dictionnaire Montesquieu*, available at http://dictionnaire-montesquieu. ens-lyon. fr/fr/article/1376427308/fr/, accessed：2020-12-5.

〔4〕 See Michel Troper, Christophe Grzegorczyk, and Jean-Louis Gardies, "Statutory Interpretation in France", in D. Neil MacCormick and Robert S. Summers（eds.）, *Interpreting Statutes：A Comparative Study*, Routledge, 2016, p. 185.

〔5〕 参见陈林林：《法律方法比较研究——以法律解释为基点的考察》，浙江大学出版社 2014 年版，第 110 页。

立法明令禁止通过大数据对法官的裁判规律进行研究,[1] 这样做的目的是筑起法律系统的壁垒，以免其受到政治等其他社会因素的干扰，保障司法的独立性。这也是法国法学界在 20 世纪二三十年代经过大讨论之后达成的一种默契和共识。[2] 总之，司法专业化、封闭化和神秘主义理念根植于法国的司法传统中，通过援引法律观点与法学界互动的情况在法国自然就非常难以发生。

综合以上对美国、德国、法国情况的比较研究不难发现，一国的裁判文书是否援引法律学说进行说理、在什么层面上援引法律学说进行说理，主要取决于在该国传统中司法承担了什么样的功能角色，以及司法实践与法学研究的关系。后一个问题又往往从属于前一个问题。我们不能仅仅因为其他国家有这样的规范或者存在这样的操作，就认为我国司法应该向这个方向发展。对我国裁判文书援引法律学说进行说理的情况进行反思，最佳视角当然也需要是功能主义的。这一进路要求我们重点考察我国司法裁判说理所扮演的功能角色，在此基础上反思实然与应然之间的张力，提出针对此问题的规范性主张。

二、我国司法裁判文书援引法律学说进行说理的功能与机制

在前一部分进行功能比较的基础上，本部分将视线聚焦于我国裁判文书援引法律学说进行说理的实践。这两部分都是对这一现象进行功能反思的重要步骤。与以往的研究不同，本文不只对裁判文书援引法律学说的现实功能进行描述，更重要的是希望通过经验研究发现其背后的原因，即援引或者不援引的各种理由。因此，在方法上，除了对已公开的裁判文书进行检索和量化统计以外，质性研究也是十分必要的。在量化统计之后，笔者将重点结合对 13 位法官的访谈进行定性的机制分析，以锚定我国裁判文书援引（或者不援引）法律学说进行说理的原因。

（一）对已公开的裁判文书的量化分析

我们选取了最具权威性的"中国裁判文书网"作为进行案例筛选的基

---

[1]　2019 年 3 月颁布的法国司法改革修正法案对此进行了明确规定，详见该法第 33 条，载 https://www. legifrance. gouv. fr/jorf/article_ jo/JORFARTI000038261761? r = zEzsTTnOAR，最后访问日期：2020 年 11 月 15 日。关于法国此项立法的实践缘由，参见王禄生：《司法大数据应用的法理冲突与价值平衡——从法国司法大数据禁令展开》，载《比较法研究》2020 年第 2 期，第 133~146 页。

[2]　这种观点早期见于惹尼的作品中，并对后世的法国法学研究产生了较大影响，参见 François Gény, *Méthode d'interprétation et sources en droit privé positif*, A. Chevalier-Marescq, 1899, p. 189.

础数据库，再辅以"把手案例""北大法宝""聚法案例"等司法数据平台作为补充。具体分析方法是，在裁判文书最核心的说理部分，即"本院认为"部分，以关键词检索的方式进行案例筛选。在关键词选取上，我们参考了相关研究，希望尽可能多地获取有效样本。

在第一轮检索中，我们首先将"法学（院）教授"作为关键词，之后选用了"教授/专家/学者/老师+认为/主张/强调"等不同的关键词组合，再依次使用"法律/法学/民法/刑法/行政法+学说/观点/看法/理论"等关键词组合，最后以"法理"作为关键词进行检索。多数关键词检索获得的样本数量均不多，但是，当关键词是"法学理论""法律理论""法理"或者"民法学说""民法理论"时，经过筛选，可以获得一定数量的有效样本。这使我们产生如下预判：我国裁判文书援引法律学说进行说理绝大多数是概括式的、模糊的援引，而非直接、具体、指名道姓的援引。

在第二轮检索中，我们参考了莫里特（Deborah J. Merritt）和普特南（Melanie Putnam）以及彭中礼教授的相关研究采取的检索方式，[1] 把我国法学研究领域最有影响力的学者的姓名作为关键词进行检索。具体方法是，以长安大学中国人文社会科学评价研究中心发布的《中国哲学社会科学最有影响力学者排行榜（2020 版）》[2]统计的我国法学界最有影响力 300 人的姓名依次作为关键词进行检索，再将不相关的裁判文书从结果中排除出去。基于考察当代我国法学研究与司法实践的关系之目的，我们没有把国外学者的姓名或者我国历史上的学者的姓名作为关键词进行检索。截至2020 年 12 月 18 日，经过两轮检索，并辅以大量的人工审读和辨析，我们

---

〔1〕 See Deborah J. Merritt and Melanie Putnam, "Judges and Scholars: Do Courts and Scholarly Journals Cite the Same Law Review Articles", *Chicago-Kent Law Review*, Vol. 71, Issue 3 (1996), pp. 871-908. 参见彭中礼：《论法律学说的司法运用》，载《中国社会科学》2020 年第 4 期，第 103 页。

〔2〕 参见长安大学中国人文社会科学评价研究中心：《中国哲学社会科学最有影响力学者排行榜：基于中文学术成果的评价（2020 版）》，载微信公众号"经管之家"，最后访问日期：2020 年10 月 14 日。

仅得到能够作为有效样本的裁判文书 777 份。[1]

也许本研究采取的检索方式未能穷尽各种与此种说理现象相关的关键词，我们在审读、筛选有效样本的过程中也可能存在主观误差，裁判文书公开不完整也使得本研究缺失了一些有效样本，但无论如何，就目前总量过亿的被公开的裁判文书而言，[2] 777 份裁判文书在其中所占的比例是非常小的，甚至可以说是沧海一粟。这也是本文的经验研究的第一个重要发现：我国的裁判文书极少援引法律学说进行说理。我国的裁判文书援引法律学说进行说理的情况之罕见几乎逼近法国的情况，与美国、德国的情况截然不同，且少于我国裁判文书援引宪法或者党内法规的情况。[3] 但是，即便如此，对这些仅有的有效样本进行类型化处理和统计分析也是非常有必要的，由此可以发现我国现有裁判文书援引法律学说进行说理的某些规律和特点。不过，由于有效样本的数量有限，量化的归因分析确实很难完成，本文后续将主要通过质性研究方法进行归因分析。

对 777 份有效样本的案件类型进行统计后发现，民事案件的裁判文书（648 份）在样本中所占的比例（83.4%）最高，行政案件的裁判文书（74份）、刑事案件的裁判文书（32 份）、执行案件的裁判文书（23 份）的占比

---

[1] 需要说明的是，有同类型研究通过检索得到有效样本 268 份（参见彭中礼：《论法律学说的司法运用》，载《中国社会科学》2020 年第 4 期，第 103 页），与本研究有一定数量差异。这主要由如下原因造成：其一，本研究采取相对宽泛的视角，搜集了大量"概括式援引"的裁判文书作为样本，因为我们认为概括式援引也是司法裁判说理援引法律学说的一种重要方式。对其认定的标准，我们认为，只有当裁判文书实质说明了法律学说的内容（哪怕只是一句话）时，才算合格的援引。其二，本研究并未将国外或者历史上的学者的姓名作为检索关键词。其三，本研究删去了大量"重复说理"的裁判文书。比如，有文书引用王泽鉴教授的理论进行说理，但是同一法院同一法官在不同案件中反复"复制粘贴"相同内容。这些文书彼此间除了当事人姓名更换以外，其他均不替换，疑似由集体诉讼拆分而成的个案。面对这种情况，为了加强统计的实质性，我们通常只保留一份裁判文书作为有效样本。其中第一项原因使得本研究比彭中礼的研究多出很多有效样本，后两项原因又使得本研究相对减少了一定量样本。综合比较，说明本研究搜集到的"概括式援引"裁判文书样本数量要远多于同类研究，且在总有效样本中占据了很大比例。总之，无论是本研究检索到的777 份样本，还是相关研究检索到的 268 份样本，其在已公开的裁判文书总量中所占的比例可以说都是微乎其微的。

[2] 《中国裁判文书网文书总量突破 1 亿篇》，载 http://www.xinhuanet.com/legal/2020-09/02/c_1126444909.htm，最后访问日期：2020 年 11 月 10 日。

[3] 我国裁判文书援引宪法的情况，参见邢斌文：《法院如何援用宪法——以齐案批复废止后的司法实践为中心》，载《中国法律评论》2015 年第 1 期，第 127~157 页；我国裁判文书援引党内法规进行说理的情况，参见 Fan Yang, "The Role of CPC Regulations in Chinese Judicial Decisions: An Empirical Study Based on Published Judgments", *The China Review*, Vol. 19, No. 2 (2019), pp. 69-97.

则均不超过 10%。这说明，在我国，裁判文书援引法律学说进行说理的情况主要存在于民事案件中。我们对这些裁判文书作出的时间、地域、审理程序及法院层级四方面属性进行了统计，在时间与地域属性方面没有发现明显的特殊性，在审理程序和法院层级方面则发现了一些初步的规律性特征。

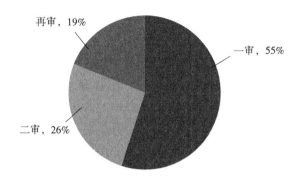

图 1 样本的审理程序分布

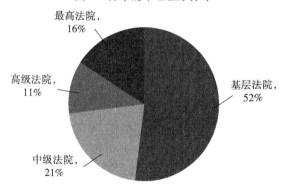

图 2 样本的法院层级分布

如图 1 和图 2 所示，一审程序审理的案件与基层法院审理的案件在样本中占到绝大多数，分别达到了 55% 和 52%，但这并不意味着基层法院或一审法院更倾向于在裁判文书中援引法律学说进行说理。考虑到我国最高法院、高级法院、中级法院与基层法院的数量比大约为 1：31：410：3115，[1] 以相对值作为比较依据可以发现，从最高法院到基层法院，援引

---

〔1〕 这一比例系根据员额制改革后公布的初步数据计算得出，参见《回归办案本位 充实一线力量——访最高人民法院司改办主任胡仕浩》，载《人民日报》2017 年 1 月 11 日，第 17 版。

法律学说进行说理的情况的比例大约为 1333.33：29.58：4.25：1。这一悬殊的比例关系说明，法院的层级越高，越倾向在裁判文书中援引法律学说进行说理，且各层级法院之间在此方面的差距非常大。再考虑到平均而言法院层级越低办案数量越多的现实情况，[1] 那么可以得知，我国高级别法院的法官援引法律学说进行说理的意愿和行为要远远多于低级别法院的法官。这是本文的经验研究的又一个重要发现，并且在后文的材料中也会得到回应和讨论。

在此基础上，我们又将法官援引法律学说进行说理的情况分为"概括式援引"和"具体援引"，区分标准在于，法官援引法律学说进行说理时是否具体提及了学者的姓名。概括式援引的表述形式一般为"有法学理论认为……"或者"按照一般法理……"等；具体援引则至少说明被援引的法律学说来自于哪位学者，有的裁判文书甚至直接注明了被援引的法律学说来自哪篇文章、第几页等信息。[2] 进行这样一个区分的意义在于：一方面，如前文所述，是否指名道姓进行援引是一个在我国规范领域颇有争议的问题，本研究可以从实践角度对其进行回应。另一方面，我们也吸收了其他研究的理论预设——法官在裁判文书中进行说理时给出的理由越细致，说明其说理质量越高。[3] 如果这一前提成立，那说明是否能够指名道姓地进行援引也是判断说理质量的一项重要指标。笔者希望在此区分的基础上，对裁判文书说理的特征进行描述。

我们发现，概括式援引的样本有 708 份，占比达到 91%，具体援引的样本只有 69 份，占比为 9%。这说明，绝大多数裁判文书在援引法律学说进行说理时并没有注明作者姓名或者具体出处。我们还发现，裁判文书对法律学说进行概括式援引的目的几乎都为了讨论法律理论问题，而非事实问题。在具体援引的样本中，75%的裁判文书（52 份）援引法律学说是为了探讨

---

〔1〕 由于笔者没有找到关于我国中级法院和基层法院平均办案量的权威数据，因此很遗憾没有进行具体比重的计算。

〔2〕 例如，广东省深圳市中级人民法院（2016）粤 03 民终 10481 号判决书的说理部分就出现了"台湾学者王泽鉴在其所著《侵权行为》（北京大学出版社 2009 年版，第 173 页），论述台湾地区如何认定侵害债权行为时，认为……"这样的表述。

〔3〕 参见杨贝：《裁判文书说理的量化评价——以 2017 年北京市判决书论证质量调查为例》，载《中国应用法学》2018 年第 2 期，第 20~24 页。Zhuang Liu, "Does Reason Writing Reduce Decision Bias? Experimental Evidence from Judges in China", *Journal of Legal Studies*, Vol. 47, No. 1（2018），pp. 83-118.

法律理论层面的问题，25%的裁判文书（17份）是通过援引法律学说讨论事实认定问题。这说明，我国裁判文书援引法律学说主要是为了在法律理论部分而非事实认定部分加强说理，与裁判文书援引其他社会科学观点或者自然科学观点的目的形成鲜明对比。[1] 在被具体援引的学者观点中，梁慧星、王泽鉴、王利明三位民法学者的观点的被援引次数占据前三位，被援引次数分别占比27.5%、20.3%和13.0%，其他学者的观点被援引次数占比均不超过3%。此外，民法学者的观点被援引次数占据了具体援引总次数的92%。这都说明民事案件的裁判文书中最容易出现援引法律学说的情况。

最后，我们将这种对援引的区分与前述审理程序问题进行组合分析，得到如下结果：[2]

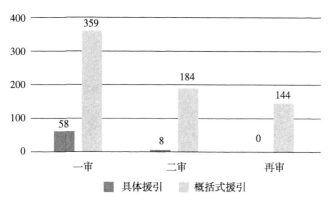

图3 样本的审理程序与援引类型比较分布

如图3所示，综合来看，在各审理程序中，概括式援引的样本数量都远远超过具体援引的样本数量，差距较为明显。但是从分项比例上看，各审理程序间还是有一定的差异：具体援引的比例随着审级升高而明显下降。在一审程序中，具体援引的样本数量的比例为14%；在二审程序中，具体援引的样本数量的比例只有4%；而在再审程序中则没有样本采用具体援引的方式进行说理。这样的反差或许能说明一个盖然性的结论：虽然审级越

---

〔1〕 有研究发现，裁判文书中引用自然科学或者社会科学观点进行说理，几乎都是为了解决事实问题。参见张剑源：《发现看不见的事实：社会科学知识在司法实践中的运用》，载《法学家》2020年第4期，第54~67页。

〔2〕 由于不具备统计学意义，极少数执行和保全的案例样本并没有被计算在内。

高法官越倾向于援引法律学说进行说理,[1] 但其方式则主要是概括式的、不提及姓名的援引。

根据上述量化研究，我们可以对我国裁判文书援引法律学说进行说理的情况作以初步总结。其一，最明显的特点是，援引法律学说进行说理的裁判文书在所有裁判文书总量中所占的比例非常小。其二，在有限的援引法律学说进行说理的裁判文书中，民事裁判文书的占比最高。相比之下，刑事裁判文书在援引法外因素进行说理方面则表现得较为保守。其三，法官所在法院的层级越高（一定程度上表现为审级越高）越倾向于（或者说越敢于）援引法律学说进行说理。上级法院的法官更倾向于概括式援引而非指名道姓的具体援引。由于样本总量和裁判文书所能体现出的信息量有限，这些描述还很初步，很难做到精确的规律性总结，更没有办法进行复杂的归因分析，这是量化研究方法在面对这一问题时的局限性。接下来，我们只能以质性研究方法对其进行平衡和弥补。

（二）对法官的访谈及归因分析

2020 年 10 月 1 日至 11 月 30 日，笔者就司法裁判文书说理风格问题，分三次通过电话访谈了 13 位一线法官。[2] 访谈方式是开放式访谈与半结构化访谈相结合，主要询问被访人以下问题：在裁判文书说理过程中，除了援引法律、法规、司法解释以外，还援引哪些资源？是否援引过学者的学说进行说理？为什么援引（或者不援引）学者的学说？如何看待法学学说与司法裁判文书说理之间的关系？如何看待法学通说和具体法学观点之间的关系？如果援引学说进行说理，是否会注明出处？制约司法裁判文书说理的制度性因素有哪些（比如领导是否对如何进行裁判文书说理提出过要求）？在裁判文书中进行说理的习惯是如何养成的？再根据受访法官的回答进行一些追问。

---

〔1〕 在我国，虽然审级与法院层级并不完全对应，但是审级越高法院层级越高是普遍规律。

〔2〕 访谈对象主要来自于笔者过往讲授培训课程的授课对象，也包括笔者熟悉的法官，再以社会科学研究中"滚雪球"的方式扩展对象来源。选取访谈对象时也同时注意访谈对象的地域、所在审判庭和法院层级——他们来自 6 个城市的 7 家法院：1 人来自高级人民法院，5 人来自中级人民法院，7 人来自基层人民法院；5 人来自民事审判庭，5 人来自刑事审判庭，3 人来自行政审判庭及执行部门；7 人有在不同性质审判庭轮岗的经验。选取的过程，笔者也参考了波斯纳法官的相关研究，他在《各行其是：法学与司法》一书的写作过程中，也访谈了 13 位不同类型的法官。参见［美］理查德·波斯纳：《各行其是：法学与司法》，苏力、邱遥堃译，中国政法大学出版社 2017 年版，第 12 页。

全部受访法官都表示，他们没有在裁判文书中援引过法律学说进行说理，这也与我们之前通过对样本裁判文书进行量化统计后得到的结论相印证。多数法官表示，自己会不同程度地阅读法学学术作品，在遇到疑难案件时，甚至会参照法律学说进行裁判说理，但不会将法律学说明确书写到裁判文书中，最常见的方法是将法律学说转化成自己的话，"不留痕迹"地说理。这是笔者在访谈中获知的法官对于法律学说的主流态度。综合来看，造成这种情况的原因主要包括如下几方面：

首要的原因当然是，在《中华人民共和国宪法》（以下简称《宪法》）规定的权力体制下，立法权相对于司法权具有绝对的优越性。《宪法》第 57 条规定："中华人民共和国全国人民代表大会是最高国家权力机关。它的常设机关是全国人民代表大会常务委员会。"《宪法》第 58 条规定："全国人民代表大会和全国人民代表大会常务委员会行使国家立法权。"因此，在我国的宪法体制下，无论是行政权还是司法权，都是从属于最高权力机关（立法机关）的"次级权力"，这与前述美国的分权结构截然不同，而与法国历史传统中的一元权力体制类似。在这样的权力体制下，司法权必须严格按照立法权设定的架构被行使，司法裁判与说理也必须严格依法进行，法官援引法律以外的资源进行裁判说理必须格外慎重，以免造成对于立法权的僭越，这非常类似于前述法国传统下对"法官造法"的刻意回避。

在笔者访谈到的法官中，虽然没有法官在国家权力运行层面展开思考，但多数法官都承认作为法官"依法裁判"的重要性。他们都认为，在现有体制下，制定法具有至高无上的地位，法官在裁判文书中援引法律学说等"法外资源"进行说理必须受到严格限制。尤其是刑事法官，他们受到"罪刑法定"原则的深刻影响，在裁判文书说理方面表现得非常保守。这也印证了上文的量化统计显示出的援引法律学说的民事裁判文书与援引法律学说的刑事裁判文书在数量方面存在强烈反差。笔者在对具体援引法律学说的裁判文书进行审读的过程中还发现了一个有趣的现象：不少法官在援引梁慧星、王利明的学说进行说理时，都着重强调他们除学者以外的另一个身份——法律、法规制定的参与者。[1] 这些都说明了立法权主导下的我国宪法权力体制，是法官不愿意援引法律学说等"法外资源"进行说理的基

---

〔1〕 例如，贵州省兴义市人民法院（2019）黔 2301 民初 5913 号判决书的说理部分就出现了这样的表述："我国《合同法》起草者之一梁慧星先生对《合同法》第 51 条规定解释说……"

础原因。

其次，多数受访法官都表示，他们之所以不援引法律学说等"法外资源"进行说理，是因为有较强的外部因素制约，包括法院的政策导向、领导的态度等。"不出错"和"避免争议"是现今基层公务人员的普遍心态和行为习惯，[1] 作为司法公务人员的法官也概莫能外。这点也非常类似于前述法国司法体制中，上级法院对下级法院司法裁判文书说理的审查和制约造成基层法官因"怕出错"而不敢进行实质说理的情形。在我国，虽然员额制改革后法官依法独立审案的权能得到了一定保障，但通过访谈我们发现，科层化、等级化的行政伦理是大多数法官行为法则最重要的组成部分。有法官也提到了司法改革的另外一个侧面——司法责任制对自己行为的制约。

有受访者说："我们也不是专业做（学者）的，也许对学界的观点不是了解得太全面，……如果指名道姓地去引，可能会带来不必要的争议……多一事不如少一事。"[2] 这种对"不必要的争议"的回避，在前述最高人民法院司法改革部门关于裁判文书说理问题的论述中可以找到佐证。另外，有受访者指出："作为一线法官有信访方面的考虑。实务中我们说得越少，可能对于我们而言越安全……（有时可能）说理很充分……但在实务中后续隐患非常大。"[3] 还有受访者指出，现今法院的绩效考评体制并不是很重视裁判文书说理的质量。针对裁判文书说理的激励、考评、指引都不多，甚至"最高人民法院（在这方面）的意见对基层（实际）作用不大。"[4]

相对于前述外部制约因素，我们可以将造成我国裁判文书不援引法律学说进行说理的最后一类原因归结为"内部制约因素"。它又包括三方面：其一，"案多人少"造成多数法官没时间细致说理。这一点也是一些学术研究主张的、制约我国裁判文书质量提升的重要因素之一。[5] 有受访法官指出："你让法官一个星期写五个案子的裁判文书，他肯定可以做到（细致说

---

〔1〕 参见冉冉：《"压力型体制"下的政治激励与地方环境治理》，载《经济社会体制比较》2013 年第 3 期，第 111~118 页；欧阳静：《压力型体制与乡镇的策略主义逻辑》，载《经济社会体制比较》2011 年第 3 期，第 116~122 页。

〔2〕 访谈编号 1129-1166，受访者为基层人民法院民事审判庭法官。

〔3〕 访谈编号 1129-7311，受访者为基层人民法院民事审判庭法官。

〔4〕 访谈编号 1003-0682，受访者为基层人民法院刑事审判庭法官。

〔5〕 参见左卫民：《"诉讼爆炸"的中国应对：基于 W 区法院近三十年审判实践的实证分析》，载《中国法学》2018 年第 4 期，第 238~260 页。

理）……就是说这种所谓报表、数据啊给他们造成的压力太大了。"[1] 其二，在日常司法审判尤其是基层法院的审判中，并不经常会遇到需要援引法律学说进行说理的疑难案件。多数基层法院的法官面对的案件都属于事实与法律都相对清楚的"简单案件"。对于这些案件，按照"繁简分流"的原则，[2] 法官们没有必要多此一举地援引法律学说来论证说理。这也可以解释前述量化研究的重要发现之一——由于高级别法院通常要面对更为复杂的案件，因此高级别法院法官援引法律学说等"法外资源"进行说理的情形，在比例上要远远多于基层法院。其三，法律学说的可适用性并不高。在这一点上，我国的情况与美国类似：法学研究有着自己特殊而充足的受众——法学学者、法学研究生等，且不都以解决具体法律争议为研究目标。法官们对法律学说的接受能力也参差不齐，有些法官对法学著作缺少阅读兴趣。这就造成了法学研究与司法实践彼此忽视的局面。有受访法官向笔者表示，自己所在的法院确实订阅了一些法学专业期刊，但是"看的人很少"。[3] 还有法官在访谈中与笔者半开玩笑地说："希望你们学者的文章能够更接地气。"[4]

以上，本文从功能主义视角解释了我国裁判文书很少援引法律学说进行说理的原因。从实证研究方法的科学性角度出发，也许本文做出的解释依然不够全面，未能囊括所有造成这一现象的原因，但是，如本文第一部分从功能主义视角对一些国家的司法裁判说理风格做出解释一样，本部分的目的也在于从功能主义视角对我国裁判文书援引法律学说进行说理的现状和背景做出反思。这是下一步进行规范性构建的基础。

三、法律学说作为系统中介之功能实现

上文分析了不同法律传统之下，裁判文书援引法律学说进行说理的不同功能，尤其对我国裁判文书援引法律学说进行说理的现象进行了评述和解释。但是，这并不意味着，在我国现今情形之下，裁判文书极少援引法律学说进行说理是一种"合理"的现象，因为在我们看来，在我国，司法

---

[1] 访谈编号 1130-0836，受访者为基层人民法院刑事审判庭法官。

[2] 2015 年 2 月发布的《最高人民法院关于全面深化人民法院改革的意见——人民法院第四个五年改革纲要（2014—2018）》就裁判文书说理明确提出了繁简分流的要求：对于重大、疑难、复杂的案件要尽量详细说理；而对于简单案件，则以简化说理方式、提高司法效率为目标。

[3] 访谈编号 1001-1148，受访者为中级人民法院民事审判庭法官。

[4] 访谈编号 1003-6076，受访者为基层人民法院民事审判庭法官。

裁判说理与法律学说还应该扮演更为积极的角色，在司法系统与公众之间发挥"沟通中介"的功能，这是功能主义视角的另外一个面向，也是前文没有顾及的问题。

（一）我国司法裁判说理的功能目标

在我国，司法裁判说理承担的社会功能究竟是什么？我国司法裁判说理的对象主要是谁？我国的司法裁判说理应该是像德国司法那样采取"法律人本位"，主要面向法律职业共同体进行，还是应该如有学者主张的那样采取"当事人本位"？我国的司法裁判说理是应导向美国式的实质化说理、多援引法律学说等形式法以外的资源，还是应导向法国式的形式主义、极简主义说理，以保障法律系统的确定性和稳定性为第一目标？方乐教授在他的一篇论文中提出，我国司法裁判说理应该"以'面向当事人'为主兼及'面向社会'"。他认为，面对日益开放和多元化的社会，简单的司法裁判说理肯定无法满足各方面的需求，因此必须因应司法裁判说理市场的不同情况，采取不同策略的说理方式。在面对简单案件时，说理应该适当简化，仅需向当事人说明判决结果即可；而在面对社会关注度较高的重大、疑难案件时，则需尽可能面向公众详尽说理。[1] 该观点非常具有启发意义，也符合最高人民法院提出的裁判文书说理"繁简分流"的要求，[2] 我们可以沿此方向进一步分析。

在中国共产党领导下的司法工作一直将"司法为民"作为首要理念和目标，这是我国司法在功能定位上区别于前述美国、德国、法国司法的最显著特征。无论是就革命根据地时期的司法实践来看，[3] 还是就最近一些年出台的关于司法改革的各项政策而言，"司法为民"都是贯穿我国司法工作的指导思想。习近平总书记的名言"努力让人民群众在每一个司法案件中都感受到公平正义"，今天几乎出现在全国各级司法机关办公场所的醒目位置，是新时代司法工作的方针和指引。这是我们思考中国司法裁判说理

---

〔1〕 参见方乐：《司法说理的市场结构与模式选择——从判决书的写作切入》，载《法学》2020年第3期，第163～181页。

〔2〕 参见《最高人民法院关于全面深化人民法院改革的意见——人民法院第四个五年改革纲要（2014—2018）》第34条，载 http://www.court.gov.cn/zixun-xiangqing-13520.html，最后访问日期：2021年2月14日。

〔3〕 参见侯欣一：《从司法为民到大众司法——陕甘宁边区大众化司法制度研究（1937—1949）》（增订版），生活·读书·新知三联书店2020年版，第1～38页。

的价值和功能的出发点。"司法为民"理念对包括司法裁判说理在内的各种司法行为都提出了明确要求，这就决定了我国司法裁判说理不可能采取德国式的"法律人本位"，也不可能导向法国式的形式主义、极简主义说理，而应像方乐教授所主张的那样，法官在案件总量中占多数的简单案件中"面向当事人"说理，在重大、疑难案件中则应注重"面向社会"进行系统而全面的说理。

司法裁判说理如何才能体现"司法为民"理念？如何对司法裁判说理的类型做出有效区分？对此，有些人认为，法官在裁判文书中应尽可能使用生活语言、"大白话"。还有人主张，法官应多使用情感性的、道德性的话语进行说理。我们认为，这些对策过于简单、不够全面，不见得适用于所有类型的案件，因为至少在社会关注度较高的重大、疑难案件中，法官的专业性法律推理与公众的认知之间往往存在一定距离，而这些案件如果处理不当，通常又最可能对司法机关在公众心中的形象造成负面影响。近年来发生的一些热点案件，比如于欢案、张扣扣案、杨幂案等，都说明法官的专业认知与公众认知之间存在张力。[1] 与此同时，一味追求"社会效果"、去专业化说理而迎合公众情感，也可能会损害法律系统的确定性和稳定性，导致公众情感过度介入司法裁判，有损"司法为民"理念。在我国当今社会，一方面，司法机关总是更直接地面对公众的审视，尤其是在社会关注度较高的重大、疑难案件中，司法机关的裁判受到广泛的关注，承受了巨大的压力；另一方面，在这些案件中，司法机关与社会大众之间似乎存在认知鸿沟。这些认知鸿沟能否被恰当地弥合，很大程度上直接影响着司法机关在人民群众中的公信力，间接影响着"司法为民"理念的实现

---

〔1〕 在 2017 年的"于欢案"中，司法机关面向公众说理并不及时，落后于媒体对案件的报道速度。又由于公众掌握的法律知识与专业的法律操作之间存在鸿沟，因此该案引起了极大的争议，甚至危及司法公信力。为了在未来司法中确立"法律效果"与"社会效果"相统一的原则，该案的二审判决被最高人民法院确定为指导性案例。而该案的二审判决与一审判决最大的差异就在于，二审判决中多了很多细致详尽的实质化说理。在 2019 年引起公众高度关注的"张扣扣案"中，被告人的辩护律师在一审期间将自己的辩护词在网络上公布，试图以生动的修辞来唤起公众的情感共鸣。许多公众对此表示了赞许，但有知名法学教授从专业角度提出了严厉批评，主张法律人应该追求"工匠精神"，而不应向公众推销"伦理感染力"。关于该案的后续争论同样引人注目。最后一个相关案件是发生在同年的"杨幂名誉被侵权案"。由于涉案的一方是知名娱乐明星，该案的庭审直播引发了广泛关注。本应面向公众说理的司法公开引起了公众的各种情绪化举动：有些"粉丝"为了维护自己的偶像，甚至对国家司法机关进行言语攻击；有些"黑粉"的行为却让当事法官在娱乐的意义上"圈粉无数"。

效果。因此，必须审慎对待重大、疑难案件的裁判文书说理，尽量弥合这些认知鸿沟。[1]

我们认为，理想状态下的"面向当事人兼及面向社会"的司法裁判说理应当体现为：在简单案件中可以简化说理，以提高司法裁判的效率为目标，而在重大、疑难案件中，法官尽可能向公众进行详尽化、实质化、理性化、普及化的司法裁判说理，以期兼顾法律效果和社会效果。简单案件的司法裁判说理比较容易理解，后文将主要围绕重大、疑难案件的司法裁判说理进行论述，因为这也是理想状态下的法律学说能够发挥积极作用的主要情境。在比较法的意义上，我们也认为，我国的司法裁判说理应当避免以下三种极端情况：其一，应避免完全用非专业化的大众语言进行说理，因为这样会导致司法判决受到公众舆论和情绪的过度影响，有损司法的稳定性和权威性。其二，应避免德国式的过度专业化的"法律人本位"说理。这种说理方式只能存在于高度精英化、理性化和抽象化的法律传统之中。在中国推行过度专业化的司法裁判说理，存在将公众和当事人排除出说理对象的风险，有违"司法为民"理念。其三，在非简单案件中，应避免法国式的形式主义和极简主义司法裁判说理。这种现象也是我国裁判文书经常被诟病之处，表现为各种形式的"不敢说理"。[2] 其危害在于，导致司法判决越发缺乏公信力，亦有违"司法为民"理念。

（二）"系统论"视野下的法律学说

综上，思考我国裁判文书如何援引法律学说进行说理的问题，其前提是厘清我国司法裁判说理功能目标的主要方面——在重大、疑难案件中，沟通法律专业说理与公众认知，兼顾法律效果与社会效果，最终实现"司法为民"。在这一目标指引下，司法裁判说理还应受到诸多限制，避免各种极端情况的出现。借鉴"系统论法学"的一些观点，笔者认为，应该将法律学说的理想角色定位为重大、疑难案件发生时沟通法律专业系统与公众认知的"系统中介"，唯有如此，才能在司法裁判说理中为法律学说找到恰当的位置。

"系统论法学"的前提是卢曼的"社会系统论"，它描述并主张，现代

---

〔1〕 参见周赟：《疑难案件裁判中要注重说理》，载《法制日报》2013 年 6 月 5 日，第 10 版。

〔2〕 参见姜树政：《裁判文书说理要克服"不好说、说不好、不说好"》，载《人民法院报》2015 年 1 月 21 日，第 5 版。

社会是一个功能不断分化的体系，由一个个独立且自洽的系统组成。每个系统都可以被理解为一个"独立王国"，拥有自己的语言和价值标准，并可以自我指涉地运行和成长。在现代社会，法律（司法）就是这样一个典型的"自创生"系统。[1] 它以"合法/非法"作为最基本的语言符码，区别于其他系统的同时（比如经济系统的基本语言符码就是"效益多/效益少/无效益"），也不断地进行着自我创制（表现为持续的法律续造）。一般来说，不同的社会系统之间（在本文语境下就体现为法律专业系统与公众认知之间）难以进行直接有效的话语沟通，因为双方都是在使用自己的语言符码进行"内卷化"交流。如果不同的社会系统间沟通不畅，没有办法准确理解彼此的语言信息，那结果就可能是整个社会的"功能性脱序"，在本文语境下，就表现为司法自说自话，公众对其丧失信任。此时，如果想弥补不同社会系统间的鸿沟，就必须有扮演中介角色的"符码转译者"出现，以促进不同社会系统间的"结构耦合"。[2] 该"符码转译者"必须通晓两个社会系统的语言，在二者之间居中翻译，准确传达彼此的信息。这也是现代社会不同系统能够有序共存的基础。

在"系统论法学"语境之下重新审视我国司法裁判说理的功能定位问题，以及被裁判文书援引的法律学说的功能角色问题，我们主张，今天我国重大、疑难案件的裁判文书，首先绝对不能一公开了之，这样简单的方式没法实现法律与大众话语之间的直接有效沟通；也不能因为怕出错就尽可能回避说理，这种法国式的极简主义说理会让两个社会系统之间的相互理解变得更为困难；也不能采取德国式的过度专业化、学术化的说理方式，这样只会使由法律职业人组成的系统的内部不断内卷循环，而对于更强调向公众有效沟通的我国司法无所助益；也不能为了一味迎合公众而过多使用"大白话"进行不准确说理，这会导致法律系统的独立性被破坏，无法确保其在现代社会扮演的功能性角色有效实现。司法裁判说理的最终落脚点应该是，把寻找恰当的不同社会系统间的"转译者"作为最重要的步骤，这才符合我国司法的功能定位。

本文认为，在某种程度上，法律学说就应该扮演这样一个居中翻译的

---

〔1〕 参见陆宇峰：《"自创生"系统论法学：一种理解现代法律的新思路》，载《政法论坛》2014 年第 4 期，第 154~171 页。

〔2〕 参见陆宇峰：《社会理论法学：定位、功能与前景》，载《清华法学》2017 年第 2 期，第 101~105 页。

功能性角色，促进司法裁判说理实质化、理性化、普及化，从而在法律系统与公众认知之间形成有效沟通。[1] 优秀的法律学说通常是法学家们经过长期研究、反思、积淀而成的理论。它往往针对的是法律规范与事实之间关系不明晰的疑难案件所涉及的一般性理论问题。它一方面立足于万端变化的现实世界，另一方面也着眼于法律系统的融贯性和一致性，是一种比较恰当理想的系统中介。当然，这只是法律学说的一种理想状态。在现实中，法学学者们的关注点各异，研究水平也参差不齐。只有少量的经过反复打磨和时间沉淀的法律学说，才能兼顾法律逻辑和公众感知，承担起沟通不同社会系统的中介角色。它们往往针对的是存在规范争议的法律问题，并能在变化多端的现实世界中找到其背后的普遍规律，向公众清晰阐明法理逻辑，也向壁垒森严的法律系统反馈生活世界的实践逻辑。因此，它应该最好是一种具有普遍意义的学界通说（接近于前述法国语境下的 la doctrine），而非任意的学术研究成果（接近于前述美国语境下的 legal scholarship）。其语言风格一定是将艰深的专业术语拆解成逻辑清晰的不同方面，并向公众普及。只有这样，法律学说才能实现让更多的人理解和接受，进而沟通不同社会系统的目的。

（三）司法裁判文书援引法律学说进行说理的可能路径

正如张文显教授所言："在社会情势急剧变化的当代世界，以法理作为断案的依据，已不是法官的'拾遗补缺'，而是常态化的司法模式。"[2] 本文也主张，以"繁简分流"原则为背景，在重大、疑难案件的裁判文书中援引法律通说进行说理，最理想的功能就是起到在法律语言与公众认知之间进行沟通弥合的作用，在确保法之确定性和稳定性的同时，可以让公众更好地理解法律推理的过程，增强司法公信力。这是贯彻"司法为民"理念的一种理想化状态。在这样的功能目标指引之下，结合前述经验研究所归纳的影响我国裁判文书援引法律学说进行说理的诸种因素，我们认为，我国司法应该从如下几个方面改进司法裁判说理样态，更恰当地援引法律学说：

首先，在不改变我国现行《宪法》规定的权力体制的前提下，应该尽

---

〔1〕 参见李忠夏：《宪法教义学反思：一个社会系统理论的视角》，载《法学研究》2015 年第6 期，第3~22 页。

〔2〕 张文显：《法理：法理学的中心主题和法学的共同关注》，载《清华法学》2017 年第4期，第27 页。

可能摒除影响司法裁判说理实质化的各种外部制度性因素。比如，应该尽量保障法官依法独立审判案件的地位，纠正法官因为"怕出错"而在重大、疑难案件中不敢实质、详尽说理的心态，这样才能真正贯彻"繁简分流"说理的原则，更有助于实现司法与大众之间的有效沟通。司法机关的领导干部在面对信访等外部压力的时候，应切实分清法官负责任、理性化说理与枉法裁判之间的不同，将不该归责于法官的情形及时有效化解，消除法官援引法律学说进行实质化说理的制度性顾虑。与此同时，如果在考评和激励机制方面给予重大、疑难案件的实质化说理以足够重视，将它们与简单案件的说理进行适当区分对待，鼓励法官多学习经典法律学说，并将其运用到重大、疑难案件的实质化说理中，那将起到更为正面的引导作用。

其次，针对内部制约因素，应进一步优化审判资源配置。在容易出现重大、疑难案件从而有实质化说理要求的领域（比如重大刑事案件）投入更多人力，以保证法官有精力学习法律学说，进行实质化和创造性说理。在这方面，也应尽量避免一刀切式的制度设计，鼓励各级法院根据不同情况进行制度探索。以司法机关向公众详尽沟通疑难案件为目标，应尽可能援引法学通说或者权威观点，尤其是那些对艰深的法学理论进行普及性解释的学术观点，减少法律职业共同体取向的理论探讨式援引。在援引方式上，则应尽可能详尽，这样才能让说理更具体、更有说服力，因此不应排斥"指名道姓"的具体援引。

最后且比较重要的是，司法界与法学界应加强互动、共同努力，摆脱"彼此忽视"的局面。受行政伦理观念的影响，我国的法院系统往往不够重视法学界的观点，[1] 如果能从制度设计上提高法学界对法院系统的影响，那将会有效改变这一局面。比如，定期邀请法学学者对司法质量进行第三方评估、指导，建立法学界和司法界的相互交流制度，吸纳更多法学学者作为人民陪审员在重大、疑难案件中发挥专业说理的优势，等等。与此同时，我国的法学研究也应该更呼应司法实践的要求，而不是仅仅坐而论道地研究"真空"中的法律问题。[2] 如果想让法律学说真正扮演好"系统中介"的角色，那么法学家就应该不断地游走于书斋内外，一方面以逻辑和

---

〔1〕　See Xin He and Kwai Hang Ng, "'It Must Be Rock Strong!' Guanxi's Impact on Judicial Decision Making in China", *The American Journal of Comparative Law*, Vol. 65, Issue 4 (2017), pp. 841-871.

〔2〕　参见［美］理查德·波斯纳:《各行其是: 法学与司法》，苏力、邱遥堃译，中国政法大学出版社 2017 年版，第 224 页。

理论思维顾及法律系统的融贯性和一致性问题，另一方面以实践思维学习并掌握公众话语。唯有建立在这种兼容并蓄的研究路径之上的法律学说，才是"有生命力"的学说。法律学说被裁判文书援引之后，才能真正实现沟通不同社会系统的中介功能，为实现长远意义上的"司法为民"贡献力量。

结　语

司法裁判文书是否应当（以及如何）援引法律学说进行说理这一问题，需要被放置于功能主义的视角之下进行回答才更有说服力。在分析了不同政治、社会背景下的司法裁判说理的不同功能后，本文重点考察了我国裁判文书援引法律学说进行说理的实践样态和背后成因，并希望在此基础上提出兼具理论融贯性和现实可能性的规范性主张。任何一种司法裁判说理风格，都植根于独特的政治、文化土壤，也都发挥着相对独特的社会功能。过往我国司法裁判说理对法律学说的援引受到诸种内外因素的制约，其中有些因素是基础性的，有些则对司法裁判说理功能的实现产生了一定阻碍。在"司法为民"理念指引下，法律学说最理想的功能性角色就是在重大、疑难案件发生时扮演法律系统与社会大众认知之间的"转译"中介。因此，依据"繁简分流"原则，我国裁判文书援引法律学说进行说理的规范性目标，应该是在重大、疑难案件中尽可能地向公众清晰、详实、理性地阐明道理，弥合认知鸿沟，增强司法公信力。过于简化的裁判说理（法国式的司法风格，包括拒绝援引法律学说）和过于"法律人本位"的理论化援引（德国式的司法风格），都无助于实现这一功能性目标。唯有将我国司法裁判说理的价值目标与实践功效放在一起进行反思，从司法制度设计和法学研究两个方向加以改进，才能形塑司法实践与法学研究之间的良好互动关系，探索出一条裁判文书援引法律学说进行说理的中国式道路。

情理文化、疑难案件与价值判断

陈　刚*

面对存在争议且迫在眉睫的问题，他们实际上也会带有主观倾向。

——霍姆斯[1]

普通百姓为何应听职业精英共同体的话，要服从我们的规定呢？

——史蒂文·J. 伯顿[2]

一、引言

历史静默向前，包容着无数变与不变的生活细节潜藏其中。不同时代的司法，有其不同的制度、形态与理念。但是，将定分止争或者说解决纠纷，视为司法的最直接目的和功能，则是古今一贯的。[3] 人们试图借助司法，恢复因纠纷所致的各种法律关系与权利的不确定性。因此，确定性也就成了司法最重要的价值属性。怀揣着对司法确定性的追求与憧憬，人们曾经祈求神灵，诉诸决斗，渴盼"日断阳、夜断阴"的青天降临。伴随西欧"理性化"进程的推进，诸神退隐，人类的理性不断高扬，法律与司法也卷入"去魅化"的历史进程。奥斯丁断然斩落了法律的价值之翼，将法

---

* 陈刚，上海海事大学法学院讲师。

[1] [美] 奥利弗·温德尔·霍姆斯：《法律的道路》，李俊晔译，中国法制出版社2018年版，第45页。

[2] [美] 史蒂文·J. 伯顿：《法律和法律推理导论》，张志铭、解兴权译，中国政法大学出版社1998年版，第184页。

[3] 孙海波：《越法裁判的可能、形式与根据》，载《东方法学》2019年第5期，第148页。

律从"价值的天穹"，拉回到了实证的地面。法律被视为主权者的命令，是一张无缝之网。司法者，无需任何的自由裁量，他们手持这张无缝之网，替一个个具体个案寻找那唯一契合的法律网格。"自动售货机"，成了理想中的司法者的形象。将这一主张推到极致的概念法学主张，司法者应该"在法的严格轨道上徜徉"。[1] 然而，生活毕竟不是按照概念与逻辑展开的，生活的范围横无际涯，生活的细节变幻莫测，法律之网左支右绌，漏洞百出。当法律规范的网格，与案件具体事实无法完美契合时，疑难案件随即浮出水面。疑难案件应该如何处理，成为不同的司法理论彼此交锋的焦点。

疑难案件，不仅困扰着司法实践者，更是激起学者的广泛争议和恒久的理论兴趣。当我们把目光在晚近以来的法史和法理学者的论著间流连时，我们会发现他们各自的理论关切点虽然各异，但却分享着共同的问题意识和理论出发点——马克斯·韦伯对形式主义法治之特征的概括，以及为凸显近代欧陆形式主义法治之特征，运用"理想类型"的方法所构建的作为欧陆法治形态之对照的中国传统司法的形貌。

二、共同的理论前提：马克斯·韦伯的中国法论断

疑难案件，古今皆有。对于疑难案件的存在，古人多有论述。《唐律疏议》"不应得为"条"疏议"曰："杂犯轻罪，触类弘多，金科玉条，包罗难尽。"这是承认法律规范，难以囊括所有的法律问题，因法律规范的缺失而造成的案件处理上的疑难。司法经验极为丰富的海瑞则说："两造具备，五听三讯，狱情亦非难明也。然民伪日滋，厚貌深情，其变千状，昭明者十之六七，两可难决亦十而二三也。"[2] 这是因具体案情的疑似两可，所导致的案件处理上的疑难。

法史学者关注的是中国古代司法官员处理疑难案件的方式方法。法理学者争论的是当下中国的司法实践应该如何应对疑难案件。彼此关注的时代虽然不同，但在各自的问题意识背后，潜藏的理论背景却有交叉重叠之处，此即上文提及的马克斯·韦伯的法学理论。

---

〔1〕　［德］米夏埃尔·马廷内克：《伯恩哈德·温德沙伊德（1817—1892）——一位伟大的德国法学家的生平与作品》，田士永译，载郑永流主编：《法哲学与法社会学论丛（六）》，中国政法大学出版社2003年版，第471～472页。

〔2〕　陈义钟编校：《海瑞集》，中华书局1962年版，"兴革条例"第117页。

（一）情理还是法律："卡迪司法"引发的争议

马克斯·韦伯在《儒教与道教》一书中，将中国传统司法之特征概括为"所罗门式的'卡迪司法'"，并论证说："中国的法官——典型的家产制法官——以彻底家产制的方式来判案，也就是说，只要是在神圣传统所允许的活动范围内，他绝对不会根据形式的律令和'一视同仁'来进行审判。情况恰恰根本相反，他会根据被审者的实际身份以及实际情况，或者根据实际结果的公正与适当来判决。"[1] 马克斯·韦伯并非研究中国史的专家，他既不通汉语，汉学研究亦非他的理论志趣之所在。他之所以将研究的目光投向中国以及其他非西方文明，目的是解答他的根本性理论追问：为何只有在近代的西欧出现了资本主义。中国古代社会不过是韦伯借以回答这一问题所选取的一个"他者"，一个参照物。

或许，韦伯自己做梦也不会想到，他的名字和他对中国古代司法特征的概括，在他身故近一个世纪后，会在中国法律史学者的字里行间，被反复提及，成为一场持续多年的学术论争的理论策源地。最初发动这场理论论争的是美日两国的中国法律史学者。1993 年 9 月 21—23 日，一场名为"后期帝制中国的法律、社会与文化——美日两国学者之间的对话"的国际研讨会在日本镰仓召开，与会者就中国传统司法是"依法审判"还是"依情调处"，展开激烈的思想交锋。[2] 滋贺秀三从法律文化的视角出发，将中国古代的司法案件分为"命盗重案"和州县自理的"田土细故"案件，指出中国古代官员在审理"命盗重案"时是严格依法审理的，而在处理"田土细故"案件时，司法更多是一种"教育式的调停"，官员可以在情理的限度内发挥充分的自由裁量权。黄宗智则依靠清代的司法档案，运用历史计量学的方法，提出了清代司法官员即便是在"田土细故"案件的审理中，也是尽可能援引法律，作出明确的判决，而非依靠情理作各打五十大板式的调解。

美日学者的理论交锋，很快激起了中国法律史学者的理论兴趣。2006年，在张伟仁与贺卫方、高鸿钧之间，曾经展开过一场激烈的思想交锋。[3]

---

[1] [德] 马克斯·韦伯:《儒教与道教》，洪天富译，江苏人民出版社 2003 年版，第 123 页。

[2] [日] 寺田浩明:《权利与冤抑——寺田浩明中国法史论集》，王亚新等译，清华大学出版社 2012 年版，第 298 页。

[3] 张伟仁:《中国传统的司法和法学》，载《现代法学》2006 年第 5 期；高鸿钧:《无话可说与有话可说之间：评张伟仁先生的〈中国传统的司法和法学〉》，载《政法论坛》2006 年第 5 期。

这两场席卷国内外法史名家的理论论争，引发了法律史学界对此问题的长期关注，思想震荡的余波至今未见平息。徐忠明在回顾这段学术史时，曾有极为精当的总结："中国法律史学者在讨论清代中国的'卡迪司法'时，多着眼于清代官员裁判有无法律依据，以及裁判结果是否具有'拘束力'或者'确定性'两个层面。"[1]

（二）疑难案件裁决的法理论争

韦伯的巨大身影不仅笼罩在法律史学者思想的天空，法理学者的思考同样无法完全摆脱韦伯理论的影响。无论是关于程序正义理论的阐发，关于民意、媒体与司法的牵扯，关于司法能动的讨论，关于"同案同判"议题的分疏，以及关于疑难案件该如何处理的论争，其背后都隐含着研究者有关法律与司法的判断与想象。而在某种程度上，这种想象或多或少与韦伯所标识出的中国传统司法图景有关，更与韦伯所描述的近代欧陆发展确立的形式理性的法律与司法有着极深的关联。

韦伯在建立自己的法律发展史理论时，曾将中国传统法律与司法作为理论上的"他者"，将之视为人类法律文明抵达欧陆形式理性法律之顶峰前的一个阶段，其目的在于证成近代欧陆法律文明的"理性化"特征。当下的法律学者在前述各种理论论争中，对于韦伯所指明的形式理性的法律与司法，即便他们不是全然认同，至少也被认为是值得借鉴或参考的目标。

然而，正如中国古人站在经验的立场上，敏锐地洞悉到了疑难案件的存在一样，疑难案件也早已进入了现代法理学的理论视野之中。尽管"疑难案件出坏法"的法谚流传甚广，但学者们在肯认疑难案件给承审案件的法官及其所在的司法机关，乃至司法体制所造成的压力与冲击的同时，但他们也充分意识到了疑难案件所具有的巨大潜能。正如论者所言："案件是法治的细胞，尤其是疑难案件，对于刑事法治的推进更是有着重要的意义。"[2]诚乎如此，常规案件不过是司法流水线上的常规产品，疑难案件出现，凸显出了规则之网的缺漏，呈现了"法律的形式逻辑与实质的价值

---

〔1〕 徐忠明：《清代中国司法类型的再思与重构——以韦伯"卡迪司法"为进路》，载《政法论坛》2019 年第 2 期。

〔2〕 劳东燕：《价值判断与刑法解释：对陆勇案的刑法困境与出路的思考》，载《清华法律评论》2016 年第 1 期，第 139 页。

判断之间的内在紧张"。〔1〕对于承审案件的法官而言，疑难案件确实潜藏着未知的风险，"处理疑案的最大麻烦是判决招致当事人反抗和公众质疑"。〔2〕但疑难案件又确实为法学理论提供了新的成长点，成为理论交锋的新战壕。对于疑难案件的处理，学者们的观点存在较多分歧。概略而言，学者们的立场可分为法条主义和实用主义两种立场。

三、两种进路：法条主义与实用主义

（一）法条主义的立场

任何理论的概括，必然会以牺牲研究对象的丰富细节为代价。在统归于法条主义阵营的学者之间，对法条主义的坚持亦有程度的区别。但是，以下几个特征，则是为法条主义论者所共有的：

第一，法条主义者坚持立法与司法的明确界分。立法是国家立法机关通过立法程序凝聚社会共识，并将之上升为国家法律的过程。司法则被视为司法机关严格按照国家法律处理案件纠纷的过程。司法机关突破法律规则所限定的框架，径行将道德原则、伦理考量和价值判断纳入案件推理的过程，被视为越权之举，危及立法司法的权能划分。德沃金曾简明扼要地总结过这一观点的基本主张：把审判置于立法的阴影之下，"法官应当适用其他机构所制定的法律，他们不应当制造新的法律"。〔3〕

第二，法条主义坚持法律的确定性、可预见性的特征。在法条主义者看来，由概念、规则和原则构成的法规范体系，精细而绵密，赋予权利与义务以明确的界分，让法律行为有了清晰的可预见的法律后果。一旦将法外的因素纳入司法过程，法律与司法的确定性也就有瓦解的风险。并且，这种"法官造法"的行为，也严重违背了法不溯及既往的法治原则。使行为人受到他决定自己行为时，尚未明确订立的规则的事后追溯，严重违背了程序正义的价值理念。

第三，法条主义坚持形式主义的法律观。法条主义论者试图构建一个如欧几里得几何学模型的法律框架，概念、规范与原则之间存在严密而清

---

〔1〕 劳东燕：《价值判断与刑法解释：对陆勇案的刑法困境与出路的思考》，载《清华法律评论》2016 年第 1 期，第 138 页。

〔2〕 桑本谦：《疑案判决的经济学原则分析》，载《中国社会科学》2008 年第 4 期，第 118 页。

〔3〕 ［美］罗纳德·德沃金：《认真对待权利》，信春鹰、吴玉章译，上海三联书店 2008 年版，第 122 页。对于这一主张，德沃金明确表达了自己的反对意见，认为："这只是一种理想。由于不同的原因，这一理想在现实中不能充分实现。"

晰的逻辑架构，人们可以运用如数理逻辑般的推理方式，从一条根本性的公理，推导出精密准确的定理。只要给定了初始条件，通过正确的运算推理，必然能得出唯一且正确的结论。法条主义有时表现为"一种机械主义的决定论"[1]，试图仿照自然科学的研究范式来观察、研究和处理法律事务，以为在处理人间世的法律世界中，也如同处理客观物质世界的物理学一样，存在"一对一的确定性因果关系（一个原因对应一个后果，而且这种对因关系是确定性的）"。[2]

（二）实用主义的立场

面对疑难案件，实用主义的立场，更偏向于审判的社会效果。实用主义最典型的话语表达就是：司法审判要注重法律效果与社会效果的统一。苏力对"许霆案"的解读，就旗帜鲜明地站在实用主义的立场上："在当代中国基本属于大陆法系的司法体制中，法律人应以一种追求系统性好结果的实用主义态度，充分利用各种相关信息，基于社会科学的缜密思维和政策判断，尽可能借助整体司法制度而不指望个体法官独自应对难办案件。"[3] 当然，从不同的角度出发，社会效果的侧重点会有所不同：特定伦理价值体系的维护、案结事了的司法政策的落实、社会舆论的认同、司法公信力的提升等。与法条主义论者一样，实用主义论者也共享一套基本的理论预设。

第一，实用主义论者拒绝承认法律规范体系的完整自洽。法律实用主义论者批评法条主义者往往试图将法律构建成为一张"无缝之网"，或者主张运用在他们看来是纯然中立的、技术性的法律解释的方法，即可将法律之网的破口编织、修补起来。但是，实用主义论者认为"法令滋彰，盗贼多有"，没有缝隙的法律之网是否真实存在，在他们眼中实属可疑。霍姆斯就曾明确指出以下观念是一种谬误："认为某个特定体系能够像数学一样从普遍公理中推演出来。"[4]

---

〔1〕 〔美〕黄宗智：《中国的新型正义体系：实践与理论》，广西师范大学出版社 2020 年版，第 136 页。

〔2〕 〔美〕黄宗智：《中国的新型正义体系：实践与理论》，广西师范大学出版社 2020 年版，第 133 页。

〔3〕 苏力：《是非与曲直——个案中的法理》，北京大学出版社 2019 年版，第 309 页。

〔4〕 〔美〕奥利弗·温德尔·霍姆斯：《法律的道路》，李俊晔译，中国法制出版社 2018 年版，第 35 页。

第二，实用主义论者拒绝承认法官有完全屏蔽情感、意识形态、价值理念等实质因素干扰的能力和可能性。形式主义法治理论曾经追求"自动售货机"式的法官。一条明确清晰的法律规范作为大前提，一个清楚无误的案件事实作为小前提，一个不受法外因素干扰的法官作为将大前提与小前提连接在一起的工具，判决结果作为大小前提连接后的自然结果随之形成。法律的世界，就如同欧几里得几何学或者牛顿力学所展现的理论世界一般，清晰、客观、纯粹，不掺杂任何实质的情感、价值的考量，不存在任何的模糊性和偶然性。但是，实用主义论者则特别强调人与客观物质世界的区别，"人是个具有意志、理性、感情的主体，而不是物体，而人间社会是由如此的主体相互作用所形成的，因此，尤其是在实践生活（区别于理论建构）之中，明显在客观性之外更具有主观性，在普适性之外更具有特殊性，在确定性之外还具有模糊性和偶然性。"[1]

实用主义论者指出，无人能逃脱"价值之网"的捕获，法官注定只能是"价值之网"的猎物。在他们看来，法官也是红尘俗世中的一介凡夫，他也必然会受到社会文化、价值观念、意识形态、政治立场和社会舆论等等因素的影响，"像所有政治家一样，他们会受某种有关应该如何组织社会的构想驱使。唯一的差异在于，法官不得不围绕并非由他们制定的制定法以及先前法院的先例来组织他们的裁判。……但在他们对法律的解释中，他们会展示他们自己的价值观、他们自己的意识形态、他们自己的政策目标以及他们自己的原则"。[2] 对此，苏力也曾说："在难办案件中，法官无论怎样决定都必须且首先做出一系列政治性判断，即便裁判者不自觉，也不追求清醒的政治性考量，甚至他有意避免。所谓政治性判断，我是指立法性质的或公众政策寓意的判断。"[3]

第三，实用主义论者拒绝接受数理逻辑图式的司法图景。在实用主义论者看来，法律体系不是完备自足的，适用法律的法官无法绝对剔除价值与情感因素的干扰，则整个司法运作过程必然不是如几何运算一般绝对客观和纯粹形式化的。霍姆斯曾非常尖锐地指出："逻辑的方法和形式使人们

〔1〕 ［美］黄宗智：《中国的新型正义体系：实践与理论》，广西师范大学出版社 2020 年版，第 131 页。

〔2〕 ［新西兰］杰里米·沃尔德伦：《法律：七堂法治通识课》，季筏哲译，北京大学出版社 2015 年版，第 191 页。

〔3〕 苏力：《是非与曲直——个案中的法理》，北京大学出版社 2019 年版，第 309 页。

对于确定性和安全感的心理需求得到满足。然而，确定性常常是镜花水月，安全感亦不能顺遂人愿。在逻辑形式的背后，需要对争论的立法根据之间的价值衡量和重要意义作出判断；这种判断常常是难以言表又无意识的内心判断；这种判断真实存在，而且还是整个诉讼程序的根本和关键。"[1] 在法律实用主义论者看来，我们对司法过程的勾勒，或许也应当更加现实，更加烟火气一点。杰里米·沃尔德伦就曾说："在无法避开价值承诺的很多领域——政治、社会与法律，应该做的事情不是尝试掩盖它们，而是尽可能详细说明它们。"[2] "刑法解释不应回避实质的价值判断。……法律适用也必然包含价值判断的实践。然而，承认形式推理之于法的安定性的重要，并不意味着任何法外的价值判断都不被允许引入刑法体系之中。由于立法所做的价值判断往往只是勾勒了大致的轮廓，必须由司法者去充实聚义的细节与填补其间的空白。"[3]

四、情理文化、价值判断与裁判的可接受性

（一）情理文化的固有逻辑

西方的法治理念与学说，自清末传入中国至今已逾百年，中国当代的法治建设也已持续近 40 年。如今，法治是人类社会达致良善之治的必由之路已然成为社会的最基本共识。然而，需要保持清醒认识的是：法治的理念是同一的，而法治的形态则是也必然是各异的。或者如强世功所言："法律在理论上被建构为宏观的，但法律的实践的运作是微观的。"[4] 当抽象的法治理念落实到不同国家时，其具体的呈现方式必然会随着具体的社会情态、文化传统、政治体制等诸多因素而发生变化。中国作为一个历史久远、传统深厚、区域差异大的大国，其法治的具体展开形态在涵融世界通例的同时，也必然会展现出其特有的元素。而其中最富有中国特色、与西方经验偏离最大，任何中国法治的研究者和实践者都不得不认真面对的，则是中国社会深厚久远的情理文化。"情理"二字，深刻地决定了中国人的

---

〔1〕 ［美］奥利弗·温德尔·霍姆斯：《法律的道路》，李俊晔译，中国法制出版社 2018 年版，第 37 页。

〔2〕 ［新西兰］杰里米·沃尔德伦：《法律：七堂法治通识课》，季筏哲译，北京大学出版社 2015 年版，第 194 页。

〔3〕 劳东燕：《价值判断与刑法解释：对陆勇案的刑法困境与出路的思考》，载《清华法律评论》2016 年第 1 期，第 153~154 页。

〔4〕 强世功：《"法律"是如何实践的——一起乡村民事调解案的分析》，载强世功编：《调解、法制与现代性：中国调解制度研究》，中国法制出版社 2005 年版，第 459 页。

行为与生活，是几乎每一位中国人立身处世的最基本行为规范，但是即便最深刻的思想家也难以给"情理"下一个精确的定义。韦伯将之定义为"实质的正义公道"，滋贺秀三名之为"中国型的正义平衡感觉""中国式的理智（良知）"。[1] 情理所笼罩的范围如此之广，是中国传统社会"最普遍的审判基准"，尽管自清末以来，中国社会的变化可谓既深且巨，但是有论者依然认为，中国文化是一种"情本位"文化，"情法矛盾构成了中国法治进程必须面对的一个基本矛盾。……是法治进程必须面对也必须解决的现实处境。"[2] 事实也确乎如此。当我们将目光转向近些年来发生的疑难案件，诸如"泸州遗产纠纷案""许霆案""赵春华持枪案""于欢案""陆勇案"，都表现出情理与法律之间存在一定的矛盾，从而由疑难案件转而变为轰动案件。

不仅普通民众在可预见的将来，无法完全摆脱情理文化的影响，甚至连学者也不例外，中国的法律人自觉或不自觉的依旧受所处的社会及其传统的约束与限定。尽管经过近 40 年的培育，法条主义、法教义学已然成为指导中国法学界和法律界的主流话语和法治意识形态[3]，但是，中国的法律人事实上都深受极为强调实体正义的传统情理法文化的影响。苏力曾经极为深刻地分析法律人的这一思维特点："尽管大多数法律人强调'形式正义'或'程序正义'，一遇到实际问题，和普通民众一样，都更看重'实质正义'或'结果公正'。"[4] 事实上，司法应当考量情理，在中国的历史与当下，可谓一以贯之。"天理、国法、人情"熔为一炉的司法正义观，绝非"死了的过去，而是活着的现在"。这就构成中国当下司法的一个极为重要的背景性因素，对于这一因素，"真正的和经验的司法研究不可能也不应该回避"。[5] 寺田浩明曾经对中西司法传统做过精妙的比较，他认为近现代西方的司法理念在于将预先制定颁布的法律规则普遍适用于相关案件，强调普遍性和一般性，也即韦伯所谓的"形式合理性"。"与此相反，旧中国

---

〔1〕 参见林端：《韦伯论中国传统法律：韦伯比较社会学的批判》，中国政法大学出版社 2014 年版，第 67、76 页。

〔2〕 凌斌：《法律与情理：法治进程的情法矛盾与伦理选择》，载《中外法学》2012 年第 1 期，第 124 页。

〔3〕 参见凌斌：《什么是法教义学：一个法哲学追问》，载《中外法学》2015 年第 1 期，第 225 页。

〔4〕 苏力：《法条主义、民意与难办案件》，载《中外法学》2009 年第 1 期，第 97 页。

〔5〕 苏力：《法条主义、民意与难办案件》，载《中外法学》2009 年第 1 期，第 94 页。

的民事审判却要求细致入微地考虑每个案件个别的情况，理解并同情普通人认为是自然的、不勉强的状态，努力做出有助于当事者和对个别的案情来说最为妥当的裁决。"[1]

因此，立足于中国社会情理文化的传统与现实，中国的司法在遵循严格的法教义学的前提下，也必然要极为重视普通民众的正义直觉[2]，重视裁判的可接受性。否则，如若司法判决僵化地坚持法条主义立场，得出完全背离社会情理和大众认知与预期的判决，就极易引发社会对司法的信任危机。毕竟，两千年来，"在中国人的思维模式里，'法'与'情理'的概念应该是相互依存，而不是相互对立的"。[3] 在此文化格局中，如果听任程序正义、规则之治背离情理，极易沦落成或被视为法律人心智怠惰的借口、司法官僚化的救生衣，不仅无助于法治基础的夯实，反而销蚀民众对法治的认同。只有让法律包容情理，司法的权威才会被认同。

法条主义论者，反对在争议性案件中进行价值判断，拒斥情理作为案件的衡平因素，坚持在他们自身想象的完美的法律推理的世界中演绎逻辑，法律在他们的眼中就如同一张无缝之网，法官只需要扮演好"自动售货机"的角色就可以达致完美的法律之治。韦伯的"形式理性的法"被奉为缔造法律帝国的御旨纶音，"任何具体的法律判决都是把一条抽象的法规'应用'到一个具体的'事实'之上"。"对任何具体的事实的判决，都必须是运用法律逻辑的手段，从现行的抽象的法规所得出来的。"[4] 但是当他们偶尔将脑袋探出法律帝国的边缘，将目光落进社会现实，却不得不即刻承认，各种因素包括公众意见"依然可能以某种方式影响裁判结果"。[5] 事实上，形式主义法治理论不过是法律人的一场迷梦，法律的不确定性是法律永远难以摆脱的内在属性。德沃金就曾颇为中肯地说："有些案件所提出

---

〔1〕 ［日］寺田浩明：《日本的清代司法制度研究与对"法"的理解》，载［日］滋贺秀三等：《明清时期的民事审判与民间契约》，王亚新等编译，法律出版社 1998 年版，第 124 页。

〔2〕 参见［美］保罗·罗宾逊：《正义的直觉——民意与犯罪的应得刑罚》，谢杰、金翼翔、祖琼译，上海人民出版社 2018 年版，"中文版序。"罗宾逊教授曾对民众的直觉正义做过多年的实证研究，并得出结论说："实证研究表明，社会生活中的普通成员，即使是没有受过高等教育的人士，实际上也具有非常精细且复杂的正义判断能力。"

〔3〕 林端：《韦伯论中国传统法律：韦伯比较社会学的批判》，中国政法大学出版社 2014 年版，第 80 页。

〔4〕 ［德］马克斯·韦伯：《经济与社会》（下卷），林荣远译，商务印书馆 1997 年版，第 18 页。

〔5〕 陈景辉：《裁判可接受性概念之反省》，载《法学研究》2009 年第 4 期，第 15 页。

的问题十分新颖，以至于即使通过扩张或重新解释现存规则的方法也不能决定。"[1] 正是有鉴于此，即便是法教义学的坚定支持者，也不得不认为："在简易案件中，裁判的公平性通过法律适用自动实现。也就是说，简易案件裁判的公平性是唾手可得的！但当法律不确定时，那种保证简易案件裁判公平性的自动实现机制失灵了。因而必须以一种不同的方式保证裁判公平。"[2]

事实上，福柯的权力的场景理论也提醒我们，权力关系开展时所处的社会场景，会对权力运作的逻辑产生极为深刻的影响。"即使同一种权力关系，在不同的场景中所遵循的权力运作的逻辑、策略和技术也是不同的。"[3] 强世功曾经借由一起发生在陕北乡村的民事借贷案件，向我们生动地展示了文化传统对于国家正式制度的渗透和深刻影响。在该案中，法官为处理因村民借贷不还而引发的纠纷，到该村民家中开展"炕上审理"。村民依照当地招待尊贵客人的风俗，给法官端茶递酒。通过这一极细微的细节，强世功敏锐地捕捉到："高庭长似乎并不想到自己是一个法官，不应当吃被告的请以保持司法公正。他也许想的是自己是客人，不吃主人的东西就是瞧不起人家，不给主人面子。"[4] 从中我们不难发现法律移植不得不面对的尴尬困境，任何优良先进的法律制度被移植到一个异质文化中时，必然难以摆脱该文化中制度惯性的牵绊。一个社会有一个社会自身的文化逻辑，这一逻辑未必是不可撼动、无从改变的，但是这无疑需要漫长的时间和不断的制度积累，而要想达致这样的目标，我们首先要做的无疑就是承认自身文化传统对于制度建构存在强大的影响和塑造功能，在此基础之上，我们在移植法律、构建制度的时候，将传统的这种影响与塑造功能纳入考虑的范围，如此，我们的制度建设才是面向现实的，也才有可能是真正有效的。否则的话，最终的结局也许只能是再增添几许"秋菊的困惑"和"山杠爷的悲剧"。

---

〔1〕 ［美］罗纳德·德沃金：《认真对待权利》，信春鹰、吴玉章译，上海三联书店2008年版，第119页。

〔2〕 ［德］Ralf Poscher：《裁判理论的普遍谬误：为法教义学辩护》，隋愿译，载《清华法学》2012年第4期，第114页。

〔3〕 强世功编：《"法律"是如何实践的——一起乡村民事调解案的分析》，载强世功编：《调解、法制与现代性：中国调解制度研究》，中国法制出版社2005年版，第436页。

〔4〕 强世功编：《"法律"是如何实践的——一起乡村民事调解案的分析》，载强世功编：《调解、法制与现代性：中国调解制度研究》，中国法制出版社2005年版，第439页。

（二）裁判的可接受性

具体而言，中国社会的情理文化特质，决定了中国的司法在面对疑难案件时，应当采取结果主义导向，注重裁判的可接受性。正义永远是司法的第一诉求，也是民众对司法的最终期许。随着40余年社会的飞速发展，社会整体法律观念得到极大强化，民众权利意识急剧提升，司法逐渐成为解决各类社会矛盾的主要途径，其社会矛盾调节器的功能日益凸显，民众对司法的期许也日渐提高。法治的核心要义决定了中国的司法必然是一种立基于程序正义基础之上的纠纷解决过程。世界各国包括我国以往法治建设的经验和教训，无不向我们昭示了抛开程序正义的束缚，一味放任人们心中对实体正义的原始渴望，最终得到的也许恰恰是正义的倾覆。但是，需要我们同样警醒的是，对程序正义的追求，永远是在实体正义这个目标的引领之下前行的。"公平在形似上和实质上都是裁判的本质特征。"〔1〕中国共产党十八届四中全会所作《中共中央关于全面推进依法治国若干重大问题的决定》中明确提出，"努力让人民群众在每一个司法案件中感受到公平正义"。这就意味着："在新的历史时期，要让每一个判决都让公民满意，已经成为人民司法的重要职责。"〔2〕这就需要法律人充分意识到：法官所给出的判决理由，在强调合法性的同时，必须兼顾可接受性。裁判事实上是司法者借由司法程序，对相关案件事实是否合法进行解释。在这种解释的过程中，不仅涉及作为解释者的法官本人，也需要着眼于案件当事人对这种解释的理解与认同，最终要达到社会大众对这一解释的接受。只有在此基础上，个案判决对社会秩序的维护功能才能够得到充分的发挥。如果法官在裁判中所给出的解释，全然忽视其是否具有可接受性，那么即便判决结果最终是符合法律规定的，但是却很难唤起当事人内心的信服。如果其中的解释脱离了民众的日常生活逻辑，甚至导致民意的反弹，必将造成法律人与普通民众的巨大心理鸿沟，进而损害司法的公信力与合法性。正如论者所言："获得社会公众信赖的、致力于实现公平正义价值的刑事法律体系，实际上会凝聚很强的犯罪控制效果……道德信赖水平越低，人们对

---

〔1〕　［美］Ralf Poscher：《裁判理论的普遍谬误：为法教义学辩护》，隋愿译，载《清华法学》2012年第4期，第114页。

〔2〕　陈金钊、杨铜铜：《重视裁判的可接受性——对甘露案再审理由的方法论剖析》，载《法制与社会发展》2014年第6期。

刑法的遵循意愿与刑法的社会影响水平也就越低。"[1]

以法条主义或程序正义为借口,在情轻法重或极具争议的案件中,若完全拒斥民意所体现的"天理人情",[2] 除了可能让相关当事人成为本应修正的法律规则的牺牲品之外,还可能导致司法权威、司法公信力被削弱。需要我们时刻警醒的是:"在一定意义上说,人类自觉活动构成的文明史,就是'民意'地位不断被认识和提高的历史……"[3] 民意是一个社会长时间沉淀下来的基本价值取向和情理,并不因非理性而失去自身的合法性。"司法公信力需要借助于裁判的社会效果、裁判的可接受性等实质正义层面的力量。"[4]

事实上,在疑难案件的司法过程中,单纯的法教义学立场上的法律演绎可以有多种推理的路径,得出多种不同的推理结果,比如关于"许霆案",学者们从各自的立场出发,演绎了众多的学理分析。正如苏力一针见血地指明的:"多种法律教义分析的存在,尽管有高下之分,也表明教义分析本身甚至不能保证一个公认的教义分析,不能导致一个确定的结果,更不保证这个结果为社会普遍接受。"[5] 在争议性案件中,逻辑推理并不能解救法律的无能为力,霍姆斯的那句名言在这个意义上才真正体现了它的深刻:"法律的生命不在逻辑,而在经验。"[6] 在美国,严肃的司法行为研究者,借助实证研究和心理分析工具,也早就深刻地揭示出在法律逻辑、修辞的包装之下,美国法官的判决行为受到意识形态、媒体、公众及自我的认知等多重因素的影响。[7] 诚如波斯纳法官所言:"但法条主义的王国已经衰落、苍老了,今天,它主要限于常规案件,如今允许法官做的事情很多。""在司法场景下,'法律'只是法官借以形成自己决定的一些最广义的

---

〔1〕 〔美〕保罗·罗宾逊:《正义的直觉——民意与犯罪的应得刑罚》,谢杰、金翼翔、祖琼译,上海人民出版社 2018 年版,"中文版序"。

〔2〕 至少在德国历史法学派中的日耳曼法学派看来,成文法从来就不是法律的全部,妄图用成文法覆盖社会生活的全部,不过是法律人"致命的自负",法官必须根据社会生活中"活生生的习惯法"去弥补成文法的疏漏之处。参见林端:《韦伯论中国传统法律:韦伯比较社会学的批判》,中国政法大学出版社 2014 年版,第 81 页。

〔3〕 喻国明:《解构民意:一个舆论学者的实证研究》,华夏出版社 2001 年版,第 9 页。

〔4〕 胡铭:《司法公信力的理性解释与建构》,载《中国社会科学》2015 年第 4 期,第 87 页。

〔5〕 苏力:《法条主义、民意与难办案件》,载《中外法学》2009 年第 1 期,第 99 页。

〔6〕 O. W. Holmes, "The Path of the Law", *Harvard Law Review*, 10 (1897), 456-478.

〔7〕 〔美〕劳伦斯·鲍姆:《法官的裁判之道——以社会心理学视角探析》,李国庆译,北京大学出版社 2014 年版。

材料。由于法条主义决策材料未能得出可接受的答案，回答要求美国法官决定的全部法律问题，法官被迫偶尔——实际上相当频繁——依赖其他判决渊源，包括他们自己的政治观点或政治判断，甚至他们的个人特性。"[1]当我们笃信形式法治能够引领我们抵达法治的理想国时，也不要忘记拉德布鲁赫的教诫："因为司法依赖于民众的信赖而生存。任何司法的公正性，在客观性与可撤销性方面的价值观，决不能与司法的信任相悖。"[2]

五、余论

需要强调的是，我们此处所言的情理，必须与传统司法理念中的情理做出明确的界分。中国古代是"情理法"融合的司法模式，其中的情理，更多的是针对具体个案当事人的情理，也就是滋贺秀三所说的："情理中浓厚地体现出来的，是给予眼前的每个当事人各自面临的具体情况以细致入微的考虑及尽可能的照顾。"[3] 这样的情理，过于深陷案件的具体情境与细节，与现代法治所追求的规则之治距离过远。我们此处所强调的情理，首先在适用范围上，仅限于疑难案件。常规案件，已然完全被严密的法律规则之网所涵摄，固然毋庸考量情理的因素。换而言之，符合情理是常规案件严格或者说机械地适用法条，自然的附随结果。常规案件的审理，虽无需考量情理，而情理已然包含其中。其次，在指向对象上，并非仅仅针对个案当事人的情理，而是针对不特定的社会公众的情理。司法官员在处理疑难案件时，目光要不断反复地在规则与案件事实之间往还流转，同时要不断地揣摩一个具有"正义直觉"的理性公民会如何评判案件的判决结果。在此，情理并非是法官扩张自由裁量权的借口，毋宁是限制法官自由裁量权的有力工具。最后，情理追求的是可普遍化证成，而非具体个案细节的圆融无碍。我们不妨用滋贺秀三对"理"的解读来加以申说，"理"主要是指"思考事物时所遵循的、也是对同类事物普遍适用的道理"。[4] 此处的情理绝非各打五十大板、各让一步式的和稀泥，而是要用凝聚着社会正义共识的情理，织补出现缝隙的法律之网。而织补的过程则考量着法律

---

〔1〕 ［美］理查德·波斯纳：《法官如何思考》，苏力译，北京大学出版社 2009 年版，第 8 页。

〔2〕 ［德］拉德布鲁赫：《法学导论》，米健译，中国大百科全书出版社 1997 年版，第 119 页。

〔3〕 ［日］滋贺秀三：《清代诉讼制度之民事法源的概括性考察——情、理、法》，载［日］滋贺秀三等：《明清时期的民事审判与民间契约》，王亚新等编译，法律出版社 1998 年版，第 20 页。

〔4〕 ［日］滋贺秀三：《清代诉讼制度之民事法源的概括性考察——情、理、法》，载［日］滋贺秀三等：《明清时期的民事审判与民间契约》，王亚新等编译，法律出版社 1998 年版，第 34 页。

人的智慧。"情理也要求司法官员在作出裁决时，必须证明裁决的理由中存在比个案裁判的结果更为概括的原则。换言之，案件裁判的理由必须能够普遍地适用于其他类似的案件，或者和司法官员同处类似情况下的人们也会做出同样的结论。"〔1〕

刑法学者劳东燕基于对轰动一时的"陆勇案"的分析，主张对于该案以及其他类似案件，无论是在案件的定罪阶段，还是案件的量刑阶段，都应当考量"社会伦理因素"。"在具体个案中，当实质的价值判断与法律的形式逻辑相冲突时，一味地导向形式逻辑并不具有天然的正当性。诚然，司法者必须受制定法的拘束，应当服从立法所作出的价值判断，但这并不意味着司法者只能机械地适用法律，只能充当毫无作为的角色。司法者对立法不是一种盲目的服从，而是一种'思考的服从'（ein'denkender Gehorsam'）。不是要求单纯逻辑性地适用概念，而是要求一种考虑到利益评价……一种考虑到'法律之精神与意义'的判决。"〔2〕

法律的规则之网，注定要由价值之网方可补足，在一个追求良法善治的时代，需要我们认真对待法律，也需要我们认真对待情理！

---

〔1〕 陈林林、王云清：《论情理裁判的可普遍化证成》，载《现代法学》2014 年第 1 期，第 24～25 页。

〔2〕 劳东燕：《价值判断与刑法解释：对陆勇案的刑法困境与出路的思考》，载《清华法律评论》2016 年第 1 期，第 152 页。

非物质文化遗产戏曲作品的著作权限制：
价值冲突与利益平衡[*]

孙思琪[**]

一、问题的提出

2019 年 10 月，苏州市滑稽剧团复排了传统滑稽戏《苏州两公差》。[1] 该剧作为苏州市滑稽剧团的保留剧目、[2] 压箱底的大戏，[3] 此前已有 30 余年不曾演出。值得注意的是，自该剧 1954 年首演以来，上海、杭州、常州、南京等长三角各地的主要滑稽剧团皆曾移植演出；1981 年江苏省滑稽戏工作者协会成立时，更是排演了南京、无锡、常州、苏州四地滑稽戏演员联合演出的版本，从而形成了滑稽艺术史上颇为特殊的剧目交流现象。针对此种现象，苏州市滑稽剧团已于 2009 年对于该剧进行了著作权登记。[4]

戏曲作品的创作目的在于表演，人们感知作品的主要方式也是欣赏表

* 基金项目：上海市艺术科学规划项目"长三角一体化背景下滑稽艺术发展与传承研究"（YB2020G04）。

** 孙思琪，男，博士，上海海事大学法学院讲师。

〔1〕 该剧早期也曾采用"苏州二公差"的剧名。

〔2〕 苏州市文化广播电视管理局编：《苏州滑稽戏资料汇编》，苏州市文化广播电视管理局 2001 年版，第 132 页。

〔3〕 韩勤：《苏州滑稽戏研究》，苏州大学 2010 年博士学位论文，第 68 页。

〔4〕 苏州市滑稽剧团尚未披露此次著作权登记的具体情况。但是，根据《中华人民共和国著作权法》第 23 条第 2 款的规定，法人作品著作权涉及的主要权利的保护期原则上为 50 年，截止于作品首次发表后第 50 年的 12 月 31 日。据此根据《苏州两公差》首演于 1954 年计算，该剧著作权的保护期理应于 2004 年 12 月 31 日已告届满。

演，因而戏曲作品总是需要通过舞台上演员活灵活现的表演方才能够呈现在观众面前。[1] 此亦戏曲不同于民间文学、传统美术、传统医药等其他非物质文化遗产门类的特征所在，同时也决定了对于戏曲作为非物质文化遗产的有效保护无法单纯依靠档案层面的文字乃至音像留存。无论戏剧抑或曲艺，我国传统戏曲历来多有交流借鉴的传统，其中既有不同剧种之间的作品改编，也包括同一剧种内部的移植学习。[2] 此种作品的交流传统形成于著作权法律制度尚不健全、知识产权保护意识亦未普及的时代。虽然现今戏曲作品的移植改编已经逐步转向著作权许可、转让等法律规定的途径，但此类方式更多适用于新近创排的原创作品。[3] 对于一些传统剧目、经典剧目而言，非由著作权人组织的表演活动仍然大量存在，[4] 而且曲艺作品因其表演的灵活性较之戏剧作品更为常见。

　　戏曲作品作为权利客体理应受到著作权制度的保护不必赘言。2020 年修改的《中华人民共和国著作权法》（以下简称《著作权法》）第 3 条规定，作品是指文学、艺术和科学领域内具有独创性并能以一定形式表现的智力成果，同时明确戏剧、曲艺作品属于作品的范畴。但是，对于同时作为非物质文化遗产的戏曲作品而言，著作权毕竟是一种私有权、垄断权、排他使用权，因而著作权法给予知识产权保护的同时，也有可能限制此类作品的传播和传承。非物质文化遗产作为人类共同遗产，社会公众应当享有一定程度的利用权。[5] 特别是在传统戏曲日渐式微的当下，著作权人时常也是非物质文化遗产的保护传承单位，但限于诸种因素可能无法固定、频繁地开展演出。《苏州两公差》此前长达 30 余年未曾开展演出便是一例。如果著作权人又不允许他人排演相关作品，便有可能导致传统作品失去活态存在，戏曲创作的表演目的也无法实现，进而制约非物质文化遗产的传

---

〔1〕　王迁：《著作权法》，中国人民大学出版社 2015 年版，第 82~83 页。

〔2〕　例如，《苏州两公差》本就改编自闽剧《炼印》。

〔3〕　例如，上海滑稽剧团于 2018 年创排了滑稽戏《哎哟爸爸》。2020 年 8 月，上海滑稽剧团与张家港市文体广电和旅游局达成该剧的版权输出协议，张家港市田汉剧社遂于同年 10 月排演了同名小剧场话剧。

〔4〕　例如，上海市人民滑稽剧团 2013 年排演了传统滑稽戏《三毛学生意》。该剧本是上海大众滑稽剧团 1950 年代的代表剧目，曾由天马电影制片厂于 1958 年拍摄同名电影，上海文艺出版社也于 1959 年出版了范哈哈所著的剧本。该剧的一些经典选场或片段，比如"剃头"一折，至今仍常演出于曲艺专场或电视节目。

〔5〕　罗宗奎：《非物质文化遗产的知识产权保护——以内蒙古自治区为例》，中国政法大学出版社 2015 年版，第 114 页。

播和传承。

此时产生的问题在于：非物质文化遗产法和著作权法同时将戏曲作品列为保护对象，但二者的价值取向之间是否存在冲突？著作权法应当如何通过合理的制度设计协调此种冲突，从而既能给予著作权人应有的权利保护，又不至于阻碍非物质文化遗产的传播和传承？上述问题有别于非物质文化遗产知识产权保护现有研究的重点所在，即并不涉及著作权的享有与否抑或权利人的认定等事项，而是以著作权制度得以适用为基本前提，进而关注此种适用对于非遗戏曲作品保护的影响与对策，尤其是如何在合理限度之内允许著作权人以外的他人使用戏曲作品。

二、非物质文化遗产保护与著作权保护的价值冲突

非物质文化遗产法与著作权法对于戏曲作品固然均持保护态度，但二者秉持的保护理念以及指向的具体利益却不尽相同。此种差异在国际立法的术语选择方面即有体现：《保护非物质文化遗产公约》采用的表述是"safeguarding"，[1] 而《伯尔尼保护文学和艺术作品公约》《世界版权公约》等知识产权国际公约使用的术语则是"protection"。[2] 虽然二者在对应的中文文本中均被译为"保护"，但具体内涵却迥然有异。前者对于非物质文化遗产的保护主要是基于"人类共同遗产"的理念，后者对于著作权的保护则是建立在"私权神圣"的私法原则之上，[3] 由此导致上述两种保护制度的价值取向无可避免地存在一定冲突。

（一）非物质文化遗产保护：人类共同遗产与传播推广

非物质文化遗产保护是一项导源于国际立法的制度。"人类共同遗产"作为此项制度的基本理念，也与国际法上"全人类共同利益"价值目标的演进关联密切。全人类共同利益是将人类作为一个整体，要求以国家或其他集合为代表的人类活动应为人类整体谋求福利，或者至少应当限制有碍

---

〔1〕《保护非物质文化遗产公约》的英文全称为"the Convention for the Safeguarding of the Intangible Cultural Heritage"。

〔2〕《伯尔尼保护文学和艺术作品公约》的英文全称为"Berne Convention for the Protection of Literary and Artistic Works"；《世界版权公约》序言部分规定制定公约的目的之一是"出于保证在所有国家给文学、科学和艺术作品以版权保护的愿望"（moved by the desire to assure in all countries copyright protection of literary, scientific and artistic works）。

〔3〕施爱东：《"非物质文化遗产保护"与"民间文艺作品著作权保护"的内在矛盾》，载《中国人民大学学报》2018 年第 1 期，第 2 页。

于人类整体利益的活动。[1] 最为典型的应属《联合国海洋法公约》，其中第136条即以"人类的共同继承财产"（common heritage of mankind）为标题，明确规定国家管辖范围以外的海床、洋底和底土及其资源是人类的共同继承财产。

至于非物质文化遗产的保护，早在1989年通过的《保护传统文化和民俗的建议案》便已明确提出"人类共同遗产"（universal heritage of humanity）的概念。此后全人类共同利益以及人类共同遗产的理念始终贯穿于非物质文化遗产保护的国际立法，一定程度上也是承继了关于物质文化遗产已然形成的保护理念。[2] 例如，《关于发生武装冲突时保护文化财产的公约》序言部分即规定："任何人民的文化财产如遭受到损失，也就是全人类文化遗产所遭受的损失，因为每国人民对世界文化做出其自己的贡献"，可见非物质文化遗产法基于人类共同遗产的基本理念，保护的对象主要是人类的共同利益，也即公共利益。据此"保护"一语置于非物质文化遗产的场域应有更为丰富的内涵，而不仅仅限于保障作品免受侵犯。

《保护非物质文化遗产公约》第2条第3款明确界定了"保护"的具体内涵，主要是指确保非物质文化遗产生命力的各类措施，包括对于特定遗产各个方面的确认、立档、研究、保存、保护、宣传、弘扬、传承和振兴。较之该公约颇为宽泛的定义，《中华人民共和国非物质文化遗产法》（以下简称《非物质文化遗产法》）根据"保护"一词在中文语境下的基本含义，规定国家对于体现中华民族优秀传统文化且具有历史、文学、艺术、科学价值的非物质文化遗产采取传承、传播等措施予以保护，[3] 即将保护的内涵界定为传承和传播两个方面。传承是指通过建立各级非物质文化遗产代表性项目名录，认定代表性传承人，资助开展授徒、传艺、交流活动等形式，培养后继人才，保障非物质文化遗产能够世代相传；传播包括对于非物质文化遗产进行宣传、展示和合理开发、利用。[4] 因此，非物质文化遗产的保护措施除进行保存，也即建立客观、完整的资料外，更为重要的应是传播和传承，也即使其为公众所知并获得积极的推广。[5]

---

[1] 高岚君：《国际法的价值论》，武汉大学出版社2006年版，第128页。
[2] 唐海清：《国际法视野下非物质文化遗产保护问题研究》，法律出版社2017年版，第37页。
[3] 参见《中华人民共和国非物质文化遗产法》第3条。
[4] 信春鹰主编：《中华人民共和国非物质文化遗产法释义》，法律出版社2011年版，第10页。
[5] 王云霞主编：《文化遗产法教程》，商务印书馆2012年版，第198页。

此种保护方式很大程度上取决于非物质文化遗产的基本特征：非物质文化遗产不以有形物体的状态存在，而是基于无形的表现方式潜藏于人类的记忆、习性、行动及交际之中，通过人类的生产、生活、文化、艺术等活动得以体现；一旦脱离了人类作为主体的参与，非物质文化遗产的表现和传承均无法实现。[1] 此亦非物质文化遗产不同于物质文化遗产的根本区别，同时也决定了非物质文化遗产不能仅仅保存于转化的档案和材料，而必须通过直接传播实现活态存在。戏曲作为以表演为目的的非物质文化遗产门类更是如此。例如，文化和旅游部于 2019 年 7 月印发了《曲艺传承发展计划》，其中明确提出曲艺传承发展的基本原则之一是"坚持以说唱表演作为基本实践形式"。质言之，基于人类共同遗产理念而对传播和传承的推动，应是非物质文化遗产法保护戏曲作品的价值取向与主要方式。

（二）著作权保护：私权神圣与专有排他

不同于非物质文化遗产保护秉持的人类共同遗产理念，知识产权法对于著作权的保护却是以此种权利的私权属性为前提。包括著作权在内，知识产权的私权属性已经得到绝大多数国家的普遍承认。《与贸易有关的知识产权协定》序言部分也明确指出"知识产权属私权"。所谓私权者，系指特定民事主体享有的私人权利，而非一切人类共同享有的公共权利。同时，私权也是代表私益的权利，也即与公益相对的个人利益，产生的依据在于个人根据自己的意愿形成相互之间的经济关系乃至其他关系。[2] 基于知识产权的私权属性，知识产权法理应归入民事法律的范畴，而私权神圣作为私法的重要原则，意味着民事主体的权利受到法律的充分保障，不受任何个人或组织的侵犯，非依法律程序不得限制或剥夺。[3] 著作权以及其他知识产权亦是如此。

知识产权的专有性也即排他性可以认为是私权神圣原则的具体体现。此一专有排他的特征使得权利人能够独占知识财产，垄断专有权利并且受到严格保护，若无法律规定或者未经权利人许可，任何人不得使用权利人的知识产品。[4] 具体至著作权法领域，著作权人依法对其作品以及相关客

〔1〕 蒋万来：《传承与秩序：我国非物质文化遗产保护的法律机制》，知识产权出版社 2016 年版，第 14~17 页。

〔2〕 吴汉东：《知识产权总论》（第 3 版），中国人民大学出版社 2013 年版，第 10~11 页。

〔3〕 屈茂辉：《民法引论》，商务印书馆 2014 年版，第 16 页。

〔4〕 吴汉东主编：《知识产权法》（第 5 版），法律出版社 2014 年版，第 13 页。

体享有的权利，最为重要的当属阻止他人未经许可实施特定行为的专有排他权利。[1] 此即苏州市滑稽剧团作为《苏州两公差》的作者得以对其进行著作权登记，并且有权藉此禁止其他剧团排演该剧的依据所在。戏曲作品作为著作权客体得到的专有排他保护，显然与非物质文化遗产保护追求的传播和传承存在矛盾之处。此种权利的专有排他特征意味着权利人对于戏曲作品的传播享有近乎绝对的控制力，无论自身演出与否或者是否准许他人使用作品，皆由著作权人通过行使权利作出决定，他人无法介入干涉。因此，著作权首先是对戏曲作品传播加以限制的权利，或者至少为权利人提供了限制传播的较大可能。

考察著作权法的立法目的，我国《著作权法》第 1 条宣示的立法目的总体而言可以分为两个方面：一是保护作者的著作权及其相关权益，二是鼓励作品的创作和传播。[2] 然而，法律条文虽将作品的创作和传播置于并列的地位，但著作权法鼓励二者的具体方式却存在颇为明显的区别。著作权法对于作品创作的鼓励，主要是通过从正面保护作者的权利实现。原因在于如果无法获得免受盗版等侵权行为干扰的保障，作者的创作热情便会有所减损。[3] 但是，赋予著作权虽然亦可在一定程度上促使作者将作品公开出版、投入市场，但著作权法对于作品传播的鼓励恐怕更多仍是通过从反面限制著作权实现，也即鼓励著作权人以外的他人在合理限度之内对于作品进行传播。协调权利人行使专有权利与促进知识广泛传播之间的矛盾，也是知识产权法律的基本功能之一。

著作权的限制制度固然是为促进作品的传播与利用，具有维护公共利益的价值取向，但此种限制毕竟是以赋予和保护著作权为前提。易言之，个中的逻辑次序是权利在先、限制在后，即先有作为私权的著作权，而后才有对于著作权的适当限制。权利的限制并不否认权利本身的对世属性。即使比照物权而言，所有权也并非绝对自由，现代民法社会化的基本特征之一正是对于所有权的限制。诸如所有权行使方式乃至权利负担的限制，

---

〔1〕　王迁：《著作权法》，中国人民大学出版社 2015 年版，第 1 页。

〔2〕　《中华人民共和国著作权法》第 1 条规定：为保护文学、艺术和科学作品作者的著作权，以及与著作权有关的权益，鼓励有益于社会主义精神文明、物质文明建设的作品的创作和传播，促进社会主义文化和科学事业的发展与繁荣，根据宪法制定本法。

〔3〕　冯晓青：《知识产权法哲学》，中国人民公安大学出版社 2003 年版，第 287 页。

皆为现代民法限制所有权的具体表现。[1] 因此，对于著作权的限制并不妨碍著作权法更为优先或谓根本的价值取向是基于私权神圣原则而赋予著作权人专有排他的权利。但是，我国现行《著作权法》确立的著作权限制制度主要包括合理使用和法定许可，而此二项制度的适用情形均不涵盖作为非物质文化遗产的戏曲作品，也即戏曲作品的著作权在我国法律上并未受到明显限制，而是作为一般的著作权进行处理。除取得著作权人的授权也即许可外，他人尚无其他途径可以合法使用特定的戏曲作品。同时也导致《著作权法》虽有鼓励作品传播的立法目的，但很大程度上对于非遗戏曲作品而言却并不彰显。

基于上述分析，至少在非遗戏曲作品的场合，我国现行《非物质文化遗产法》和《著作权法》给予的保护存在较为明显的价值冲突。著作权保护遵循私权神圣原则而赋予戏曲作品的著作权人专有排他的权利，加之此种权利并未受到明显的限制，致使戏曲作品的传播与否几乎完全取决于著作权人的个体意志，从而有悖于非物质文化遗产保护基于人类共同遗产理念而追求的传播和传承的立场。此种矛盾同时也是知识产权代表的个体利益与非物质文化遗产代表的公共利益之间的必然冲突。

三、非物质文化遗产保护的著作权法应对

非物质文化遗产保护与著作权保护在戏曲作品领域存在的价值冲突，更多是我国现行《著作权法》未能妥善协调个体利益与公共利益，导致特定领域著作权保护出现利益失衡的结果。《非物质文化遗产法》第 44 条第 1 款规定："使用非物质文化遗产涉及知识产权的，适用有关法律、行政法规的规定。"据此，该法并不涉及非物质文化遗产的知识产权保护，而是仍然交由包括《著作权法》在内的知识产权法律加以解决。此种处理也与非物质文化遗产知识产权存在的争议有关，不仅许多非物质文化遗产未必适合通过知识产权途径进行保护，而且权利人的确定也存在诸多困难。[2] 但是，此类争议对于戏曲作品总体而言并不突出。《著作权法》的第三次修改已于 2020 年 11 月完成，但其中对于非遗戏曲作品著作权保护的关注仍然很不充分。

---

〔1〕 王利明：《民法总则研究》（第 2 版），中国人民大学出版社 2012 年版，第 89-91 页。

〔2〕 信春鹰主编：《中华人民共和国非物质文化遗产法释义》，法律出版社 2011 年版，第 104 页。

（一）利益平衡：非遗戏曲作品著作权限制的法理依据

如何寻求知识产权保护的平衡，历来便是困扰各国立法和司法的疑难问题。一旦给予权利人利益过度的保护，必将损害社会公共利益，甚至阻碍人类的智力创造；反之，如果过多考虑社会公共利益，却又无法充分保护权利人的个体利益，更有可能挫伤人们的积极性，从而难以达到鼓励智力创造的目的。[1] 因此，利益平衡顺理成章地成了知识产权立法的宗旨所在，意指当事人之间、权利与义务主体之间、个人与社会之间等不同层面的利益应当符合公平的价值理念。包括我国《著作权法》在内，知识产权的立法目标在于保护创造者的合法权益，以及促进知识产品的广泛传播。此种二元价值目标是以权利保障的激励机制为基础，通过利益平衡的协调机制加以实现。而且，知识产权与思想、信息、知识的表述和传播存在密切关系。保障创造者权益的同时，必须考虑促进知识广泛传播和推进社会文明进步的公益目标。[2] 保护创造者权益体现的是私益，促进知识产品传播关注的则是公益。知识产权立法追求利益平衡的本质是为维持私益和公益之间的平衡，[3] 而非遗戏曲作品著作权保护当前面对的正是私益与公益的冲突，利益平衡原则便也成为通过立法协调此种冲突的法理依据所在。

考察著作权领域的利益平衡，著作权法规定专有权利的目的并非为了帮助创作者对于作品的传播和使用进行绝对垄断，也不是单纯地对创作者加以奖励，而是通过赋予创作者有限的垄断权，保障其可以从作品的创作中获得合理的经济收入，以此鼓励和刺激人们更为积极地投身于原创性劳动，促进更多高质量作品的产生和传播。因此，著作权最终必须服务于更为重要的社会公共利益。[4] 著作权法实现利益平衡的主要方法便是对于著作权加以限制：规定广泛的权利是以维护作者的个人利益为基点，规定各类对于权利的限制又是以社会公共利益为基点，也即社会公共政策对于权利人行使权利的限制。[5] 除保护期限外，我国现行立法设置的著作权限制制度主要包括合理使用、法定许可。此时必须考察非物质文化遗产保护是否符合此类制度的价值取向，也即能否构成较之著作权而言更显重要的社

〔1〕 李明德：《知识产权法》（第 2 版），法律出版社 2014 年版，第 6 页。
〔2〕 吴汉东：《知识产权总论》（第 3 版），中国人民大学出版社 2013 年版，第 70 页。
〔3〕 齐爱民：《知识产权法总论》，北京大学出版社 2014 年版，第 25 页。
〔4〕 王迁：《著作权法》，中国人民大学出版社 2015 年版，第 318 页。
〔5〕 李明德：《知识产权法》（第 2 版），法律出版社 2014 年版，第 57 页。

会公共利益。

无论合理使用抑或法定许可，我国《著作权法》规定的著作权限制大致可以分为五类：一是为免过度妨碍他人行动自由作出的限制，比如为个人学习、研究或欣赏而使用；二是出于人道主义和民族政策作出的限制，主要是指将作品翻译为少数民族语言文字或者改成盲文；三是为了调整作品载体所有权人和著作权人之间利益关系作出的限制，较为典型的当属美术等作品原件所有人的展览权；四是出于公益目的作出的限制，比如报道时事新闻；五是为了促进作品利用作出的限制，比如报刊转载法定许可。以此考察非遗戏曲作品的著作权保护，应当认为兼有维护公共利益和促进作品利用两个方面的价值。非物质文化遗产作为人类共同遗产，对其施以保护属于公共利益的范畴自不待言；同时，随着传统戏曲日渐式微，如果著作权人怠于行使自身权利，导致戏曲作品无法得到积极而合理的利用与传播，长此以往必然危及整个剧种或曲种的生存状况。此时权利人的著作权即使仍然存在，却也难免随着整体环境的恶化陷入难以行使的窘境，从而丧失享有权利的实际意义。此即谚曰"皮之不存，毛将焉附"。

值得注意的是，《中华人民共和国著作权法实施条例》第21条移植了《伯尔尼保护文学和艺术作品公约》第9条第2款的规定，也即通常所称的"三步检验法"；2020年修改的《著作权法》第24条第1款中也明确规定，作品的合理使用"不得影响该作品的正常使用，也不得不合理地损害著作权人的合法权益"。"三步检验法"要求对于著作权的限制必须符合三项要件：一是使用作品属于具体的特殊情形，二是不得影响作品的正常使用，三是不得不合理地损害著作权人的合法利益。限制非遗戏曲作品的著作权总体而言能够符合以上要件。以滑稽艺术为例，非物质文化遗产较之一般作品本就属于特殊情形，加之多数地区目前仅有唯一的滑稽剧团，即使排演其他剧团享有著作权的传统剧目，主要演出区域也鲜有重合，因而尚不至于影响著作权人本身对于作品的正常使用，或者损害著作权人的合法权益。因此，对于非遗戏曲作品的著作权进行适当限制，不仅符合促进作品利用及传播的立法目的，同时也能在一定程度上维持作品及其著作权本身的价值，因而契合著作权乃至知识产权立法追求的利益平衡目标。

（二）法定许可：非遗戏曲作品著作权限制的制度路径

1. 法定许可制度对于非遗戏曲作品著作权的可适用性

目前我国著作权法设置的著作权限制制度主要分为合理使用和法定许可两个部分。一般认为二者之间最为主要的区别在于，法定许可要求使用人支付报酬，而合理使用属于无偿使用。具体而言，法定许可允许社会公众无须经过著作权人的同意，仅须支付合理报酬，即可依据法律直接获得作品的使用许可。[1] 对于非遗戏曲作品的著作权加以限制，应以法定许可制度更为适宜。原因在于传统戏曲演出团体的经营状况大多并不非常理想，如果允许使用人不经付费即可使用非遗戏曲作品，颇有可能直接影响演出团体的经济利益，不仅违背了限制著作权的基本条件，长远来看也不利于非物质文化遗产的保护。而且，合理使用制度的正当性虽然涉及多个方面，包括降低交易成本以免市场失败，避免过度增加后续创作成本，防止损害言论自由或市场竞争等重要法律价值，以及将权利人的默示许可具体化等等，[2] 但非遗戏曲作品的著作权保护总体而言与此无涉。

纵观各国著作权法关于法定许可的规定，此一制度适用的使用者多为表演者、录音制作者、广播组织者，其中涉及的正是著作权人与传播者之间的关系，而且，此一制度是为简化著作权手续、促进作品广泛迅速传播而设定，使用的对象必须是已经发表的作品，因而法定许可实际也是作品"二次使用"的过程。[3] 可见非遗戏曲作品的著作权限制符合法定许可制度的特征。而且，法定许可制度正是为了弥补合理使用制度的缺陷。目前《著作权法》存在法定许可范围过窄的缺陷，且不符合比较法上的立法趋势。[4] 因此，如果将非遗戏曲作品的著作权纳入法定许可制度的适用范围，不仅可以实现对于非遗戏曲作品著作权的合理限制，同时也有利于法定许可制度的完善。

此外，2014 年国务院法制办公室公布的《中华人民共和国著作权法（修订草案送审稿）》第 50 条第 1 款第 3 项提及，法定许可的报酬支付应当"按照国务院著作权行政管理部门制定的付酬标准"。最终通过的《著作

---

〔1〕　崔国斌：《著作权法：原理与案例》，北京大学出版社 2014 年版，第 628 页。

〔2〕　崔国斌：《著作权法：原理与案例》，北京大学出版社 2014 年版，第 577~579 页。

〔3〕　吴汉东：《著作权合理使用制度研究》（第 3 版），中国人民大学出版社 2013 年版，第 135 页。

〔4〕　曾琳：《著作权法第三次修正下的"限制与例外"制度应用研究》，中国政法大学出版社 2016 年版，第 161 页。

权法》并未保留上述规定。目前我国关于法定许可付酬标准的规定仍然很不完备。不仅不同法定许可类型的报酬标准之间差距明显，而且普遍存在支付程序、支付方式以及不支付时的赔偿标准不甚明确等问题。对于非遗戏曲作品著作权的法定许可而言，确定合理、明确的付酬标准既有利于维护著作权人的正当经济利益，又可避免使用人承受过于沉重的成本负担。因此，法定许可的适用范围扩展至非遗戏曲作品著作权的同时，亦应制定符合当今技术、经济发展水平的付酬标准，避免报酬支付机制流于形式。[1]

2. 非遗戏曲作品著作权法定许可的审核批准

《非物质文化遗产法》第 5 条规定，使用非物质文化遗产应当尊重其形式和内涵，禁止以歪曲、贬损等方式使用非物质文化遗产。据此，非遗戏曲作品的法定许可应当建立匹配的审核批准机制，防止使用人以不当方式使用戏曲作品。较为理想的管理方式应是借鉴著作权集体管理制度，统一交由特定机构审核批准非遗作品的法定许可。此前《中华人民共和国著作权法（修订草案送审稿）》第 50 条第 1 款也有类似规定，要求不经著作权人许可使用其已发表作品的法定许可情形，应在首次使用前向相应的著作权集体管理组织申请备案。目前我国已经设立了中国非物质文化遗产保护中心以及中国非物质文化遗产保护协会，前者是承担全国非物质文化遗产保护具体工作的专业机构，后者则是从事非物质文化遗产保护工作的全国性社会组织。二者均可经过授权承担非遗作品法定许可的审批工作。使用人在使用非遗戏曲作品之前，应当先向指定机构提出申请，获得批准后方可进行使用开展演出。具体而言，对于非遗戏曲作品法定许可的审查应当着重关注以下三个方面：

第一，非遗戏曲作品是否用于商业演出活动。限制非遗戏曲作品著作权的目的是为鼓励作品的传播，而非帮助使用人通过使用他人作品获取不尽合理的商业利益，因而非遗戏曲作品的法定许可应当排除纯粹的商业演出活动，尤其是各类"走穴"演出。2020 年修改的《著作权法》第 24 条第 1 款第 9 项针对免费表演已经发表的作品，增加了"不以营利为目的"的限制。但是，考虑到非遗戏曲作品本身的特殊性，剧团日常的售票演出仍应予以准许，同时使用人支付报酬的金额也应考虑演出的收入情况。

---

[1] 曾琳：《著作权法第三次修正下的"限制与例外"制度应用研究》，中国政法大学出版社 2016 年版，第 169 页。

第二，非遗戏曲作品是否属于传统作品。非遗戏曲作品法定许可的对象原则上应当限于传统作品。原因在于如果准许他人使用新近创排的戏曲作品，难免影响著作权人的经济利益、减损创作热情，进而破坏著作权人个人利益与非物质文化遗产保护公共利益之间的平衡，无法实现保护非物质文化遗产的目的。国家可以根据剧种、曲种不同分门别类地建立传统作品目录，从而将适用法定许可的作品限定在目录范围之内，同时亦可起到建立档案的保护作用。

第三，非遗戏曲作品的使用是否符合作品的内涵。以合作滑稽剧团1950年首演的滑稽戏名作《活菩萨》为例，该剧改编自莫里哀喜剧《伪君子》，主旨在于讽刺诈骗行为、反对封建迷信；[1] 上海市人民滑稽剧团于1999年重新改编该剧时虽将剧情时间设定为当代，但仍保持倡导科学思想、破除封建迷信的立意，同时结合当时反邪教的社会背景，反而使得作品得以具有与时俱进的现实意义。[2] 反之，如果将来其他剧团使用该作品时，一味通过强化"供养活菩萨"等封建迷信情节进行招笑，但却忽略对于此类现象应有的讽刺和批判，即应认为不符合作品的内涵。

四、余论

通过上文分析，可以得出结论：非物质文化遗产法和著作权法同时将戏曲作品列为保护对象，但二者的价值取向之间却存在较为明显的冲突。非物质文化遗产法保护是基于人类共同遗产的理念，旨在推动非物质文化遗产的传播和传承；著作权法保护则是遵循私权神圣的私法原则，赋予著作权人专有排他的权利。此种冲突的本质是个体利益与公共利益之间必然存在的矛盾。知识产权制度以利益平衡为其立法宗旨，意在实现保护作者权利与促进作品传播之间的平衡。《著作权法》修改是协调此种冲突较为理想的立法选择，应当基于利益平衡的宗旨，通过法定许可制度适当限制非遗戏曲作品的著作权，同时借鉴著作权集体管理制度建立审核批准机制，

---

　　〔1〕 1950年合作滑稽剧团演出的《活菩萨》，讲述游民鲁道夫寄食寺庙，遇见潘老太因儿子潘志伟随商船出海不归而前来烧香。鲁道夫大吹法螺，被潘家视为"活菩萨"并迎到家中供养。鲁道夫又图谋占有潘志伟继室和女儿丽蓉。后由侍女青梅定计，迫使鲁道夫自吐阴谋，潘老太母子乃悟。参见中国戏曲志编辑委员会等：《中国戏曲志·上海卷》，中国ISBN中心1996年版，第227页。

　　〔2〕 1999年上海市人民滑稽剧团重新改编的《活菩萨》，讲述民营公司王总经理的司机阿宝被邪教所惑、听信异端邪说，并将王总经理引入歧途。王家母子二人误信骗子胡言乱语而将其视为"活菩萨"，导致王总经理无心经营、生意滑坡，王老太有病不治生命垂危，一家人闹得父子反目、夫妻失和。参见《〈活菩萨〉节目单》，上海市人民滑稽剧团1999年8月。

防止使用人以不当方式使用戏曲作品。

建议《著作权法》日后再次修改时，针对非遗作品使用的法定许可在第 4 章"与著作权有关的权利"第 2 节"表演"中增加如下规定："使用他人非物质文化遗产作品演出，可以不经著作权人许可，但应当经国家非物质文化遗产保护机构审核批准，并按照规定支付报酬。"至于审核标准可由行政法规或部门规章另作具体规定。同时，《非物质文化遗产法》目前仅在第 31 条规定了非物质文化遗产项目代表性传承人开展传承活动的义务，但戏曲类项目的传播和传承很多时候需要依托传承人所在单位开展演出。因此，建议《非物质文化遗产法》今后修改时，应规定非物质文化遗产代表性项目的代表性传承人、保护单位应当积极开展非物质文化遗产的演出活动。

环境民事公益诉讼权利来源及
原告资格探讨

孙　悦*

党的十九大报告指出："人与自然是生命共同体，人类必须尊重自然、顺应自然、保护自然。人类只有遵循自然规律才能有效防止在开发利用自然上走弯路，人类对大自然的伤害最终会伤及人类自身，这是无法抗拒的规律。"并提出"人与自然和谐共生"的理念。[1] 为环境立法、司法和执法提供了价值导向。[2] 2020 年出台的《中华人民共和国民法典》将绿色原则作为与平等原则、自愿原则、公平原则、诚实信用原则和公序良俗原则具有同等价值的基本原则；其中，侵权责任编共有 7 个条款涉及环境污染及生态破坏责任承担制度，较《中华人民共和国民法通则》《中华人民共和国侵权责任法》有显著发展。可见，由生态环境破坏产生的法律关系纳入民法调整范围，加强民事法律制度对生态环境的保护是未来民法发展的方向。

无论从政策上还是民事法律制度上均将生态保护提高到一个前所未有的高度，环境公共利益保护也是从此延伸出来的课题。法律手段是对环境公共利益保护的最后一道防线，在法律手段保障下实现人类与环境的可持续发展是当下法制发展的重要任务。传统私益诉讼制度难以适用于环境公

* 孙悦，女，辽宁大连人，上海海事大学博士研究生。

〔1〕《决胜全面建成小康社会 夺取新时代中国特色社会主义伟大胜利——在中国共产党第十九次全国代表大会上的报告》，载 http://www.12371.cn/2017/10/27/ARTI1509103656574313.shtml，最后访问日期：2020 年 10 月 5 日。

〔2〕 吕忠梅：《新时代中国环境司法资源面临的新机遇新挑战》，载《环境保护》2018 年第 1 期。

共利益的救济，其直接利害关系原则严重限制公共利益的保护，难以达到保护生态环境的目的。[1] 因此，实现人类与自然环境和谐共处，实现生态环境可持续发展和整体性保护，成为当前我国环境诉讼立法的重要使命。[2] 2020年最高人民法院发布了第23批共计27个指导性案例，其中50%属于涉及环境公益的案件，并且环境民事公益诉讼案件占环境公益案件的比重接近50%。[3] 在司法实践上，环境民事公益诉讼也是司法改革及发展的重心，从司法审判的视角践行党的十九大的指导思想。

本文从环境民事公益诉讼所涉及的法律关系客体即环境公共利益为出发点，探讨环境民事公益诉讼的权利来源，厘清现行法律制度下环境民事公益诉讼原告资格范围的基本框架，并对原告资格范围进一步完善提出构想。

一、环境民事公益诉讼所涉法律关系客体之环境公共利益

法律关系客体承载了法律关系所包含的权利、义务。[4] 讨论环境民事公益诉讼权利来源的起点应当从权利义务所指向的客体出发。传统民事法律关系客体所定义的"物"，具有所属性，该"物"具有被主体所拥有并支配使用的特点；而生态环境无法用"物"来进行定义。生态环境中的某些"资源物"可以作为财产权的客体被占有、使用、收益、处分，而另外一些与前述"资源物"密不可分的"自然物"则仅可作为环境要素加以保护，而非财产权的客体；可见，生态环境在法律关系上的定性较为复杂，既有可能成为民法财产权的客体（如渔业资源、海底能源等），又属于环境要素成为生态系统的组成部分。另，由于生态环境的整体性特征，没有任何人、任何国家可对生态环境宣称拥有所有权或者主权权利。因此，生态环境本身定然不能成为民事法律关系客体。

（一）公共利益理论

拉兹颇（Raz）具影响力的"权利的利益理论"认为"权利保护潜在权

---

〔1〕　陈亮：《美国环境公益诉讼原告适格规则研究》，中国检察出版社2010年版，第49页。

〔2〕　张旭东：《环境民事公私益诉讼并行审理的困境与出路》，载《中国法学》2018年第5期。

〔3〕　参见中华人民共和国最高人民法院指导案例，载 http://www.court.gov.cn/search/index/content/指导案例/page/7.html，最后访问日期：2020年1月14日。

〔4〕　崔蕴涛：《论民事诉讼法律关系客体》，载《山西高等学校社会科学学报》2008年第1期。

利人的利益"〔1〕。环境民事公益诉讼所涉法律关系的客体可以向公共利益方向找寻。"公共利益"一语对应英文中的"public good（s）"或"common good（s）"，在某种意义上，是指公众所保持的"善"或"好"的观念，反之亦然，什么观念对公众是"善"或"好"。〔2〕

1. 功利主义理论基础上的权利共同体及公共利益

英国法学家边沁（Bentham）提出："任何个体都具有功利性，足够多的个人利益叠加在一起便形成了共同体的利益，因此，共同体的利益也具有功利性，需满足绝大多数个人利益。"〔3〕其观点将公共利益归纳为多数人个人利益的加和，在此基础上形成的共同体只能代表多数人的利益，究其本质是有限的集体利益。在该理论下，一个人的幸福是微不足道的，与多数人的权利集合相比不值得保护。可见，功利主义的公共利益本质依然着眼于私益，在自然资源利用过程中，不同主体的私益必然产生冲突。功利主义共同体利益存在的缺陷是未持有代表环境公共利益善念、忽视少数私益，以至于共同体利益与少数利益产生对立，因此，少数利益方在共同体利益实现过程中的积极或消极的抵抗。依此理论，对于生态环境和自然资源污染损害事件，通过大部分私益救济即可实现对环境公共利益的救济，然而事实并非如此。利益相关者依据其私益受损而提起私益诉讼，大量的利益相关者也附带对环境公共利益的救济提出诉求，其行为看似是为了公共利益，但究其实质仍是为了在其私益损失基础上取得更多的赔偿或补偿，目的并非为了真正的环境公共利益；其结果或者导致公共利益没有得到补偿，或者导致补偿难以用于环境损害的恢复，或者导致公益与私益重复赔偿。

2. 社会契约理论基础上的权利共同体及公共利益

法国思想家卢梭（Rousseau）在其著作《社会契约论》中指出，每个人的力量和自由是他们自我保护的主要手段。他们怎样才能保证这些力量和自由而不损害他自己的利益，不忽视他对自己的照顾呢？只有每个人进行结盟而形成共同体时，用整个共同体力量来保护共同体利益和每个结盟

---

〔1〕 Marmor Andrei, "Do We Have a Right to Common Goods?", *Canadian Journal of Law & Jurisprudence*, 14（2001）, pp. 213-225.

〔2〕 徐宗立：《共和的法理：一项历史的研究》，社会科学文献出版社2012年版，第175页。

〔3〕 ［英］边沁：《道德与立法原理导论》，时殷弘译，商务印书馆2009年版，第59~81页。

者的利益，当每个结盟者和其他人联合起来的时候，他仍然可以独处，保持像以前一样的自由。每个结盟者都是共同体的一员，享有权利的同时亦对共同体负有义务。每个结盟者的个人意志在结盟过程中，会经过反复的磨合和妥协，最终形成对共同体最有利的公共意志（the general will）。公共意志不必总是全体一致的，但每一个人意志都必须包含其中，任何排除都不是真正的公共意志。因此，公共意志兼具不一致性和不可分割性，共同体代表公共意志行使主权权利也兼具不一致性和不可分割性，这就是社会契约理论对个人利益与共同体利益如何协调提出的解决途径。[1] 在此观念下，如发生生态环境损害，为救济环境公共利益而提起的公益诉讼与利益相关者依据其私益受损而提起私益诉讼可以双轨并行。因为利益相关者的私益救济依然是独立的，而此时等待救济的环境公共利益必然剔除了已经进行救济或得到救济的私益；其结果不会导致公益与私益的混淆或重复赔偿。结合拉兹对"公共利益"的理解，环境公共利益显然是指维系一个共同体的公共价值或共同善（common good）。共同善背后的价值和利益未必相同，而且可能相互抵触，例如个人对生态环境资源的开发利用可能与生存在该生态环境中的居民对生态环境资源的利用产生冲突，但这种冲突都是为了在该生态环境中良好的生存和发展，归根结底是以共同善为基础，在共同体内部可消解，不影响共同体整体利益的保护。[2]

（二）环境权利共同体和环境公共利益

对比边沁功利主义与卢梭社会契约的共同体理论可知，边沁的集体利益与卢梭的公共利益存在根本差异。前者是私益的简单加和；后者是公共意志所指向的公共利益，代表共同体内全部结盟者的利益，是已经抵消了相冲突的个人利益之后、包含利益分歧的公共利益，是共同体的整体利益。在大部分情形下，个人利益与公共利益可能存在冲突，但在结盟过程中，两种利益可互相妥协与转换。[3] 社会契约理论下，兼顾共同体和构成共同体的个体，个体的生命和自由独立于共同体，其明确区分个人和共同体的

---

〔1〕 Jean Jacques Rousseau, *The Social Contract or Principles of Political Right*, Lightning Source Inc., 2016, pp. 9–17.

〔2〕 朱振：《共同善权利观的力度与限度》，载《法学家》2018年第2期。

〔3〕 徐宗立：《共和的法理：一项历史的研究》，社会科学文献出版社2012年版，第201~203页。

权利以及依附于权利上的利益。[1]

人类与环境关系亦可由卢梭的共同体理论进行演绎。环境作为公共资源，其承载人类发展的未来。欲达到人类与环境和谐共生的目的，国家之间、国家与个体间、个体之间，在面对生态环境保护和自然资源分配上，应当达成契约，形成代表公共意志的环境权利共同体。该共同体的每一份子都对环境公共利益具有合理开发利用和利益分配的权利，同时对环境公共利益也负有保护的义务。因此，社会契约理论下，共同体主权权利所指向的公共利益是代表每个人的利益集合。代表公共意志的环境公共利益可以作为承载环境民事公益诉讼主体权利义务的平台，成为环境民事公益诉讼所涉及的法律关系的客体。

综上，环境公共利益是环境法律关系的客体，其权利主体是可以代表公共意志的环境权利共同体。生态环境属于全人类共同所有、与全人类共生，环境公共利益具有整体性特征，其内涵主要来源于社会契约理论所倡导的共同体和公共利益理论。

二、环境民事公益诉讼的权利来源

（一）环境民事公益诉讼权利来源的逻辑设定

公共信托原则（the public trust doctrine）是自然资源法在持续发展中最具代表性的法学基础理论之一，起源于罗马法中共有物和公有物的规定。[2]该理论是一个来自《查士丁法典》的无定形概念，即公众对某些自然资源拥有不可侵犯的权利；该理论为公众中的个别成员以保护自然资源免遭不必要的退化和破坏为目的提起诉讼，提供了最有希望的法律基础和依据。公共信托理论在美国环境法中也有体现，如《国家环境政策法》《清洁水法》《综合环境反应、赔偿和责任法案》等。将国家作为生态环境受托人，行代为管理后代利益的责任；[3]任何人都有权追究破坏生态环境的违法行为人承担赔偿责任；[4]作为受托人获得的赔偿应当用于生态环境和自然资源的修复完善。[5]在关于信托理论的开创性文章中，约瑟夫·萨克斯

---

〔1〕 Jean Jacques Rousseau, *The Social Contract or Principles of Political Right*, Lightning Source Inc., p. 20.

〔2〕 楚道文、唐艳秋：《论生态环境损害救济之主体制度》，载《政法论丛》2019 年第 5 期。

〔3〕 42 U. S. C. §4331 (b) (1).

〔4〕 33 U. S. C. §1321 (f) (5).

〔5〕 42 U. S. C. §9607 (f) (1).

（Joseph Sax）教授向公众展现了如何维护通航水道中的公共权利，他预测，该理论可以扩大到包括更广泛的环境问题。[1] 同时，约瑟夫·萨克斯也意识到公共信托理论存在的问题，其表征是公共利益的再分配问题，即公共财产正被重新分配给某种不同用途；其根本还牵扯到某种公众利益损失未得到填补，即没有证据表明因公共信托产生的补贴对受损的公众利益进行实质性的补偿。[2] 于是约瑟夫·萨克斯教授发表了著名的论文——《为环境辩护》，以公共信托理论为基础，提出了环境权理论，认为："公民有享受良好适宜的自然环境的权利"。[3] 由"环境权"的概念可知，其权利设定依然遵循人本主义原则，强调人类对自然享有的权利，这样的设定将环境权法律关系客体指向自然环境，结果是重蹈"公地悲剧"的覆辙。另外，此种设定忽视了享有权利方应尽对等的义务，权利义务不对等的情况下，极难适用我国传统法学的权利义务体系，结果是无法在我国法律体系下实现生态环境保护的目的。[4]

总的来说，公共信托理论和环境权理论都未突破传统法学"权利主体是个体"的预设，至今仍存在"环境权主体与内涵不明"的结论，因此环境权理论仍难以应对环境公共利益的社会公共性。[5] "公共信托"强调义务属性，"环境权"强调权利属性。二者与我国法律体系强调权利义务对等的法理有较大的差异，均不适合作为我国环境公益诉讼发展的理论基础。

（二）环境民事公益诉讼权利来源的逻辑重构

在社会契约理论下，人类社会的每个成员均让渡其权利和利益，以结盟的形势形成环境权利共同体，共同体享有占有、使用环境公共利益的权利的同时，每个成员对环境的维护负有相应的义务。由于资源的稀缺性，我们必须意识到一个问题，每个成员对环境的利用都会导致其他成员利益的减损，这就是环境权利共同体存在确定性与自由之间的矛盾，以及共同

［1］ Richard J. Lazarus, *Changing Conceptions of Property and Sovereignty in Natural Resources Law*: *Questioning the Public Trust Doctrine*, *Iowa Law Review*, 71（1986），p. 187.

［2］ ［美］约瑟夫·L. 萨克斯：《保卫环境——公民诉讼战略》，王小钢译，中国政法大学出版社 2011 年版，第 140 页。

［3］ 王树义等：《环境法基本理论研究》，科学出版社 2012 年版，第 134 页。

［4］ 黄锡生：《民法典时代环境权的解释路径——兼论绿色原则的民法功能》，载《现代法学》2020 年第 4 期。

［5］ 刘清生：《论环境公益诉讼的非传统性》，载《法律科学》2019 年第 1 期。

体与个体之间的矛盾，这种矛盾永远不会消解，并会长期存在。[1] 但这种矛盾是建立在为了人类在该生态环境中良好的生存和发展基础之上的，是在共同体内部可消解，不影响共同体整体利益的保护。环境与人类共同形成一个整体的客观存在，二者是包含与被包含的关系，人类活动无法超越环境的边界，可以说是环境的一部分；同时，环境又是人类赖以生存的基础，向人类提供各种资源，平衡整个生态循环，二者是供养与被供养的关系。人类对环境资源的开发利用不可避免，同时对环境整体性的保护也必须面对。可见，共同体对某些自然资源的利用拥有不可侵犯的权利；社会契约理论为共同体中的每个成员以公共利益受损为由提起诉讼，提供了法律基础和依据。因此，环境权利共同体主权权利是环境民事公益诉讼的权利来源之一。

环境权利共同体对环境公共利益享有主权权利，进而行使管理权是应有之意。共同体具有抽象性，难以行使管理之职，但其中每个结盟者，例如国家、机关、社会组织及公民都可以成为其代表，代为行使权利。结盟者具有能动性，其发挥能动性的方式就是参加对权利所指向的利益的分配与管理，即行使管理权。[2] 环境公共利益作为特殊的客体，具有公共性，对其管理更接近于管理社会公共事务。例如水资源必须被视为公共所有，而不是集团或私人财产，水资源的公共性使结盟者作为重要管理者发挥作用。[3]《中华人民共和国宪法》（以下简称《宪法》）第2条[4]赋予人民管理社会事务的权利，因此，环境民事公益诉讼的另一权利来源是由《宪法》予以确定的环境公共利益管理权。

综上，在社会契约理论下，每个成员均让渡其权利及主权，形成新的环境权利共同体，由该共同体开发、利用、管理环境生态与环境资源，同时针对生态环境破坏共同体负有救济的义务。环境民事公益诉讼权利来源

〔1〕 ［英〕齐格蒙特·鲍曼：《共同体》，欧阳景根译，江苏人民出版社2007年版，第7页。
〔2〕 徐祥民、胡中华、梅宏：《环境公益诉讼研究——以制度建设为中心》，中国法制出版社2009年版，第22页。
〔3〕 J. Dellapenna, "Adapting the Law of Water Management to Global Climate Change", International Water Resources Association, *Environmental & Energy Law & Policy Journal*, Vol. 5, Issue 2 (2010), p. 132.
〔4〕 《中华人民共和国宪法》第2条规定：中华人民共和国的一切权力属于人民。人民行使国家权力的机关是全国人民代表大会和地方各级人民代表大会。人民依照法律规定，通过各种途径和形式，管理国家事务，管理经济和文化事业，管理社会事务。

是环境权利共同体主权权利及由此派生的管理权等权利。

三、环境公益诉讼和环境私益诉讼的界限

环境保护法兼具公法与私法的属性，其救济手段也具有公法与私法交叉的特征，其保护法益也存在公益与私益融合的情形。[1] 部分"资源物"成为传统民事法律关系的客体（如渔业资源、海底能源等），对此类"资源物"的损害救济应当采取私益诉讼进行救济；另外一些非民法财产权客体、仅作为环境要素的"自然物"受到损害时，应当采取公益诉讼进行救济，这部分权利的受损是本文讨论的环境公益诉讼所指向的内容。例如在美国，同一"私人所有"地块在产出私人产品的同时，也产出公共产品、共有资源和收费商品。各种财产权利与利益之间的关系，比许多参与"公地"之争的社会科学家所假定的更为复杂。[2] 另外，由于立法及实务操作中对公益和私益难以辨析，导致二者救济途径混淆，并引起环境民事公益诉讼与环境私益诉讼的界限不清。

广义的环境民事公益诉讼指任何人都有权针对侵犯环境公共利益的行为提起的诉讼，[3] 不区分是否属于直接利害关系人，其中任何人是抽象的，包括个人、组织和机关。[4] 这种观点的出发点应当是尽最大可能的保护环境，但若赋予私益诉讼原告行使环境公共利益损害索赔权，其目的上既是救济个人利益，又是救济公共利益，难以区分原告的诉讼目的是为私益还是公益。同时，产生更实际的问题是：其获得的赔偿或补偿难以区分是因个人损失获得还是因公共利益受损获得，究竟多少比例对环境公共利益进行恢复、保护等措施也不得而知，并且恢复环境是一项复杂且技术要求较高的活动，私益诉讼人是否有能力且有意愿将获得的赔偿用于环境恢复也有待考量。可见，环境公益诉讼和环境私益诉讼应有界限。

公益诉讼目的在于维护公共利益，为更好的救济环境公共利益，首要问题就是厘清环境公益诉讼和环境私益诉讼的界限。公益诉讼与私益诉讼

---

〔1〕 侯佳儒：《环境法兴起及其法学意义：三个隐喻》，载《江海学刊》2009年第5期。

〔2〕 J. M. Acheson, J. Acheson, "Maine Land: Private Property and Hunting Commons", *International Journal of the Commons*, 167 (2010), p. 166.

〔3〕 林莉红：《公益诉讼的含义和范围》，载《法学研究》2006年第6期。

〔4〕 韩志红、阮大强：《新型诉讼：经济公益诉讼的理论与实践》，法律出版社1999年版，第173页。

最重要的区别在于是否存在直接利害关系。[1] 私益诉讼原告的私益受到直接损害，由此产生了权利救济的必要；公益诉讼原告的私益并未受到直接的损害，因此在传统侵权理论下，"无直接利害关系者"私益未受损害因此不具有起诉的权利，其公益诉讼的原告资格是依法授权而取得。[2] 根据共同体理论，公共利益代表共同体内全部结盟者的利益，是已经抵消了相冲突的个人利益之后、包含利益分歧的公共利益，是共同体的整体利益。将个人利益进行剥离后的共同体利益是真正的公共利益。私益诉讼对个人利益受损进行救济，排除了私益救济后，剩余的公共利益由公益诉讼进行救济，这样二者的界限极为清晰。因此，对环境民事公益诉讼应当做狭义解读："被诉行为损害的是社会公共利益，与起诉人没有直接利害关系。"此种解读也让实务操作更为明了，因为私益保护的问题完全可以依据现有私益诉讼法律制度来解决，公益诉讼排除直接利害关系人可以防止滥诉，避免直接利害关系人借保护公共利益之名，行扩大私益保护范围之实。

综上，环境民事公益诉讼应采用狭义的公益诉讼原告资格范围，与私益诉讼保持明显的界限，这样的构建既可以完全覆盖公共利益范围又可以避免产生对私益的二次救济。

四、环境民事公益诉讼原告资格

(一)"诉之利益"与原告资格取得

公益救济采法定诉讼担当方式，[3] 直接利害关系原则不适用于环境公益诉讼原告资格的认定，本文尝试用"诉之利益"理论演绎环境民事公益诉讼原告资格的认定。"诉之利益"是指"权利保护必要"，即原告在实体权益受到侵害时，有权通过诉讼方式进行保护的利益。[4] 该利益并不区分公益或私益的属性，也不关注是否具有直接利害关系，"诉之利益"理论是关注利益背后是否有需要救济的权利以及该权利是否有救济的必要。[5]

原告资格是一种程序性权利，是指权利受到损害而寻求补救救济的人，

---

[1] 私益诉讼是指当事人为维护自己的私人利益而提起的诉讼，仅特定人可以提起。公益诉讼是相对于私益诉讼的一种诉讼模式，旨在维护社会公共利益。

[2] 敨双红：《公益诉讼概念辨析》，载《武汉大学学报（哲学社会科学版）》2007年第2期。

[3] 张旭东：《环境民事公私益诉讼并行审理的困境与出路》，载《中国法学》2018年第5期。

[4] 杨军：《诉的利益研究》，北京交通大学出版社2014年版，第17页。

[5] 王名扬：《环境公益诉讼应充分发挥社会组织的关键作用——以我国现行法律为视角》，载《资源节约与环保》2017年第8期。

由法律赋予其进行程序上权利救济的资格。[1] 拥有实体权利不代表在程序上均可以获得救济，只有识别利益的可诉性，方可具备明确的、合乎程序法律的原告资格。环境公共利益是如何与程序权利相连接进而识别原告资格？中介便是"诉之利益"。"诉之利益"的判断要从诉讼请求内容的合法性、当事人对待救济的权利享有正当利益、权利的救济可能性三个方面来判断。[2] 环境民事公益诉讼实体权利是环境权利共同体主权权利以及由此派生的环境公共利益管理权，该权利在立法上具有合法性；无论与受损的公共利益是否有直接利害关系，起诉方都属于权利共同体的一份子，对待救济的权利享有正当利益；起诉方觉得该利益有必要救济并具有实际救济的可能性，"诉之利益"由此形成。通过"诉之利益"转换，环境权利共同体的代表者或环境公共利益的管理者具备了环境民事公益诉讼程序法上的原告资格。

（二）我国现行环境民事公益诉讼原告资格存在的问题

2012 年修正的《中华人民共和国民事诉讼法》（以下简称《民事诉讼法》）中首次出现涉及公共利益的诉讼类型，其第 55 条[3]赋予了机关和有关组织提起公益诉讼的原告资格，并在 2017 年修正时规定在无人起诉情况下，赋予人民检察院公益诉讼的原告资格。[4]《中华人民共和国环境保护

---

〔1〕 Plaintiff. A person who brings an action; the party named on the record. A person who seeks remedial relief for an injury to rights; it designates a complainant. Qualification. The possession by an individual of the qualities, properties, or circumstances, natural or adventitious, which are inherently or legally necessary to render him eligible to fill an office or to perform a public duty or function. Thus, a "qualified voter" is one who meets the residency, age, and registration requirements. Also, a modification or limitation of terms or language; usually intended by way of restriction of expressions which, by reason of their generality, would carry a larger meaning than was designed. See Henry Cambel Black, *Black's Law Dictionary*, the Fifth Edition, Minn: West Publishing Co., 1979.

〔2〕 ［日］原田尚彦：《诉的利益》，石龙潭译，中国政法大学出版社 2014 年版，第 2 页。

〔3〕 2012 年《民事诉讼法》第 55 条规定：对污染环境、侵害众多消费者合法权益等损害社会公共利益的行为，法律规定的机关和有关组织可以向人民法院提起诉讼。

〔4〕 2017 年《民事诉讼法》第 55 条规定：对污染环境、侵害众多消费者合法权益等损害社会公共利益的行为，法律规定的机关和有关组织可以向人民法院提起诉讼。人民检察院在履行职责中发现破坏生态环境和资源保护、食品药品安全领域侵害众多消费者合法权益等损害社会公共利益的行为，在没有前款规定的机关和组织或者前款规定的机关和组织不提起诉讼的情况下，可以向人民法院提起诉讼。前款规定的机关或者组织提起诉讼的，人民检察院可以支持起诉。

法》（以下简称《环境保护法》）第 58 条[1]从实体法上确认社会组织提起环境民事公益诉讼的权利。环境民事公益诉讼的理论基础和程序规则就此形成。[2]《最高人民法院、最高人民检察院关于检察公益诉讼案件适用法律若干问题的解释》对人民检察院作为民事公益诉讼原告的规则予以具化，《最高人民法院关于审理环境民事公益诉讼案件适用法律若干问题的解释》（以下简称《环境公益诉讼司法解释》）补充说明了社会组织作为原告的具体认定标准。

根据数据统计，我国 2014—2019 年间，环境民事公益诉讼案件中不同类型原告比例为：社会组织占 55%、人民检察院占 29%、有关机关占 16%。依我国现行法律规定可知，能够提起环境公益诉讼的主体为：有关机关、社会组织和人民检察院。如图 1 所示：

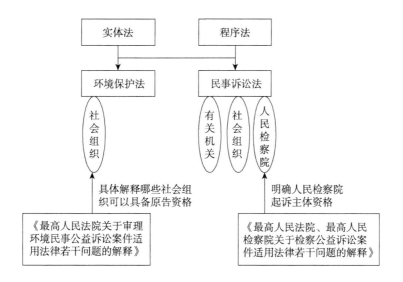

图 1　现行法下环境公益诉讼主体

---

　　[1]　《环境保护法》第 58 条规定：对污染环境、破坏生态，损害社会公共利益的行为，符合下列条件的社会组织可以向人民法院提起诉讼：①依法在设区的市级以上人民政府民政部门登记；②专门从事环境保护公益活动连续 5 年以上且无违法记录。符合前款规定的社会组织向人民法院提起诉讼，人民法院应当依法受理。提起诉讼的社会组织不得通过诉讼牟取经济利益。

　　[2]　可参见《最高人民法院关于环境民事公益诉讼司法解释理解与适用》（人民法院出版社2015 年版）一书。

最早环境民事公益诉讼原告资格问题探讨源于一起化学工厂爆炸导致的松花江重大环境污染事故，这是国内首例生态环境破坏与自然资源案件，是由汪劲教授等自然人为原告提起的环境民事公益诉讼，法院认为自然人不属于"适格原告"而未进入立案审理程序。[1] 在重大生态环境破坏的公益案件中，可能造成不特定多数利害关系人的非直接利益损害，此时直接利害关系原则严重制约环境民事公益诉讼原告诉权的行使。[2]《民事诉讼法》第 48 条[3]看似成为环境民事公益诉讼原告资格授权的依据，但第 119 条[4]又将原告资格限定在直接利害关系范围内，此种限制严重阻碍环境公共利益的保护，违背公益诉讼的诉讼目的。就环境民事公益诉讼制度发展而言，最重要的问题就是打破直接利害关系原则的限制，建立新的原告资格认定标准。

（三）美国环境公益诉讼制度

在 20 世纪，美国已意识到传统私益保护政策对公益保护的限制，逐步通过立法或判例把过去不具备诉讼资格的一些主体纳入了诉讼主体资格范围。[5] 特别是"公民诉讼"[6]制度对美国乃至世界范围内的环境治理与修复立法以及环境公益诉讼制度发展都产生了重大影响。[7]

从权利救济角度看，民事处罚也有其独特的价值。根据《清洁水法》的公众参与条款，公民有权参与制订、修改和实施由署长和各州制定的任何规章、标准、排污限制、计划和项目。法律或规章应制定和公布公众参与这些程序的最低限度的准则。[8] "公民"指拥有受到或可能受到不利影

---

〔1〕 汪劲等：《对松花江重大水污染事件可能引发跨界污染损害赔偿诉讼的思考》，载《清华法治论衡》2010 年第 1 期。

〔2〕 洪泉寿：《我国环境民事公益诉讼原告资格研究》，载《南海法学》2018 年第 5 期。

〔3〕《民事诉讼法》第 48 条第 1 款规定：公民、法人和其他组织可以作为民事诉讼的当事人。

〔4〕《民事诉讼法》第 119 条第 1 项规定：原告是与本案有直接利害关系的公民、法人和其他组织。

〔5〕《清洁水法》《综合环境应对、赔偿和责任法案》《石油污染法》《国家公园系统资源保护法》以及《海洋保护、研究和保护区法》等环境保护法律中均涉及"公众参与"或"公民诉讼"制度。

〔6〕 "公民诉讼"是指公民作为环境公共利益的代表，以个人的名义提起的公益诉讼。

〔7〕 张辉：《美国环境法研究》，中国民主法制出版社 2015 年版，第 432 页。

〔8〕 "Public participation in the development, revision, and enforcement of any regulation, standard, effluent limitation, plan, or program established by the Administrator and the States. The Administrator, in cooperation with the States, shall develop and publish regulations specifying minimum guidelines for public participation in such processes." See CWA § 101 (e).

响的权益的任何人。[1] 根据《清洁水法》的"公民诉讼"规定:"环保团体有资格在诉讼中寻求民事处罚,该处罚针对持续违反汞排放限制的国家污染物排放消除系统许可证持有人提起。"[2] 该等处罚支付给代表公共利益的政府而非私人原告,但处罚会鼓励许可证持有人停止当前的违法行为并阻止其在未来实施违法行为。[3] 这样的制度设计跳出了直接利害关系的制约,与环境法上的预防原则高度契合。美国环境保护法律政策基本宗旨是,"尽早将环境因素纳入国家、地区和地方政府机构的现有规划审核和决策过程;同时作为一项涉公共利益的强制性政策,必须仔细考虑限制条件。"[4]

美国环境保护法律制度明确了认定公益诉讼主体资格的四个标准:①是否旨在实施强有力的公共政策?②原告胜诉,众多人能否从诉讼中获得利益?③只能期待行政管理相对人提起诉讼吗?④虽然只是针对不具有普遍意义的狭义问题提起诉讼,但是否具有提起诉讼的充分经济激励?特别是④,即提起诉讼的经济动机。在评价这一因素时,具有经济利益并不一定排除一方当事人成为公共利益诉讼人。[5] 在此过程中,法院应以事实为依据,确定当事人提起诉讼的主要动机和当事人在诉讼中的经济利益。[6] 例如在 Redoil 一案中,法官认为:"上诉人不具备作为公共利益诉讼人的资格,因为他们有强烈的经济动机提起这一诉讼,无论其是否在实质上救急了公共利益,公益诉讼人的资格应当被排除。"但上诉人向自然资源局和初审法院辩称:"他们在生活上依赖于使用处置区的土地来收集柴火和建房原木,以及狩猎和捕鱼获取食物,获利并不是诉讼的主要目的。"[7] 又如在

---

〔1〕 "For the purpose of this section the term 'citizen' means a person having an interest which is or may be adversely affected." See 33 U. S. C. § 1365 (g).

〔2〕 J. M. Acheson, J. Acheson "Maine Land: Private Property and Hunting Commons", *International Journal of the Commons*, 167 (2010), p. 166.

〔3〕 Friends of the Earth, Inc. v. Laidlaw Envtl. Servs. (TOC), Inc., 528 U. S. 167, 120 S. Ct. 693, 145 L. Ed. 2d 610 (2000).

〔4〕 Hudson River Sloop Clearwater v. Cuomo, No. 25662/92, 1993 WL 13716216 (N. Y. Sup. Ct. Aug. 04, 1993).

〔5〕 Karuk Tribe of Northern California v. California Regional Water Quality Control Board (2010) 183 Cal. App. 4th 330, 363.

〔6〕 Vanek v. State, No. 3AN-05-12647CI, 2007 WL 5879397 (Alaska Super. Mar. 21, 2007).

〔7〕 Resisting Environmental Destruction on Indigenous Lands (Redoil) v. Sullivan, No. 3AN1004217, 2011 WL 11655972 (Alaska Super. Oct. 05, 2011).

Victorville 水污染一案中，法院认为，原告提供的证据难以证明索赔金额与给他们造成的个人权益损失成比例。从而法院的结论是，原告提起的公益诉讼有充分的经济动机，若支持原告诉求，其中两名原告有可能在购买协议项下额外赚得 160 万美元。[1] 可见，在美国公民诉讼中，以"任何人"都有权提起诉讼为原则，以禁止起诉人有经济上获得额外利益的情形为例外，但索赔与损失比例相当或者以生态环境和自然自由作为生活基础的另当别论。另外，根据起诉权要求，原告诉讼内容必须符合以下几点：①遭受的损害必须是实际发生的或具体的或即将发生的，有必要排除模型测算或预估的；②该损害相当可追溯到被告被质疑的行为；③该损害很可能通过一个有利的判决予以补救，而不是仅仅是推测的。[2]

综上，美国环境公益诉讼制度涉及主体宽泛，"任何人"都有权提起公益诉讼，"任何人"包括自然人、法人、组织、政治机构以及美联邦政府等。[3] 但宽泛的主体范围并非没有限制，最重要的就是排除具有经济动机的人。

（四）我国环境民事公益诉讼原告资格的扩张

根据共同体理论，环境民事公益诉讼的客体是环境公共利益，其权利来源是权利共同体主权权利和由此派生的环境资源管理权，因此，原告范围边界必然向环境公共利益所致的外延延伸，共同体中每个结盟者都可以代表共同体行使主权权利和管理权。公益诉讼制度的关键在于原告资格的扩张，以法律授权方式明确"任何人"可以针对损害环境公共利益的行为提起诉讼。其结果是突破直接利害关系原则，将公共利益救济引入民事诉讼进而淡化直接利害关系的限制。[4]

1. NGO（Non-Government Organization）环境保护专门组织

NGO 环境保护的专门组织（以下简称"NGO 组织"）其设立的目标就

---

〔1〕 Spring Valley Lake Ass'n v. City of Victorville, No. CIVMS1200585, 2017 WL 10651536 (Cal. Super. Mar. 08, 2017).

〔2〕 U. S. C. A. Const. Art. 3, 2, cl. 1.

〔3〕 张辉：《美国环境法研究》，中国民主法制出版社 2015 年版，第 439 页。"A typical citizen suit provision authorizes any person to commence suit to enforce the requirements of the statute against any person alleged to be in violation, and require the government to perform a mandatory duty specified in the statute." See Janet S. Kole, Stephanie, *Environmental Litigation*, Second Edition, American Bar Association, 1999, p. 84.

〔4〕 汪劲：《中国环境公益诉讼：何时才能浮出水面？》，载《世界环境》2006 年第 6 期。

是保护环境公共利益，理论上该类主体应当成为环境民事公益诉讼主体中最重要的一类。《环境保护法》第58条在实体法上对社会组织的原告资格予以确认，NGO组织是社会组织的一种类型，其当然符合公益诉讼原告资格的设定范围。《环境公益诉讼司法解释》第2条、第3条和第4条[1]又对具体社会组织的条件进一步细化，使得《环境保护法》第58条规定具备一定的实际操作性。但在司法实践中，NGO组织是否具有原告资格，司法裁判态度摇摆，例如"大连环保协会"诉中油燃料油股份有限公司海洋污染案中，大连海事法院裁定原告不适格，不予受理。但中国生物多样性保护与绿色发展基金会（以下简称"绿发会"）诉康菲石油中国有限公司及中海石油（中国）有限公司海洋污染案却被法院受理。二个案件都是污染海洋环境，裁定依据都是《环境保护法》，对起诉主体的差别对待，可谓同案不同判。[2]另有数据统计表明，自《环境公益诉讼司法解释》发布以来，具有环境公益诉讼主体资格环保组织近700家，提起公益诉讼的比例还不到5%。其原因主要是NGO组织成立时间较短、规模和级别尚未达到法律法规规定的条件、NGO组织对提起公益诉讼的具体规则缺乏理解等。[3]司法审判专业人员对NGO组织原告资格认定尚存犹豫的态度，NGO组织更难把握自身是否具有环境民事公益诉讼的起诉资格。

从环境民事公益诉讼原告资格法律法规和司法实践发展的趋势来看，NGO组织应当成为环境民事公益诉讼原告中最重要的一类，不宜再给NGO组织在环境民事公益诉讼中的原告资格设置门槛。首先，NGO组织不以盈利为目的，是致力于公益事业的非政府性组织，其行为是代表权利共同体的活动，其组织本身受共同体全体成员的公众意志管束，因此NGO组织提起的诉讼不以私益的补偿为目标，不为谋取经济利益而行动，可以减少其

---

〔1〕《环境公益诉讼司法解释》第2条规定：依照法律、法规的规定，在设区的市级以上人民政府民政部门登记的社会团体、基金会以及社会服务机构等，可以认定为《环境保护法》第58条规定的社会组织。《环境公益诉讼司法解释》第3条规定：设区的市，自治州、盟、地区，不设区的地级市，直辖市的区以上人民政府民政部门，可以认定为《环境保护法》第58条规定的"设区的市级以上人民政府民政部门"。《环境公益诉讼司法解释》第4条规定：社会组织章程确定的宗旨和主要业务范围是维护社会公共利益，且从事环境保护公益活动的，可以认定为《环境保护法》第58条规定的"专门从事环境保护公益活动"。

〔2〕《环保组织称环境公益诉讼未在全国铺开 仅14省份受理》，载 https://www.chinacourt.org/article/detail/2016/08/id/2061545.shtml，最后访问日期：2020年10月26日。

〔3〕参见 http://npc.people.com.cn/n/2015/0314/c14576 - 26692700.html，最后访问日期：2020年10月26日。

他因素的干扰。其次，NGO 组织具有专业性，NGO 组织是由有志于从事环境公益的人员组成，其多数为环境学学者以及法学学者、公益律师等，这些参与者极大提高了 NGO 组织的专业性。作为环境民事公益诉讼原告，在证据收集方面、起诉与应诉方面可以制定专业的诉讼策略；而且环境民事公益诉讼的被告方大多为经济实力强大的企业，NGO 组织在诉讼能力方面可达到与之对抗的平衡状态，以保证诉辩双方地位相对平等。最后，从司法实践来看，"绿发会"诉宁夏瑞泰科技股份有限公司污水排放严重污染腾格里沙漠一案，一审、二审均以该组织不符合原告资格为由不予受理起诉。后"绿发会"上诉至最高人民法院，最高人民法院根据《民事诉讼法》第55 条及《环境保护法》第 58 条的规定，确认"绿发会"有权提起诉讼。[1] 该案是对环境公益诉讼中原告资格确认问题作出的指导性裁定，是 NGO 组织原告资格认定过程中突破性的裁定。根据最高人民法院最新发布的指导性案例，涉及环境公益诉讼的案件中 NGO 组织作为原告占比不低。[2] 可见，NGO 组织成为环境民事公益诉讼的原告主体在理论和实践两方面已无争议，但在环境公益诉讼原告资格认定细则上看，应进一步降低 NGO 环保专门组织诉讼的门槛。

2. 国家公民

尽管我国公益诉讼的原告资格范围设置不断扩张，从有关机关、社会组织到人民检察院有条件限制的起诉，并辅以具体化的制度，但法律授权自然人原告资格方面，尚未突破。依据"诉之利益"理论，当环境侵权发生时，与环境民事纠纷没有直接利害关系的公民有权提起环境民事公益诉讼。

理论上，我国现行法律未赋予公民提起环境公益诉讼的权利；[3] 司法实践中，至今没有公民成功提起公益诉讼的案例。有观点认为，公民缺乏公益诉讼的热情，赋予公民公益诉讼原告资格的时机尚未成熟，理由如下：其一，公民由于法律知识匮乏，尚未意识到运用公益诉讼方式可以救济公共利益。相对于诉讼模式，个人更倾向于通过其他方式解决纠纷，如和解、信访等途径。其二，在诉讼实施能力方面，个人在诉讼中与企业进行对抗

---

〔1〕 参见（2016）最高法民再 47 号民事判决。

〔2〕 参见中华人民共和国最高人民法院指导案例，载 http://www.court.gov.cn/search/index/content/指导案例/page/7.html，最后访问日期：2020 年 1 月 14 日。

〔3〕 刘荣：《试析公民环境民事公益诉讼原告资格》，载《产业与科技论坛》2019 年第 20 期。

往往势单力薄，在搜集证据、聘请律师、辩论能力方面劣势明显。其三，不能排除为一己私利，在明知他人对环境公共利益无损害的情况下进行虚假诉讼的情形，造成浪费司法资源，加重司法负担的后果。

公民不愿参与到复杂的诉讼过程中来，是否因为对于保护环境缺乏参与的热情？实则未必。最根本的原因还是公民在法律上不具备环境民事公益诉讼的原告资格，令其在公益诉讼这条路上困难重重。从公共政策的发展来看，赋予公民提起环境民事公益诉讼的权利是符合客观规律的。国家公民是共同体的一份子，其应当有权代表共同体行使主权权利和管理权。现阶段赋予公民环境民事公益诉讼原告资格时机尚未成熟，与公民作为环境权利共同体的一份子享有诉权，是实然与应然的问题，二者并无矛盾。随着公众环境治理、法治意识加强，赋予公民环境民事公益诉讼原告资格的时机逐渐成熟。法律制度的构建应当具有预见性和超前性，在现阶段赋予国家公民原告资格可以加速公众参与到环境治理中来，有利于环境民事公益诉讼制度的完善。

公民的民事诉讼经验多为参与私益诉讼，也不能要求公民在公益诉讼过程中充分理解公益与私益的区别进而识别何时该提起私益诉讼、何时该提起公益诉讼。法律的预见性要求立法过程中应当充分考虑赋权公民公益诉讼原告资格可能导致公益与私益交叉的情形。因此，立法上必须重视如下几个问题：环境民事公益诉讼应当按照狭义来解读、对公益与私益加以区分、排除与该案有直接利害关系的个人。另外，提起诉讼的公民必须与公共环境之间有密切联系，如果不做此限定，任何公民都可提出诉讼，必然违背诉讼的本质性规定。[1] 因此，应当赋予国家公民环境民事公益诉讼原告资格，但同时应要求该公民与环境事件必须形成一定的密切联系，并排除与该案有直接利害关系的公民。

3. 非行政区划人民政府

共同体中每个结盟者都可以代表共同体行使主权权利和管理权。政府所行使的权力来自于人民，"行政为民"是我党一直倡导的行为准则，究其本质，政府是一个虚拟的主体，其不具有自身利益，仅是人民利益的代

---

〔1〕 王利宾：《论公民环境公益诉讼资格及制度改造》，载《河南教育学院学报（哲学社会科学版）》2019年第5期。

表。[1] 因此，不同行政管辖区划对应的政府可以认为是所辖区域内人民利益的代表者，若将一个区域行政管辖区看作一个利益共同体，在该区域内可以行使主权权利及管理权，这部分主权权利的来源是环境权利共同体的主权权利的切割部分，也是该区域人民利益的集合体。同理可证，其他区域行政区划政府具有类似的法律地位，由于公益诉讼取无直接利害关系原则，发生环境侵权所处区域的、具有环境监督管理权的人民政府应排除在外；但应当赋予其他区域人民政府原告资格，以保障对自然资源及生态环境整体性的救济，也能以跨区域监管的方式避免区域性地方保护主义以牺牲环境利益换取经济利益的情况发生。

最高人民法院指导性案例第 129 号案便是典型的以跨区域人民政府作为环境民事公益诉讼原告的案例。安徽海德化工科技有限公司将生产污水排放入长江，导致长江流域生态环境严重损害，江苏省人民政府诉至江苏省泰州市中级人民法院，最终 5000 多万元的损害赔偿获得支持。[2] 该案被告对江苏省人民政府的原告资格有异议，向最高人民法院提起上诉，但上诉被驳回。[3] 该案是首次对跨区域人民政府原告资格确认的问题作出的指导性裁定，对类似原告资格认定案件具有指导价值，有利于跨区域环境资源保护及监督。

可见，在理论上和司法实践上均已认可跨区域人民政府具有环境民事公益诉讼原告资格。非行政区划人民政府环境民事公益诉讼原告资格的确定，符合环境民事公益诉讼制度的理论发展趋势，也符合党的十九大提出的"构建政府为主导、企业为主体、社会组织和公众共同参与的环境治理体系"。

综上，环境民事公益诉讼应设置如下原则：其一，在生态环境遭到破坏时，任何人都有权向法院提起诉讼，以维护环境公共利益；[4] 其二，排除直接利害关系人；其三，为了更好的实践环境公共利益的保护，环境民事公益诉讼原告资格范围应在现有法律规定基础上扩大，赋予有密切联系

---

〔1〕 姚丹妮：《公共利益的法理学比较与认识》，载《法制与社会》2015 年第 12 期。

〔2〕 《指导案例 129 号：江苏省人民政府诉安徽海德化工科技有限公司生态环境损害赔偿案》，载 http://www.court.gov.cn/fabu-xiangqing-216911.html，最后访问日期：2020 年 10 月 24 日。

〔3〕 参见（2018）苏民终 1316 号民事判决。

〔4〕 吕忠梅、吴勇：《环境公益实现之诉讼制度构想》，载别涛主编：《环境公益诉讼》，法律出版社 2007 年版，第 23 页。

但无直接利害关系的国家公民、非行政区划政府原告资格；其四，放宽NGO组织的起诉条件。

五、结论

通过以上分析得出如下结论：

第一，全人类在环境资源利用方面形成了一个客观存在的环境权利共同体，在这个共同体中，环境公共利益与个体利益既有冲突又有一致，共同体权利背后的公共利益是环境民事公益诉讼的客体。环境民事公益诉讼的权利来源是：环境权利共同体主权权利和由《宪法》予以确定的环境公共利益管理权。

第二，依据我国现行法律规定，有关机关、特定环保组织和人民检察院具备环境民事公益诉讼原告资格。在环境民事公益诉讼具体制度发展过程中，适格原告主体仍受限于直接利害关系原则。有无"诉之利益"是认定环境民事诉讼原告资格正当与否的标准而非是否具有直接利害关系。从共同体利益保护、诉讼目的达成的角度出发，环境民事公益诉讼理论发展应当进一步扩大原告资格范围。

第三，生态环境与自然资源保护目的的达成必然依赖于我国环境民事公益诉讼制度对传统民事诉讼理论的突破。环境民事公益诉讼原告资格应当作如此规定："在生态环境遭到破坏时，任何人都有权向法院提起诉讼，直接利害关系人除外。"在现有法律规定基础上扩大原告资格范围，赋予有密切联系但无直接利害关系的国家公民、非行政区划政府原告资格；并放宽NGO组织的起诉条件。

伦理责任、宗法制重构与中西比较

——重读《郑伯克段于鄢》

沈依逸[*]

初，郑武公娶于申，曰武姜，生庄公及共叔段。庄公寤生，惊姜氏，故名曰寤生，遂恶之。爱共叔段，欲立之。亟请于武公，公弗许。及庄公即位，为之请制。公曰："制，岩邑也，虢叔死焉。佗邑唯命。"请京，使居之，谓之"京城大叔"。祭仲曰："都城过百雉，国之害也。先王之制：大都不过参国之一；中，五之一；小，九之一。今京不度，非制也，君将不堪。"公曰："姜氏欲之，焉辟害？"对曰："姜氏何厌之有？不如早为之所，无使滋蔓。蔓，难图也。蔓草犹不可除，况君之宠弟乎！"公曰："多行不义，必自毙，子姑待之。"

既而大叔命西鄙、北鄙贰于己。公子吕曰："国不堪贰，君将若之何？欲与大叔，臣请事之；若弗与，则请除之，无生民心。"公曰："无庸，将自及。"大叔又收贰以为己邑，至于廪延。子封曰："可矣，厚将得众。"公曰："不义不昵，厚将崩。"

大叔完聚，缮甲兵，具卒乘，将袭郑。夫人将启之。公闻其期，曰："可矣。"命子封帅车二百乘以伐京。京叛大叔段。段入于鄢，公伐诸鄢。五月辛丑，大叔出奔共。

---

* 沈依逸，华东政法大学外国法制史专业，2019 级硕士研究生。

书曰："郑伯克段于鄢。"段不弟，故不言弟。如二君，故曰克。称郑伯，讥失教也；谓之郑志，不言出奔，难之也。

遂置姜氏于城颍，而誓之曰："不及黄泉，无相见也！"既而悔之。颍考叔为颍谷封人，闻之，有献于公。公赐之食。食舍肉，公问之，对曰："小人有母，皆尝小人之食矣，未尝君之羹，请以遗之。"公曰："尔有母遗，繄我独无！"颍考叔曰，"敢问何谓也？"公语之故，且告之悔。对曰："君何患焉！若阙地及泉，隧而相见，其谁曰不然？"公从之。公入而赋："大隧之中，其乐也融融！"姜出而赋："大隧之外，其乐也融融。"姜出而赋："大隧之外，其乐也泄泄。"遂为母子如初。君子曰："颍考叔纯孝也，爱其母，施及庄公。《诗》曰：'孝子不匮，永锡尔类。'其是之谓乎！"[1]

一、几种解读

这就是《春秋》开篇记载的第一件历史事件，孔子仅以"郑伯克段于鄢"六个字记，其中富含褒贬，可谓字字珠玑、微言大义。此事的详情在《左传·隐公元年》中有所记载，并在《穀梁传》和《公羊传》中皆有其解释。

第一种是《左传》对"郑伯克段于鄢"六个字做出的解释和评价。

书曰："郑伯克段于鄢。"段不弟，故不言弟。如二君，故曰克。称郑伯，讥失教也；谓之郑志，不言出奔，难之也。[2]

《左传》认为共叔段"不弟"[3]，违反了"兄爱弟敬"的伦理[4]，背德而不守"悌道"[5]，所以不称共叔段为"弟"，以示其"罪"。郑庄公和

---

〔1〕 杨伯峻编著：《春秋左传注（修订本）·隐公元年》，中华书局1990年版，第10~16页。

〔2〕 杨伯峻编著：《春秋左传注（修订本）·隐公元年》，中华书局1990年版，第14页。

〔3〕 《春秋》中凡称弟，皆为同母弟，特别注明。如《春秋·隐公七年》：齐侯使其弟年来聘。

〔4〕 杨伯峻编著：《春秋左传注（修订本）·隐公三年》，中华书局1990年版，第32页。

〔5〕 黄怀信等撰：《逸周书汇校集注·宝典解》，上海古籍出版社1995年版，第299~302页。"悌"为九德之一，"悌乃知序，序乃伦。"

共叔段之争就像是"二君"，因此使用"克"字[1]；直接称呼郑庄公为"郑伯"，而不是以"郑人"，是为了讥讽郑庄公没有教导自己的弟弟[2]，酿成这一后果。不写"出奔"的原因，杨伯峻在《春秋左传注》中解释："出奔为有罪之词。此若书段出奔共，则有专罪叔段之嫌，其实庄公亦有罪。""意在诛之"[3]就是郑庄公的意志，因此这体现了史官的为难之处。

第二种是《穀梁传》的解释和评价。

> 克者何？能也。何能也？能杀也。何以不言杀？见段之有徒众也。段，郑伯弟也。何以知其为弟也？杀世子母弟目君，以其目君，知其为弟也。段，弟也而弗谓弟，公子也而弗谓公子，贬之也。段失子弟之道矣，贱段而甚郑伯也。何甚乎郑伯？甚郑伯之处心积虑成于杀也。于鄢，远也。犹曰取之其母之怀中而杀之云尔，甚之也。然则为郑伯者宜奈何？缓追逸贼，亲亲之道也。[4]

《穀梁传》中的解释和评价与《左传》大致相同，详细解释了"克"是指能够杀，而不言杀是因为要表现追随段叔的人很多。而对于"郑伯"这一称呼更是提出了明确的原因：只有国君杀死嫡长子或者同母弟弟，才用爵位称呼。意指"郑伯"一词出现即为贬义。但是《穀梁传》在对郑庄公的评价上与《左传》产生了分歧。《穀梁传》认为共叔段是郑庄公的弟弟，也是郑国的公子，但没有写"弟"和"公子"是因为他失去了德行。但是《穀梁传》认为《春秋》对于郑庄公批评和鄙视的态度超过了共叔段。因为郑庄公处心积虑，要赶尽杀绝自己的弟弟。另外《穀梁传》认为《春秋》中"克段于鄢"说明已经将段在鄢地杀死，而鄢地离国都非常之远，这样的做法就像是从母亲的怀里杀掉婴儿一样，这就是郑庄公过分的地方。郑庄公应该放缓速度追赶逃跑的共叔段，以显示"亲亲"的伦理道德。

---

〔1〕《春秋》中除了此处使用了"克"字，另有一处为《春秋·文公十四年》：晋人纳捷菑于邾，弗克纳。这里指晋国"弗克"邾国，用于两国之间。

〔2〕《春秋》中指国君的平叛行为一般称之国人。如《春秋·隐公四年》：九月，卫人杀州吁于濮。

〔3〕杨伯峻编著：《春秋左传注（修订本）·隐公元年》，中华书局 1990 年版，第 14 页。

〔4〕〔清〕钟文烝撰：《春秋穀梁经传补注·隐公元年》，骈宇骞、郝淑慧点校，中华书局 1996 年版，第 10~11 页。

第三种是《公羊传》的解释和评价。

> 夏，五月，郑伯克段于鄢。克之者何？杀之也。杀之则曷为谓之克？大郑伯之恶也。曷为大郑伯之恶？母欲立之，已杀之，如勿与而已矣。段者何？郑伯之弟也。何以不称弟？当国也。其地何？当国也。齐人杀无知何以不地？在内也。在内虽当国不地也，不当国虽在外亦不地也。[1]

《公羊传》与《左传》的态度截然相反，并且对郑庄公的批评更为激烈。在"克"的解读上与《穀梁传》一致，认为不写"杀"是突出了郑庄公的恶。郑庄公的恶就体现在母亲已经想要立共叔段为君，但自己却杀死了他，还不如从一开始就不要给共叔段封地。这里为什么不直接称共叔段为庄公的弟弟呢？因为共叔段有篡位的企图。

从《左传》《穀梁传》和《公羊传》的评价和解释中可以清晰地看到对"郑伯克段于鄢"这一事件中，郑庄公和共叔段在家庭血缘关系伦理和政治宗法制度秩序中各自所承担的责任。《左传》认为郑庄公和共叔段应该担负的责任权重大致相同，"兄不兄""弟不弟""君不君""臣不臣"；《穀梁传》认为郑庄公所负的责任和罪孽更为深重，共叔段较轻；《公羊传》则认为这一事件的后果完全取决于郑庄公的狠毒狡诈，共叔段只是被政治所害，是为阴谋。他在计策之下谋反，只是在政治秩序上"不臣"，而非家庭秩序上的"不弟"。

除了"春秋三传"的解读之外，后世的学者对"郑伯克段于鄢"的看法也不尽相同。第一种与杜预同意《左传》的责任权重大致相同，各打五十大板的评价，认为郑庄公的责任在于"失教也"，"不早为之所而养成其恶"[2]，共叔段则是"不义于君，不亲于兄"[3]。但杜预对郑庄公的"掘地见母"的行动评价为："（郑庄公）则与颍考叔同是孝之般类也，庄公虽

---

〔1〕 刘尚慈译注：《春秋公羊传译注·隐公元年》，中华书局 2010 年版，第 6 页。

〔2〕 （战国）左丘明撰，（西晋）杜预集解：《左传（春秋经传集解）》，上海古籍出版社 1997 年版，第 9 页。

〔3〕 （战国）左丘明撰，（西晋）杜预集解：《左传（春秋经传集解）》，上海古籍出版社 1997 年版，第 9 页。

失之于初，孝心不忘。"[1] 第二种是继承了《穀梁传》和《公羊传》中的思想，如服虔认为郑庄公对共叔段所采取的容忍的态度，目的在于"本欲养成其恶而加诛，使不得生出"[2]。吕祖谦对郑庄公的批评更是毫不留情，认为郑庄公"导之以逆，而返诛其逆；教之以叛，而返讨其叛，庄公之用心险矣"[3]。这一观点强烈批判了郑庄公的险恶用心和阴险狡诈。第三种观点则以苏轼为代表，认为在对待段的行为上，庄公已表现出了最大限度的忍耐："当太叔之据京城，取廪延以为己邑，虽舜复生，不能全兄弟之好……以为当斯时，虽圣人亦杀之而已矣。"[4] 这一说法为郑庄公"平反"，认为即使是圣人也会做与其相同的事。

这几种解释都有一定的文本依据。但是从历代学者评价的不同与不断出现的文献和考证，以及每一个时代人们解读这一事件情景和历史背景的不同，都可以看出在"郑伯克段于鄢"这一故事中，人在家族伦理和政治秩序中产生的巨大冲突，先前一个世界的崩溃与后一世界尚未诞生过程中的联结个人、家族和国家的宗法制度的历史变迁与宗族血缘所构成的意识形态的破与立。本文希望能从《左传》所记载入手，从这生动、具体而充满着戏剧冲突的故事中进行多视角的理解与反思。

二、伦理责任再探析——情境化的解读

如前所述几种解读都各有道理，然而从文本的逻辑性、时间的跨越长度和时代背景当中去看，"春秋三传"中所批评的"失教""养恶""处心积虑，成于杀也"都有些说不通的地方。

"郑伯克段于鄢"这一故事的背景起始于东西周交替之时。《史记》中记载，"郑桓公友者，周厉王少子而宣王庶弟也。宣王立二十二年，友初封于郑。封三十三岁，百姓皆便爱之。幽王以为司徒。"[5] 郑桓公在周幽王时期担任了司徒一职，列为卿士。然而开国国君郑桓公并非正常死亡，而是死于犬戎之乱。"二岁，犬戎杀幽王于骊山下，并杀桓公。郑人共立其子

---

〔1〕 （战国）左丘明撰，（西晋）杜预集解：《左传（春秋经传集解）》，上海古籍出版社 1997 年版，第 10 页。

〔2〕 （晋）杜预注，（唐）孔颖达疏：《春秋左传正义》，中华书局 1980 年版，第 1714~1716 页。

〔3〕 （宋）吕祖谦：《东莱博议》，周立红标点，岳麓书社 1988 年版，第 2 页。

〔4〕 （宋）苏轼：《苏轼全集·论〈郑伯克段于鄢〉》，傅成、穆俦标点，上海古籍出版社 2000 年版，第 66~67 页。

〔5〕 《史记·郑世家》。

掘突，是为武公。"[1] 犬戎之乱就是"褒姒不好笑，幽王欲其笑万方，故不笑。幽王为烽燧大鼓，有寇至则举烽火。诸侯悉至，至而无寇，褒姒乃大笑。幽王说之，为数举烽火。其后不信，诸侯益亦不至"[2]中所记载的"烽火戏诸侯"的故事。然而这一故事与清华简所记述相左。《汲冢竹书纪年》中的记载"（伯盘）与幽王俱死于戏。先是，申侯、鲁侯及许文公立平王于申，以本大子，故称天王。幽王既死，而虢公翰又立王子余臣于携。周二王并立"与《清华简·系年》中的记载"周幽王取妻于西申，生平王，王或（又）取褒人之女，是褒姒，生伯盘。褒姒嬖（宠爱）于王，王与伯盘逐平王，平王走西申。幽王起师，回（围）平王于西申，申人弗界（给予）。曾人乃降西戎，以攻幽王，幽王及伯盘乃灭，周乃亡"互相印证，描绘了周幽王废黜王后姜氏，废太子宜臼后，废太子逃往王后母家申国。周幽王攻打申国，申侯联合西戎攻入镐京，杀死幽王和伯盘，郑桓公也就是在"大难"的背景下一同被杀。此时再去考察《左传·隐公元年》中的"初，郑武公娶于申，曰武姜"与《史记·郑世家》中的"武公十年（公元前761年），娶申侯女为夫人，曰武姜"则体现了此事的不寻常。郑武公为郑桓公之子，郑桓公死于"大难"，"大难"起于申侯，而郑武公娶了"杀父仇人"申侯之女为妻。

郑庄公与共叔段的家庭伦理和政治秩序中的责任首先需要基于对母亲武姜的分析。传统观点认为，导致"郑伯克段于鄢"这一家庭伦理悲剧的原因就来源于母亲武姜，她因"寤生"而对郑庄公产生的厌恶和对正常出生的共叔段的极度偏爱导致了兄弟相残、母子成仇的后果。武姜在《左传》中的行动分为三个步骤：违制（"爱共叔段，欲立之。亟请于武公，公弗许"）、请制（"及庄公即位，为之请制"）、内应（"大叔完聚，缮甲兵，具卒乘，将袭郑。夫人将启之"）。文本中除了"恶之"外没有描述任何母子间的感情。作为亲生母亲，她非但没有舐犊之情还试图谋害亲子；作为国君的君母，她置国政于不顾。目前普遍观点都对武姜进行了道德批判[3]，而初读这一故事，或许对寤生为"寤生"产生厌恶这一原因有所理解，但

〔1〕《史记·郑世家》。

〔2〕《史记·周本纪》。

〔3〕 类似的观点，参见李玉英：《〈左传·郑伯克段于鄢〉中隐含的道德批判》，载《新余学院学报》2014年第3期；白国红：《〈春秋〉"郑伯克段于鄢"史事新论——以共叔段为中心的考察》，载《历史教学》2020年第4期。

是就这单一原因令武姜对大儿子郑庄公的厌恶甚至到了联手二儿子共叔段与其母子、兄弟相残的地步，甚少有人研究武姜行动的这一动机为何。因此，仅仅对武姜匪夷所思的行为进行批评是无法探究其动机的，只能将武姜的行动重新放置于情境之中，回到"庄公寤生，惊姜氏，故名曰寤生，遂恶之"的描述中。

分析武姜的行为原委就要分析"寤生"真正的含义。目前"寤生"主要有三种解读：一是睡觉时生产；二是难产；三是婴儿一生下来就睁开了眼睛。[1] 比较合理的通说应该是难产，也就是婴儿脚先出来而头后出来。从武姜的角度来看，自己本是申侯的女儿，父亲又因帮助周天子争王位、助东迁，她的母国成为当时首屈一指、地位相当高的诸侯国，因此武姜在出嫁之前应当是生活优渥、备受宠爱、没有劳其筋骨或受过委屈。武姜在武公十年（公元前761年）嫁于郑武公，《集解》引徐广曰："《年表》云十四年生寤生，十七年生太叔段。"[2] 即武姜在嫁于郑武公后四年才生下郑庄公。据晁福林的考证，《清华简》中记载武姜语："吾君陷于大难之中，居于卫三年，不见其邦，亦不见其室。"[3] 其中的"室"是指妻室。如果这样来理解的话，郑武公居卫应当是有了妻室以后的事。因此也可以推断在武公十一年（公元前760年）开始"居于卫三年"[4]。这一推断从郑庄公出生的时间似乎也可以得到印证。如果按照这一推断，武姜嫁于郑武公之

---

〔1〕 这一观点参见吴宪贞：《〈左传〉"庄公寤生"的文化阐释》，载《现代语文》2013 年第 1 期。杜预注："寐寤而庄公已生，故惊而恶之。"孔颖达疏："正义曰谓武姜寐时生荘公，至寤始觉其生，故杜云寐寤而荘公已生。"而《史记·郑世家》则曰："武姜生太子寤生，生之难，及生，夫人勿爱，以生之难解寤生较杜注为明白。"明人就这一问题又进一步辨释，陆粲《左传附注》卷一云："《史记》：寤生，生之难或说云难产，困而后寤也。又应劭《风俗通》云：儿堕地能开目视者为寤生，与杜义乖，录之，示不绝异说耳。"明人王道焜、赵如源编《左传杜林合注》云："杜寐寐而庄公已生故惊而恶之，林杜氏谓寐寤而庄公已生，非也。如此当喜，何得复惊而恶之，《史记》云寤生生之难是也。此当为难生，故姜困而后寤，武因寤而惊，以其事名庄公。"

〔2〕 侯瑞华：《清华简〈郑武夫人规孺子〉集释与相关问题研究》，浙江大学 2018 年硕士学位论文。

〔3〕 李学勤主编：《清华大学藏战国竹简》（陆），中西书局 2016 年版，第 105 页。这里的"吾君"指的是当时刚刚去世等待下葬的郑武公。这一句话记载于清华简第六册首篇《郑武夫人规孺子》，后文亦会提及。

〔4〕 晁福林：《谈清华简〈郑武夫人规孺子〉的史料价值》，载《清华大学学报（哲学社会科学版）》2017 年第 3 期。

后，郑武公就因为种种原因[1]而离开郑国居于卫国，离开了初婚的妻子。尽管史书中并未记载武姜的年龄，但是按照孔子对《周礼·地官·媒氏》等史料所载的"男三十而娶，女二十而嫁"的解读："男子二十而冠，有为人父之端。女子十五许嫁，有适人之道。于此而往，则自婚矣。"[2] 孔子认为"男三十而娶，女二十而嫁"是礼制所规定的男女婚嫁的极限，又有《礼记》曰："女子十五许嫁而笄，以十五为成人。许嫁不为殇，明女子十五为初婚之端矣。"[3] 可以认为武姜当时的年龄不过十四五岁。当时的郑国和申国可能是出于政治目的进行了联姻[4]，武姜刚刚嫁给郑武公为人妇后，郑武公就被迫扣留在卫国三年，郑人以及郑国朝堂的态度可想而知。这对于当时的武姜来说，在一个远离母国、并不熟悉的国家独居三年不是一件愉快的事。同时她的地位也发生了巨大的变化，她从申国的公主变成了曾为敌国的国君夫人，且独立支撑郑国的政治局面[5]，然而这一新的政治身份并没有给她带来更好的生活处境，反而可能使她备受煎熬。如果不按照晁福林的推断，郑武公"居于卫三年"未发生在娶妻之后，那么武姜在出嫁后四年未生嫡子，在这一情况下，或是郑武公的不宠爱（杀父仇人之女、出于政治联姻），抑或是许久未见怀孕，因此无论在哪一种处境下，无论郑武公是否在国内，武姜都迫切需要生出嫡子来重新获得自信和维持

---

〔1〕 晁福林：《谈清华简〈郑武夫人规孺子〉的史料价值》，载《清华大学学报（哲学社会科学版）》2017年第3期。晁福林推测郑武公十一年（公元前760年）的时候，他因为某种原因，如与卫国的战争而被俘、会盟时被拘、路过卫国时生病等，而被迫居于卫三年。

〔2〕 《孔子家语》。

〔3〕 《礼记·内则》。

〔4〕 孔颖达《正义》引及《竹年纪年》中提到"周二王并立"。而如果认为郑武公"居于卫三年"是即位之初，那么郑武公可能因为支持平王（申、鲁、许、卫等国立）还是支持携王（虢公等邦君诸正宗室贵族所立，与平王为敌，后被晋文侯所杀）的政治立场问题受到了卫武公胁迫和软禁。郑桓公与幽王一同死于"大难"，《史记·卷四十二·郑世家第十二》中记载："幽王以为司徒。和集周民，周民皆说，河雒之间，人便思之。"从上文来看，郑国原本的政治立场应该是支持幽王。而后《竹书纪年·卷五》中记载："元年辛未，王东徙洛邑，锡文侯命。晋侯会卫侯、郑伯、秦伯，以师从王入于成周。"体现了郑国的政治立场转变为支持周平王，因此有观点认为郑武公迎娶申侯之女很可能是出于联盟的政治目的。类似观点参见张勇：《从〈郑伯克段于鄢〉看〈左传〉的仁学史观与叙事策略》，载《商洛学院学报》2019年第1期；梁月昌：《"对克"条件下的孝道——〈郑伯克段于鄢〉主题的延伸思考》，载《名作欣赏》2018年第25期；晁福林：《谈清华简〈郑武夫人规孺子〉的史料价值》，载《清华大学学报（哲学社会科学版）》2017年第3期。

〔5〕 晁福林：《谈清华简〈郑武夫人规孺子〉的史料价值》，载《清华大学学报（哲学社会科学版）》2017年第3期。

国君夫人的尊贵地位，成为嫡子之母以进一步巩固和提高自己的政治地位。因此对于武姜来说，生子应当是她最为期待也是最重要的事情。然而在武公十四年（公元前 757 年），终于产子的武姜却难产了。如果按照常理，难产而生的孩子母亲会更加心疼，有惊无险、母子平安应该是值得庆幸的，但是在之前心理饱受煎熬、又体验了非常人的生产过程痛苦的武姜，在生产过后却对先前满怀期待的嫡子、怀胎十月的第一个孩子、无辜的婴儿"恶之"，这其中必然有什么缘由。

"国之大事，在祀与戎"[1]，其中"祀"就是指"祭祀"。"礼"最初就是指祭祀用的礼器，后《说文解字》解释为："礼，履也，所以事神而致福也。"人们通常认为，"礼"最初是人们祭祀天神的仪式。宗法制以"礼"作为约束标准，这不仅说明了"礼"对"政"的意义极大，同时也说明了春秋时期仍是天神崇拜的时代。在对生产不顺利现象的看法上，从对周人祖先后稷的描述中可见一斑。《史记·周本纪》中开篇记载："周后稷，名弃。其母有邰氏女，曰姜原。姜原……居期而生子，以为不祥，弃之隘巷。"《诗经·大雅·生民》中亦有记载："诞弥厥月，先生如达……不坼不副，无灾无害……以赫厥灵，上帝不宁。不康禋祀，居然生子。"后稷的母亲姜原踩到了巨大的脚印，后来居然生出儿子，姜原认为这是不吉利的事情，因此将后稷抛弃了。《诗经集传》注："坼、副，皆裂也。凡产子，未有不坼副者，未有无菑害者，而况先生乎？先生若是，厥灵赫赫，可异矣，故弃之，不必于此外又神其说也。"[2] 这说明了后稷出生的时候"有异"，与常人不同，这就是"以为不祥"的原因，因此后稷被母亲抛弃后连名字都起为"弃"，与郑庄公取名为"寤生"相一致。在春秋时期，人们仍处于天神崇拜的时代，在"人弃常，则妖兴"[3]的认知时代，一国的嫡子出生异常则意味着不祥之兆，可能会为郑国带来灾祸。武姜很有可能在产后因为"寤生"的异常而再一次受到舆论的非议。武姜在经历了极度痛苦的生产过程，受到严重惊吓并且险些丧命的情况下，生出嫡长子不仅未能为自己正名，还再一次被冠上恶名，招致"不祥"的议论。在这样的境遇下，任何一个人都会感到极其痛苦和绝望，因此武姜很有可能患上了产后抑郁

---

〔1〕 杨伯峻编著：《春秋左传注（修订本）·成公十三年》，中华书局 1990 年版，第 861 页。

〔2〕 （宋）朱熹注解：《诗经》，张帆、锋泰整理，三秦出版社 1996 年版，第 284 页。

〔3〕 杨伯峻编著：《春秋左传注（修订本）·庄公十四年》，中华书局 1990 年版，第 197 页。

症。这或许也能够解释为何武姜"恶之"的原因——她将自己所有遭的罪和痛苦都投射在了新生儿身上，但这种"恶之"的情感却因为三年后共叔段的正常出生而得到了完全释放。武姜作为君夫人终于证明了自己能够顺利产子，并非"不祥"，且再生一子，政治地位变得更为稳固，非议自然也会消失；作为母亲的爱子天性在共叔段身上得到了寄托，看到他就心生欢喜之情。在这样的情况下，武姜看到庄公寤生就想起了自己曾经悲惨、痛苦、绝望的岁月，而看到共叔段就意识到自己已经扬眉吐气，地位稳固。两个儿子的出生对母亲名声和地位的影响竟然区别如此之大，武姜也因此才有了"爱共叔段，欲立之"而废庄公的动机。除了武姜本身的情感因素之外，在当时的时代和社会背景下，虽然周的指导方针是"敬鬼神而远之"[1]，但是就生育情况而言，子嗣的情况会被认为是受到了上天的支配，一个国家嗣君、家族的嫡长子的诞生情况与这一国家和家族的未来发展有着密切联系，任何异常情况的出现都体现着上天的意志，昭示着家族和国家未来的吉凶。就此推断，对庄公"寤生"的解读不应当只简单地批判武姜的"为母不仁"，而是应当回归到情景中去，对武姜的形象重新审视。对武姜而言，无论是从母子感情还是从"天命"角度来看，异常出生带有不祥之兆的寤生即位为君很可能大大增加了家国命运和前途的危险，而同身为嫡子又正常出生的儿子段，显然更适合担当国家大任。郑伯克段的起始点在于母子"对克"的情况下[2]，在君权争夺的背景下，一步一步走向敌对，最终走向崩溃，连同弟弟段一起酿成了这场家庭伦理的悲剧。

对郑庄公"宠溺失教""预谋养恶"的批评主要是认为郑庄公纵容的态度令共叔段起了觊觎之心，目的就是陷弟于"不义"之中后然后光明正大地除掉他，因此他用心险恶、手段残忍、欲擒故纵、歹毒至极，是导致兄弟相残的罪魁祸首。然而将庄公的形象代入情景化的视角进行解读，这样的批评和指控是值得推敲的。武公二十七年（公元前 744 年），此时的武姜已经在郑国立住脚跟，不仅其母国势力相当庞大，她的一系列行为也表明了她在国内的政治势力不可小觑。她不仅在郑武公在世时直言废黜庄公、试图僭越周代宗法之基础的嫡长子制度，在郑庄公即位之初，武姜仍把持

---

〔1〕《论语·雍也》。

〔2〕梁月昌：《"对克"条件下的孝道——〈郑伯克段于鄢〉主题的延伸思考》，载《名作欣赏》2018 年第 25 期。

着政治大局。

"二十七年，武公疾。夫人请公，欲立段为太子，公弗听。是岁，武公卒，寤生立，是为庄公。"[1] 郑庄公于公元前 744 年即位时年仅十三岁。武公确立寤生为嗣君，是不能改变的事实。武公去世尚未入殓，武姜就已经开始实施其帮助共叔段夺权的计划，最初所能做的就是限制年幼的嗣君行使君主的权利。"吾君陷于大难之中，居于卫三年，不见其邦，亦不见其室，如毋有良臣，三年无君，邦家乱也。自卫与郑，若卑耳而谋。"[2] 武姜追述了武公"居于卫三年"的往事，郑国依靠大臣执政，国内安定团结，这体现出国君可以三年不理国政。武姜继续向郑庄公提出要求，"今吾君既世，孺子汝毋知邦政，属之大夫，老妇亦将纠修宫中之政，门槛之外毋敢有知焉。"[3] 为了让郑庄公达到不执政的目的，武姜承诺将自己的权力也限制在宫门之中，不以势力强大的母国干预郑国内政，共同"不乱大夫之政"[4]。同时武姜还将大臣分为两类，"孺子亦毋以褻竖、嬖御、筋力、射驭、媚妒之臣躬恭其颜色、掩于其巧语以乱大夫之政。"[5] 要求庄公将政权交于辅佐先王、忠心耿耿的"二三老"，而另一类"媚妒之臣"则会干扰"大夫之政"不可任用。而这两派的区分如陈伟所言，"武姜打算凭借老臣（即边父所说'二三老'）架空庄公；而庄公在以祭仲为首的少壮派（即边父所说'二三臣'和庄公所说'二三大夫'）支持下，克服阻力而亲自执政。"[6] 这显然不是母子之间的规劝，而是政治谈判，甚至是赤裸裸的要挟。武姜这样做的原因显然是为了给同样年幼的共叔段夺位留下缓冲的时间。然而郑庄公对于武姜的这一说法并不持异议，并"拱而不言"三年。当大臣因郑武公之葬要求郑庄公临政时，其答复，"二三大夫不尚毋然。二三大夫皆吾先君之所付孙也。吾先君知二三子之不二心，用历授之邦。不

---

〔1〕《史记·郑世家》。

〔2〕 李学勤主编：《清华大学藏战国竹简》（陆），中西书局 2016 年版，第 105 页。

〔3〕 李学勤主编：《清华大学藏战国竹简》（陆），中西书局 2016 年版，第 105 页。

〔4〕 这一观点参见陈伟：《郑伯克段"前传"的历史叙事》，载《中国社会科学报》2016 年 5 月 30 日，第 4 版。"孺子"后面的"女"，整理本读为"汝"，看作人称代词。或许可以读为"如"，是假设连词。"老妇亦将"后面的"丩"，整理本读为"纠"，训为"治"。或许可以读为"收"，是收敛、约束的意思。

〔5〕 李学勤主编：《清华大学藏战国竹简》（陆），中西书局 2016 年版，第 105 页。

〔6〕 陈伟：《郑伯克段"前传"的历史叙事》，载《中国社会科学报》2016 年 5 月 30 日，第 4 版。

啻然，又称起吾先君於大难之中。今二三大夫畜孤而作焉，冀孤其足为勉，抑无如吾先君之忧何。"[1] 郑庄公安抚大臣，指出大夫没有不二之心，强调了大夫执政的重要性，而自己为了要给先君守丧而实在不能归政。这番说辞的冷静、克制与《左传》中所显示的郑庄公的性格相符。

在这样的政治格局下，郑庄公实为"弱君"。在武公初死的背景下，自己年幼、根基不稳且朝局并不明朗的情况下，在拒绝武姜"请制"后，对"请京"的要求只能同意。这在政治上是为自保，在家庭中也是对强母的退让。因此郑庄公"失教"的纵容很可能并非出于阴谋，而是权力格局和家庭伦理的逼迫使然。祭仲的谏言就提到："蔓草犹不可除，况君之宠弟乎?"其中"宠弟"一词可以解释为庄公宠弟，也可以解释为母亲武姜宠弟。前一种解释体现了庄公越制分封和宽容是因为宠爱弟弟，后一种解释与"姜氏欲之，焉辟害?"相照应，即母亲武姜宠爱弟弟，即使作为国君和兄长，也无法违背母亲的心意和意愿，因此只能听之任之。郑庄公于公元前744年即位到鲁隐公元年（公元前722年）"克段于鄢"已经过去了二十二年，此时郑庄公和共叔段都已经年近四十岁了，郑庄公如果要养其恶的话，不仅时间太长了，且共叔段的势力一直在不断扩大，危险也大大增加了（后来共叔段反叛后，郑庄公派出"二百乘"伐京，与之相对比的是在一百年后的城濮之战中即将成为春秋五霸之一的晋国的总兵力为七百乘[2]，可见共叔段的势力已经颇为庞大，与郑庄公几乎势均力敌，水火不容了）。在春秋早期，社会秩序混乱、社会大转型、诸侯杀天子、大夫叛诸侯，是为礼崩乐坏。"弑君三十六，亡国五十二"[3]就像是霍布斯所言的"人人相互为敌的战争状态"[4]。按照那时候人的平均寿命仅三十岁来看，郑庄公也未必能够保证自己这二十余年是否会遭遇不测或者病逝，也无法预测共叔段和武姜将在何时发难，如果郑庄公早逝，留下幼子面对势力庞大的共叔段岂非风险太大。如果郑庄公故意纵容共叔段，其中的偶然性和运气成分较大。从《左传》的记载来看，郑庄公处于被动的地位，共叔段占据了主动权，他从京城向外不断扩张，控制着京、廪延、鄢等大城市和沿途的小城邑，

---

[1]　李学勤主编：《清华大学藏战国竹简》（陆），中西书局2016年版，第105页。
[2]　《左传·晋楚城濮之战》："晋车七百乘，韅、靷、鞅、靽。"当时晋国与楚国是国力最为强盛、军事力量最强的诸侯国。
[3]　《史记·太史公自序》。
[4]　[英]霍布斯：《利维坦》，黎思复、黎廷弼译，商务印书馆1985年版，第96页。

几乎可以说是控制了郑国一半的国土，逐渐包围郑国都城新郑。然而郑庄公并没有真正将共叔段赶尽杀绝。京人叛段之后共叔段逃往鄢地，后又从鄢地逃往共地，一路平坦皆为郑庄公所控制的土地。但是郑庄公却不愿意与之火并，只是任由他逃到了国外。[1]

郑庄公在这场政治和家庭伦理悲剧中前期扮演的角色并非全为后世评说的那样阴险狡诈，然而他也确实是一位不称职的兄长和国君，他所承担的伦理责任就是"失教"。

> 叔于田，乘乘马。执辔如组，两骖如舞。叔在薮，火烈具举。
> 袒裼暴虎，献于公所。将叔勿狃，戒其伤女。
> 叔于田，乘乘黄。两服上襄，两骖雁行。叔在薮，火烈具扬。
> 叔善射忌，又良御忌。抑磬控忌，抑纵送忌。
> 叔于田，乘乘鸨。两服齐首，两骖如手。叔在薮，火烈具阜。
> 叔马慢忌，叔发罕忌，抑释掤忌，抑鬯弓忌。[2]

这首诗所描绘了叔段身手矫健、英姿飒爽、威风凛凛的打猎场景，其英武好斗、受人拥戴的形象跃然纸上。孔颖达疏云："叔负才恃众，必为乱阶，而公不知禁，故刺之。"刘沅的《诗经恒解》则认为太叔段武勇善射，"庄公不能善教之以成其材，又不能善用之以全其才，而使陷于恶，诗人流连咏叹，惜叔实刺公也"。吴懋清在《毛诗复古录》中又云："叔段长于射御，力能暴虎，为国人所叹赏，宣扬传颂。"这样的评价说明《诗经》对郑庄公和叔段的评价与《春秋》所一致。共叔段作为庄公之弟，固然身份尊贵，但是其声望和势力范围如此之大，几乎与庄公分庭抗礼。其才能出众，庄公却"不教"，也不善用其才能辅佐自己、尽忠国家。就算庄公在即位前期被政治格局所限制被迫越制分封，其在随后的二十二年的时间里应当有所行动制止叔段的进一步行动，而不是听之任之。

在儒家传统之中，"兄友弟恭"是处理兄弟关系的基本准则，郑庄公没有教育弟弟、劝导其走上正路，这是其所需要承担的伦理责任。孟子对兄

---

〔1〕 类似观点参见韩益民：《"郑伯克段于鄢"地理考》，载《北京师范大学学报（社会科学版）》2006 年第 4 期；樊智宁：《"郑伯克段于鄢"的家庭伦理责任续考》，载《西安文理学院学报（社会科学版）》2017 年第 4 期。

〔2〕 《诗经·国风·郑风·大叔于田》。

长所应当承担的责任也有详细的叙述。有一位名叫万章的人质问孟子："舜流共工于幽州，放驩兜于崇山，杀三苗于三危，殛鲧于羽山，四罪而天下咸服，诛不仁也。象至不仁，封之有庳。有庳之人奚罪焉？仁人固如是乎——在他人则诛之，在弟则封之？"孟子对答："仁人之于弟也，不藏怒焉，不宿怨焉，亲爱之而已矣。亲之欲其贵也；爱之欲其富也。封之有庳，富贵之也。身为天子，弟为匹夫，可谓亲爱之乎？"[1] 在孟子看来，兄长友爱自己的弟弟，是最大的"仁政"。尽管舜的弟弟——象，被天下人厌弃，视为"至不仁"者，但舜却不像惩罚共工、驩兜、三苗、鲧那样来以法制裁自己的弟弟，他仍然尽为兄的亲爱之情，使弟弟象"富贵之也"。对行为不端的弟弟不仅不绳之以法，而且仍然亲爱有加，赐与封地。孟子认为，这正体现了舜的大仁大义。将自己的亲人置入法网之中，自己身为天子，兄弟却为匹夫，在孟子看来这种违于情理的君主是不可做天下之主的。[2] 因此即使共叔段也没有一丝做弟弟的样子，也不具备他做弟弟的应有的"悌"的德性，郑庄公也应当施行"仁政"，对于兄弟赶尽杀绝的行为是不齿的。

"有子曰：'其为人也孝弟，而好犯上者，鲜矣；不好犯上，而好作乱者，未之有也。君子务本，本立而道生。孝弟也者，其为仁之本与！'"[3]《论语》所言"孝悌"与"犯上"是相关联的，一个对父母孝顺、对兄弟友爱的人是不会犯上作乱的。这样的评价对郑庄公和共叔段都是有所影射的。对共叔段"不弟"是其犯上作乱的重要缘由，而郑庄公"迁母不孝""克弟不友"是后来周郑互质、繻葛之战的缘由。[4] 叔段从小被母亲偏爱，其为人张扬、蛊惑人心，在庄公在位期间丝毫不掩饰地扩大自己的势力，几乎分裂国家、成为二君。然而其发兵反叛之时，不仅郑庄公早已掌握了他的动向，连其经营了二十余年的京地居然反叛了。"京叛大叔段"这五个字放在其看似势在必得的一系列筹备活动之后，令人感觉颇为滑稽，这似

---

〔1〕《孟子·万章》。

〔2〕 马小红：《礼与法：法的历史连接》，北京大学出版社2004年版，第227页。

〔3〕《论语·学而》。

〔4〕 郑庄公与周平王互相交换质子，后王室讨伐郑国，王室战败，周桓王的肩被射中受伤。从此周天子威信扫地，王室式微。这一战后诸侯争霸、战火四起，天子形同虚设。因此有学者认为《春秋》称郑庄公为"郑伯"并非仅仅是因为克段于鄢一事，而是其以下犯上，开始诸侯乱战、王室衰落的原因。

乎印证了庄公所言的"不义不昵，厚将崩"的判断，后来"奔共"后，还与卫国的公子州吁勾结，不断反攻郑国。[1] 然而失去了母亲武姜的支持后，共叔段一蹶不振，没有掀起过太多的波澜。反观共叔段在郑国国内的政治表现，共叔段似乎从来没有得到过郑国大夫集团的支持，而郑庄公显然是得到了这一重要的政治集团的支持。晁福林在论述郑国贵族民主体制时提到："《左传》记载郑庄公讨伐公子段之前说过一句很有名的话：'多行不义必自毙'。郑庄公能够一举拿下公子段，当然与他个人的权谋以及大夫阶层的支持有关，但更重要的是他坚持了'义'，而公子段则是'不义'。这里所谓的'义'，就是传统，就是礼制。郑国君臣能够守'义'，就是政局稳定的基础。郑武公居卫三年而郑国不乱，根本原因应当就在于此。"[2] 因此共叔段还要承担"不义"的伦理道德谴责。而正是因为如此，在庄公即位后的二十二年期间，大夫都在不停地劝诫庄公解决共叔段的问题，并在庄公做出决定时坚定地站在他这一方。然而武姜却只在即位之初对政治格局进行了调整，利用大夫限制庄公的执政权力，但是却似乎并没有看到其在之后争取大夫的支持。共叔段在占领了土地之后，其与武姜内应外合立即就被庄公所知晓，这说明武姜和共叔段在朝中的政治势力较弱，并没有大夫愿意作为内应助其夺权。共叔段的夺位大计在自己的基本盘崩溃（京人叛之）和外援被掐断（武姜内应已被知晓）的情况下彻底失败了，他与郑庄公的政治较量也高下立判。郑庄公在即位初年就在"内忧"（大夫专政、母亲强势、君权弱势）与"外患"（诸侯之间虎视眈眈，郑国在卫国和武姜母国申国的威胁之下）中成长，其沉稳冷静的性格和所拥有的政治魄力与谋略是从小备受母亲溺爱、越制成性、没有经历较多政治斗争的共叔段所无法相比的。

三、宗法制的内部冲突——历史变迁的解读

"郑伯克段于鄢"这一故事背后呈现着西周灭亡、东周新立之时，作为意识形态的宗法制度的内部冲突。正如黑格尔所指出的"最高伦理的冲

---

〔1〕《史记·卫康叔世家》：十六年，州吁收聚卫亡人以袭杀桓公，州吁自立为卫君。为郑伯弟段欲伐郑，请宋、陈、蔡与俱，三国皆许州吁。

〔2〕 晁福林：《谈清华简〈郑武夫人规孺子〉的史料价值》，载《清华大学学报（哲学社会科学版）》2017 年第 3 期。

突"——国家法律与家庭伦理之间的冲突[1]一样,"郑伯克段于鄢"中也存在国家制度与家庭伦理的冲突。然而与《安提戈涅》中希腊城邦的法令与"神制定的法律"的两种不同架构的制度冲突有所不同,在"家国同构"的春秋时期的诸侯国,这一矛盾产生于统一的宗法制内部的张力,即"亲亲"的血缘宗法关系与"尊尊"的国家政治秩序的冲突,而这一冲突在中国古代的历史上循环往复,不断重演。如果说西方法律思想史上的问题是"安提戈涅"的问题,那么中国法律思想史上的问题就是"郑伯克段于鄢"的问题。

《左传》《穀梁传》和《公羊传》中都对郑国贵族的民主统治传统[2]和母子间的权力格局隐而不写,对武姜的道德伦理和政治责任也不加评判,实则是为了凸显儒家仁学叙事传统中"伦理情感"对历史运动的支配作用。而"不言"本身并不是为了要逃避对政治秩序和伦理情感中对立的评判,而是在儒家的道德史观中,"亲亲"与"尊尊"这两者本就是统一的。在《左传》的叙事中,这一悲剧性事件完全起源于武姜对血缘宗法体制的破坏,而郑庄公的为难之处就在其使用了政治关系对家庭问题进行了处理。郑庄公破坏了"亲亲"之情(失教纵容)而利用"尊尊"(君主的权力)克弟(不友)迁母(不孝),违背了"齐家治国平天下"[3]的德政思想。儒家认为郑庄公即使有难言之隐,其选择的方式是"以力服人"而非"以德服人""以礼教化",这也是《左传》《穀梁传》《公羊传》等著作以及后代儒生批评郑庄公、对其伦理责任多加评述的原因之一。

"郑伯克段于鄢"这一悲剧发生在春秋初期,周王东迁之后。其背景就是周幽王废嫡立庶、周平王弑父夺位,而与其同期发生的,还有晋国小宗取代大宗、卫公子州吁弑卫桓公、鲁桓公杀鲁隐公,而其之后发生的周郑互质、繻葛之战等历史事件,无疑说明了当时作为意识形态和政治制度的宗法制已经被实质性破坏并摇摇欲坠了。随着诸侯国的实际独立、联结宗

---

[1] 苏力:《自然法、家庭伦理和女权主义?——〈安提戈涅〉重新解读及其方法论意义》,载《法制与社会发展》2005年第6期。

[2] 晁福林:《谈清华简〈郑武夫人规孺子〉的史料价值》,载《清华大学学报(哲学社会科学版)》2017年第3期。

[3] 《礼记·大学》:"古之欲明明德于天下者,先治其国;欲治其国者,先齐其家;欲齐其家者,先修其身;欲修其身者,先正其心;欲正其心者,先诚其意;欲诚其意者,先致其知,致知在格物。物格而后知至,知至而后意诚,意诚而后心正,心正而后身修,身修而后家齐,家齐而后国治,国治而后天下平。"

室之间关系的血缘不断被稀释，家庭伦理不可避免地衰落而国家政治兴起了。因此宗法制作为血缘纽带关系而构成的政治共同体随着国家形态的不断完善，逐渐成了一个空壳，血亲关系逐渐让位于政治利益与地位竞争，郑庄公"不兄"、共叔段"不弟"就是来源于他们两个已经将政治地位即君主对臣子的绝对支配关系列为首要关系，而将家庭关系即兄弟之间的"友"与"恭"的伦理关系列为次要关系。而在《左传》的叙事策略中显然强烈谴责了这种破坏宗法制内在逻辑的政治手段，并通过仅从家庭伦理视角描绘国家政乱的方式再一次强调了血缘宗法关系对国家政治和吉凶祸福的重要性和奥妙所在。

在"郑伯克段于鄢"中三个人物分别具有三重身份。郑庄公是武姜的儿子、共叔段的哥哥和郑国的国君；武姜是郑庄公的母亲、共叔段的母亲和郑国的君母；共叔段是武姜的儿子、郑庄公的弟弟和君弟。在武姜请求废庄公、立共叔段和为共叔段请"制"、请"京"的时候，其身份是为"君母"这一政治身份；武姜要求郑庄公"拱而不言"放政三年称其为"孺子汝"[1]而不称其为"君"则是为"母亲"与"君母"的双重身份[2]；其后作为内应"将启之"的身份为"君母"的政治身份（这里的"君"是指反叛郑庄公的共叔段，即《左传》"为二君"的评价）；最后庄公掘地见武姜，其身份为"母亲"这一家庭身份。郑庄公答应武姜放政三年、越制分封是为家庭和政治妥协，是为"国君"和"儿子"双重身份；与祭仲谈论时称武姜为"姜氏"而非"君母"[3]、评论共叔段"多行不义必自毙"是为"国君"的政治身份；其攻打共叔段是为"国君"这一政治身份；其"遂置姜氏于城颍"是为"国君"的政治身份；最后其掘地见武姜，其身份为"儿子"这一家庭身份。共叔段被分封到"京"，为"君弟"这一政治身份；其扩张势力吞并土地，为"君弟"这一政治身份；其反叛，为"君弟"这一政治身份。徐大明认为"语言的使用反映出说话人和听话人之间

---

[1] 李学勤主编：《清华大学藏战国竹简》（陆），中西书局2016年版，第105页。

[2] 这一观点参见李守奎：《〈郑武夫人规孺子〉中的丧礼用语与相关的礼制问题》，载《中国史研究》2016年第1期。李守奎认为武夫人是嗣君的母亲，此时嗣君尚幼，故称之为"孺子"。因为她情感里没有给他嗣君的位置，故孺子后面加"汝"，完全没有对君之敬。

[3] 杨伯峻认为"谓母为君母，则祖母为君祖母矣"，因此庄公称武姜为姜氏而非"君母"和《左传》后文所用"夫人"二字显然是有特殊内涵。详见杨伯峻编著：《春秋左传注（修订本）·隐公三年》，中华书局1990年版，第12页。类似观点参见张宏：《称谓转换的社会功能——以〈左传·郑伯克段于鄢〉为例》，载《语文学刊》2011年第7期。

的社会关系"[1]，因此在"郑伯克段于鄢"的故事中，三位人物的政治身份关系显然要比家庭身份关系更为突出和明显。《圣经》中有一句箴言叫作"就让上帝的归上帝，凯撒的归凯撒"[2]。国家利益的冲突应当用政治制度解决，家庭关系的矛盾应该用人情伦理来解决，可偏偏"家国同构"，家庭关系嵌在政治结构中，且是其中最为重要的组成部分和基础，使得国君不断在政治解决手段和人情解决手段中反复选择，无法形成一个稳定、统一的解决办法，只能"遇招拆招"，按实际情况采用办法。这样的内部张力在宗法血缘制未彻底政治化之前，国君遇到兄弟或者叔父的反叛是无法用同一种政治或者伦理方式进行解决形成逻辑闭环的，其下场无非有以下两种：其一，郑庄公违背"亲亲"采用"尊尊"，将兄弟赶出国外，获得政治上的胜利而失去道德上认可；其二，像晋昭侯一样认可"亲亲"而放弃"尊尊"，放任曲沃桓叔发展势力，经过数十年的战争，最后小宗代替了大宗。"亲亲"与"尊尊"之间的矛盾是为"结构性矛盾"[3]，认为"人性善"的儒家学说认为人可以通过教化而向善，因此推崇"礼治"，而认为"人性恶"的法家学说认为"从人之性，顺人之情，必出于争夺，合于犯分乱理而归于暴"[4]。而春秋早期的诸多祸乱正是因为人们正如同荀子所言的对荣、利趋之若鹜，对辱、害避之唯恐不及之心。因为人性本恶，所以世间的人情也"甚不美"。[5] 以嫡长子为基础的宗法制度一而再再而三地被破坏，就是因为"人性恶"中对利益的争抢。面对母亲和共叔段抛弃自己的家庭身份，破坏宗法制，以政治身份夺权，体现出"人性恶"之时，儒家却要求郑庄公采用"人性善"的教化、施展"仁政""德政"，这实际上是不符合事物的发展规律与本质的——既然共叔段和武姜已经决意要争夺君位，而君位只有一个，不是你上就是我上，那郑庄公只能采取"你死我活"的政治策略了，甚至无法采取"求同存异"的宽容措施，因为在面对这样的结构性矛盾时，并不是教育、安抚共叔段和武姜就能达成和谐的，因为

---

〔1〕 徐大明、陶红印、谢天蔚：《当代社会语言学》，中国社会科学出版社1997年版，第97页。

〔2〕 《马太福音22：15》。

〔3〕 "结构性矛盾"是指将一个事物分开，看到这个事物由多个部分构成，其中一对或者多对单元间存在竞争或者矛盾关系，这种关系在事物内部只可以通过协调降低烈度，但不可消除。如要消除，除非将此事物拆开重构。此时，这种事物内部组成单元间的矛盾就叫结构性矛盾。

〔4〕 《荀子·性恶》。

〔5〕 马小红：《礼与法：法的历史连接》（修订本），北京大学出版社2017年版，第236页。

他们的目标从来就只有一个——夺取君位。

"郑伯克段于鄢"的悲剧就发生在这样一个宗法制内部的矛盾显现的历史变迁的大背景下。从一开始，武姜就因为种种原因厌恶郑庄公，这从一定意义上也说明，这不仅是宗法制度的崩溃，同时也是母子血缘的崩溃，这意味着郑庄公已经无法利用血缘关系去解决政治关系了。然而无论是郑庄公还是武姜和共叔段都无法清晰地意识到他们正身处于社会结构巨大变迁的时代背景下，因此无法用后世的经验去处理那个时期事件。在"郑伯克段于鄢"中也可以看到郑庄公在战争胜利后并未有"解决了心头大患"的解脱感，而是面对这一冲突的迷茫和彷徨。在誓之曰："不及黄泉，无相见也"后其"既而悔之"，有许多学者认为庄公这一举动是出于政治目的，笔者对这一说法并不持异议态度，因为这正说明了郑庄公意识到了"迁母"这一命令将宗法制的"亲亲"彻底打碎，这意味着郑国的意识形态也几乎被瓦解。史料中并未记载郑国朝堂之上对此事是否进行过议论，但是可以料想的是，当国君将自己的母亲迁走并发誓"不到黄泉不再相见"对郑国上下的震动有多大，郑国人之后应该如何对待父母？郑国人该如何对待自己的兄弟？甚至郑庄公自己的儿子，是否也会因为立嗣问题而生起祸端？[1]面对诸侯和周王室的虎视眈眈，他们是否会以"不孝""不友"的名义讨伐郑国？或许在共叔段反叛的时候郑国尚未处在最危险的时候，但是此时的郑国却陷入了意识形态的危机之中——前一个世界被国君亲手打破，而后一个世界根本没有诞生。郑庄公和郑国人都在这巨大的变化中感到迷茫而焦躁不安。

然而"悔之"过后，郑庄公还面临着另一个困境。既然"誓之"了，国君的命令国君自己可以违背吗？古人立"誓"一般是指具有约束力的誓言[2]。《史记》的记载更显端倪：庄公元年（公元前 743 年），封弟段于京，号太叔。祭仲曰："京大于国，非所以封庶也。"庄公曰："武姜欲之，我弗敢夺也。"段至京，缮治甲兵，与其母武姜谋袭郑。二十二年（公元前 722 年），段果袭郑，武姜为内应。庄公发兵伐段，段走。伐京，京人畔段，段出走鄢。鄢溃，段出奔共。于是庄公迁其母武姜于城颍，誓言曰："不至

---

[1] 事实上，郑庄公死后，他的四个儿子就轮流坐上君位，互相残杀，郑乱十余年，彻底失去了郑国"小霸"的局面。

[2] 这一观点参见吕腾鉴:《〈左传·郑伯克段于鄢〉"誓之"献疑》，载《湖南科技学院学报》2019 年第 12 期。

黄泉，毋相见也。"居岁余，已悔思母。颍谷之考叔有献于公，公赐食。考叔曰："臣有母，请君食赐臣母。"庄公曰："我甚思母，恶负盟，奈何？"考叔曰："穿地至黄泉，则相见矣。"于是遂从之，见母。[1] "恶负盟"的"盟"[2]字体现出郑庄公对于放逐母亲武姜这一决议并非简单的口头立誓，而是经过了一系列"盟誓"的仪式，郑庄公必是"上告于天、下布于民"，立下了"人伦已绝"的毒誓。这样的"盟誓"具有法律效力[3]，是国君颁布的法律和政令。对于叛国者，郑庄公作为"国君"在讨伐过后下了对叛国者惩罚的命令，倘若朝令夕改，那么如何对郑国潜在的叛国者进行威慑，建立起稳定的政治秩序？更何况共叔段的追随者并不少，如同二君，如果见了母亲是否意味着要对这些叛国者减轻处罚？在自己执政二十二年之中，有一半的土地都掌握在共叔段手里，那么现在为了要维护国家的统一、稳定和繁荣，进一步确认自己为君的合法性，此时又如何既维护自己国君的政令又能恢复郑国的意识形态？

面对着同样家庭伦理和国家政治之间的激烈矛盾，《郑伯克段于鄢》中在郑庄公下令放逐母亲之后戏剧性冲突达到了最高潮。《安提戈涅》中克瑞翁处理这一问题的结果是全家俱死的悲剧，但是郑庄公却用了超高的政治智慧解决了这一难题，并重构了被破坏的宗法制。

四、宗法制的重构？——与《安提戈涅》对比的解读

《安提戈涅》的作者索福克勒斯与《春秋》的作者孔子所诞生的时代同在公元前4—5世纪，那也正是中国和希腊城邦都处在国家动乱不断、新旧更替、社会变迁但思想却百家争鸣的阶段。因此《安提戈涅》虽然是索福克勒斯所创作的戏剧，但是却与《郑伯克段于鄢》发生的背景极其的相似。

《安提戈涅》与《郑伯克段于鄢》的相同点在于：其一，两个故事创作的背景都在原有的社会秩序发生了巨大的变化——古希腊的氏族部落逐渐统合形成城邦，春秋时期周王室式微。原有的宗法制和流传的习俗的权威逐渐丧失，但是新的意识形态和社会秩序又未完全建立，因此人们普遍存在着"信仰危机"。其二，克瑞翁与安提戈涅、郑庄公与武姜的身份都发生了改变。安提戈涅和武姜的社会地位和政治身份都由于君主的变化而变

---

〔1〕《史记·郑世家》。

〔2〕《周礼·春官·盟祝》注：盟诅，主于要誓，大事曰盟，小事曰诅。

〔3〕 李力：《东周盟书与春秋战国法制的变化》，载《法学研究》1995年第4期。

化——安提戈涅从可以骄纵、受父母宠爱的王室公主变成了臣民，要学会服从国王舅舅的命令；武姜则是由于政治联姻从本国公主成了他国的君夫人，后成为君母，要服从自己国君儿子的命令。更重要的是，安提戈涅与克瑞翁和郑庄公与武姜之间的关系从亲缘、血缘关系变成了政治关系，因此禁葬令和迁母令的冲突就凸显了这一重要转变。其三，克瑞翁和郑庄公颁布政令之前，国内都经历了战乱和动荡，两者都需要通过颁布政令来打击敌人并巩固自己的政治地位、建立威信。其四，在颁布了禁葬令和迁母令之后，克瑞翁的处境几乎和一郑庄公一样。在面对安提戈涅的挑战，"克瑞翁显然是无法直接收回命令的，否则只会给他自己和城邦带来更大的危险"[1]，与郑庄公的"恶负盟"一致。两位君主都没有预料到颁布法令后会与家庭、血缘和伦理产生巨大的冲突。其五，克瑞翁和郑庄公都表现出了"懊悔"之意，并采取了补救措施。克瑞翁在听了忒瑞西阿斯的预言之后，"所以心里乱得很""我答应让步""既然我回心转意，我亲自把她捆起来，就得亲自把她释放。我现在相信，一个人最好是一生遵守众神制定的律条"。[2]郑庄公则是在"悔之"后，在颖考叔的劝告下"掘地见母"。其六，《安提戈涅》与《郑伯克段于鄢》虽然故事本身结局不同，但是克瑞翁和郑庄公的结局却十分类似：克瑞翁是不葬亲人、处罚安提戈涅的"暴君僭主"，犯了"不敬神的罪"，克瑞翁得到了报应——妻子和儿子俱亡、"难以忍受的命运落到了头上"[3]；而郑庄公虽然在生前励精图治，郑国也成了春秋"小霸"，但是身后确实四个儿子互相残杀，争夺君位。《左传》的叙事方式也暗喻了郑庄公背弃人伦所造成的一系列动乱，周郑互质、繻葛之战正是东周伊始的礼崩乐坏、"君不君、臣不臣"的开端。郑国也因此由盛转衰，逐渐成为其他大国的附属国。

在《安提戈涅》中，克瑞翁在打败敌人后宣布："……我决不把城邦的敌人当作自己的朋友，我知道唯有城邦才能保证我们的安全，要等我们在这只船上平稳航行的时候，才有可能结交朋友。我要遵守这样的原则，使城邦繁荣幸福……"，歌队长也赞颂到："……只要他尊重地方的法令和他凭天神发誓要主持的正义，他的城邦便能耸立起来……"，而安提戈涅却说：

---

〔1〕 苏力：《自然法、家庭伦理和女权主义? ——〈安提戈涅〉重新解读及其方法论意义》，载《法制与社会发展》2005 年第 6 期。

〔2〕《安提戈涅》剧本。

〔3〕《安提戈涅》剧本。

"……我不认为一个凡人下一道命令就能废除天神制定的永恒不变的不成文律条，它的存在不限于今日和昨日，而是永久的，也没有人知道它是什么什么时候出现的……"这体现了在安提戈涅悲剧发生的时代，国家法律和家族伦理确实是双雄并立的力量。[1]《左传》批判的态度与索福克勒斯的创作实际上正是说明了在古希腊的"英雄时代"（大约公元前 1400 年至公元前 1100 年之间）和东西周交替时期（公元前 800 年至公元前 700 年之间）血缘宗法关系和国家政治秩序两者之间并未形成一个稳定的格局，两者在实际客观上正在产生冲突，但是《安提戈涅》与《郑伯克段于鄢》中产生冲突的原因并不完全一致。前者是由于正在衰落的家庭伦理仍占据着"舆论高地"而正在兴起的国家政治仍处在弱势地位所产生的矛盾，而后者是在家族伦理与国家政治本就已经形成稳定结构的情况下，逐渐加强的诸侯国君权试图突破宗法制束缚和限制的一次尝试。

关于《安提戈涅》与《郑伯克段于鄢》的结局，前者为悲剧而后者是喜剧，这样的结果之所以不同，第一，虽然都是血缘宗法与国家政治之间产生了激烈矛盾，但是两个故事中的血缘宗法与国家政治的关系却并不一致。在《安提戈涅》中，由于波吕涅刻斯的叛国行为，克瑞翁将其定义为"城邦的敌人"，因此违反了禁葬令的安提戈涅被判了死刑，但是这一决定却不被忒拜城的大多数人所接受，忒拜城的市民普遍认为安提戈涅做了光荣的事[2]，这说明"埋葬亲人"这一神制定的法律仍然在当时被人们普遍接受且信仰，更何况克瑞翁也是"城邦的敌人"波吕涅刻斯的亲舅舅，他也具有"埋葬亲人"的义务。因此在是否埋葬波吕涅刻斯这一问题上，宗法血缘和国王颁布的法律是彻底的对立的且不可调和，因此克瑞翁在遭到王室内部的反对的时候是无法反驳、束手无策的。在《郑伯克段于鄢》中，郑庄公与武姜所产生的矛盾在宗法制的实践中其实也有明确的规定——"不以亲亲害尊尊，此春秋之义也"[3]。当母亲武姜与弟弟共叔段联手叛

---

〔1〕 苏力：《自然法、家庭伦理和女权主义？——〈安提戈涅〉重新解读及其方法论意义》，载《法制与社会发展》2005 年第 6 期。

〔2〕《安提戈涅》剧本，七，第三场，海蒙：……我倒能背地里听见那些话，听见市民为这女子悲叹，他们说：她做了做光荣的事，在所有女人中，只有她最不应当这样最惨惨死去！当她的哥哥躺在血泊之力没有埋葬的时候，她不让他被吃生肉的狗或猛禽吞食；她这人还不该享受黄金似的光荣吗？这就是那些悄悄传播的秘密话……

〔3〕（清）钟文烝撰：《春秋穀梁经传补注·文公二年》，骈宇骞、郝淑慧点校，中华书局1996 年版，第 369 页。

国，则以"尊尊"郑庄公为先。"宗之道，兄道也。大夫、士之家以兄统弟而弟事兄之道也。"[1] 宗法制的本质就是兄道，兄道的基础确实是血缘家庭关系，但是在血缘的基础上更加强调的是兄对弟的绝对支配和弟对兄的绝对尊崇和服从。为了防止兄弟间对地位和财产的争夺，周确立了嫡长子继承制度，将兄道和君统结合。但是程瑶田认为天子和诸侯是被排除在"宗法"之外的，是因为当兄道和君统相结合时，可以直接谈君统，而当兄道与君统相分离的时候，君统的权力大于宗法制的约束。宗法制的核心在于君道，从周公旦还政于成王后拜于成王前以显"尊尊"之道可以看出，"亲亲"服从于"尊尊"，宗法制服从于君道，在君主的家庭内部，叔叔应当拜侄子、母亲也应当服从儿子。因此相较于《安提戈涅》中的"神法"与国王颁布的法令的外在对立冲突，郑庄公所面临的约束和限制属于宗法制内部的对立冲突。从这个角度上来看，《安提戈涅》中的法与情是对立排斥的，而《郑伯克段于鄢》中的法与情是对立统一的。

第二，外在的对立冲突与内在的对立冲突所形成的最重要原因之一来自于克瑞翁和郑庄公获得君位的合法性不同。克瑞翁作为前王后的哥哥本来是没有王位继承权的，只是因为前国王的两个儿子双双战死且没有继承人他才偶然获得王位。虽然克瑞翁声称"我现在就接受了这王位，掌握着所有的权力，因为我是死者的至亲"，但是他自己也明白自己的权力的合法性不足，因此必须通过颁布政令表彰为城邦牺牲的英雄，惩罚城邦的敌人从而确立自己的威信，并让民众确信只有城邦才能让人民获得和平、繁荣和幸福，因此城邦的利益要在家族的利益之上，克瑞翁作为波吕涅刻斯的亲舅舅也必须"大义灭亲"，从而巩固自己执政的合法性。克瑞翁获得君位的唯一合法性来源是他的血缘家族，而巩固君权的方式却是"为了城邦的利益"，并且直接否认了因其血缘而产生的义务，这样的极端对立必然会产生激烈的矛盾。因此克瑞翁这一角色本身的形象就是相对于安提戈涅更为激进的、改革的。因此这一充满着改革色彩的国王的政令与保守的家族宗法制度无论是在内在联系还是外在形式上都是完全矛盾和对立的，因此这是两种"最高伦理的对立"[2]。通过第二部分的论述已经清晰地表明，郑

---

〔1〕（清）程瑶田：《通艺录·宗法小记》，载《丛书集成续编》（第 10 册），新文丰出版公司 1989 年版，第 613 页。

〔2〕〔德〕黑格尔：《法哲学原理》，范扬、张企泰译，商务印书馆 1961 年版，第 183 页。

庄公相较于克瑞翁不仅具有完全的君位合法性，而且郑庄公讨伐共叔段还得到了郑国贵族和百姓的支持，占据了道德和法律的舆论高地，在颁布迁母令之后没有受到王室、国内贵族和百姓明面上的阻碍。因此，《郑伯克段于鄢》故事的冲突性和悲剧性就低于《安提戈涅》。

第三，《郑伯克段于鄢》中缺乏"挑战者"。在《安提戈涅》中，安提戈涅与克瑞翁都是挑战者。从表面上来看，安提戈涅是"弱者"，作为女子和臣民公然违抗作为男子和国王的克瑞翁的政令，并在克瑞翁带有妥协意味的质问下当众承认了自己的"罪行"，并称自己是依照神的律条、得到了诸神的保佑而向人定法发出了挑战。然而实际上克瑞翁才是真正的"弱者"，因为安提戈涅"埋葬亲人"行为的合法性是不言而喻的，是受到忒拜城市民的认可的，是一种强大的家族伦理体制和意识形态的守卫者和代言人。而克瑞翁要用"城邦的利益"这一全新的意识形态和政治秩序来证明自己政令和君位的合法性，从这个意义上来说，克瑞翁才是真正的"挑战者"。[1] 在《郑伯克段于鄢》的文本中，郑庄公讨伐共叔段、颁布迁母令之后并没有出现一个"安提戈涅式"的人物出来反对郑庄公的政策，颍考叔这一角色也不能算是一个"挑战者"，而是一个"劝诫者"。整个文本中郑庄公都是独自做出决策、独自"悔之"并且独自决定迎回母亲。后世也有一些学者认为颍考叔的谏言是郑庄公出于政治考量才自导自演了一场知错就改、听从贤人劝诫的"掘地见母"的大戏。然而虽然在文本中并没有体现出郑国国内对这一政令的反应以及是否有人直谏，但是可以从庄公"既而悔之"中感受到郑庄公所受到的舆论压力。这一推测也可以在后世的另一事件中得到印证，"十年，相国吕不韦坐嫪毐免……齐人茅焦说秦王曰：'秦方以天下为事，而大王有迁母太后之名，恐诸侯闻之，由此倍秦也。'秦王乃迎太后于雍而入咸阳，复居甘泉宫。"[2] 秦始皇因为母亲赵太后与嫪毐作乱而放逐母后，在放逐后多人直谏请求始皇帝迎回赵太后。茅焦提出秦国以天下为事业，如果流放母亲则会遭到天下诸侯的背弃。此时已经是战国晚期，此时的宗法制已经随着周王室的灭亡而失去了其作为社会秩序的指导方针功能，但是此时秦始皇却仍然遭受了诸侯、国内贵族和普通

---

[1] 这一观点详见苏力：《自然法、家庭伦理和女权主义？——〈安提戈涅〉重新解读及其方法论意义》，载《法制与社会发展》2005 年第 6 期。

[2] 《史记·秦始皇本纪》。

百姓的严重舆论压力和道德谴责，可以推断出在东周初立时，宗法制尚未失去其权威时，郑庄公应该也遭遇到了不少"安提戈涅式"的挑战者，"春秋三传"对其伦理责任的谴责和直言不讳地批评的叙事模式也暗示了在当时的社会舆论中郑庄公迁母的政令引发了大量的议论和谏言，这也可能是郑庄公"悔之"的真正原因。

在史书中隐而不写说明了史官认为即使郑庄公颁布了错误的法令，但是国君的命令仍然是不可违抗的。在《安提戈涅》中，不仅儿子海蒙可以直言不讳地批评君父克瑞翁"一个人即使很聪明再懂得许多别的道理，放弃自己的成见也不算可耻啊""只属于一个人的城邦不算城邦""你可以独自在沙漠中作个好国王"[1]，连歌队长、预言者、守兵也可以与克瑞翁"顶嘴"。而郑庄公的错误命令只能有"劝诫者"而不能有"挑战者"，在"既而悔之"后居然也无一人敢直言，给郑庄公一个台阶下！以至于郑庄公只能通过颍考叔的劝诫才能"恍然大悟"。这说明对于错误政令的修正只能国君自己进行更改，如果不能更改，就通过迂回式的"容情"方式从实际上更改自己的政令，从而同时强调君主政令的仁德性、权威性和不可违抗性。这从侧面反映出，克瑞翁看上去获得了极大的政治权力，实际上却是十分脆弱、不堪一击的。其所代表的"城邦的利益"在忒拜城未获得大多数人的支持，甚至连王室内部都无法认同。因此他在颁布政令后，保守势力的利益代表者才会接二连三地提出反对和挑战，克瑞翁的君权非常弱小且不稳。而郑庄公则是掌握了实实在在的政治大权且获得了利益集团的认可，政令通畅无阻，没有明面上的"反对者"，只有婉转提建议的"劝诫者"，此时郑国国内君权已经非常强大且稳固。而出奇一致的是，克瑞翁和郑庄公作为君主，确实是真正的"孤家寡人"。

第四，最终解决方案的差异。克瑞翁在安提戈涅的控诉、伊斯墨涅的申辩以及儿子海蒙的劝诫后仍然坚定维护自己的命令，直到听到忒瑞西阿斯的预言和歌队长的谏言最终认识到了自己不应当违抗神的律条，从而想要亲手赦免安提戈涅，但是此时已经太迟了。郑庄公听从了颍考叔的劝诫，通过人为制造黄泉去见母亲，与母亲合唱"大隧之中，其乐也融融！大隧之外，其乐也泄泄"，他既没有违背自己颁布的政令，又达到了见母的目的。在这一对比之下，克瑞翁的政令之下频繁出现"挑战者"以及他失败

---

[1]《安提戈涅》剧本。

的结局体现了他在社会转型时期作为城邦君主的政治权力的脆弱性和不稳定性，家庭伦理和血缘宗族制度仍然十分强大且获得社会广泛认可，确实是可以与国家政治和君主权力抗衡的力量。然而郑庄公已经意识到宗法制度以及"法"与"情"的结合是统御国家和维持社会秩序的一种必要的工具性力量，因此郑庄公无法全然抛弃宗法制与"情"而必须进行妥协，只能主动选择被"孝"与"情"的宗法制束缚，通过戏剧性的方式迎回叛国的母亲。而随后的春秋战国时代，宗法制逐渐服从于君权，从而彻底成为统治的工具。

第五，"人与神"和"人与人"之间的差异。在《安提戈涅》中多次提到了神的法律与城邦的法律之间的对抗与冲突。"人是城邦的动物"[1]，人们开始脱离家庭和部落，成立城邦。这一时期古希腊城邦中人的理性开始发扬，人们开始用自己的智慧和理性去审视自古流传的习俗，开始对习惯重新认识和扬弃，这是人类的第一次启蒙运动。学者也不断从"人的技艺与自然的对抗""人为与自然""神与人的关系""知识对信仰的挑战""宗教和政治""神义与命运""理性和宿命"等多种角度对《安提戈涅》进行解读。[2]然而在《郑伯克段于鄢》中，则是纯粹的人与人之间的家庭关系、血缘关系、伦理关系、政治关系和人的等级差异的问题，是"伊斯墨涅式"的。因此，在中国的这一故事中我们很难看到悲剧诗中英雄与宿命在对抗和斗争中的那种巨大的毁灭性和冲击性的画面，而是最终走向了现实的妥协和融合。这也是苏力所强调的"差序格局"。中国人对于"大我"的想象是基于"小我"的延伸和外展，而不是像人与神的那种"他者"的对抗，因此中国人强调"舍小我为大我""法亦容情"和人伦纲常中的人与人之间的等级秩序。因此，在《安提戈涅》中形成强烈对抗形式的血缘宗族体制与国家政治权力，在《郑伯克段于鄢》中却呈现了一种"你中有我我中有你"的互补融合状态，并且在后世不断磨合。《左传》中的教诲不断提醒后世的统治者人与人之间的关系，规训人们的行动和思想，最终将家庭模式和国家政治体制完全的契合，制订出了一系列相关的法律制度维持这一社会秩序，从而减少对抗和冲突。在西方，建立在社会契约论基础上

---

〔1〕 ［古希腊］亚里士多德：《政治学》，吴寿彭译，商务印书馆1965年版，第7页。
〔2〕 肖厚国：《古希腊神义论：政治与法律的序言》，上海人民出版社2012年版，第175~237页。

的现代西方法治是更"克瑞翁式"的，"安提戈涅式"的爱会"消除人们之间的距离"〔1〕，不可提倡；亲情抑制个人权利，应予限制；不合理性的，必须抛弃；博取个人权利而对抗和斗争才是法治的真精神。〔2〕因此之后才会有柯克大法官与詹姆斯一世〔3〕、哈特与富勒的论战〔4〕。

与安提戈涅问题所不同的是，神制定的法和城邦的法令的对立是外部的对立，这两者经常会处于水火不容的情况。而宗法制的内部冲突却是"相生相克"，内部存在对立统一的关系。司马迁有言："法令者，治之具，而非制治清浊之源也。"〔5〕在儒家看来，社会治乱的根本不在于法治的有无和优劣，而系于人心的正邪和善恶。〔6〕郑庄公已经意识到了"孝"与"亲亲"是统治国家的意识形态工具，并且利用了宗法制中家庭血缘伦理与国家政治秩序的内在和外在联系，通过宗法制的内涵的妥协性并利用极高的政治智慧解决了他所面临的困境。最重要的是，郑国的意识形态不仅恢复还被重构了。而后郑庄公在讨伐许国的时候曾言，"寡人有弟，不能和协，而使糊其口于四方。"〔7〕郑庄公不仅进行了道德自省、自我批判，而且在其子郑厉公在位时，在平定叛乱之后赦免了参与叛乱的共叔段的后人，认为"不可使共叔段无后于郑"〔8〕。在《郑伯克段于鄢》中三者对宗法制的不断破坏之后，郑庄公最终选择了捡起并重构宗法制作为执政的基本根据，他确立"亲亲"服从于"尊尊"、宗法制服从于君统、血缘关系服从于政治关系。但他也限制了君主的绝对权力，君主的政令仍然要受到宗法制的制衡并初步确立了"以孝治国"的政策方针。这正是说明了在春秋社会，并非完全礼乐崩坏，也并非完全抛弃礼制和宗法制制度。在历史的巨大变迁中，希腊人选择了"理性"，而春秋时期的人们也在寻找符合新的社会秩序的意识形态。对于存在着内部矛盾的宗法制制度不断地扬弃，破坏又重立，

---

〔1〕［美］戴维·鲁本：《法律现代主义》，苏亦工译，中国政法大学出版社 2004 年版，第 324 页。

〔2〕［德］鲁道夫·冯·耶林：《为权利而斗争》，胡宝海译，中国法制出版社 2004 年，第 79~80 页，第 102 页。

〔3〕详见于明：《法律传统、国家形态与法理学谱系——重读柯克法官与詹姆斯国王的故事》，载于明：《司法治国：英国法庭的政治史（1154—1701）》，法律出版社 2015 年版。

〔4〕详见强世功：《法律的现代性剧场：哈特与富勒的论战》，法律出版社 2006 年版。

〔5〕《史记·酷吏列传》。

〔6〕苏亦工：《法宜容情——古人为何以孝治天下?》，载《清华法学》2019 年第 5 期。

〔7〕杨伯峻编著：《春秋左传注（修订本）·隐公十一年》，中华书局 1990 年版，第 74 页。

〔8〕（宋）吕祖谦：《东莱博议》，周立红标点，岳麓书社 1988 年版，第 6 页。

直到实现了平衡，在逐渐解决了内部逻辑矛盾后，统治者在秦汉之后"独尊儒术"，这一制度成为迄今为止仍然十分强大的意识形态工具和力量。

五、结语

目前，对《郑伯克段于鄢》的研究呈现出截然不同的两种态度，"不孝""不悌"和"至孝""友爱"这样极端对立的评价出现在同一人物身上。这说明了郑庄公人物形象的丰富和其行为动机的复杂之处。如果从情境化的实际角度出发，就会认为郑庄公身处于政治漩涡之中，从小就没有母爱，连亲情都甚少，他在其中所有的行动都是被迫的、无奈的，家庭的恶意在政治格局中直接升级到了你死我活的地步。而如果从抽象化的道德角度来看，他"不教""不孝""故意养恶"，破坏了宗法制度，让国家又起战火，赶走自己的亲弟弟，把母亲流放，为后世留下了错误的典范，此时他又是一个老奸巨猾、利益为先的政治人物。至今亦无法完全了解郑庄公是诚心纵容还是局势所逼才导致这一事件的发生。郑庄公在颁布迁母令后的尴尬处境，实则是宗法制度内部"亲亲"与"尊尊"、家庭伦理与国家政治之间对立而产生的冲突与撕裂。通过与《安提戈涅》的对比，郑庄公相较于克瑞翁而言已经意识到了血缘家族与国家政治的内在和外在联系，确立了以"尊尊"为重，重拾宗法制的"亲亲"作为执政依据。正如李泽厚先生所说的，传统是非常复杂的，好坏优劣经常可以同在一体[1]，随着新出的春秋史料越来越多，看待当时人物和宗法制度不再是仅通过史家文本一言去分析判断，而是通过其所在的社会和历史背景深度考察，从而获得更丰富的历史、制度和法律方面的启示，这也是去重读《郑伯克段于鄢》这一故事的意义所在。

---

[1] 可参见李泽厚的《试谈中国的智慧》一文。

第八届全国青年比较法论坛会议综述

段　定[*]

　　2020 年 11 月 28 日，第八届全国青年比较法论坛在上海海事大学临港校区行政楼 128 会议厅举行。本届论坛的主题是："文化、网络与司法"。全国青年比较法论坛是在中国法学会比较法学研究会的领导下，由青年比较法学者发起、组织的一个全国性的学术论坛。本届会议由上海海事大学法学院承办。

　　据疫情防控要求，本次会议采取线上线下相结合的方式举行。来自清华大学、复旦大学、武汉大学、吉林大学、中国社科院法学研究所、北京师范大学、北京航空航天大学、中南财经政法大学、华东政法大学、西南政法大学、西北政法大学、东南大学、苏州大学、上海外国语大学、上海师范大学、上海对外经贸大学、浙江财经大学、广东外语外贸大学、宁夏警官职业学院、许昌学院等，共计 20 余所国内高校的 60 多位青年学者，参与了本次会议。

　　上海海事大学杨万枫副校长代表学校致辞。杨万枫副校长对此次会议的召开表示热烈祝贺，对参会的学者们表示热烈欢迎。他指出，本次会议的主题具有很强的理论意义和现实意义。上海海事大学法学院院长王国华教授主持开幕式。王国华院长向中国法学会比较法学研究会对上海海事大学法学院的信任表示感谢，向以线上线下方式与会的各位青年比较法学者

---

　　* 段定，华东政法大学法律学院硕士研究生。

表示热烈欢迎。

中国法学会比较法学研究会常务副会长、华东政法大学李秀清教授代表中国法学会比较法学研究会致辞。李秀清教授对上海海事大学法学院精心组织此次会议表示感谢。上海海事大学法学院办学历史悠久、特色学科是海商法，而海商法的历史源头发源于西欧中世纪的海上贸易，海商法与比较法之间天然地具有紧密的联系。她希望在将来，上海海事大学法学院能与中国法学会比较法学研究会密切加强联系，开展更多的学术交流。开幕式后，与会代表展开了为期一天的热烈讨论。

第一单元由上海市法学会外国法与比较法研究会会长、华东政法大学于明教授主持。北京航空航天大学法学院余盛峰副教授以"信息隐私权的宪法时刻：规范基础与体系重构"为题发表演讲。余盛峰副教授认为：智能社会特别是大数据技术瓦解了控制范式的技术假设，对信息隐私权的规范基础形成全面冲击和挑战。需要从信息论和社会理论视角重新理解隐私，重构信息隐私权的规范基础：在信息论的视野下，隐私并不是一组客观的数据，而是一种信息化的能力，它具有封装和支配数据的能力，可以不断把数据转化为信息，并赋予其意义。这也就是为何称其为信息隐私权而不是数据隐私权。而从社会理论视角分析，隐私是法律对信息稀缺性的人为建构，以此确立隐私信息的独特价值，将其区分于一般的数据信息。因为，隐私是现代社会确立个体人格的重要工具。人们在信息沟通与数据流动中不断形成新的认同，隐私不再是固定不变的实在，而是嵌入到高度流变的网络关系中。因此，我们需要从信息论和社会理论视角重新理解隐私，进而对信息隐私权的规范基础进行重构：从个人本位转向社会本位；从控制范式转向信任范式；从独占维度转向沟通维度；从二元对峙转向一体多元；从权利视角转向权力视角；从概念独断转向语用商谈。武汉大学博士研究生谭佐财在评议时指出，在大数据时代，信息不仅具有商业价值，也具有国家治理的功能；信息被遗忘权对于构建安全的网络社会，具有重要的意义。上海海事大学法学院讲师孙思琪博士在评议时指出，跨学科交流对于法学不同分支学科的发展具有重要意义，法学基础理论研究应当进一步加强与社会实践的联系，对基本概念的表达应当更加通俗易懂。

浙江财经大学法学院讲师李亢博士以"巩固抑或消亡：互联网时代的族群认同与民族国家"为题发表演讲。李亢认为：随着互联网的普及，人们固有的族群认同不仅没有被削弱，相反，互联网成为移民或少数族群维系甚至强化其原本族群或群体认同的有力工具，而互联网之所以能够起到维系甚至强化族群认同的作用，最根本的原因还是在于语言。因为在传统上所谓以种族或血统为基础的认同，在网络虚拟社区里几乎都是不可见的。人们在判断"我是谁""我属于怎样的群体"以及"哪些人和我属于同一群体"等一系列问题时，最主要同时也是最明显的依据，只能是语言。特别是对于少数族群来说，使用他们语言的人口相对较少，这就意味着基本上在网络虚拟社会中使用某一少数族群语言的，在现实中也是属于某一少数族群。因此，对他们来说，语言更是认同的关键。同时，互联网也没有朝世界主义的方向发展，而是变得更加"地方性"。民族国家也并没有因为互联网的发展而遭到削弱，政府开始积极介入互联网，网络世界里的国界也越来越明显。这主要是因为既有来自政府的自上而下的压力，也有来自民众的自下而上的压力。具体来说，政府希望国家的法律在网络世界里仍然有效，而对于民众来说，他们希望得到一个符合地方性偏好的互联网，也希望政府能够阻止互联网上的有害信息，而企业则需要政府能够在互联网世界里确保一个稳定的法律环境，从而促进电子商务的繁荣。清华大学法学院鲁楠副教授在评议时指出，互联网时代可能两种趋势并存：全球化与地方化，也会相应出现偏重某一趋势的理论叙事，例如世界主义理论或认同理论。我们应当区分在哪些领域全球化，在哪些领域地方化。北京师范大学法学院博士研究生邢丽珊在评议时指出，李亢博士的文章敏锐地抓住了一个很有意义的问题：互联网在加强人们的沟通与交流的同时，是否会瓦解他们原有的族群认同？这一问题意识具有开阔的理论视野，发人深思。

第二单元由上海师范大学汪强副教授主持。西南政法大学人权研究院讲师张祺乐博士以"非传统安全视域下的个人义务——以'新冠'疫情为分析视角"为题发表演讲。张祺乐博士认为：党的十九大提出新时代坚持和发展中国特色社会主义的基本方略之一就是要坚持总体国家安全观。"非传统安全"也成为"国家安全体系"中的重要组成部分。与"传统安全"相比，"非传统安全"将重点转向超越国家差异之上的社会和人的安全，以人类维持日常生活、价值和免于匮乏、天灾以及能力建构为基本的内容和目的。而非传统安全作为一个独立的研究对象，是一种新型的"场域安全"。因此，非传统安全研究呈现出以下重要的趋势性特点：其一，安全的内涵指涉更加丰富多样；其二，安全的领域边界更加复合多重；其三，安全的维度指向更加复杂多向；其四，安全的维护应对更加广泛多元。"非传统安全"追求的最终目标就是要实现行为体间的"优态共存",而在这一价值目标指导下,行为体就不能再仅仅强调自身权利的获取,而应该正视自己对整个人类的责任担当,或者说,行为体应重视个人的义务的履行,以实现全人类"免于恐惧的自由"和"免于匮乏的自由"。北京师范大学法学院马剑银副教授在评议时指出:关于安全的研究在目前的法学界尚比较薄弱,该问题具有较强的时效性。他建议要进一步找准文章的定位,到底是法学还是政治学论文,并对非传统安全概念的来龙去脉进行更加细致的系统梳理。上海师范大学讲师蒋龑在评议时指出:文章割裂了传统安全与非传统安全的界限。应当进一步讨论超国家组织、国家、社区以及个人在传统安全与非传统安全领域各自有什么权利和义务。

中国人民公安大学法学院讲师康宁博士以"人工智能与范式转换"为题发表演讲。康宁博士认为:人工智能并非自然演化的产物,机器认知与行为的发展仍旧以人类付出巨大的努力为前提。目前人们对人工智能的理解大致有两条路径:在第一条路径的理解中,人的各种感觉经验和思维经验可以看成一个复杂的符号系统,人工智能就是将人的视、听、触、嗅等各种感觉和大脑的思考转化为具体的信息符号,进而加以模拟和运用的系统。按照这一理解,人工智能其实是在不断模拟人的感觉和思维,是越来越像人的机器。这是一条比较原初的认识路径,或者说是人们在科学构想初期对人工智能的理解。而随着人工智能技术的不断发展,人们对人工智能的认识开始超越"纯粹模仿人类"的框架,从而衍生出第二条路径,即人工智能沿着独特的"机器学习"的逻辑路径向前发展,而不再是单纯地、反复地、无止境地"学习人类"。值得注意的是,人工智能不仅会影响人类生产生活方式,在可预见的未来也将引发国际关系的深刻变化。如果一个国家争得人工智能技术和产业发展的先机,则将在新一轮科技革命中占据优势地位,进而成为人工智能时代的优势国家。而那些丧失人工智能科技先机的国家,自身的工业化和现代化进程甚至都有中断的可能。我们与人工智能的和平共处早已在不经意间开始。也唯有在这种进程中,常态化的"人机共舞",才能使人工智能与人类世界的关系平衡点越发清晰。中央民族大学法学院博士研究生宿云达在评议时指出:人工智能议题是当前学界的热门话题,在未来我们可能会进入人机共舞的时代。探讨人工智能时代如何有限保护个人信息、人工智能的法律主体地位如何认定,是关乎整个法律体系重构重大理论问题。上海海事大学法学院朱体正副教授在评议时指出，康宁老师的论文选题宏大，内容丰富充实，但是论文的切入点不够准确具体。应当结合部门法的相关理论，从较为具体微观的角度，将关于人工智能所涉及的法律问题往更深入的方向推进。

第三单元由华东政法大学科学研究院助理研究员王静博士主持。上海对外经贸大学贸易谈判学院讲师杨立民博士以"新媒体环境下律师职业的公共信任危机及其化解——以陈有西事件为例"为题发表演讲。杨立民博士认为：在以往的网络事件中，存在着律师职业话语引导甚至主导社会公共话语的现象。但在陈有西律师的庭外言论所引发的网络事件中，律师的公共形象受到重创，进而导致律师职业的公共信任问题。这起事件的背后还涉及专业话语可否违背民众的常识结构，律师获得公共信任的基础是什么，律师该如何为"坏人"辩护，律师与资本力量的关系等问题。这就需要从职业价值的平衡和职业伦理的规范等角度入手，重构律师职业的公共信任。在律师的执业活动中，受到当事人权益、法律实施和社会公正的三重价值制约，这就需要在三者之间寻求一个平衡点，在不违背其法律和公正的情况下实现当事人利益的最大化。但三个价值之间并不是泾渭分明、相互对立的，而是交融一体，具有内在一致性。此外，一套成熟的职业道德伦理体系也是十分必要的，它是律师抵御外部干扰、实现维护当事人权益的职业价值的重要保障。浙江财经大学法学院讲师童圣侠博士在评议时指出：杨立民老师的文章所涉及的陈有西的例子是否具有代表性，能否用来讨论律师与公众之间矛盾的问题，值得进一步商榷；论文标题冠以新媒体时代的字样，但文章内容未能凸显出新媒体时代的特性。北京航空航天大学法学院博士研究生王永祥在评议时指出：职业伦理与大众道德之间的矛盾，始终存在。因此，律师在法庭辩护时不仅要说服法官还要说服民众；但同时，对律师的职业行为，媒体也应当引导民众尽量不要从道德的角度去过分干预。

吉林大学法学院杨帆副教授以"裁判文书中的情感说理"为题发表演讲。杨帆副教授认为：中国的传统法律文化与当代司法政策都十分重视情感说理，目的是提高判决的可接受度，促进社会和谐稳定。"不准离婚判决"是研究情感说理的绝佳样本。对已公开不准离婚判决进行数据统计显示，目前我国大多数此类判决的说理都较模板化，针对个案开展充分情感说理的比例非常少，呈现了中国家事司法中权力、法治与情感要素之间错综复杂的关系。这三种要素既互相排斥、互相竞争，又互相渗透、互相利用。形式理性说理与情感说理目前在中国的家事司法实践中处于一种彼此交错杂糅的状态。前者代表了形式法治的一面，而后者则代表了司法正义的实质面向。中国传统的法律文化重实质而轻形式，这一点在今天不但被权威机关的司法政策所肯定，且在家事司法实践中也有明显的体现。但值得注意的是，权力在此仅仅主要表现为权威部门的宏观权力。它通过制定宏观政策、规范等方式来实现，而较少具体的微观干预。在目前的情况下，权威部门倾向于倡导情感说理或者实质化的说理以维护和谐和稳定，但不确定在较远的未来这种工具性政策是否会有变化。上海海事大学法学院讲师沈映涵博士在评议时指出，杨帆老师的文章角度特别新颖，运用实证研究的方法对这个问题进行了细致入微地分析。但文章过于偏向实证研究，在规范定性方面略显不足。对于"情感说理在中国司法中处于什么地位"的问题未能给与准确说明。上海外国语大学法学院王伟臣副教授在评议时指出，杨帆老师的文章结合了田野调查和规范研究两种研究进路，具有很强的方法论意义，但是田野调查的范围仅仅局限在司法领域，有可能稍显狭窄。

第四单元由上海海事大学法学院王慧副教授主持。广东外语外贸大学法学院任颖副教授以"数据立法转向：从数据权利入法到数据法益保护"为题发表演讲。任颖副教授认为：数据立法在本质上是对于多样化的数据利益进行的识别与确认；对于现实的数据利益的立法调整，即形成数据法益。数据立法的特殊性在于：一方面，其需要对数字经济飞速发展过程中出现的法益侵害进行有效的规制，通过法律的约束力限制特定主体的行为，防止追求数据利益最大化的行为对基础性的用户人身财产法益造成侵害；另一方面，这种约束力的发挥不能构成对于数字经济及社会发展进程的阻碍，并且，还要发挥保障数据企业的合法数据利益的作用，通过对于数据领域多样化的数据利益的综合衡量，保障多元主体对其数据利益及数据活动后果的合理预期，从而激励主体在合法范围内放手发展数字经济，最终达到对于经济社会发展的法律保障的效果。因此，将多样化数据法益纳入数据立法的调整对象范围，能够避免单一化的赋权性保护不能兼容数据领域的多项利益平衡的弊端，能全面涵盖多元主体的各项正当利益保护内容，从而达到有效应对数据风险的目的。上海师范大学讲师吴玄博士在评议时指出，全球数据立法的大趋势是把数据规约为民法意义上的个人权利，是从私法的角度来看待这个问题。欧盟利用自己的优势率先推出个人信息立法，试图以规则制定来保障自身产业的发展。我国的立法在借鉴欧盟立法的同时，也需考虑不同利益的平衡。吉林大学法学院博士研究生董璞玉在评议中指出，从部门法的角度来看，数据法益的公益性可能更多依赖行政法与刑法的保护。而刑法具有谦抑性，此时数据法益由刑法保护可能会导致数据法益的稀薄化。如何有效解决这一困境值得我们进一步思考。

西南政法大学人工智能法学院刘小红副教授以"数据按贡献参与分配实现的经济法路径"为题发表演讲。刘小红副教授认为：准确理解数据按贡献参与分配要融入中国社会发展历史进程与未来趋势，结合分配制度演进的历史逻辑与现实问题。按贡献参与分配的实质就是强调公平分配，这就要求区分公益数据与私益数据、环节贡献考量及兼顾实质公平与形式公平。应革新理念，针对数据参与分配存在的权属模糊、数据垄断、数据不正当竞争等现实困境，通过"赋权"与"止损"的经济法路径来保障数据参与分配的形式公平与实质公平的有机统一。在数字经济时代，全新机遇与重大挑战推动着政府治理的重大转向，也促使相关制度不断更新、完善与变革。审视现行法律制度与数据参与分配现状，在实施路径上沿着"赋权+止损"的思路，有效构建规则、健全制度，才能实现数据按贡献参与分配的初衷。上海海事大学法学院唐瑭副教授在评议时指出，刘小红老师的文章切入视角精准，具有理论新意。但是，数据所有者的权利各有何种形态，如何将个人信息保护法草案与文章的论题进一步结合，有待作者的厘清。东南大学法学院博士研究生陈禹衡在评议时指出：文章对数据分配的含义进行了理论探究，但叙述不够详实，尚停留在比较宏观的层面，可以借鉴部门法的研究路径，探寻更为具体的切入视角。

第五单元由上海师范大学哲学与法政学院讲师蒋夔博士主持。华东政法大学法律学院史志强副研究员以"族群与清代法律的多元性：盛京地区旗民司法体制变迁考"为题发表演讲。史志强副研究员认为：清朝时期的盛京地区作为"龙兴之地"，依据旗民分治的方针，设立奉天府管理民人事务。随着移民增加，满汉之间逐渐交流融合，八旗的司法职能逐渐被剥离，州县成了盛京行政与司法的主要管理者，本来是盛京刑部一元化的司法体制也出现了多层级的趋势，徒罪以下案件下放到了州县。之后又将州县改为满缺，进而逐渐弱化了八旗的司法职能，改由州县统管旗民所有司法案件，旗民交涉案件也不再适用特殊的司法程序，族群因素不再影响司法体制。另外，州县的初审权力也逐渐扩张，盛京地区的徒刑以下案件州县都可以审结。根据盛京地区的考察可以看出，区分是否需要覆审的关键还是在于刑罚的轻重，与"户婚田土"还是"命盗重案"并不必然完全对应。所谓州县自理案件应该是民事性质比较强的案件，覆审案件是刑事性质比较强的案件，这两类并不能够截然分开。而此时的司法体系也颇具灵活性。近年来，清代作为少数民族政权的一面日益受到学界重视，然而这种特性并非一成不变。实际上民族融合始终是时代的主流，这也成为近代中国国家建构的基础。旗民之间基层司法体系的变化反映了清政府对于满汉关系的态度，也形塑了区域社会的族群关系，更是理解清代国家性质的窗口。复旦大学法学院赖骏楠副教授在评议时指出，这篇文章的对话对象是"新清史"学派，提出清代盛京地区的审级制度的发展，虽然保留了一定的满族特色，但是大方向是与全国趋同的。文章侧重于对刑事案件的审级制度的描画，对民事案件则着墨不多。上海师范大学哲学与法政学院硕士研究生黄圣哲在评议时肯定了文章题目的新颖性以及切入点的准确性，同时他建议文章把清代民事案件的司法体制变迁也放入其中，使得文章更加丰满，更加具有说服力。

上海海事大学法学院讲师陈刚博士以"情理文化、疑难案件与价值判断"为题发表演讲。陈刚博士指出：疑难案件的处理存在法条主义和实用主义两条进路。其间牵涉司法裁判的准据以及司法的确定性等理论争议。法律史学者和法理学者的研究背后都潜藏着韦伯形式主义法治的理论及其对中国古代司法特征的勾勒。立足我国的情理文化特征，法官在面对疑难案件时，应当要借助与合理的价值判断，追求裁判的可接受性。中南财经政法大学法学院讲师罗鑫博士在评议时指出：文章很好地回顾了比较法和法律史领域里的经典话题，同时具有理论新意，而且对韦伯主义的认同导致法律史教学中所面对的理论张力和困境，我们应该尝试去突破比较法的固有研究范式。许昌学院王忠灿副教授在评议中指出：文章的中心是面对疑难案件的司法判断的价值判断，以引入情理文化来缓解法律与道德的冲突问题。以疑难案件为研究对象，思考法律与情理的平衡，对当前的司法实践有很大的启发意义。同时他建议文章要对疑难案件做一个更加准确的定义，厘清情理与价值判断之间的关系问题。

中南财经政法大学法学院李栋教授以"超越'依法裁判'的清代司法"为题发表演讲。李栋教授指出：长久以来我们一直在西方依法裁判的框架内去思考清代司法，清代司法可能不完全属于依法裁判的模式。清代司法具有超越依法裁判的特性，法制史的研究可以尝试新的研究思路，提出新的解说模型。上海海事大学法学院王铁雄教授在评议时指出：文章的选题和切入点很有新意的，打破了大家长久以来对清代司法的固有印象，同时文章的说理清晰，具有很强的说服力。他建议立论如果建立在更多一手文献史料的基础上，结论的可靠性会有更大的保障。南京师范大学法学院李洋副教授在评议时指出，对清代司法制度特点的总结是学术界长久以来一直关注的重要理论话题。依法裁判的定义来源于西方，其含义具有复杂性，用现代的依法裁判标准去定义清代的司法制度，可能难以避免陷入"西方中心主义"的误区，需要我们不断结合中国历史的具体细节进行深入研究。

闭幕式由上海海事大学法学院讲师陈刚博士主持。陈刚博士再次表达了对与会代表的感谢，欢迎各位代表常来讲学交流。上海市法学会外国法与比较法研究会会长、华东政法大学法律学院于明教授对本次会议做学术总结。于明教授对与会的发言人、评议人的精彩发言一一进行了点评，同时也指出了本次会议的不足，希望全国青年比较法论坛能够继续保持良好的学风、会风，真正建设成为青年比较法学者的学术共同体。于明教授也再次感谢上海海事大学法学院和陈刚老师为会议成功举办付出的辛劳。最后，中国法学会比较法学研究会常务副会长、华东政法大学李秀清教授宣布，第八届全国青年比较法论坛顺利闭幕！

图书在版编目（ＣＩＰ）数据

中国比较法学. 文化、网络与司法：2020年卷/高鸿钧主编. —北京：中国政法大学出版社，2021.10

ISBN 978-7-5764-0164-6

Ⅰ.①中…　Ⅱ.①高…　Ⅲ.①比较法－中国－文集　Ⅳ.①D920.0-53

中国版本图书馆CIP数据核字(2021)第220830号

出　版　者	中国政法大学出版社
地　　　址	北京市海淀区西土城路 25 号
邮寄地址	北京 100088 信箱 8034 分箱　邮编 100088
网　　　址	http://www.cuplpress.com (网络实名：中国政法大学出版社)
电　　　话	010-58908289(编辑部) 58908334(邮购部)
承　　　印	北京九州迅驰传媒文化有限公司
开　　　本	720mm×960mm　1/16
印　　　张	21.25
字　　　数	350 千字
版　　　次	2021 年 10 月第 1 版
印　　　次	2021 年 10 月第 1 次印刷
定　　　价	89.00 元